本书获广东省社会科学院资助出版

黄明同 著

明代心学研究

白沙学、甘泉学与阳明学

社会科学文献出版社
SSAP
SOCIAL SCIENCES ACADEMIC PRESS (CHINA)

目　录
CONTENTS

绪论　心学并非理学

中华文化源远流长，绵延两千多年。先秦时期，诸子百家先后创立，自由争鸣，其中显学为儒家与墨家，此外还有法家、道家、兵家、阴阳家等。汉代，朝廷采纳董仲舒"独尊儒术"的建议，儒家成为社会的主流意识。迄至宋代，由于工商业的发展，催发了人的物质欲望，冲击了社会道德纲常，一种新儒学——理学应运而生，程朱理学为宋代理学的主要代表，在南宋被定为官方哲学。朱熹主张"存天理，去人欲"，希冀以压抑人欲来维系社会的道德纲常。明代中叶，一批儒士意识到朱学给社会带来的不良影响，发现理与欲不可相分，于是开始质疑朱熹理学。

一直以来，学界总把宋代的理学与明代的心学，合而为一，统称作"宋明理学"。其实，细而考之，心学并非理学！二者虽同为儒学流派，同有维系社会道德纲常的学术宗旨，却有着不同的学术理路，产生不同的客观社会效应，对此，学界应进行深入探究。

北宋初年，学界出现多元的文化格局：程颐、程颢提出"天理"一词，以"理"为宇宙的本体，创立"理一元论"，开宋代理学之先河。张载则弘扬先秦的气论，创立了以气为宇宙本体的"气一元论"。后二程的学说南传，南宋朱熹对二程学说加以发挥，形成了影响几代人的"程朱理学"。元代至明初，社会又出现了一股心学思潮。

明代中叶，在心学思潮中，涌现出富于岭南特色的心学新派，陈献章拉开了明代心学的序幕。白沙心学创新了南宋陆九渊创立的心学，而成为明代心学第一个流派。白沙心学，以检讨朱熹理学脱颖而出。

陈献章生活在以朱学为官方哲学的时代。明史有如此的记载——

原夫明初诸儒，皆朱子门人之支流余裔，师承有自，矩矱秩然。

曹端、胡居仁笃践履，谨绳墨，守儒先之正传，无敢改错。①

墨守成规、不敢改错，便是当时文化专制的产物，也是明代学界寂静的真实写照。事实上，在整肃的政治高压下，儒士们已是惊弓之鸟，他们不以"登士为荣，罢职为耻"，守道出世成为世风。明初太祖皇帝的尊儒，并没能使明代的学术界活跃起来，历史进入了"六籍无辉"时代，学坛一片寂静！公允地说，在元朝至明初的学界思潮中，陈献章脱颖而出，掀开了心学新篇，翻开了中华文化新的一页。这无疑是对处于独尊地位的朱熹理学的挑战。

由陈献章拉开帷幕的明代心学，并非宋代理学。学界把理学与心学二者统称作"宋明理学"，实属不当。细而论之，人们不难发现，二者在学术宗旨、理论构建上，都大相径庭。明代心学，正是在检讨宋代理学的基础上创立的。陈献章创立的白沙心学，否定了朱熹的"理一元"论，并摒弃了朱熹的"格物致知"，提出"静养端倪"这种简而易的涵养与认知方法。

心学并非理学，可从白沙学与朱学在如下方面之异而窥见。

其一，在本体论上，陈献章以"道通于物"论取代"理一元"论。

陈献章虽同朱熹一样，以"理"作为宇宙的本体，但并不认同朱熹的具体说法。朱熹提出"理先气后"，先有是理，而后有是气，是由理生气，而后生万物。陈献章则否定了"理"（或称"道"）先于气，而认定道与气不可相分，提出"道通于物"，认定道就在物之中，道不离物，物不离道，并由是而否定了朱熹赋予理的人格神品格，使其心学含有朴素的唯物因素。

其二，在自然观上，陈献章以新的理论格局取代朱熹的"理生气，气生万物"的格局。

朱熹提出"先有是理，后有是物"。他说，"未有天地之先，毕竟也只是理"，"有是理后生是气"，② 其理路是：

理→气→万物

---

① 《明史》卷二八二，中华书局，1974，第 7222 页。
② 黎靖德编《朱子语类》卷一，中华书局，1986，第 2 页。

在朱熹看来，是先有一个具有人格神品格的"理"，衍生出"气"，而后"气"生出万物来。

陈献章同是以"理"（或称"道"）作为宇宙的本体，并赋予其至尊、至大的品格，但他认为，道并不具有人格神的意志，天地万物由理自然而然地产生和发展。他认定，"夫道至无心"①，物的生成与成长，在得道的过程中自然而然完成。就是说，"道"没有意志、没有目的而能成物。因而，陈献章也就否定了朱熹的自然观，而回归道家以道为本体，道自然而然化生万物的理路。

其三，在道物关系上，陈献章提出"道通于物"的命题，揭示道与物的关系，认定道在物中，道不离物，物不离道。

朱熹的"理先气后"论，赋予"理"先于天地的至尊地位，支离了理与气的关系，而陈献章则认定"理"（或称"道"）就在物之中，道无心，与气共同形成天地万物。在陈献章看来，"道"使物成物，物是因"得道"而自成，是自然而然地成物，没有主宰，没有目的，没有外力。这是强调，在"道"与"物"之间，没有派生与被派生的关系，没有主宰与被主宰的关系。在陈献章的学说里找不到"理先气后""先有理，后有物"的说法。

其四，在认知论上，陈献章以"静养端倪"论取代朱熹的"格物致知"论。

无须讳言，陈献章生活在朱学成为社会意识主流的明代，朱熹著作被钦定为科举考试的必读课本，每一个走科举之路的年轻人，不得不读朱熹的书。故陈献章也承认朱熹对他的影响，言"吾道有宗主，千秋朱紫阳"②。尽管如此，陈献章的学说，却是从检讨朱学开始的。陈献章在江西师从吴与弼时，读了儒家经典，但还是找不到作圣的入门处，深感"未知入处"，故返回江门，筑春阳台静坐十年，创立了"自得之学"，发明了由静坐入门，通过澄心、无欲而进入天人合一的圣贤境界。陈献章认定，"静养端倪"是简捷的"作圣之功"，由是而否定了朱熹的"格物致知"。可以说，由陈献章开拓的明代心学，主要是在认知方法上变革了朱熹理学，创新了儒家的涵养与认知方法。

① 陈献章：《仁术论》，《陈献章集》，中华书局，1987，第57页。
② 陈献章：《和杨龟山此日不再得韵》，《陈献章集》，第279页。

第一章　明代心学产生的地理环境

人类文明，在创造物质生活条件的同时，也构建了自身观念形态的文化。任何思想学说，其创立总是在某一特定地域，受到这一地域的生活习俗、文化精神的制约。因此，地理环境与社会人文环境的因素，是思想学说孕育与产生所必备的条件。岭南文化的一枝奇葩——明代心学，在岭南特定的自然地理环境与社会人文环境中孕育、产生与发展；明代中叶，固有的和正在变化中的自然环境，以及传统的人文精神与变革中的社会人文环境，为明代心学提供了孕育、产生和发展的条件。

第一节　产生于五岭之南

人是社会动物，却首先是大自然中的动物。地理环境，是人类生存发展的载体，它为人类的生存与发展提供了物质条件，为人类文明的构筑提供了必不可少的材料，有如砖瓦与沙土。当然，大自然环境仅仅提供了人类构建文明的建筑材料，而不是提供建筑师，[1] 因而地理决定论并不可取。尽管如此，当人们审视文明发展、考察文化现象之时，却也不可完全无视地理环境所产生的、某些而并非全部的创造力、影响力与决定力，探究明代心学，也就不可忽略独特的地理环境所带来的影响。

岭南，即五岭之南。五岭，具体指横贯于广东、广西北面的五座南岭山脉，即越城、都龙、萌渚、骑田、大庾。五岭"万山重叠，犹如一座天然屏障把广东、广西与中原分割开来"，两广因此而得名"岭南"[2]。岭南，由"岭"而得名，别称"岭海""岭表""岭外""岭峤""峤岭""峤南"

---

① 〔美〕爱尔乌德著《文化进化论》，钟兆麟译，上海文化出版社，1989，第88~90页。

② 张磊、黄明同等：《岭南文化志》，上海人民出版社，1998，第1页。

等。岭南，在陈献章生活的年代，还包括由广东划出的海南。

岭南，地形地貌十分复杂。汉代陆贾曾称，岭南之地"崎岖山海间"。自北之峻岭，至南之海滨，其中河川如网，清代钱以垲在《岭海见闻》的自序称："五岭为屏，三江为带；前临涨海，中耸罗浮，诚东南之奥区、灵芝之窟宅也。"① 总的来说，岭南的地貌，可形象地概括为"梯形"与"网状"。

岭南的地貌，自北而南呈梯形、非单一的地貌，具体而言含三种类型：粤北山区，粤中、粤西丘陵与粤南台地、平原区，由北向南倾斜渐变（见图 1-1）。

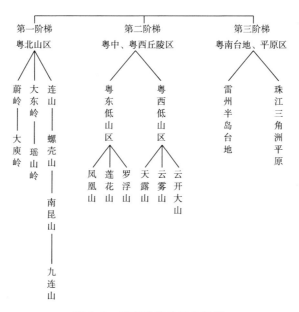

图 1-1　岭南地貌的三个阶梯

第一个梯级，"山之拔地而起，高至插天"，"崩云蔽日"②。粤湘交界的石坑崆山，海拔 1902 米。其他山脉海拔也有 1000~1500 米，山间盆地海拔在 100 米以上。

第二个梯级，以丘陵低山为特征，地貌高度较第一梯级有所降低，海

---

①　钱以垲、张庆长：《岭海见闻》，广东高等教育出版社，1992，第 12 页。

②　钱以垲、张庆长：《岭海见闻》，第 13 页。

拔多为 300~700 米，超过 1000 米的为少数，而盆地的海拔约 50 米。粤中与粤西，处于此梯级。

第三个梯级，地貌低矮平缓，其中主要是海拔为 80 米以下的台地，以及海拔 5 米以下的平原，还有零星分布的山丘与残丘。雷州半岛与玄武岩为台地之最，珠江三角洲为平原之最。[①]

岭南多元的地貌，其中丘陵约占 41%，山地约占 21%，台地约占 13%，平原约占 25%[②]。岭南境内，没有一望无际的大平原，也非处处大山峻岭，而是多种地形相交错的非单一的地貌。

在梯形的地形格局中，有着河川交织而成的蛛网式水网，使其地貌更显错综复杂。

在广东境内，有珠江、韩江、粤东沿海诸小河以及粤西沿海诸小河，总的来说可归为四大河流水系。据统计，广东境内，集水面积在 100 平方千米以上的支干流，共 543 条，直接入海的河流 53 条。[③] 珠江为岭南水系之最，它发源于中国的西南，流入广东境内的流域面积为 112089 平方千米。大江小河，纵横交错，编织了富于岭南特色的水网系统（见图 1-2）。

图 1-2　岭南水系示意

可以说，梯形与网状，构成了岭南地貌特色。岭南，是一片有山、有水、山水交融、多元又多姿的土地。

第二节　绵长的海岸线

岭南，背山面海，拥有绵长的海岸线，有"五岭峙其北，大海环其东"

---

① 广东百科全书编纂委员会编《广东百科全书》，中国大百科全书出版社，1995，第 29 页。

② 广东历史地图集编辑委员会编《广东历史地图集》，广东省地图出版社，1995，第 97 页。

③ 广东百科全书编纂委员会编《广东百科全书》，第 396 页。

之说，故岭南亦称"岭海"。清代初年，广东按察使张渠明白地说：

> 广东之地，昔人尝以岭海兼称。即今分岭南、东、西三道，则专乎"岭"以而言。又分海北、海南二道，则专乎"海"以为言。①

显然，广东所在的地域，或称"岭南"，或称"岭海"，二者兼称，乃源于这块土地既背负着"岭"，又环抱着"海"，称"岭南"是着眼于所背负的"岭"，称"岭海"则着眼于所怀抱的"海"。近有学者，比较注重海洋文化，而建议"岭南文化"应改称为"岭海文化"②。其实，从地形地貌审视，从历史沿革考察，"岭南"与"岭海"之称，本来没有区别，只是关注的视角稍有不同而已，称"岭南"并非无视岭南地理环境的多元性，岭南背山抱海，乃客观存在，不可无视。

岭南，那绵长的海岸线，东起台湾浅滩南部，西至北部湾，南抵琼州海峡。大陆海岸线长 3368 公里（不包括香港与澳门），沿海 651 个岛屿的海岸线长为 1649 公里，广东是中国海岸线最长的省份之一③，这是它特有的地理优势。有学者具体勾画了岭南海岸线的延伸情状：

> 面向海洋的岭南地区，拥有曲折漫长的海岸线。整个岸线自粤东的汕头开始向西南方向延伸，且微向东南方凸出呈弧状，至粤西湛江转南绕过雷州半岛，由海南岛至北部湾则向北方向微凹，岸线总长度约 6096 公里。④

这，便比较完整地勾画了岭南海岸线的状况。

第三节　温和的气候

岭南，处于北纬 20°12′~25°31′，东经 109°45′~117°20′，北回归线横贯

---

① 张渠、陈徽言：《粤东闻见录》，广东高等教育出版社，1990，第 4 页。
② 韩强：《岭海文化研究》，花城出版社，2014。
③ 广东历史地图集编辑委员会编《广东历史地图集》，第 95 页。
④ 蔡鸿生：《岭南文化与海》，《岭峤春秋·岭南文化论集》（一），中国大百科全书出版社，1994，第 206 页。

中部。岭南，跨越中亚热带、南亚热带、边缘热带，其中南亚热带最为完整。这独有的气候给岭南带来别具特色的自然环境。

其一，阳光充足、高温炎热，是岭南气候的特点。岭南有"火地"之称，夏长冬短。清代范端昂在《粤中见闻》卷三中，谈及岭南气候时，具体概述称，"暖者，岭南之常"，"温多寒少"，"秋冬宜寒而或热"，"三冬往往多暖，至春初乃有数日极寒。冬间，寒不过三两日复暖"。① 岭南，由于阳光充足，没有严冬，更是早早地迎来"春暖花开"。在范端昂书中，以南海名媛刘兰雪《花朝戏以花名成诗》为例证。该诗如是说：

> 春半枝头花尽开，会喧人扑蝶飞来。
> 三眠杨柳风惊起，一睡梨花梦未回。
> 脸上薄沾红杏雨，掌中尽覆绿荷杯。
> 湘裙欲绣虞姬草，自剪梅罗带月裁。②

诗人别出心裁，以花名成诗，万紫千红、繁花绿叶的诗情画意，烘托出与岭北"千里冰封"有别的岭南春光，足见岭南春早、春暖。原属广东的海南，更是四季皆夏，有谚语曰："叶茂四时，花开八节。"岭南，这"火地"的气候，阳光充足，气候温暖，适宜万物生长，为岭南地区农业生产，以至整个经济社会的发展，带来极为有利的自然条件。

其二，气候寒暖交替，变化无常，是岭南气候的又一特点。范端昂曾说"岭南风气，寒暑不齐"，引谚语"春寒春暖，春暖春寒"为证，又说"一日之内，气候屡迁"，又引用苏东坡诗，曰"四时皆是夏，一雨便成秋"。③ 这，无不说明岭南春夏秋冬四季气候，没有太明显的区分，而阳光与雨水带来了难以预测的变化。这种气候，带给岭南人别样的生活方式与特有的思维方式。

其三，风、雨、雾、瘴交加，形成岭南特有的气候。在古代，岭南被称为"南蛮"，固然因文明的脚步迟缓，更因地理气候与岭北的差异极大。

---

① 范端昂：《粤中见闻》，广东高等教育出版社，1988，第22页。
② 范端昂：《粤中见闻》，第23页。
③ 范端昂：《粤中见闻》，第22页。

岭南夏秋多台风、暴雨，雨量充沛，加之日照时间长，气温高，农作物可全年生长。然而，岭南有危害性较大的气象灾害，其中风灾与水灾为最。此外，岭南没有一般性的季节特征，常年气温高，故出现所谓"火气常多郁积，火极则水生"，水或成"雨"，或成"雾"，或"蒸变为瘴"①，四者交织，带来的不仅是自然灾害，还会带来难以治愈的疾病。在古代，由于科技不发达与医疗水平低下，岭南地区所发生的天灾与疾病，令岭外人闻而生畏，诚然，这特有的自然环境又铸造了岭南人独有的人格与文化精神。

第四节　岭南的地缘效应

一方水土养一方人。岭南特有的地理环境，产生多元效应："多"，成为贯穿岭南古今的一道风景线；"开放"，成为岭南人的文化精神；"创新"，成为岭南人的不懈追求。

一　多元的思维方式

地理环境，是人们赖以生存的物质载体，不同的地理环境，孕育和产生不同的文化。当然，它不是人类文化产生和发展的唯一的因素，"地理决定论"过于强调地理环境的决定作用，无疑不合乎人类社会发展的历史状况，然而，地缘环境对人类文明所产生的作用，确实存在，不可否认。人们的思想、人类的文明，总是在特定的地理与社会环境中产生。

关于地理环境与生活环境对人的思想、人类文化的影响，学界早有探讨。梁启超曾这样说过："文明是一个民族应付他的环境的总成绩。"② 美国学者路丝·本尼迪克在《文化模式》中说：

> 个体生活历史首先是适应由他的社区代代相传下来的生活方式和标准。从他出生之时起，他生活于其中的风俗就塑造着他的经验与行为。到他能说话时，他成了自己文化的小小创造物，而当他长大成人并能参与这种文化活动时，其文化的习惯就是他的习惯，其文化的信

①　范端昂：《粤中见闻》，第 15~16 页。
②　梁启超：《文集》之一四，《饮冰室合集》，中华书局，1989。

仰就是他的信仰，其文化的不可能性亦就是他的不可能性。

可以说，人是在特定的社区生活，而每一个社区都有着自己代代相传的生活模式和风俗习惯，这就是特定的文化。特定的文化则是由特定的自然环境与社会环境所产生的。

同样，岭南特有的地理环境产生了岭南人特有的生活方式与风俗习惯，亦产生了特有的思维方式与文化精神。岭南地形的多元，以及水系呈网状，造就了岭南人特有的思维方式。有学者称，岭南人的思维就像网络一样散开，头绪万端，却又井然有序，俨然系统思维。① 系统思维是多元思维、开放思维，其中体现着注重整体协调、均衡和谐，而并不是非此即彼、两极对立的线性思维。这种特有的思维方式，体现在岭南人生活的方方面面。

经济生活，是人类最基本的社会实践活动，它创造人类赖以生存的物质条件；经济活动，人们必须在特定的地理条件中进行，在特定思维方式下进行。岭南人多元的思维方式主导了多样的经济活动。

其一，开展多种经营。

"以农为本"，是古代中国的基本国策。在生产力水平低下的历史条件下，人要解决穿衣吃饭的生存需求，就不得不依靠农业，"以农为本"的国策，乃因应"民生"，因应社会需求。岭南虽地处边陲，"山高皇帝远"，但岭南人不敢，也不能违背此既定的基本国策，农业耕作仍然是岭南经济活动的主要方式。诚然，史料显示，岭南人虽"重农"，却又注重多种经营，体现出岭南人在经济活动中的多元思维。岭南人不仅仅种稻，还种植经济作物，如种桑、果，还养鱼等。唐懿宗时期，段公路所著《北户录》记载了岭南人养鱼的细节。书中称："南海诸郡人，至八九月，于池塘间采鱼子着草上，悬于灶烟上。至二月春雷发时，却收草浸于池塘间，旬日内如虾蟆子状"，"鬻于市者，号为鱼种"，"育池塘间，一年内可供口腹也"。岭南人如何培育鱼种，在市场买卖，又如何由小鱼养成大鱼，而可供人们享用，书中说得形象、完整。可见早在唐代，岭南地区培育鱼种，塘鱼生产，已为社会所关注。

唐代昭宗时期，在岭南为官的刘恂，撰写了《岭表录异》，以非岭南人

---

① 胡波：《岭南文化与孙中山》，中山大学出版社，1997，第286页。

的视角审视岭南。书中记述了大量岭南的奇异，特别说到岭南人在稻田中养鱼的情景。书中如是说："鱼儿长大，食草根并尽。既为熟田，又收渔利，及种稻且无稗草。"种稻又养鱼，鱼的幼苗撒进水稻田，禾苗与鱼儿齐齐长大，鱼便是稻田中的"除草机"，能"食草根"，把田中的杂草彻底清除。于是，鱼儿因食田中之草而肥美，稻田因草尽除而丰收，田也肥沃，一举而多得。这样的种养活动，体现着岭南人在多元地理环境中产生的非单一的、发散性的思维方式。

"重农"，但不以农业为唯一，而开展多种经营，这种经济活动在岭南处处可见。岭南多山地与丘陵，务实的岭南人为了充分利用土地资源而多获利，往往在山前屋后种植果木，以及经济作物，如槟榔、橄榄、甘蔗、桑、茶、花等。

岭南人进行多种种植，史料多有记载。据《太平寰宇记》记述，唐代，有阿拉伯人在广州见到植桑的情景。方信孺在其《南海百咏》中引《南征灵》，曰："在城西十里三角市，平田弥望，皆种素馨花。"或许因多种花，广州一年四季都有花，因而得名"花城"！又如，南朝陶弘景在《名医别录》中称，广州甘蔗大如竹，长丈余，可以取汁为糖。章有谟在《景船斋杂记》中称，"闽、广多种木棉"。[①]

由于多种经营，岭南的水果，驰名神州大地，有"岭南佳果"之誉，获得世人赞许。著名的岭南佳果，有荔枝、龙眼、香蕉、杨桃、菠萝、柑橘、木瓜等。史料记载，"旧南海献龙眼、荔支，十里一置，五里一候，奔腾阻险，死者继路"。[②]岭南佳果，曾成为上乘的贡品，岭南荔枝远道运往中原，历尽千山万水，经过一个个的驿站传递。岭南佳果，实令人情有独钟，北宋诗人苏轼被贬岭南，品尝到荔枝后，无限留恋，有诗曰："日啖荔枝三百颗，不辞长作岭南人"。

其二，"重农"而不"抑商"。

岭南人，重农不抑商。岭南人除种稻之外还种花果等经济作物。但其经济活动的多元性，更多地体现在商品交换中，种植花果与其他经济作物，着眼于获利，而获利则需通过市场交换。可见，在古代，在"以农为本"

① 叶珊如等编著《商城广州》，广州出版社，1993，第 12~13 页。
② 《后汉书》卷四，中华书局，第 194 页。

"重农抑商"的大环境下，岭南人在"农"之外也十分注重"商"。

自古以来，岭南在多元种植业发展的基础上，商业活动一直很活跃。《汉书》称，番禺（今广州），"处近海，多犀、象、毒冒、珠玑、银、铜、果、布之凑。中国往商贾者，多取富焉。番禺一都会也"①，《史记》也有类似的记载。故有学者认定，"番禺城（今广州）在秦以前已成为岭南的商业都会"②，是各种奇珍异宝集散之地。

迄至唐宋，"不抑商"的岭南，商业活动更为活跃。史料记载，宋代岭南出产的物品已销售各地，如水果"被于四夷"，鱼花"鬻于市"，奇花异草远销汴京。据称，素馨花"买于市，一枚二文，人竞买之"。岭南商品活动的发展，催生了集市，当地人把集市称作"墟"。墟在宋代的广东已经十分活跃，有"晓市""晚市""鬼市"各种时段的集市。而原来的"商业都会"——番禺，继续发挥着岭南商业枢纽的功能，所交换的商品更为多样，有稻米、食盐、矿产品、木材、布匹、槟榔、瓷器等。

生活在明代中叶的陈献章，他的家乡江门，在当时已是十分繁华的墟市；在陈献章去世后，岭南的商业活动更呈迅猛发展的势头。迄至明末清初，岭南一带，农民将肥美的农田改造为"桑基鱼塘"或"果基鱼塘"，岭南传统的种植与养殖相结合的生产理念与实践得到进一步深化。在明清之际，岭南形成了既有生态文明意义又有浓重商业色彩的生产模式，使岭南农业生产率先走上商品经济之路。这，无疑是大胆挑战了"以农为本""重农抑商"的国策。这是善于系统思维的岭南人一贯利用地理环境优势，进行多种经营，"重农不抑商"，商业活跃发展的必然结果。

二 海纳百川

"重农不抑商"的岭南人，利用绵长的海岸线，以博大的胸怀，发展海上贸易，大力开展各种商业活动，其中对外贸易乃为重中之重。

史称，广东的海上交通，在新石器时代便南达菲律宾、印度尼西亚，东至日本，以及南太平洋诸岛。③

① 《汉书》卷二八下，中华书局，第 1670 页。
② 蒋祖缘、方志钦主编《简明广东史》，广东人民出版社，1993，第 46 页。
③ 方志钦、蒋祖缘主编《广东通史》古代上册，广东高等教育出版社，1996，第 137 页。

西汉时期，日南（今越南境内）、徐闻、合浦（今属广西）三地，是中国较早对外贸易的口岸。《汉书·地理志》称：

> 自日南障塞，徐闻、合浦船行可五月，有都元国；又船行可四月，有邑卢没国；又船行可二十余日，有谌离国；步行可十余日，有夫甘都卢国。自夫甘都卢国船行二月余，有黄支国。[①]

梁启超对岭南的海外贸易多有关注，他曾高度肯定在中国对外贸易中，特别指出岭南起步早，占有颇为重要的地位。他引用法国学者所著的《支那交通史》书中的说法："西历第一世纪之后半，西亚细亚海舶，始至交趾，凡二百年间，继续航行。至第三世纪中叶，支那商船渐次西行，由广州达槟榔屿"，由是而认定，"我粤人握东西交通之海运权者，垂五百余年"，广州"为全世界之重镇"。[②] 其实，梁启超所持的"垂五百年"的说法，不够准确，他忽略了《汉书·地理志》所记载的岭南属地徐闻与合浦有更早的航海贸易史。值得注意的是，梁启超强调在古代，中国海外交通的主要航线中，"有五、六而皆集中于广东，广东之为天下重可想矣"[③]。

对岭南的海外贸易，当代学者关履权有全面的概括与精辟的论述，他以番禺为例，如是说：

> 早在秦汉之时，广州已经是海外贸易的集散口岸。秦统一后，置南海郡，番禺为郡治，从此，番禺逐渐成为输入海外特产的口岸。秦末，南海尉赵佗乘机称王，成立南越国，广州是其王城，交、广皆为其所辖。这时，广州城区迅速扩展，成为中外商人贸易之处。在唐代，广州首先设置了负责海外贸易的"市舶使"，市舶使又称"结好使"，表明对外贸易是一种友好关系。由于海上贸易的发展，唐代从广州出发，经南海到波斯湾的海上航线，称为"广州通海夷道"。广州东郊的南海神庙，是隋、唐时海商出海贸易的口岸。宋代广州设置了"市舶

---

① 《汉书》卷二八下，中华书局，第 1671 页。
② 梁启超：《文集》之一九，《饮冰室合集》，第 81 页。
③ 梁启超：《文集》之一九，《饮冰室全集》，第 81 页。

司"，海外贸易的管理制度比唐代更加严密，海外贸易比唐代更加发达。宋代广州海外贸易的收课是宋政府重要的财政来源。由于广州地理条件的方便，宋代与东南亚、南亚诸国的贸易关系，在唐代的基础上更加密切了。当时东南亚和南亚与我国有贸易关系的国家，据不完全统计，已达到 50 多个，其中大食诸国（泛指阿拉伯半岛地区国家）、交趾（现越南北部）、占城（现越南南部）、三佛齐（印尼苏门答腊）、阇婆（印尼爪哇中部）等国与我国往来最多，广州是当时海外贸易的重要口岸。①

如上的概括，是对广州自秦汉至唐宋以来海外贸易发展基本线索的勾勒：岭南地区的海外贸易活动，开展得早；越往后，发展的劲头越大，势头越好。

岭南的海外贸易活动，既"走出去"，也让外国人"走进来"。早在西汉时期，"外洋各国夷商，无不梯山航海，源源而来，辐辏肩摩"②，好一番热闹而繁荣的景象！廖颙的《重修南海神庙》，也详尽地描绘了岭南与海外商人进行交易的繁荣景象，文中称：

> 胡商越贾，且万斛之舟张起云之帆，转如山之柁，乘长风，破巨浪，往来迅速，如履平地，非恃王之阴祐，曷克尔耶？西南诸番三十余国，各输珠宝，辐辏五羊，珍异之货，不可缕数。闽浙船舶，亦皆载而至，岁补何啻千万缗！廛肆贸易，繁夥富盛，公私优裕，繄王之力焉。③

大舟、风帆、重舵、长风、巨浪、珠宝、奇异之货，这一切的一切，无不彰显岭南海外贸易的兴旺景象！《重修南海神庙》文中，还记述了广州作为中国南部的口岸，江浙、福建一带的商品，也汇集于此。

为适应海外贸易的发展，政府加强了管理。据称，唐代在广州设置的

---

① 关履权：《古今联系探索广州的特点》，《岭峤春秋·岭南文化论集》（一），中国大百科全书出版社，1994，第43～44页。
② 《廉州府志》卷三三，道光十三年木刻本。
③ 廖颙：《岭海名胜记》卷一〇，广西师范大学出版社，2015。

"市舶司"，这是全国第一个海关与对外贸易的管理机构，当时与广州直接通商的国家与地区即有 20 多个，云集的外国商人多达 10 余万人；迄至宋代，与广州建立直接通商关系的国家与地区，增至 30 多个；陈献章生活的明代，朝廷在广州设立"怀远驿"，专门招待来粤进行贸易的国外贡使。①

在"以农为本"的时代，岭南人的海外贸易发展，并非一帆风顺，也曾遭遇朝廷政策的限制，然而，岭南人毅然用民间贸易的方式，继续对外通商。明代初期，政府律令规定私人一律不得出海贸易，实行"海禁"。明洪武三十一年（1398）政府下"严禁广东通番"令。明隆庆元年（1567），"海禁"开始取消；明万历年初，政府允许外国商船进入广州港，但清顺治初年至康熙二十三年（1684），政府又多次发出"禁海"令与"迁海"令，不仅禁止民众与外国人通商，还勒令沿海居民内迁。

事物发展规律总是如此，作用力越大，反作用力越大。明朝廷对海外贸易的一道道禁令，不仅没能阻挡岭南人下海的行动，恰恰相反，令愈严，出海者愈勇，人们甚至用极端的行为来对抗政府。据史料记载，在实施"海禁"期间，岭南人竟然敢于"挟大舸入海与夷市"，甚至形成海上武装贸易集团，较大规模者如嘉靖十年（1531），东莞黄秀山拥有庞大队伍，继续"入海与夷市"，被斥为"海盗"。公允地说，并非岭南人以盗为荣，而是政府逼商为寇，岭南人只是敢于以"抗命"来维系自古以来的海外贸易传统而已！

背山面海的地理环境，为岭南人进行海上贸易提供了便利，带来了多元经营，也使岭南人具备如大海那般的博大胸怀，以及开放创新的精神。对此，与中国人交往的外国人士多有记述，有学者称：

> 7 世纪以后印度、阿拉伯、波斯商人、探险家不断循着海路来到广州等口岸，留下了不少关于这些港口的珍贵记录，填补了中国文献的空白。9～10 世纪苏莱曼的《中国印度见闻录》、伊本·胡尔达兹比赫的《道里邦国志》、马苏第的《黄金草原》等阿拉伯文献对研究唐代广州与海上丝绸之路的价值早已为海内外学者所熟知，而广州也借助这

---

① 乐正：《开放优势的失落与重构——近代广州发展特征初探》，《岭峤春秋·岭南文化论集》（一），中国大百科全书出版社，1994，第 63 页。

些名著扬名世界。①

不论是中国的，或是外国的著作，都记录了陈献章生前及其生活的年代，岭南人坚持不懈地开展海外贸易，进行多种经营的历史真实。地理环境带来的效应，是何等昭然！

绵长的海岸线这一特有的地理环境，为岭南人开展海上贸易提供了条件，激发了岭南人敢为天下先的开放创新精神。关于海对人文思想所产生的影响，当代学者蔡鸿生有精辟之见。其论作《岭南文化与海》的篇首，引用魏源《楚粤归舟纪游》，道出自然环境与人文精神的关系，揭示了岭南人的人文精神与海的密切关系。该诗称：

濠镜羊城水气氲，华夷估舶自成群。
门前潮汐家家海，檐际榕棉寺寺云。②

是海，催生了岭南人的开放创新精神。蔡先生在文中引述黑格尔《历史哲学》的说法：

人被海"激起了勇气，要去超越那有限的一切。海邀请人类从事征服，从事海盗式的掠夺，但同时也鼓励人类从事商业与正当的利润"。

蔡鸿生在论作中，还以欧洲北海之滨的荷兰与地中海的意大利为例，证实黑格尔论断的正确性。文中指出，"近代的荷兰，被誉为'海上马车夫'（明朝人称之为'红毛番'），面向海洋促进了荷兰文化的崛起。意大利是资本主义的摇篮和文艺复兴的发源地，虽不能说它是天之骄子，却完全可说它是'海之骄子'（明朝人称之为'大西洋'）"③。是海，激起了人们的勇气；是海，让人们敢于去冒险，去开拓，去挑战已然而创造未然！

① 李庆新：《濒海之地——南海贸易与中外关系史研究》，中华书局，2020，第4页。
② 魏源：《魏源集》下册，中华书局，1983，第814页。
③ 蔡鸿生：《岭南文化与海》，第205页。

回眸人类历史，不论是西方或是东方，概不能外，岭南也便如此！

岭南人，得风气之先，也敢为天下先。这是特有的地理环境——面海，所赋予人的品格。海，使人有着无比宽阔的胸怀；海，激发人拥有敢于冒险的无畏精神。故岭南人务实而开放，开放而兼容，兼容而创新。"重商"而讲求实效的岭南人，大胆地、不断地张开臂膀，欢迎外来的一切事物。据报道，南越王墓出土的镂空熏炉、象牙、乳香、圆形银盒、金华泡饰等，其中金银器具，其造型、纹饰风格，明显与中国传统的风格不一样，而类似于波斯早期的饰物。

"兼收众长"，旨在"益以新创"。自古以来，岭南人的创新，比比皆是。

生活上，为适应炎热的自然环境，岭南人注重饮食的多样性与均衡。岭南人的饮食，多有兼容与创新，如除主食米饭外，还有粥、汤、凉茶、工夫茶、药膳等，并且菜色口味清淡；因有绵长的海岸带来丰盛的海产品，粤菜、潮菜都以海鲜为主要食料，连寺庙里食斋的和尚，也找出种种借口，允许食用海鲜——牡蛎。岭南的饮食格局，不同于岭北，粤菜的先汤后饭，或边汤边饭，是为调节炎热天气造成的胃口不佳而创新的饮食方式。在民间，岭南人的生活习俗、娱乐活动、建筑风格、礼仪与服饰，均敢于融入外来因素而创新。

经济社会中，为充分利用地理条件，岭南人敢于变"以农为本，重农抑商"的国策，而闯出"重农不抑商"，多种经营的新路子，岭南人尤其注重发挥海洋的优势，发展海外贸易。明清之际，由于外贸的驱动，岭南一带出现"桑基鱼塘"与"果基鱼塘"，改粮田为养殖与种植的综合基地，开创了生态农业生产模式，挑战了传统的以自给自足为目的的生产方式，在中国农业发展史上谱写了创新的华章，也开始促使岭南经济社会进入发展的快车道，一改广东的落后面貌。

学术文化上，岭南人的创新精神表现尤为突出。外来的思想学说，往往被岭南学人创新为富于岭南特色的新体系。早在汉代，中原儒学传入岭南，在苍梧广信地区便有"三陈"，即陈钦、陈元、陈坚卿祖孙三代人，他们在中华学坛崭露头角。陈钦专攻《左氏春秋》，曾为王莽讲学，其子陈元著《左氏训诂》，并提议在学宫设"左氏"课程，为当时学界所崇敬，成为岭南儒学的源头。儒道皆为先秦时期的显学，岭南是道家与道教发展比较活跃的地区。葛洪，在岭南罗浮山炼丹多年，深受岭南之风的影响，兼容了道教神仙方术与儒家的纲常名教，创立了道教理论。在佛教方面，东汉时期牟子避难到了岭南，坚守儒家立场，却又"锐志于佛道"，其著作《牟子》，开创了佛教与中国的儒道相调和的先例；继而，岭南康僧会，则沿着牟子的理路，继续将印度的教义改造为适合中国儒家传统的新佛教；迄至唐代，慧能以其"顿悟"说而创立禅宗南派，完成了岭南宗教界一直努力创新的历史使命，并成为日后陈献章创立岭南心学的思想先导。

由上足见，岭南地处边缘，特殊的地理环境，使之远离中国政治、经济、文化中心，但也正是这一特有的地理环境，铸造了岭南人敢为天下先，敢于不断开拓的创新精神，由是带来的不仅是岭南的经济社会在明清之后有快速发展，还促进了思想文化的不断创新，为中国主流文化谱写出辉煌篇章。

第二章　明代心学产生的社会环境

如果说，自然环境是人类生活的物质载体，那么，社会环境则是人类生活的舞台。人，在社会舞台上创造自己的文明，谱写华丽篇章；同时，人的一切活动，则又受到社会生活环境的制约。明代，是汉民族所建立的最后一个王朝，为巩固政权，统治集团在政治上进行高度集权，但在经济社会，则不得不启动各种改革，以促进工商业的发展，客观上松动了"以农为本"的国策，引发中国社会开始转型。地处边远的岭南，在明代各种改革催化下出现"重商"的社会经济现象，铸造了岭南学术流派的大舞台、大环境。社会转型的时代新声在岭南地域率先发出，以陈献章、湛若水学术为核心的明代心学应运而生。

第一节　明初的社会改革

陈献章生活在明代中叶，明王朝已开始由盛而转衰。虽经历了仁宗与宣宗时代的升平时光，但陈献章的大半生却是在政治不稳、官场黑暗、社会动乱的时日里度过。他生活的那个年代，是中国社会开始转型的时代，是广东即要告别落后而迈向先进的时代。明初的社会改革，为中国社会带来了整体性的深刻的影响，尤其为广东带来了社会的价值取向的变化，也为陈湛心学的创立营造了必备的条件。

一　太祖的"民本"观念意识

明代的开国天子朱元璋，于 1368 年立国，国号为"大明"，年号为"洪武"。朱元璋即位 31 年，自以为"忧危积心，日勤不怠，务有益于民"[1]。出

---

[1] 《明史》卷三，第 55 页。

身低微的朱元璋，颇有民本观念，曾曰：

> 天以子民之任付于君，为君者欲求事天，必先恤民。恤民者，事
> 天之实也。即如国家命人任守令之事，若不能福民，则是弃君之命，
> 不敬孰大焉？①

又曰：

> 为人君者，父天母地子民，皆职分之所当尽。②

古代中国，"皇帝"即"天子"，意即是上天委派来统治民众的。诚然，
传统儒家提出"民本"理念，强调"民为邦本"，认定"天视自民视"，
"天听自民听"，上天的意向与命令，无不来自民。朱元璋所言"事天"而
"必先恤民"，注重"福民"，"务有益于民"，完全是坚持了"独尊儒术"
的治国理念。基于此，为建基立业而劳心劳力，首先他出动各路大军，征
讨地方势力，营造良好的社会环境，又采取一些措施，以造福于民。《明
史》称：

> 初，太祖设养济院收无告者，月给粮。设漏泽园葬贫民。天下府
> 州县立义冢。又行养老之政，民年八十以上赐爵。复下诏优恤遭难兵
> 民。然惩元末豪强侮贫弱，立法多右贫抑富。③

明初那些恤民惠民举措，彰显着一幅大同社会的美景，凸显了开国之
君的民本指向。这，或许就是明代社会改革的些许初衷，或许就是儒家一
贯宣扬的"得民心者得天下"的实施，或许就是孟子的扩充"仁心"而实
施"仁政"。

洪武二十二年（1389），朱元璋基本完成了重构封建大一统的历史使命。

---

① 《明史》卷三，第44页。
② 《明史》卷三，第44页。
③ 《明史》卷七八，第1880页。

至明仁宗与宣宗时代，社会已经出现升平之景况：征战结束，弥漫已久的战争硝烟一扫而尽；求贤纳谏，一改政治风波迭起的局面；经济社会，一改以往的暴敛政策，"与民休养生息"；注重教育，兴办学校，培养人才。这一切的一切，离不开自明太祖以来几代国君的治国理念，以及实实在在的改革措施的实施。

二　政治层面改革

明代对官制进行了改革，这是政治体制上对权力分配的调整。针对元代官制的弊端，官制改革着重在中央与地方两方面进行，旨在加强中央集权。

（一）中央官制的改革

主要是废除中书省丞相制度，提高吏部、户部、礼部、兵部、刑部与工部六部的职权，使各部能分任朝事，各部的运作由皇帝直接指挥，绝对听从皇帝的指令。如此改革，无疑是为了消除丞相对皇权的威胁，而有利于强化皇帝的集权统治，使封建统治在制度上得以保障。

（二）地方官制的改革

主要是实行地方的三司分治，即在行中书省里设布政使司、提刑按察使司与都指挥使司，三司分权鼎立，重大政事，须召开三司会议研究，决策与号令权，不在地方，而统归中央，目的是要在制度上确保中央的集权。

不论是地方还是中央的官制改革，都是为了解决元代的官制所带来的地方长官或中央丞相个人的权力过大的问题，把民权、军权与财权，统统收归中央，集权于皇帝。这，无疑是要加强最高领导者对地方、对个人的钳制，从而实现中央集权的重构与巩固，为明代社会的繁荣与发展提供制度保障。

（三）选贤为官，整饬吏治

明代的政治层面改革，不局限于官制，还在多方面展开。

朱元璋总结了元代沦亡的教训，认为其原因在于官员沉溺于"逸乐"，由"逸乐"而"侈"，于是便不思进取，玩忽职守，作奸犯科，结果是"善道不立而刑部顾"①。为改变元代官场的弊端，洪武元年（1368）开始，朝廷注重选"天下贤才"，担任各级官职，并以"通晓治理、廉洁"为选拔的重要条件。注重培养新任的官员，特别注重对他们道德品格的教育，强调"数数开谕，导引为政"，"必先养其廉耻，而后责其事功"，让他们懂得"不为私欲所蔽"，而要为民多做实事，切不可"安享爵位，优游富贵"。社会，是人的社会，社会的管理，终究依靠人。明代注重了对官员的教育与培养，以造就一支能贯彻政令的队伍。这无疑是明初改革能够推行、明王朝能迅速进入盛世的关键。

（四）严惩贪腐，实施廉明政策

为了整饬吏治，既要依赖贤才，同时还得清除官员队伍中的贪腐分子。明初，朱元璋采用残酷的刑罚，来严惩贪官。据史料记载，朱元璋对贪官的处置，大致分了四等，最严重者"置之严典"，其中规定凡其赃超过 60 两者，则要斩首示众，还要剥皮实草，并于官府公座旁各悬一剥皮实草之袋以警示。此外，还有挑筋、去膝盖、断手、剁指、刖足等各种酷刑，形成极大的震慑作用。朱元璋整饬吏治，赏罚分明，功过不掩，该惩处者不论亲疏、级别，一概不得姑息，如跟随征战、屡立战功的一些将领，敢于"不法"，也要受到惩处。②

检控与警示，是明初政治改革的又一举措。朱元璋有令，准许地方百姓上京直接指控贪腐的地方官员，或直接拿送犯事官员上京师；不许替贪官隐匿赃物，"首告"的知情者可免除"交结之罪"等。朱元璋又颁行《大诰》，其序曰，"今将害民事理，昭示天下，诸司敢有不务公而务私，在外赃贪酷虐吾民者，穷其源而搜罪之"③。《大诰》把全国各地的犯罪事例，以及惩处的严刑峻法，公布于天下，使官民警醒，齐齐行动起来。这种种措施，无不有利于民众对官员的监督与揭发，有利于政治开明，这也属于政治层面的改革。

① 《明史》卷七二。
② 方志钦、蒋祖缘主编《广东通史》古代下册，第 90~91 页。
③ 方志钦、蒋祖缘主编《广东通史》古代下册，第 90 页。

三　经济层面改革

明代，力度大、成效卓著的社会改革，可以说主要在经济层面。任何时代的政府都会明白，政权的巩固、社会的稳定，都需要有一定的物质基础，要让民众有饭吃，有衣穿。明王朝，不能达到对社会发展规律有自觉把握的境界，却能不自觉地依循着这一规律，出台种种措施，进行经济领域的改革，为政权的巩固与社会的发展奠定物质基础。明初经济改革的主要措施，有如下方面。

其一，兴修水利，移民屯田垦荒。

在"以农为本"为国策的时代，农业是立国之基，是国家的命根子，百姓的菜篮子。明代的统治者，也深谙这一道理，为加速农业的发展，朝廷出台了种种兴农政策，并取得斐然的成效。

明初，实施移民屯田。据《明太祖实录》的不完全统计，洪武元年至十六年（1368~1383），全国新开垦土地达1805200余顷[1]。至洪武二十六年（1393），全国的土地总面积比元朝末年增长了四倍多[2]。洪武二十八年（1395）统计，"是岁开天下郡县塘堰凡40987处，河4612处，陂渠堤岸5048处"[3]。

明初，朝廷还兴修一批较大规模的水利工程，如江南和州铜城堰闸，广西兴安县灵渠，上海胡家港，陕西泾阳洪渠堰，福建长乐海堤、崇明堤、海门堤、浙江临海横山岭水闸、宁海奉化海堤、溧阳银墅东坝河道等。

在农业文明时代，土地面积的拓展，以及水利的兴建与修建，为农业生产增长提供了坚实的基础，而农业生产的发展，带来了国家丰厚的财政收入。据统计，洪武二十六年（1393），国家岁入粮为32789800余石，比元末增长约两倍[4]。这，为新生的国家奠定了坚实的物质基础。

其二，减税，改革货币与工匠制度。

在"以农为本"国策下，"重农抑商"是一贯的策略；"重税"，则是历代"抑商"的主要手段。宋以来，工商业有了较快的发展，商品经济开

---

[1]　吴晗：《明初社会生产力的发展》，《历史研究》1955年第3期。
[2]　傅衣凌主编，杨国祯、陈支平著《明史新编》，人民出版社，1993，第92~93页。
[3]　傅衣凌主编，杨国祯、陈支平著《明史新编》，第93页。
[4]　傅衣凌主编，杨国祯、陈支平著《明史新编》，第95~96页。

始活跃，虽然中国不能像西方那样快步走出中世纪而发展资本主义，但是经济社会的发展大势，迫使明朝廷不得不变动一贯的抑商之策，于是政府先后出台一些保护工商业的措施，具体有如下方面。

首先，采取减税与免税政策，直接使工商业发展得益。针对元代的重税制，明代采取了轻税制，出台"凡商税，三十而取一，过者以违令论"①，"田器等物不得征税"，"嫁娶丧祭之物，舟车丝布之类皆勿税"② 等律令，不仅把税率降低，还对一些关乎民生的商品予以免税，并明令对减税政策不得违抗，否则将受到惩处。这，无疑为一直受压的商家松绑了，为工商业的发展营造了较为宽松的环境。

其次，改革货币，完善商品流通手段。货币，是商品流通手段。明初，针对元末交钞混乱、不利于社会经济发展的局面，朝廷采取改革货币的措施，具体是铸造"大中通宝钱"，印造"大明宝钞"，发行了铜币和纸币，允许宝钞和通钱同时流通，并禁止私人铸造货币；采取统一货币政策。与此同时，扩大货币的流通范围，命令"商税兼收钱钞"，田赋亦可交折色钞，"天下有司官禄米皆给钞"③，货币被普遍使用，一改自然经济条件下以货易货的传统，大大有利于市场交易，促进了工商业的发展，同时也便利百姓生活。

再次，改革工匠制度，解放生产力。尽管明代依然把工匠另立匠籍，"役皆永充"，工匠服役的规矩不变，但由于废除匠户长年服役制，改亲身充役为征银代役，并准予其"休工"时可自主谋生，这也就放宽了对工匠人身依附关系的限制。解除了人身束缚，在某种程度上，解放了生产力，有利于手工业商品化发展，并促使一部分手工业者走向独立经营之路，由是培育出更多的工商业者。

其三，实行海禁与朝贡贸易。

实行"海禁"，是明代新的对外政策，旨在消除海外反叛的隐患，以营造安全的周边环境。政府着眼点在国家安全，而实行"海禁"，不允许民众出海贸易，也不允许外国人在中国进行私人贸易，实质是限制民间进行海

---

① 《明史》卷八一，第 1975 页。
② 《明太祖实录》卷三〇、卷一三二，第 1975 页。
③ 《明史》卷八一，第 1967 页。

外贸易活动，因而社会经济发展难免受到影响。

在实施"海禁"的同时，明王朝则又倡导"朝贡"贸易，允许外国官方派人员朝贡时，携带货品与中国官方交易。为招徕更多的朝贡对象，洪武二十八年（1395），朝廷"命使出疆，周于四维，历诸邦国，足履其境者三十六，声闻于耳者三十有一，风殊俗异，大国十有八，小国百四十九"①。永乐年间，六下西洋的郑和，足迹远及南洋（今东南亚）、阿拉伯与非洲，与大批国家建立起朝贡关系。至成祖晚年，"受朝命而入贡者殆三十国"②，显然，"朝贡"这一举措，是在限制私人对外贸易之时，扩展了官方的对外贸易。朝贡贸易的发展，不仅展示了明代外贸的势头，还维护了中国作为"泱泱大国"的国际地位，可谓一举两得！

第二节　改革的双重效应

明代的社会改革，力度颇大，成效卓著，曾为明代带来兴旺的局面，但也伴随着社会危机。

（一）官制改革产生的双重效应

一方面，中央集权加强，为明初带来兴盛；另一方面，皇帝大权旁落，宦官弄权，导致社会不稳定。

可以说，太祖和成祖初步打下了明王朝的基业。至仁宗、宣宗时期，明王朝已经进入鼎盛期，足见明初开始的改革，其成效卓著。这，首先得益于官制改革。官制改革，使皇帝权力高度集中，令行禁止，有制度保障使各项措施颁发后得以落实；官制改革，使各个部门职权分明，各司其职，政令实施易于落到实处；官制改革，省去了许多中间环节，中央与地方直接沟通，提高了办事效率。这些或许便是官制改革给社会带来的正面效应，也是明朝迅速进入鼎盛期的重要原因。此外，明初朝廷实施整饬吏治的种种措施，有利于营造开明的政治氛围，由此而获得民众信任。总的说来，明代政治层面的改革，"旨在维护高度封建中央集权专制统治"，使社会

---

① 《明太祖实录》卷二四二。
② 《明史》卷七，第105页。

"相对稳定"①，应该说，朝廷改革的主观愿望，得以实现。

事物并非线性的发展，而总是错综复杂的。官制改革，有积极的正面效应，也有消极的负面效应。陈献章生活的年代，正是明代由昌盛走向衰落的历史阶段，他目睹了因皇帝大权旁落而出现的宦官弄权，如王振弄权与汪直擅权等。明代由盛而衰，正是明王朝官制改革负面效应的显露。可以说，陈献章见证了明代改革的两面性。

官制改革的负面效应，乃客观存在，具体显露在如下方面。

其一，宦官王振弄权，一改既定政策。

据《明史》记载，宣宗年间，年幼的皇帝，得到"三杨"的辅佐，"三杨"即三位老臣杨荣、杨士奇、杨溥。当时，朝廷已暂时结束了对外的征战，一扫弥漫已久的战争硝烟；朝廷求贤尚纳谏；"与民休养生息"，改革暴敛政策；注重教育，培养人才等，朝廷尚能继续推行既定政策。然而，好景不长，宣宗年间，高层官员"挟妓玩乐"，君臣沉溺于升平娱乐，丑闻频传；土地兼并加剧，赋税加重，流民现象日益严重。

宣德十年（1435），宣宗病死，九岁的皇太子朱祁镇继位，是为英宗。宦官王振因被英宗所宠，而肆意干政。据《明史》记载，王振弄权首先从剪除异己势力开始，向有功之臣开刀。他"导帝用重典御下，防大臣欺蔽，于是大臣下狱者不绝"②，连有功之"三杨"也难自保。王振一面打击异己，一面培植私党，宫廷纷争四起，人人自危。

其二，宦官弄权，激化矛盾。

王振弄权，造成民族矛盾激化，以及宫廷争权，社会混乱。手握大权的王振，发起对少数民族的征伐，激起了边远地区少数民族的反抗，北方蒙古族也趁机扩张势力。正统十四年（1449）七月，瓦剌部借口供马被减值，发兵四路大举进犯。英宗受王振要挟，被迫出征，八月中旬因战败而被俘，50万大军几乎全军覆没，史称"土木之变"。

土木之变，英宗被俘，在"天下不能一日无君"的封建时代，朝廷内外一片混乱。为控制局面，皇太后命英宗的异母之弟郕王朱祁钰监国即皇帝位，是为景帝，年号景泰。

---

① 方志钦、蒋祖缘主编《广东通史》古代下册，第 38 页。
② 《明史》卷三四〇，第 7772 页。

景泰元年（1450），明朝兵部尚书于谦调集地方兵力反攻，瓦剌不得不求和，并送返英宗。景帝尊英宗为太上皇，却对其进行软禁。为巩固既得的皇位，景帝立儿子朱见济为太子，又不惜以重金与爵位拉拢大臣。景泰八年（1457），英宗乘景帝病危之机，一举复辟，重登皇帝宝座，改年号为天顺。英宗重用有夺门之功的宦官曹吉祥等，而景帝时期的一批忠臣于谦等，随即被杀或被贬。于是，一度平息的统治集团内部的政治风波再起。天顺年间，官场黑暗，争权夺利，招权纳贿，宦官势力再度膨胀，国家元气大伤。

天顺八年（1464），英宗去世，太子朱见深即位，是为宪宗，年号为成化。宪宗即位23年，有功有过。《明史》记载，宪宗即位后，"上景帝尊号，恤于谦之冤，抑黎淳而召商辂，恢恢有人君之度矣。时际休明，朝多耆彦，帝能笃于任人，谨于天戒，蠲赋免刑，闾里日益充足，仁、宣之治于斯复见"①。这是说宪宗即位后，能拨乱反正，启用可用之才，实施惠民政策，使一度陷入动荡混乱状态的社会再由"无序"而复归"有序"，重现仁、宣两朝的升平景象。《明史》在对宪宗的政绩加以肯定的同时，也直言其在位期间对汪直的重用带来的恶果："顾以任用汪直，西厂横恣，盗窃威柄，稔恶弄兵。夫明断如帝而为所蔽惑，久而后觉，妇寺之祸固可畏哉。"②

汪直不仅窃取了皇帝的"威柄"，还借机组织特务机构。成化十三年（1477），汪直组建了"西厂"，其名与永乐年间的"东厂"相对应，而其势力则比东厂有过之。西厂干预的事甚多，势力极大，上至朝廷大事，下至民间琐事，无不干预，甚至能"不俟奏请"，逮捕朝官，为所欲为，于是激起宫廷之争，人人自危。汪直对与之狼狈为奸者则加官晋爵，其淫威令朝官望而生畏。《明史》称，"直每出，随从甚众，公卿皆避道"③。

常言道，"物极必反"。当汪直的势力膨胀到极点之时，也就是其威势走到终结之日。当时世人称"知有汪太监，不知有天子"，足见汪直已凌驾于宪宗之上，其手中的权力膨胀到了无以复加地步，皇权受到了威胁。宪宗开始意识到手中大权已经旁落，便开始疏远汪直，最后在朝臣的压力下

---

① 《明史》卷一四，第181页。
② 《明史》卷一四，第181页。
③ 《明史》卷三〇四，第1779页。

宪宗罢免了汪直。可以说，官制改革的负面效应，最突出的是宦官弄权，其隐患导出一幕幕的丑剧，致使明代社会陷于重重危机之中，社会的兴盛与繁荣不再。陈献章的大半生，便是在这种激烈动荡的社会中度过。

（二）经济改革的双重效应

如果说，明代社会改革的双重效应，在政治层面上显露得淋漓尽致，那么，其在经济层面上的双重效应，则表现得更明显。这集中体现在商品经济得到发展，已有的社会制度既巩固，又开始解体。

一方面，改革加快工商业发展，为明王朝的巩固奠定了坚实的物质基础。

明代的一系列改革，事实上是为商人"松绑"，也为劳动者争得人身解放，于是大大加快了工商业发展的步伐，促进了经济社会的发展。在明初，传统的手工业如纺织、造船、制盐、陶瓷、开矿、冶铁等，得到了恢复与发展。生产与流通的发展，催生了一批繁华的城镇，如北平、南京、扬州、苏州、杭州、广州等。这一切，无疑为明代的强盛奠定了厚实的物质基础。

另一方面，改革催生了新的生产关系，培育了时代的启蒙新声。

如前所说，改革的各种措施出台，加快商品经济的发展，也就有利于中国资本主义的萌芽与发展。税制改革，为商人"松绑"；货币改革，有利于商品流通；工匠制度改革，解放了商品生产的劳动力；商品经济的发展，等价交换原则，激发人们的自由、平等意识等。从社会历史发展的高度上审视，不难发现明初的改革确实给当时的社会注入了新的因素，这些新的因素，实际上是在催化封建社会制度的解体。

可以说，明初的社会改革，是一种二律背反的辩证运动：既为封建大一统的巩固与发展，提供了物质基础；又为封建大一统的终结，准备了必备的条件，这便是深层面上的、致命的、双重社会效应。应该说，在这双重效应中，前者是明代统治者的主观期盼，而后者则是明代统治集团始料未及的客观结果，并非其主观意愿。诚然，历史总是循着自身的规律发展，而不以人的主观意志而转移。明代心学，也就是在这样错综复杂的历史大背景中问世，当然，它的产生也有着岭南地区特定的小背景。

第三节　改革的岭南效应

明代的改革，在岭南发酵，其效应尤为明显。一方面，改革给岭南带来了发展的机遇；另一方面，岭南与全国各地一样，在集权的高压下各种社会矛盾被激化。总体上看，前者为主导。

如前所述，由于地理环境及其他原因，广东远离中国的政治、经济中心，社会发展起步晚。唐代，广东籍名相张九龄开阔了位于粤北南雄的梅岭通道，方便了广东与岭北的沟通，带来了社会经济较快的发展。此外，由于北方战乱，曾有几次较大规模的移民进入广东，也为广东社会注入了活力。陈献章的祖上便是因金人南侵而从祖籍河南迁入广东的。南宋末年，更有大批移民随皇帝赵昺南逃，由浙入闽，由闽入粤。北方入粤的移民为广东带来了新的水田的耕作技术，促进了当地的各方面发展。因而自唐宋以来，广东社会开始改写"荒蛮"的历史。迄至明代，广东社会发生了积极的、根本性的变化，开始由落后向先进迈进，逐渐充当着中国社会转型急先锋的角色。

一　改"道"为"省"，得中央更多关注

洪武二年（1369），为强化中央集权，朝廷在地方管理上，改"道"为"行中书省"，并在行省内设"三司"，广东成为全国十三"行中书省"之一，管辖的区域扩大。

改制后，广东的辖境共置 10 府，统辖 8 州 75 县。除原有的岭南道（广州、南雄、韶州三府）、岭东道（惠州、潮州二府）与岭西道（肇庆、高州二府）外，增加新隶属的海北道（雷州、廉州二府）和海南道（琼州府）。之后，又增添罗定道（罗定府），广东的管辖规模甚为可观。这无疑为广东建立了更大的发展平台，为广东的经济与文化发展提供了更多的自然资源与人力资源。

改制后，远离中原的岭南，得到了中央政府的关注。明初，太祖朱元璋对处于边远地区的广东比较重视①，注重选贤才派往广东任官，他说"粤

①　嘉靖《广东通志》卷七，嘉靖年间刻本。

人去京师万里，文武大吏得贤为急"，将其选拔贤才治国的策略贯彻于岭南。置省之初始，朝廷即委派周祯担任广东行省参政。周祯，是中央的要臣，有"中台侍书国名卿"之誉，曾于洪武元年任刑部尚书，参与多种律令的制定。洪武年间，遵循朱元璋关于"岭海在京师数千里外，方面之寄惟得重臣以授之，庶可以辑宁其人"，"凡政事之施，宜恩威并济"，"惟恩不流于姑息，威不伤于刻暴则政事自举，民生自遂"的意旨，先后委派到广东任行省参政的多人，皆为朝中的重臣如周祯、汪广洋、刘仁、郑九成等，他们在执政期间，大都能加强岭南与中央政府的沟通，注重地方建设，并关注民生。这无疑是中央政府对岭南的器重，在中央集权的时代，这种"器重"，对广东的快速发展极为有利。

经济社会的发展，如果说，资源与人力，是发展的硬件，那么，人才、治理的方略等，则是发展的软实力，二者缺一不可。明代的改革，在岭南的明显发酵，首先得力于这些方面。

二 耕地扩展，水利兴修

洪武元年（1368），中央政府下诏鼓励民间垦荒，予以三年免赋的优惠，并在各地设立卫所进行屯田。改道后，各级地方官员积极贯彻，成效斐然。

据记载，明初至陈献章生活的年代，明代广东大量开垦土地，据统计洪武十年（1377），南雄府垦荒廓地 5000 余亩；成化初年，廉州府筑石陇土城 140 丈，安置 200 多户游民，以垦荒为业；天顺二年（1458），英德县垦荒，使全县增加十二图；成化五年（1469），韶州垦田增加 59 万亩；弘治三年（1490），泷水开荒 9 万亩。[①]

鉴于广东地形的多样性，水利兴修各异，大致是"高田用堰坝，低田用圩岸，平田用陂塘"。据统计，明代，广东兴建的水利工程共 1166 宗，其中堤围 350 条，陂 486 处，塘 131 口。初步形成"陂塘"、"堰堤"与"堤围"组合而成的水利系统，极富岭南特色。水利的兴修，不仅消除了岭南作为多元地形之域的涝旱之害，还为农业的发展提供了条件。

在望天吃饭的自然经济条件下，农业是社会经济的支柱，而农业的发

---

① 蒋祖缘、方志钦主编《简明广东史》，第 194~195 页。

展离不开土地与水利。明代的屯田垦荒政策，刺激了农民的生产积极性。可以说，明代的广东，正是在这样政策的鼓励下，耕地面积得到扩展，水利兴修，加之南宋末年江浙移民带来的耕作技术，这一时期农业生产有了长足的发展。农作物的品种增多，粮食生产，由一熟增为两熟，甚至三熟，产量大增，开始成为"多谷"之省，殷实之省。

无须讳言，从统治者的主观意图来说，坚持"以农为本"，发展农业，是为了解决"民以食为天"的根本问题，以巩固其政权。然而，农业的发展，农产品的丰富，于是便有了更多的剩余产品进入市场，商品交换随之活跃，农业即进一步商品化，于是催化了商品经济的发展。广东社会在农业发展的基础上，一步步迈上发展商品经济之路。这，无疑是当政者始料未及的。

三　商业活跃，城镇崛起

明代改革，使岭南的社会经济日趋商品化，越来越偏离"以农为本"的基本国策，大有率先突破自然经济之势。

首先，农业的商品化，日趋明显。

明初，太祖曾颁布《教民榜文》，鼓励民间种植经济作物，如"种桑、麻、枣、柿、棉花"，认为这些作物除了解决自家的衣食，还能"买钞"①，带来较可观的经济效益。地处亚热带的广东，素有多种经营的传统，在新政策的感召下，民众充分利用自然环境的优势，大力发展经济作物的种植。除朝廷号召种植的品种之外，还生产甘蔗、水果、香料、席草、茶叶、蔬菜等，此外还发展塘鱼等。其中水果荔枝、龙眼、柑橘、菠萝、香蕉、木瓜、杧果、橄榄、椰子等的生产，已成为广东人重要的经济来源。明万历年间，从澳门进入广东的传教士利玛窦，便见证了广东盛产水果的历史。他在回忆时曾说："中国人有很多欧洲人从未见过的水果，它们全部生长在广东省和中国的南部。当地人把这些水果叫作荔枝和龙眼，味道大都十分鲜美。"②

明末学者型诗人屈大均，在其有大百科之誉的《广东新语》中，具体

---

① 李龙潜：《明清经济史》，广东高等教育出版社，1988，第 93 页。
② 方志钦、蒋祖缘主编《广东通史》古代下册，第 19 页。

记载了富于岭南特色的贡品——荔枝的经济价值。书中称"粤人以荔枝、龙眼为业，随土壤所宜种之"，品种繁多，仅湛若水的家乡增城沙贝，荔枝品种"自挂绿以下数十种"，"岁收数千万斛，贩于他方"①。书中又记载东莞人"多种香，祖父之所遗，世享其利。地一亩可种三百余株，为香田之农，甚胜于艺黍稷"，东莞香料"岁售逾数万金"②，其经济效益，极其可观。这些记载，无疑说明当年的广东，已开始超越传统，而迈向农业商品化之路。

其次，手工业的快速发展，昭示着商品的丰富。

由于明代改革了工匠制度，手工业生产的条件得到了一定程度的改善，从而有了较快的发展。以农作物为原料的丝织、棉麻纺织、制糖、制席、制葵等，已有较快的发展。据记载，潮州、南海、顺德、佛山和广州，纺织业都比较发达，经济效益也可观。以丝织为例，"广蚕岁七熟，闰则八熟"，"计一妇之力，岁可得丝四十余斤"；"计地一亩，月可得叶五百斤，蚕食之得丝四斤。家有十亩之地，以桑以蚕，亦可充八口之食"③。由种桑而养蚕，进而缫丝，一家八口，可以丰衣足食。在岭南，传统的农业已渐向手工业转型，商品化开始萌芽。

农产品的丰富，以及大量地投放市场，必然驱动手工业的发展。

在明代中后期，以非农作物作为原料的手工业，如冶铁、陶瓷、造船、采珠等，也得到较快发展。如造船，不但种类多，而且技术高，船体积大，载重量多，功能好。广东，在明代已发展为全国著名的造船基地之一，与福建齐名。明代，广东还成为全国主要盐业基地之一，盐场由元代13场，扩展到29场；中央政府进行盐税改革，允许广东的盐课一律改征白银，盐产品可以直接投放市场，促进了盐业生产的商品化。明代前期，广东的陶瓷生产也有所发展，阳江、潮州、佛山、东莞等地陶瓷业已有一定的规模，产品以日用的碗碟为主，砖瓦的生产也随着社会的发展而发展。冶铁，以佛山为最，规模大、品种多、工艺讲究。明成化、弘治年间，佛山"居民大率以铁冶为业"。至景泰年间，佛山祖庙附近，出现多处铸造炉房，"佛

---

① 屈大均：《广东新语》卷二五，中华书局，1985，第662、663页。
② 屈大均：《广东新语》卷二六，第674、677页。
③ 屈大均：《广东新语》卷二四，第587页。

山商务以锅业为最"①，此为广东手工业的发展之一斑。

再次，墟、市与城镇崛起，商业日趋繁荣。

明代广东经济商品化，必然催生出商品集散地——墟、市、城镇等。

广州，中国的南大门，自古即为商埠，唐代已成为中外商品的集散地，迄至明代，即成为中国对外贸易的重要口岸。洪武三年（1370），朝廷实行朝贡贸易的政策，设宁波、泉州与广州三市舶司，至永乐三年（1405），"诸番使益多"。当年，广州对外贸易设怀远驿于西关十七铺蚬子步，有房舍120间，用以接待外国贡使及随行人员，足见朝贡贸易规模之大。明初实行"海禁"，不许民间进行海上贸易。永乐年间，郑和六下西洋，其中有两次从广东启航，受郑和下西洋的影响，诸国乐于与中国"互市通商"，政府的贡贸政策也有所放宽，除官方掌控部分珍贵品的贸易大权之外，一般货物允许民间贸易，于是外国商品在广州的流通量大增。即使在"海禁"期间，广东人也敢于冒险出海，民间的海上贸易始终没有断绝。可见，明代广州的对外贸易虽一度出现低谷，但仍然具有自身的优势，并呈日盛之势。

自古即是商都的广州，在明代不仅是对外贸易的重要港口，同时也具备国内贸易的优势。全国各地的商品，如布匹、丝织品、陶器、漆器、锡器、藤竹木器、糖果、香料、药材、成药等在广州集散。各行各业的商店林立，还有种类繁多的、带专业性的称作"栏""行"的集市。

为适应商业发展的需要，广州在明代进行扩城。洪武十年（1377）开始，朝廷命永嘉侯朱亮祖对旧城进行改造，首先将东、南、西之城连成一体；继之"拓北城八百余丈"，越秀山划入城内，并在其上建镇海楼。经改造后的广州，北起越秀山，南至珠江，"城周三千七百九十六丈，计一十五万一百九十二步"②，而成为更具规模的中国南方商业中心。

商业发展，催生了许许多多的乡村墟市，一些墟市进而发展为城镇，较具规模的有江门、佛山等。陈献章幼年开始，便生活在颇为繁荣的圩镇——江门，其五言诗《江门墟》，便描写了当年情景："十步一茅椽"，"过鸟避墟烟"，一片兴旺景象，那正是明代岭南商品集散地的真实写照。

四 社会动乱，危机隐伏

地处岭南的广东，改革的成效最为卓著，而广东改革的两重效应，同样也十分明显。明代，广东与全国一样，经济的发展带来了社会的繁荣和改善了民众的生活，同时，也潜伏着危机，带来社会的动乱，具体可概括为三个方面。

一是官员贪腐严重。自永乐至宣德，在改革中崛起的广东，社会颇为殷富，被官吏视为甚有油水可捞的"肥肉"。贪官污吏者多"以黩货殃民为常事"，"多为不法"，他们为官总是由"贪"而"富"，腐败之风颇盛，为广东社会埋下了动乱的种子。

二是赋税、徭役的征收愈来愈滥。如原来的均徭法仅征人差，而陈献章生活的弘治年间，则衍为力差与银差两类，加重了对百姓的盘剥；如疍民①社会地位极低，备受歧视，明朝所设的河伯所，专管疍户，征收渔课，疍民不仅承受着繁重的渔税，还在买卖中常常受着官吏与豪绅压价的欺凌，忍受着多重的压迫，生活负担越来越沉重。

三是地主豪绅强取豪夺。据史料记载，宣德年间，在沿海围垦沙田，按政策规定新垦之田的所有权归开垦者，并受到保护，但当地豪绅仗势欺人，为非作歹，他们"指东谓西，以母子相连"为借口，强占民田，更甚者则有为夺田而杀害田主，百姓的权益得不到保障。

如上的种种，说明明初的改革，使广东的经济有了快速的发展，但民众在生活有一定改善的同时又经受更残酷的盘剥。生活在死亡线上的民众，不得不铤而走险，被迫起义。社会危机四伏，各种矛盾交织，渐渐酿成社会动乱。

正统十三年（1448），黄萧养领导起义，拥兵10余万、战船1000余艘，② 号称"顺民天王"。黄萧养，南海县冲鹤堡人，出身贫苦，因"行劫"入狱，"问以海洋强盗罪"，在狱中谋划越狱。是年九月，越狱成功后，即转入水道，与官兵抗争。对黄萧养起义，屈大均的《广东新语》有一段记述：

---

① 疍民，指以船为家的水上居民。
② 黄萧养起义可见于多种史料，对其规模及装备均有不同的说法。

　　黄盗名萧养，初为盗下狱，卧榻枯竹生花，诸囚以为祥也，萧养
乃率囚越狱。纠集战船数百艘，直犯广州。于五羊驿僭位，称东阳王，
改授伪官百余人。珠江之南，有伪南汉离宫故址，增筑居之。船抵五
羊门外，其手下衣貌与同者数十人，官兵莫能辨，乃以响箭向天射，
萧养仰视，一箭直贯其喉，堕水死，其众尽降。于是广州始作外罗城，
今南面新城是也。海寇之雄，莫过萧养，前有曾一本，后有刘香，皆
力攻广州弗克，盖当盛世则然。[①]

　　尽管屈大均称黄为"盗"，但在字里行间，则流露出莫名的敬佩。事实
上，黄萧养所领导的起义，事发于正统十三年（1448），成化三年（1467）
失败，共坚持了 20 年之久，致使官兵伤亡极大。足见，黄萧养起义，其规
模之大，持续时间之久，民众基础之深，社会影响之大，在明代确实是空
前的。这，正是当时广东社会矛盾激化的结果。这次起义尽管失败了，但
已迫使明朝政府不得不采取一些让步的政策。

　　综上所述，陈湛心学产生的时代，是明代改革的时代，也是中央政府
高度集权与高压的时代；明代的广东，在全国改革的大背景下，社会发展
迈开了大步，出现预示中国由农业经济向商品经济转向的新动向，同时，
又面临种种社会危机。陈湛心学，正是在这一复杂，却又呈现曙光的历史
背景中产生，它体现出一种叛逆性和非传统性，发出了时代新声，但又不
能彻底摆脱时代的烙印。这，正是明代广东特有社会环境复杂性的折射。

第四节　明代社会思潮孕育的背景

　　文化，是时代的产物，文化的发展又有着自身的发展逻辑。明代心学
的产生，既是岭南特有的地理环境与社会环境的产物，也是中国人文思潮，
以及岭南文化自身发展的结果。因而，我们在探讨明代心学时，不得不关
注，由社会改革所带来的中国开始迈向非单一经济的大背景，以及由是所
产生的人文思潮的状况；不得不关注，自元代至明初出现的试图调和朱熹
理学与陆九渊心学，及当时呈现的心学思潮；不得不关注，中国文化面临

----

① 屈大均：《广东新语》卷七，第 251 页。

着转型的新动向。

一 时代变迁，挑战独尊

宋明时期，古代中国社会跨进了历史新阶段。商品经济的发展，对原有社会秩序的冲击，从而产生涟漪反应：在经济活动中，人们的"逐利"，导致市民阶层的壮大；在商品交换中，等价交换原则，呼唤着自由与平等，挑战了原有的"有序"，既定的"一统"，以及"独尊"。

社会的发展，循着自身的规律而运行。生产力的发展，产品的丰富，必然带来商业的繁盛。早在宋代，朝廷开始意识到，商业在社会生活中的作用，故十分注重"互市"，出台种种措施，以顺应商业的发展。史学界有学者称，宋代政府有"重商"的举措。《宋史》已有如此记述：

> 太祖兴，削平诸国，除藩镇留州之法，而粟帛钱币咸聚王畿；严守令劝农之条，而稻、梁、桑、枲务尽地力。至于太宗，国用殷实，轻赋薄敛之制，日与群臣讲求而行之。传至真宗，内则升中告成之事举，外则和戎安边之事滋，由是食货之议，日盛一日。[①]

宋初太祖在军事上平息诸国及边境之乱后，即关注生产，务求发展农业，地尽其力；之后的几代皇帝，也十分注重"轻赋薄敛之制"，以及"食货之议"。历史的真实记载，体现出结束了五代治乱纷争局面的宋王朝，在政权建立后，即开始实施各种措施，恢复社会生产，关注民生，以加强集权统治力。

在宋代一系列的措施中，最具响应的措施莫过于土地制度的变革。北魏至唐代一直施行的"均田制"，在豪强大户大量兼并土地的冲击下，随着"两税制"的施行宣告废止。宋朝顺应农业生产力的发展水平，"不立田制"，"不抑兼并"，这一土地制度与方针的变化，带来的是"使民得以田租私相贸易，富者贪于有余，厚价以规利；贪者迫于不足，移税而速售"[②]。

从事物发展的两面性来考量，一方面，宋代新的土地制度的实施，使

① 《宋史》卷一七三。
② 《宋会要辑稿·食货四》。

土地兼并日趋严重，贫富差距日益拉大，这无疑是负面效应；另一方面，土地的自由买卖推动了整个社会的商业发展，这无疑催化了中国社会的"重商"思潮，使传统的"以农为本"国策开始松动。

特别值得注意的是，宋代在改变了土地政策之后，还出现了租佃制，又变革了原有的依附制，于是严格的人身隶属关系，开始变动了，人身依附变为了人对土地的依附。仁宗天圣三年（1025），诏曰，"自今后，客户起移，更不取主人凭由。须每年收田毕日，商量去往，各取隐便"，政策允许佃农可以获得离开土地的自由，以前依附于豪强地主的"徒附""部曲"有了一定的人身自由。再者，在当时，由于土地兼并，一些失地的农民，变成了农村的"无产"之民，他们的大量涌现，同样为商品生产提供了劳力。在中国，没有发生"圈地运动"，没有出现由于"圈地运动"而带来的"鸟一般自由"的人群，但是从某种意义上说，宋代土地制度的变化，以及佃农可以自由离开土地的政策，带来劳动力的解放，与"圈地运动"带来的自由人，具有同样的解放生产力的意义，可谓异曲同工！学界一直以为，宋代商品经济有了较快的发展，却未深究这一历史性变化，其根源在哪里。可以说，宋初土地制度的变革，称得上是中国社会转型的先兆，值得关注。

应该说，宋代商品经济发展的原因，并不单一，而其中土地之制与佃农人身自由的变化，是最为基础的方面；同时，还应看到，最高统治者对流通领域的重视，政府对食货政策的改革，以及对流通手段——货币制度的改革等因素，无不为商品经济的发展提供了有利条件。

宋代的最高统治者对商业在社会经济中的作用，给予了一定的肯定，这是统治集团价值理念的一种变化。《宋史》称，仁宗曰："先朝置互市以通有无，非以计利。"又曰："货泉之利，欲流天下通有无。"[1] 那是认识到商业活动的开展，是为了货品的流通，以使有无互济。这种认识无疑是思想观念的飞跃，在"抑商"的国策下，多少年来，人们忌讳言"商"，而在宋代，最高统治者竟然把进行货品流通的商业，作为不可或缺的社会生活，不但不再"抑"，而是告诫各地官员，"毋事烦苛、规羡余以徼恩宠"[2]，要求官员们不要再用重税来压抑商业的发展。此外，宋代朝廷还进行了货币

---

[1] 《宋史》卷一八六《食货志第一百三十九》。
[2] 《宋史》卷一八六《食货志第一百三十九》。

改革，兴办铸钱业，改善流通手段。就是在这种种条件下，宋代商品经济获得了发展的好机遇。

二　注重纲常

在人类发展史上，商品经济的发展，推动着社会的进步，同时，也为社会的发展带来了障碍与阻力。人本来就是有欲望的动物，在商品经济活动中，人们必然受到"利欲"的驱动，而且商品经济的发展，产品的丰富，必然刺激人的物质欲望，正是由于人的物欲的膨胀，社会的道德伦常必然受到了挑战，"有序"的社会受到干扰。

宋代，商品经济发展，社会上"鸡鸣而起，孳孳而为利"的现象，愈来愈普遍，朱熹称之为"人欲横流"。这，不得不引起统治者与知识界的深虑。宋代理学，便是在新的历史背景下，应运而生的新儒学。

就内因而言，宋代理学的产生，是中国文化发展自身逻辑运行的必然结果。具体是由于外来佛教在神州大地的传播，以及本土宗教道教在民间的影响愈来愈大，自汉代中期以来处于"独尊"地位的儒学，受到了挑战。唐代末年，文学改革旗手韩愈，在《原道》中，首先呼吁恢复儒家的道统，即从尧舜至孔孟的道统。韩愈的道统说，得到宋初知识界的认同，他们沿着恢复道统的思路而创立新儒学。程颐曾说：

> 周公没，圣人之道不行；孟轲死，圣人之学不传。道不行，百世无善治；学不传，千载无真儒。无善治，士犹得以明夫善治之道，以淑诸人，以传诸后；无真儒，天下贸贸焉莫知所之，人欲肆而天理灭矣。①

这番言辞，代表了一代士人的心声，他们认定，是佛道的干扰，造成了儒家道统的失落，进而造成社会"无善治"与"无真儒"，这便是社会"人欲肆而天理灭"的终极原因。在他们看来，恢复儒家道，成为整治社会的关键。

就外因而言，宋代理学的产生，是五代治乱与宋代商品经济的发展，

① 程颢、程颐：《二程集·文集》卷十一，中华书局，1981，第 640 页。

社会思想的混乱而产生对儒家核心理念恢复的渴求。唐朝末年发生的黄巢起义，终结了盛唐时代，中国进入纷争的岁月。五代，是中国历史上最为黑暗的时代——诸侯割据，弱肉强食，争权夺利，父子、君臣相互残杀。宋代，商品经济的发展，带来了"人欲肆而天理灭"的危机。在士人看来，这一切均产生于儒学道统的断裂；在士人看来，儒学以"仁"为核心的政治观与道德观，才是维系大一统的封建统治，维系社会长治久安的精神支柱。

正是在社会需要"善治"，"真儒"们渴望恢复儒家道统的呼声中，宋代理学产生了！宋代理学有多种流派，其中洛、濂、关、闽等，则为影响颇大的学派，但尽管如此，各派都依循着同一宗旨，便是倡导"存天理，灭人欲"，主张通过儒家传统的"格物致知"的认知与涵养方法，由体认的天理，即封建的道德纲常，去规范和匡正人们的社会行为，从而维护社会的"有序"。南宋的朱熹，传承二程之学，而集宋代理学之大成，构建了"程朱理学"体系，迎合了统治集团的需要，至南宋时期，被确立为官方哲学。

三　朱学独尊

宋代理学，其压抑人性以维系纲常，在南宋朱熹理学中体现得尤其鲜明。朱熹以丰厚的自然科学与人文知识构建其理学体系，其学说涉及面比较广，博大精深。在中国文化发展史上，朱学对推进儒学的精致化与思辨化，有超越前辈与同辈的贡献。他探讨了为学界所关注的理气问题，认为"有是理便有是气，但理是本"[1]，理是体，气是用，理先而气后，理主宰气，"万物皆有此理"[2]，理"是天地万物的精神主宰"[3]；他探讨了"心"与"理"的关系，认为心与理一，心"具众理而应万事"[4]，"心有体用"[5]，但心又分"人心"与"道心"；他回应了"天理"与"人欲"的论辩，认

① 黎靖德编《朱子语类》卷一，第 2 页。
② 黎靖德编《朱子语类》卷一，第 4 页。
③ 黎靖德编《朱子语类》卷五，第 83 页。
④ 黄宗羲：《宋元学案·晦翁学案》，中华书局，1986，第 1531 页。
⑤ 黄宗羲：《宋元学案·晦翁学案》，第 1514 页。

为"天理人欲，决不两立，须得合在天理上行，方见人欲消尽"①，因为"天理人欲，此长彼必短，此短彼必长"，故"学者须是格尽人欲，复尽天理"②，强调"穷天理，灭人欲"③。此外，贯穿于其学说的"格物致知"论，影响至大，作为朱子学的认知论和涵养论，它设定人的认知对象是外在的"天理"，而对天理的认识，则必须"即物而穷其理"，通过格尽天地万事万物，而后"豁然贯通"，达到穷理的目的。鉴于朱熹把"理"界定为"天地万物的精神主宰"，它便是封建的道德伦常——"三纲五常"，因而，朱熹认定，"圣心千言万语，只是教人明天理，灭人欲"。其整个学说的核心便是：天理——封建道德纲常，是世界本体，是至高无上的主宰；人们通过格物与读经，去认知天理，便可消除人欲而维系封建道德纲常，而后实现社会的长治久安。

可以说，朱熹的理学，为南宋的统治者立下汗马之功。回顾这段历史：朱熹理学受到统治者青睐，是在朱熹死后，尽管朱熹生前也曾为侍讲，在宁宗时给皇帝讲学，但时间不长，仅40余天，后因卷入当时的政治纷争，朱熹之学被列为"伪学"而被禁，甚至有人声称"斩熹以绝伪学"。直到宋理宗宝庆三年（1227），朱熹理学的厄运才有了转机，皇帝下诏，令全国刊行其《四书集注》，为士人所必读，于是朱熹理学便成为官方哲学。尽管，朱熹的"存理去欲"论，在主观上是希冀能遏制统治集团的奢华，但事实上却成为统治者欲维系封建社会秩序的妙方，即以封建的道德纲常去禁锢人们的身心，压抑人性。特别是朱熹提出妇女要守贞节，"饿死事小，失节事大"，把守节作为妇女的美德，而不守节者则受到谴责，因而，其主张也就成了人们的精神枷锁，成为"杀人的软刀子"，多少妇女被这软刀子冤杀。

四 陆学挑战

从南宋至明代，朱熹学说的独尊地位未有改变。元朝统一全国后，继续以朱熹理学为思想统治工具。明代维持南宋尊程朱理学为官方哲学的做

---

① 黎靖德编《朱子语类》卷一三，第224页。
② 黎靖德编《朱子语类》卷一三，第199页。
③ 黄宗羲：《宋元学案·象山学案》卷五八，第1891页。

法，朱熹理学继续占据意识形态的统治地位。明朝初年，明成祖组织儒生编纂和出版《永乐大典》《文献大成》《洪武正韵》《五经大全》《四书大全》《理性大全》等书籍，并规定各级学校必须采用朱熹诠注的四书五经，以其诠释为科举考试的标准答案。在南宋末已取得统治地位的朱熹理学，至明代更具有了独尊地位。

然而，从南宋到明代，在学界也有学者敢于对朱熹理学的"独尊"地位进行挑战。心学的创始人陆九渊与之较量，尽管他与朱熹一样有着维护封建纲常的共同立场，但认为"心即理"，主张通过唤醒人的道德本性、高扬人的主体精神而实现"正风俗"，以维系社会道德纲常。实质上，他是开始检讨朱熹理学压抑人性的偏误。

陆九渊以心为宇宙本体的学说——心学，成为宋代理学的一个流派，与朱熹理学，有着许多的分歧，二人曾发生过多次的争论，彼此的分歧体现在以下方面。在本体论上，是"性即理"与"心即理"之异；在方法论上，是"道问学"与"尊德性"，"格物"与"静坐"之异等。朱陆二人曾在江西鹅湖有一次大论争，成为文坛之美谈，亦是陆九渊心学对朱熹理学独尊地位的一次挑战。在鹅湖之会上，朱陆二人的分歧，主要集中在认知与涵养方法上，朱熹主张"道问学"，陆九渊则主张"尊德性"。黄宗羲对这场论争，既指出二人的分歧，也肯定二人有着同一立场。《宋元学案·象山学案》如是说，"先生（陆九渊）之学，以尊德性为宗"，"紫阳则以道问学为主"，"二先生同植纲常，同扶名教，同宗孔、孟"①。显然，陆九渊与朱熹有着共同的学说宗旨，即"同植纲常，同扶名教"，也有着同一的思想渊源，即孔、孟之学，他们也仅仅在维系封建纲常的方法上有些不同而已。

陆九渊心学，以心为本体，认定只要发明本心，即"尊德性"，即"存心""养心"，便能实现对社会道德的维系。在陆九渊看来，"理"是宇宙的本体，但是他并不认同朱熹把"理"看作先于天地万物、超然于天地万物的理论基点，而是认为，"此理塞宇宙，所谓道外无事，事外无道"②，理是天地万物之本体，然而，理与万事万物密不可分。进而，陆九渊推演出，

---

① 黄宗羲：《宋元学案·象山学案》卷五八，第 188 页。
② 黄宗羲：《宋元学案·象山学案》卷五八，第 1891 页。

"理"与"心"、与"物"合而为"一"，"万物森然于方寸之间，满心而发，充塞宇宙，无非此理"①，充塞宇宙间的是"理"，是"万物"，亦是"心"，是心的向外扩充。可见，陆九渊已经否定了朱熹理学的基本理论模式，从"理一元论"迈向"心一元论"，树起了有别于朱熹理学的旗帜，开创了心学。在认知与涵养方法上，陆九渊沿着孟子的理论路向，认为在人的心中蕴藏着善端，它是无须外铄的道德本性，只要"存心""养心"，"涵养"就能成就有道德的、堂堂正正的人。故说：

> 人精神在外，至死也劳攘，须收拾作主宰。收得精神在内时，当恻隐即恻隐，当羞恶即羞恶，谁欺得你，谁瞒得你。见得端的后，常涵养，是甚次第。②

显然，陆九渊的"尊德性"便是向内"收拾"固有的道德精神，使它成为"主宰"，由是而保养着自身的道德本性，即"端的"，即四端之善，即高扬人的主体精神。陆九渊是说，道德涵养就如此简单，又何须向外去"格物"？人性本来便是"善"，便是道德，又何必以压抑人性而求道德？鹅湖之会，争论的焦点即在此！

陆九渊挑战了朱熹，但宋元至明初，陆九渊的心学始终处于弱势，未能改变朱熹理学的"独尊"地位。《明史·儒林传序》称：

> 原夫明初诸儒，皆朱子门人之支流余裔，师承有自，矩矱秩然。曹端、胡居仁笃践履，谨绳墨，守儒先之正传，无敢改错。③

这种墨守成规、不敢改错，无疑是文化专制的产物。这，便是明初学界沉寂的真实写照。可见，明整肃的政治高压，儒士们已成惊弓之鸟，他们不以"登仕为荣，罢职为耻"，守道出世成为世风，当年太祖的尊儒，并没能使明代学术思想活跃起来，反而使历史进入了"六籍无光辉"的时代，

---

① 黄宗羲：《宋元学案·象山学案》卷五八，第 1891。
② 黄宗羲：《宋元学案·象山学案》卷五八，第 1893 页。
③ 《明史》卷二八二，第 7222 页。

学坛一片寂静。继元朝以至明初心学思潮之后，陈献章开创明代心学新篇，这首先是对处于独尊地位的朱熹理学的再次挑战，体现出社会历史的发展，以及文化转型的必然，这便是明代心学所以产生的特有的人文背景。

五　"多元"思潮

任何事物，都有其产生、发展与消亡的过程，曾处于"独尊"地位的宋代理学也如此。陆九渊创立心学，挑战了朱熹理学，虽未能取而代之，却启发了人们对理学的质疑。从元代至明初，学界出现多元文化态势，开始展现宋代理学可能被心学取代的发展走向。

在陆九渊心学诞生之后，神州大地已渐渐出现心学思潮。有学者指出，元朝，尽管朱学在全国还广泛传播，"其影响所及，远远超过了南宋"，但在当时的朱熹后学中，"出现了朱陆合流的趋势"，"他们为了解决朱熹哲学中越来越明显的矛盾，提倡简易功夫，主张向内发展，掀起了一股心学思潮"①。当时有心学倾向的学者有许衡、吴澄、郑玉等，他们开始提出简易的涵养方法。

许衡（1209～1281），是元朝颇具影响的思想家。他既以朱熹为宗，积极传播朱熹学说，有"道统正脉"之誉，又对朱熹理学认真反思与检讨，大胆提出"反求诸心""求之于心"的"简易"涵养方法。其"求诸心"的方法，是向内体悟，而非向外"格物"，因而其学说便呈现心学特色。他认为"一心可以宰万物，一理可以统万事"②，心是"大本"、是"良知"、是仁义礼智四德，天地间的一切，无不因心而生。他生动比喻："人心犹印版"③，由心的本版，可以"摹"印出万千的纸。显然，他是以心为宇宙万物的本原。在认知方法和涵养方法上，许衡回归于孟子的尽心说，认为"尽其心者，知其性也。若能明德，都总了尽心知性"④，他倡导向内进行自我认知，注重主体的觉醒，明显与后来的白沙心学和阳明心学有着一致的理论路向。许衡又提出"正心"说，认为"一心正呵，一身正，一家正，

---

① 蒙培元：《理学的演变——从朱熹到王夫之戴震》，方志出版社，2007，第129页。
② 许衡：《鲁斋遗书》卷二。
③ 许衡：《鲁斋遗书》卷一三。
④ 许衡：《鲁斋遗书》卷三。

一国正"①，与后来王阳明的"致良知"堪相一致，难怪有人认为其学说已是明代心学之滥觞。这，表明在明代心学产生之前，学界已呈现心学的理论取向。

吴澄（1249~1333），元朝与许衡齐名的思想家，时人称"北有许衡，南有吴澄"。陆九渊的老乡吴澄，对宋代大理学家朱熹与陆九渊都一样崇敬，且力图使朱学与陆学合流，但事实上在其调和之时，由于对朱学的大力修正，以及对陆九渊"尊德性"的倡导，其学说具有鲜明的心学倾向。吴澄首先匡正朱熹的"心"与"理"为二的理论，提出"以心为本"，主张体用合一。他认为"心"是"体"，是"形之主宰，性之郭郭"，"日用事物，莫非此心之用。于其用处各当其理，而心之体在是"②。从以心为本体的理论基点出发，他进而提出反求于心的涵养方法，认为"道之为道具于心，岂有外心而求道者哉？"③ 吴澄回归孟子的尽心说，认为"夫孟子言心而谓之本心者，以为万物之所根，犹草木之有本，而苗茎枝叶皆由是以生"④。进而，他推演说"盖在天则为中，在人则为心。人能不失此初心，反而求之，何物非我？扩而充之，为圣为贤，己分内事耳"⑤。或许因为吴澄的思想学说，影响到他的老乡吴与弼，而又由于吴与弼后来做了陈献章的老师，于是，这"反而求之"于"心"的涵养方法，最终成为陈献章"为学求诸于心"的"作圣之功"的理论源头！更值得注意的是，吴澄已明确把求于心的为学方法称作"至简至易而切实"的方法，并认定它是陆九渊皆孟子之传的方法⑥。由上可见，元代学者在改造与修正朱熹学说的过程中，呈现了心学的理论取向。

元代的学界大都注意了朱熹理学与陆九渊心学之争，因而当时一些思想家力图调和或兼容两家，却又偏于心学，原因何在，值得探讨。事实上，这种学术倾向，或许同朱学本身也蕴含着心学内容有关。当代，有学者指出，王阳明45岁时作《朱子晚年认定》，从《朱子文集》中摘了35条材

---

① 许衡：《鲁斋遗书》卷三。
② 黄宗羲：《宋元学案》卷九二，第3046页。
③ 黄宗羲：《宋元学案》卷九二，第3046页。
④ 黄宗羲：《宋元学案》卷九二，第3047页。
⑤ 吴澄：《邓中易名说》，《吴文正公集》卷五。
⑥ 吴澄：《象山先生语录序》，《吴文正公集》卷一〇。

料，作为"晚年定论"，以论证"朱熹晚年转向心学"，而王阳明在同罗钦顺的通信中，则又认为朱熹之学中有心学"不必尽出于晚年"；王阳明心学"同朱熹哲学有直接关系。他继承和发展了朱熹的心学思想，克服了朱熹本身的内在矛盾，从而完成了心学体系"①。可见，宋明的理学与心学，没有绝对的界限与对立，元代心学倾向也正是沿着宋代理学的发展路向而演绎的。

六　心学思潮

自汉代董仲舒提出"独尊儒术"的对策为统治集团所采纳后，儒学在古代中国社会意识形态中，取得了独尊的地位。此后，儒学虽曾受到外来的佛教的挑战，但其"独尊"地位始终未被动摇，至明代也不例外。明代的开国皇帝太祖朱元璋，同样采取尊儒的策略。他虽出身低微，却自知"无古人之博知"，缺乏远见卓识，故欲借助儒生来治国。他接连下诏，让儒士"为武臣讲经史"，又下令"修曲阜孔子庙，设孔、颜、孟三氏学"，"天下通祀孔子"等。

迄至明代，中国思想文化呈现从"独尊"到多元转型的发展趋势，已越来越明显。有学者称，明初的学术思想确实初露文化转型之端倪，明初的多位思想家，以探讨心性，进行践履，说明这股心学倾向的发展很有势头。人们从中看到，明初的学界尽管承受着思想高压，却还是有人敢于离经叛道，透出些许思想开放的曙光。

宋濂（1310～1381），虽尊崇朱熹理学，却又强调心性，主张求我方寸，自我觉醒的为学方法，自尊而自信。他认为，天下之物，"心为大"，"我心"即"天地之心"，因而其涵养方法是"识心明心"，具体是通过"向内冥悟"，排除外物的干扰，进入"常寂"——静的状态，由此而呈现"至灵""真知"。他自认为，这是借鉴了佛教的"空寂之义"。后来的陈献章兼容禅宗，而教人"静中养出端倪"，与宋濂的涵养之法，应是一脉贯通。宋濂也富于贵疑精神，他敢于质疑圣贤，认为"世求圣人于人，求圣人之道于经，斯远已。我可圣人也，我言可经也，弗之思耳"②。如此独立自主，

---

① 蒙培元：《理学的演变——从朱熹到王夫之戴震》，第217页。
② 宋濂：《蒙山杂言》，《宋学士全集》卷二七。

敢作敢为的高扬主体精神，正为后来的陈献章创建心学提供思想资源。

曹端（1376～1434），同样注重心性，"其学务躬行实践，而以静存为要"①，强调"事事都在心上做工夫"②，这也算得上是明代心学的思想资源。

薛瑄（1389～1464），虽是明初朱熹理学的承传者，但他又注重心性涵养，主张"以复性为主，充养邃密，言动咸可法"③。他认为"满天地是生物之心，满腔子是恻隐之心"④，一生追求"体验身心"，也有心学的倾向。

吴与弼（1391～1469），陈献章的老师，对白沙心学的产生，有着直接的、至深的影响。吴与弼在京师曾因读到朱熹的《伊洛渊源录》，而仰慕圣贤，十分崇敬朱熹，但其学说则兼容朱陆，在涵养方法上，则强调"学圣人无他法，求诸己而已"⑤。他认为，"寸心含宇宙"⑥，"物外元无我，闲中别有天。临流时抱膝，此意向谁言"⑦，天是我心中的天，静养心中的天，便是涵养功夫。显然吴与弼十分注重涵养性情，体认身心，坚持"精神收敛，身心检束"。其具体的途径是"主静"，"静中思绎事理"，"静中观物理"⑧。鉴于吴与弼这样的学术取向，有学者认为他是"明代心学的直接发端者"⑨。可以说，吴与弼的学说应是陈献章"作圣之功"论的直接源头。

有学者指出，明初的儒士有一种"极为微妙复杂"的心理效应，"它并不只是鼓舞着正统的历史精神，同时也促使独立思考，独善其身，保持人格"，而产生了与当权者相离的"倾向"⑩。注重心性，在明初已是一股新的文化思潮，可以说，明代心学，在当时已呼之欲出，中国文化转型已势在必行！

关于明代文化转型的必然，学界多有关注。这一问题，可从儒学的发展历程来进行考量。

① 《明史》卷二八二，第 7238 页。
② 黄宗羲：《明儒学案》卷四四，中华书局，1986，第 1062 页。
③ 《明史》卷二八二，第 1229 页。
④ 吴与弼：《读书续录》卷八。
⑤ 吴与弼：《日录》，《吴康斋先生集》卷一。
⑥ 吴与弼：《诗·道中作》，《吴康斋先生集》卷六。
⑦ 吴与弼：《诗·临流瞑目坐》，《吴康斋先生集》卷七。
⑧ 吴与弼：《日录》，《吴康斋先生集》卷一。
⑨ 蒙培元：《理学的演变——从朱熹到王夫之戴震》，第 184 页。
⑩ 刘宗贤：《陆王心学研究》，山东人民出版社，1997，第 184 页。

　　先秦时期，孔孟创立了原始儒学，但在当时百家争鸣的多元文化存在的态势下，儒学仅在诸子中占一席之地而已。汉代，自董仲舒提出"独尊儒术"的对策被采纳，儒学在古代中国，在社会意识形态中，一直占着独尊的、主体地位。尽管，儒学曾受到外来佛教，以及本土道教的挑战，但其独尊地位始终未被动摇，迄至宋明，也概莫能外。值得注意的是，宋以来，商品经济快速发展，中国社会开始出现新的发展动向。明代是一个变革的时代，转型的时代。美籍华人学者陈荣捷教授如是说："当时的时代并不是用来进行枯燥无味和毫无兴趣的理智上的思索，而是用来进行道德选择和个人决定的时代。"朱熹理学的独尊，以及由此而带来的思想禁锢时代，也终归被冲破。又有学者指出，明代所以渐渐背离了朱熹理学而产生白沙心学和阳明心学，学界都"衍伊洛之绪言，探性命之奥旨"，正如当时的理学家薛瑄所说："自考亭以还，斯道已大明，无烦著作，直须躬行耳。"① 白沙心学即在此时创立。

---

　① 《明史》卷二八二，第 7229 页。

第三章　白沙心学

　　明代心学由陈献章开篇，湛若水完善与发展，王阳明集陆九渊心学与陈湛心学之大成，于是明代心学形成了三环节与两流派的态势。研究明代心学，须抓住这一发展线索，才可能深究。诚然，多少年来，学界谈论心学，往往只论"陆王心学"，忽略"陈湛心学"，而失之偏颇。明代心学并非直接渊源于陆九渊心学，而是原发于岭南，阳明心学则直接源于陈湛心学，这是明代心学发展的历史真实，因而探究明代心学不能不从陈献章及其白沙心学开始。

第一节　白沙其人

　　陈献章（1428~1500），哲学家、诗人、书法家。字公甫，号石斋，出生于广东新会，少年时迁居江门白沙村，世人称他为"白沙先生"，其创立的学说流派称作"江门学派"。陈献章是广东唯一入祀孔庙的硕儒。

一　家世

　　明宣德三年（1428）十月二十一日，一个小生命在岭南那山清水秀的新会县都会村陈氏家中诞生，他便是陈献章。传说，唐代有一僧人，到了新会曾预言："黄云紫水五百年当出异人。"又传说，有占卜者称，"中星见浙闽，分视古河洛。百粤为邹鲁，符昔贤所说"①。从观星象而推断圣贤的降临，这无非是一种附会，给后来成为大儒的陈献章，蒙上了神秘色彩。其实，现实里的陈献章，他只是出生在一个从中原避难到岭南来的普通人

---

① 张诩：《白沙先生行状》，《陈献章集》，中华书局，1986，第868页。

家而已，他的出生，并没有什么特别之处。

陈献章"系出太丘。先世仕宋，自南雄迁新会"①，祖上也曾风光。其祖籍河南太丘（今永成西北），先人在宋代为官，是仕宦之家。陈氏家族也曾做过皮裘生意，家境比较富裕，收藏不少字画、古董、玉器等。后因金兵侵入中原，陈氏家族随避难人群进入岭南，先在广东南雄落脚。南宋度宗咸淳九年至十年（1273～1274），因"胡姬之乱"②，南迁珠玑巷的中原人，不得不继续往南迁徙。当时陈氏家族与其他 34 姓共 97 户，再次南下，定居广东新会。③

陈献章有诗《世泽》四首，感慨其"世泽由来远"的身世，记述其家境的变迁，表明陈氏家族来自中原，并从南雄再次南迁。在诗中，陈献章感怀不已，后人为他撰写的传记中说：

> 家世已久远，经岁月的冲刷，何时南迁到了广东，已依稀记不清了，然而难忘的是："吾庐依外海，分派自南雄"，颠沛的家族，在战乱中遭到劫难，骨肉相依的亲人，过着"长须供陇亩，赤脚话儿童"的艰辛日子④。

这段陈述，表明他确实是来自岭海之外的新客家。

陈献章出生前，其家族在新会生活已有 100 多年。经过几代人的努力，特别是曾祖父东源与祖父永盛两代人的辛勤经营，生活也逐渐改善，一家子过着安逸的生活。到了陈献章生活的年代，家里已置有田产，虽算不上大富大贵，但也衣食无忧。关于陈氏的家境，相关记述不多，只是陈献章 50 岁那年，在致函谢绝督抚的赠予时称，他家"有田二顷，耕之足以自养"⑤。先秦时代的孟子，在与梁惠王献策时，主张有仁心的国君，将仁心

① 张诩：《白沙先生行状》，《陈献章集》，第 868 页。
② 所谓"胡姬之乱"是指元季宫妃外逃引发的事件，其大致过程是：南宋咸淳九年、元至元十年（1273），始兴县富商黄贮万在京都，私自带季宫妃南归，事情泄露后，官兵奉命搜捕，祸及他人，南雄一些中原移民不得不继续往南迁徙。
③ 简又文在其专著《白沙研究》中，记述此事，并称简氏的远祖亦与陈氏家同时南迁新会。见简又文《白沙子研究》，（香港）简氏猛进书屋，1970，第 27 页。
④ 梁炳尧：《陈白沙传略》，岭南美术出版社，2009，第 2 页。
⑤ 陈献章：《与邓督府》二则，《陈献章集》，第 122 页。

扩而充之而实施仁政，实施"制民之产"，使民众拥有能以维系生存的条件，其基本模式是："五亩之宅"，"百亩之田"，可以植桑，可以饲养家禽家畜，令"八口之家无饥"，还能吃上肉。① 陈献章家当时的"恒产"，比孟子所构想的百亩超出了一倍，可见陈家的日子算是舒适的了。

没有充分的资料显示，陈献章的家庭状况，学界大都依据其诗文进行揣测，认定其一家人如中国普通百姓一样，过着日出而作，日落而息，男耕女织的安逸生活。事实究竟如何？学界普遍认为，陈献章那首广为流传的七言诗，便是他的生活写照。其诗曰：

> 二五八日江门墟，又买锄头又买书。
> 田可耕兮书可读，半为农者半为儒。②

在岭南，商品交换的集市，称之为"墟"。在陈献章生活的年代，江门已是商业活动比较活跃的地方。陈献章在江门墟上既买锄头又买书，证实他确实过着又耕又读的生活，故自许"半为农者半为儒"。学界一般认为陈氏一家男耕女织，"耕"是无疑的，但是否有"织"，则存疑了。古代中国的一般农家，为维系基本的生计，"耕"是必要的，但在岭南地区，商业相对发达，生活的必需品可以通过集市的交换而获得，故当地的农家不见得家家都要"织"。在陈献章的诗文中，未见关于其家"织"的记述，其他史料也未有发现。可以说，陈献章的家庭，乃为有恒产，耕之可过小康生活。

陈献章出生在岭南的一个普通家庭，并非书香之家，却有着浓郁道家文化氛围，他便是在这样的家庭环境中成长。

《白沙陈文恭公房谱》记载，南迁新会的陈氏家族，"始祖陈有道，号判乡，生于宋，卒于元"，"原居南雄始府兴县珠玑里"，因时乱，"故与胞弟判卿奔至古冈"；"二世祖东源，讳涛，字澄本，生于元顺帝至正十八年

---

① 孟子：《孟子·梁惠王章句上》。
② 此诗被广为引用，但其真实性，学界一直存疑。陈奇思在《陈白沙诗笺》中称："这首诗，《白沙子全集》里没有，有人说是伪作。如果真是陈白沙作的，那么，更足以说明陈白沙确有'亦儒亦农'的思想；如果是伪作，那么，伪作者起码了解陈白沙有'亦儒亦农'的思想才这样作诗"。又称，"在《世泽》一诗中，他也说过他'长须供陇亩，赤脚话儿童'。"

（1358），卒于明永乐五年（1407）"①；"三世渭川，是东源之子。讳朝昌，字永盛。生于洪武九年（1376），卒于正统十四年（1449）"②。

陈献章的祖父永盛，便是对陈献章有直接影响的长辈。陈永盛是一名崇尚自然、向往道家境界的读书人。据称，"少戆，不省人事，好读老氏书"③。父亲琮，号乐芸居士，《新会县志·艺文》记述：陈琮"读书一目数行，尤善诗"，又称"出语多奇"，"隐居不仕"④，著有《乐芸诗集》。其充满道家意趣的诗，载入地方文献，如《遣兴》诗说：

> 箕踞长松下，忘情白发新。
> 城市有名利，江山惟白云。

陈琮少年聪慧，悟性极高，"读书能一目数行下，善诗，年二十七卒"⑤，英年早逝，在陈献章出生前便离开人世⑥。据称，"陈琮生有异质，髫龄能文喜歌吟，尤究心理学。身体力行，毅然以明道淑人为己任。"⑦ 按此记述，陈献章与其父亲的性格、爱好、人生的价值取向，以及体质极为相似。

陈献章的母亲林氏，贤惠慈善，二十四岁守节。育有长子献文，比献章长5岁。林氏终生呵护与教育儿子，其操守堪称楷模，得到皇帝的嘉奖，赐贞节匾牌。

陈氏家族的道家情怀，影响着幼年的陈献章，并为日后其学说兼容道家而奠下基石。

远离城市的喧嚣，淡泊人世间的名与利，而追求大自然的真情，便是陈献章的家族传统，也是其父的毕生意愿。母亲林氏经常给幼儿时代的陈献章吟诵《山水词》，同样体现其父喜爱山水、淡然尘世的道家处世态度。

---

① 梁炳尧：《陈白沙传略》，第1~2页。该书作者考证，《白沙陈文恭公房谱》关于二祖陈东源的出生年龄有误，提出有进一步考证的必要。
② 梁炳尧：《陈白沙传略》，第2页。
③ 张诩：《白沙先生行状》，《陈献章集》，第868页。
④ 陈郁夫编《明陈白沙先生献章年谱》，台湾商务印书馆，1980，第2页。
⑤ 张诩：《白沙先生行状》，《陈献章集》，第868页。
⑥ 转引自陈郁夫编《明陈白沙先生献章年谱》，第2页。
⑦ 阮榕龄：《编次陈白沙先生年谱》，《陈献章集》，第803页。

诗中说：

> 水何碧，云何黄，漠然真是水云乡。
>
> 水云乡，梅的皪，一夜东风尽开却。
>
> 幽鸟飞来不知去，芳心未许闻偷啄。

幼儿时代的陈献章，受道家思想耳濡目染，但同时毫不例外地接受了儒家的童蒙教育。7岁陈献章被送到玉壶村，在那里拜一位隐姓埋名的老先生为师，接受儒家四书五经的教育，一读便是三年。值得一提的是，这位老师是陈献章祖父的好友，是新会地区的名人黎秪坡的得意学生梁继灏，世称"淡斋先生"。他喜山乐水，富于道家情怀，得先师黎秪坡真传。

黎秪坡（1326～1391），名贞，字彦晦，是学者张执之弟子，一生从事儒学的研究与传播，但也有浓浓的道家情结。他自幼好学，聪慧过人，为人正义，青年时代曾作七言律诗《厓山吊古》，表达对忠臣陆秀夫的敬仰，以及对叛贼张弘范的愤恨，诗曰："磨厓共说张弘范，把酒惟浇陆秀夫。"[1]黎秪坡积极从事讲学与研究，受到地方官员与民众的敬重。时任新会知县谢景阳，多次荐举，均被他拒绝，为尊重其意向便为其修建讲学之房舍。房舍位于新会城象山之麓，名为"象山书院"，黎秪坡也因此得名"象山先生"。陈献章是黎秪坡的再传弟子，其思想与为人均受到了黎的影响，因为，黎秪坡的弟子——陈献章那位启蒙老师，常常乐道其师之逸事。陈献章幼小时，对老师所介绍的黎秪坡，没有太深刻的理解，但是在陈献章成人之后，十分敬仰他的这位祖师。

黎秪坡之所以受到人们敬仰，既因其品德，也因其学问。据称，黎秪坡除了学问了得，其淡泊的人生态度也令人敬佩。新会一位文史工作者，依据史料对黎秪坡如此描述："嚣嚣然忘形骸于霄壤之间，置荣华于尘世之外。每遇名山异水，遨游览胜，举酒放歌，陶情写兴，逍遥人也。"[2]

黎秪坡还筑有钓台，其诗《钓台》曰：

① 梁炳尧：《陈白沙略传》，第5页。

② 陈占标：《广东大儒陈白沙》，花城出版社，1993，第7页。

春潮风动涛翻雪，夜浦波澄月在钩。

自有江湖烟景在，执鞭富贵亦何求?①

此诗的意境，与白沙诗是何等相似，如不注明作者，读者或许以为此诗为陈献章之作。黎秌坡与陈献章二人，都崇尚自然，淡泊人生，筑钓台，致力学问，讲学不辍……可见黎秌坡对陈献章的影响至深。陈献章的儒道兼收，是岭南文化兼容特色的体现，更是黎秌坡的做派。

研究陈献章，不得不关注陈与黎的关系。陈献章成名后，其诗作中，有多首以"黎秌坡"命名，流露出陈献章对祖师的景仰。其七言诗《读秌坡集》四首曰：

曾从父老问前因，说到才情回绝伦。

今日偶然文字外，分明文字一般春。

直上辽阳访管宁，至今此语耸人听。

当时英迈知何似，肯向泥涂险处行。

笔端写出自滔滔，人物当为一世豪。

欲识胸怀真富有，长江万里涌江涛。

尘外亭南我旧居，自从丱角慕相如。

他年倘有东阿青，敬为先生特笔书。②

在诗中，陈献章祖露了他自幼对先生即有仰慕，由于时间相隔，他只好向前辈和老师了解先生生平与学问，而当他读先生的著作时，则更添敬意。在诗中，陈献章不仅敬佩先生才情学问的绝伦、过人，还赞赏先生直上辽阳、敢于险处行之英迈。诗中"笔端写出自滔滔，人物当为一世豪"两句，画龙点睛地道出了陈献章对新会名人的高度评价与肯定，坦言因对

① 陈占标：《广东大儒陈白沙》，第7页。

② 陈献章：《读秌坡集》，《陈献章集》，第691页。

先生之"敬"而特为他"书"。

在《乡贤咏》七首之四《黎秾坡》中，陈献章对黎秾坡作了概括的介绍与评价。诗曰：

> 儒术声名旧，戎衣日月长。
> 酩然尊酒下，眼孔得辽阳。①

在陈献章的心中，黎秾坡文武全才，既精通儒学，又英姿飒爽，不愧为家乡的先贤。

在《观黎秾坡先生画像》二首中，陈献章赞颂先生不沽名钓誉、孤鹤在云的道家风骨。这，或许才是陈献章对先生敬慕的深层原因，也或许是陈献章一生以先生为榜样的原因所在。他们在思想学说上，都儒道兼容；在人生征途上，入世进取与洒脱自如兼之。特别是，黎秾坡建钓台，陈献章也建了钓台。陈献章为黎秾坡赋《秾坡先生钓台》，咏诵了彼此相同的情怀。诗中说：

> 少年朝暮钓池傍，嬉笑哦吟送夕阳。
> 却忆子陵台上月，至今千古共流光。②

在陈献章故乡，那浓郁的道家情结与氛围，实是处处可见，从乡贤名流，到陈氏的长辈，他们无不以言传身教熏陶着少年时代的陈献章，使陈献章也同他的祖父辈，以及老师、祖师一样，萌发了向往"与道翱翔"境界的意愿。

陈献章生活在"独尊儒术"的年代，处于程朱理学一统天下的大背景中，然而正是在思想多元的岭南环境下，在特有的家庭与社会氛围中，孕育出兼容儒道释的心学大师——陈献章。对道家情有独钟的祖辈，以及有道家情结的启蒙老师，他们对陈献章的影响，对其日后构建学说的作用不可低估。

---

① 陈献章：《黎秾坡》，《陈献章集》，第540页。
② 陈献章：《秾坡先生钓台》，《陈献章集》，第652页。

二　家乡

陈献章的先祖落户在新会，他出生在新会，定居新会的都会村。

新会，古代又称冈州，有两千年的悠久历史。新会较早设县，秦朝时属桂林郡①，三国时期置为平夷县，晋朝改称新夷，南北朝即设为新会县，隋唐年间，曾称"冈州"，与广州、潮州并称"岭南三州"。新会曾是古代中原儒学在岭南传播与发展之圣地，有"岭南齐鲁"之誉。

新会，位于珠江三角洲的西部，是西江与潭江下游的汇合处，濒临南海，地形呈多元态势，河网密布。新会，位于北回归线以南，属亚热带海洋性气候，雨量充足，气候温和，土地肥沃，特产丰富，素有"葵乡""鱼米之乡""水果之乡"之称，特产有柑、桔、橙、葵等，其中葵在古代已享有盛名。史载，东晋时新会开始种植葵，并进行加工。《晋书·谢安传》称，"太傅谢安手摇葵扇行于京城市上"；《明史》称，"广郡有所贡，不过葵扇、莞香、橙、荔之属"。可见新会在晋代已产葵扇，至陈献章生活的明代，葵扇成为岭南的贡品之一。明万历年间，葵扇已经远销全国各地，上海、汉口、重庆、镇江等地，均设有"冈州会馆"，经营葵扇。

新会的都会村，是一个古村落，人杰地灵。都会村，依山傍水，人口稀少，土地肥沃。陈献章生活的时代，新会尚有许多未开垦的土地，包括荒山、河海之滩地，无不为当地的世居民与南迁的客族保留了广阔的生存与发展空间。都会村，民风朴实，世居民与客族相处融洽，初来的移民，不会受到任何的歧视与欺压，他们可以开垦荒地，也可以低价购得土地，不仅可维持生计，还能自力更生，过上安宁的好日子。

新会的历史，以及新会对陈献章思想形成所产生的影响，简又文在其专著《白沙子研究》中，有如此的概括：

> 至新会县则在汉属南海郡，初为四会地，土著越族盘踞焉。吴永安六年（阳历二六三）乃析南海郡之番禺及苍梧郡之临允另置平夷县。晋武帝太康元年（二八〇）改为新夷县。顾名思义，可知其地原为夷族所踞，时或作乱，平定之后，土人归化，乃辟为县治，故县名犹有

---

① 一说属"南海郡"。

"夷"字。直至晋元熙二年（四二〇）另立新会县。又至隋开皇十年（五六〇）"新夷"之名始全废焉。由冯宝、冼夫人夫妇以至其孙冯盎皆以高凉新会为根据地。至唐以后，中原文化乃渐昌盛。其后，移民迁居日多，土客混合，同化汉族。白沙先生之生，上距是邑开化之期不及千年，旧文化的权威与根柢在此当然未得巩固与深厚，此真是新思想生长之沃土。①

此一番阐述，尽管带有"华夷之辨"的"华夏中心"论的偏见，但文中详尽地叙述了新会建制沿革，其中尤为可贵的是揭示了新会，作为陈献章的出生地，其"土客混合"，文化交融的地域个性。这对于陈献章文化创新具有特殊意义。

新会，山清水秀，在城西北的圭峰山，是广东十大名山之一。峰峦起伏，绵亘数十里，海拔 422 米，山形酷似圭璧故得名。相传隋唐时期，山上多桂树，故有"桂岭"之称；其顶如台，亦称"玉台山"；山上有镇善宝塔。屈大均在《广东新语》中，曾有如此的描绘：山上"有两瀑布，从肘腋间飞出，下注百仞"；山上"有界水三分，与白虹亘天而下，中枢汇处，是曰圣池，池中龙吹息成云，倏欻万状"②。自古以来，圭峰山便是历代名儒硕彦讲学与修身之地：唐僧羽客曾在圭峰山观天文、察经纬；宋代被贬岭南的文豪苏东坡，曾游圭峰并题诗；明代大画家沈石田，曾于此地作《玉台山图》。陈献章与圭峰也结下深深的情缘：在圭峰山上有白沙的讲学亭，有他与门人、友人留下的足迹，有他以圭峰为题的诗文，如《圭峰阁》③ 等，有他用圭峰山上生长的茅草为原料，创制出的茅龙笔，更有他的友人为他而作的诗、文、图。圭峰山因其险要，曾是农民起义的据点：唐代黄巢、明代黄萧养起义，他们都先后在山上安营扎寨。

新会的秀丽山川，确实孕育了一代代的文化巨子。文化，是人类的创造物，人类则在特定的自然与人文环境中，继往开来地去创造文化，不断积淀、不断更新自己的文化。都会村，在民国时期被称为"仙贤乡"。据

---

① 简又文：《白沙子研究》，第 52 页。
② 屈大均：《广东新语》，第 109 页。
③ 五言律诗《圭峰阁》写情写景："胜处不在远，杪秋何处寻？步崖碧涧落，眠石青松阴。地少沧溟入，山高雁鹜沉。此时闲伫望，谁识倚阑心？"见陈献章《陈献章集》，第 344 页。

称，北宋时女道仙黄道娘，以及明洪武年间著名学者黎秫坡、明中叶的陈献章，都在都会出生，故有"一仙二贤"之说。陈献章的故居在都会之北，黄道娘墓的东面。

新会，是一片富于英雄传奇的土地，她给幼年的陈献章无限的感悟与激励。在新会之南有厓山，地理位置险要，是南海的咽喉。明末元初，元军基本控制了两广，朝廷遣张弘范率水兵南下，厓山薪水道路被切断。跟随赵昺抗元军的张世杰、陆秀夫等，辗转到了岭南，最后在新会厓山与元军激战十余天，最后粮尽人疲。誓死不做元军俘虏的丞相陆秀夫，背负年仅 8 岁的少主赵昺，投海殉国，随行的 10 多万军民紧紧相随。陆秀夫、张世杰等英雄，谱写了悲壮史诗，青史留名。他们英勇不屈的精神，激励了一代代的新会人。陈献章在这片富于英雄气概的土地上出生与成长，先贤们的事迹与精神，自幼耳濡目染。明成化十二年（1476），陈献章关于在南宋行宫故址修建"大忠祠"的倡议被获准。继后，南宋行宫故址又修建慈元祠、义士祠等，虽几废几兴，但总归保存至今，现已总称为"厓山祠"。现今，一座座遗址，永远铭刻着英雄们留下的足迹，无不在向人们诉说着那段可歌可泣的故事。

三　移居江门

陈献章出生之时，父亲已经去世。这遗腹子的幼年，在殷实之家中度过。大约 10 岁时，陈献章举家迁至江门白沙村。

从新会迁至江门，一住便是一辈子。新会，本是个好地方，且祖辈也已经营百年，为何还要搬迁？陈献章有《移居》诗句，袒露家人迁居的初衷，诗曰：

> 万金论买邻，千金论买宅。
> 岂不念子孙，而以营朝夕？
> 长揖都会里，来趋白沙役。
> 壤地何必广，吾其寄一席。
> 邻曲弥乐今，园林尚怀昔。

吾志在择善，无然复离析。①

诗中，陈献章披露了他对迁居的感受：家人花千金购买新宅，是要求得值万金的好邻居；为了子孙后代，哪怕搬迁的艰辛；新居虽没有更宽阔的住所，却只求一席之地即可；尽管还怀念旧日的园林环境，但也已求得了相邻之间的欢乐。

迁居江门，对陈氏家族来说，已是"三迁"了：从北方到广东南雄珠玑巷，此为一迁；南雄迁新会都会村，此为二迁；再迁江门，此为三迁。在五言《经故居》中，陈献章曰：

> 到溪田作圃，环堵树为门。
> 老忆先庐在，贫知草座温。
> 三迁时已后，二纪恨空存。
> 旧事无人话，斜晖满故园。②

诗中记述了陈献章对都会老居的怀恋，又表白移居江门即为"三迁"。迁居的原因，在《移居》诗中披露，是为"择善"，这显然是家长为孩子的成长而借鉴孟母三迁故事。人所共知，孟子之所以能为圣贤，与慈母严厉的家教分不开。在民间广为流传的"断杼教子"与"孟母三迁"，是多么脍炙人口、深刻生动。常言道："近朱者赤，近墨者黑。"孟母深谙环境对人的成长的影响，为了让孩子有一个好的居住与学习环境，她不厌其烦地一而再地搬迁。这，便是为了"择善"而居，培养"鸡鸣而起，孳孳而为善"的后代。

陈氏迁居的原因，是不是"择善"，寻求好的邻居？《改创白沙家祠碑记》称，"白沙先生生都会里，里俗悍，先生长，迁白沙小庐山下"，这或许是"择善"之说的佐证。从现代人的眼光看，值得关注的是，在陈献章生活的年代，江门是一个颇有吸引力的商品集散地，"人往高处走"是常理，一个家庭为了子孙后代的发展，迁往比原居地更繁华的地方，亦乃人

---

① 梁炳尧：《陈白沙传略》，第 9 页。
② 陈献章：《经故居》，《陈献章集》，第 338 页。

之常情。这，是不是陈氏移居的深层原因？值得思考！

江门，位于珠江西侧，地处西江与其支流蓬江的交汇处，濒临南海。因有江南的烟墩山与江北的蓬莱山对峙如门，故名江门。据考证，"江门"的称谓，最早见于宋淳熙三年（1176），龚茂良在《何氏家谱·序》中，有"江门恩平""宦寓江门"的说法①。江门特有的地理优势，使之成为粤西交通的枢纽，是商品的集散地，也是兵家必争之地。

江门的商品经济，萌芽于元末明初。江门，最初是蓬江边上的一个小墟集，逢一、三、五墟期，周边四乡的渔民与农民，都相聚于此，进行贸易，互通有无。后来，逐渐扩展，至16世纪陈献章生活的年代，江门墟集已具规模，成为岭南一个颇为繁华的商品集散地。当时的江门之所以商业繁华，是因为地缘、交通提供了人来客往的便利。有河涌交错，有船、艇作为水上交通工具，有埠头作为船只的停泊点，也作为商品的装卸地。埠头的闸门两旁，往往张贴这样的对联：

> 一条大路通南北，两旁小贩买东西。②

陈献章所住的白沙村，与江门墟之间只有蓬江一水相隔，由此及彼，有木桥相接。迁居江门的陈献章，自然朝夕目睹江门墟的热闹景象，其诗《江门墟》，生动地描述了当时亲历的景况。诗中说：

> 十步一茅椽，非村非市廛。
> 行人思店饭，过鸟避墟烟。
> 日漾红云岛，鱼翻黄叶川。
> 谁为问津者，莫上趁墟船。③

陈献章笔下的江门墟，在当时已是店铺密集，人来客往，炊烟处处腾起，好不热闹！陈献章还有诗句描绘墟集的繁华景象：

---

① 梁炳尧：《陈白沙传略》，第10页。
② 陈奇思：《陈白沙诗笺》，广东人民出版社，1998，第24~25页。
③ 陈献章：《江门墟》，《陈献章集》，第342页。

趁罢江门市，商船夺港归。①

在江门，陈献章走过了他艰辛、坎坷而又光辉的人生之路；在江门，他洞察了复杂的社会万状，获取了无限的人生感悟。

陈献章生活在已渐告别落后，而开始步向繁华的珠江一带。他切身感悟到经济不断繁荣的同时，也目睹社会危机四伏：地主豪绅与贪官污吏强取豪夺，残酷剥削，民不聊生，矛盾激化，大小规模的农民起义，频频爆发。

在陈献章所处的年代，在珠江一带发生了持续将近20年的黄萧养起义。事件的经过大致是：正统十三年（1448），狱中的黄萧养率同狱19人越狱起义后，进入南海，当地民众积极响应，"赴之者如归市，旬月至万余人"。继而联络各县起义民众，不断壮大队伍。拥有战船500余艘，并制作各种武器，由水陆两路攻打广州两次，官兵惨败；后又与新会起义军联合，据称，拥兵3万余；再次攻打新会、佛山，连连取胜，队伍不断壮大，士兵10余万，战船1000余艘，黄萧养自称"东阳王"②。同年五月，黄萧养在战斗中中箭死去，起义军被迫撤出广州，向西南方向转移。成化三年（1467），坚持了将近20年的起义，最终失败。

在江门，陈献章度过了他的大半生。江门，是陈献章生活、学问、讲学的舞台，他时刻离不开江门，对江门有着无限的牵念与深深的情怀。

成化十三年（1477），陈献章作七言诗《三赠文都》，曰：

小住江门四十年，隔坡相应荷相怜。
窗开四面客通刺，酒覆三杯月到船。
身上紫袍知有相，画中碧眼亦真传。
明朝庚岭高回首，万里晴波正接天。③

---

① 陈奇思：《陈白沙诗笺》，第25页。
② 黄萧养称王，一说"东阳王""惠阳王"，一说"惠天王"，一说"顺民天王"。笔者取屈大均《广东新语》的说法，称"东阳王"。
③ 陈献章：《三住文都》，《陈献章集》，第485页。

从诗中"小住江门四十年"，可推断陈献章10岁左右居江门①。从少年到青年，再至老年，陈献章的一生几乎都在江门度过。

江门，是陈献章生活了大半辈子的故土。在那里，他度过了最美好的时光；在那里，他为走上仕途而备战；在那里，他闭门静坐，创立自得之学，完成"作圣之功"；在那里，创立富于岭南特色又具开拓意义的白沙心学；在那里，他设帐授徒，为国家培育有用之才；在那里，他侍奉亲人，尽忠尽孝……

江门，是商品经济发展的前沿地。在那里，陈献章孕育和展示了多彩的思想学说，形成岭南第一个能影响全国的学术流派，被称为"江门学派"；在那里，他讲学不辍，沿江修建了讲学的平台——钓鱼台，并以之作为"衣钵"，传给了既继承又弘扬其学说的弟子湛若水；在那里，以江门为话题，他写下了无数的诗文……

江门，是陈献章生活的栖息地、学术的发祥地、思想的传播地、园丁的耕耘地。陈献章对江门有着深深的情结，仅以其诗中屡屡出现"江门"，即可见一斑。据不完全统计，其有"江门"一词的诗篇超过80首，其中有以"江门"为题，或在诗中一次或多次用到"江门"一词。在诗中，他描画了江门富于诗情画意的时节与景色，记述了在繁华墟集中他那宁静、超然、洒脱的神仙般的生活，记载了他那"孤舟独行"的隐居岁月，记录了在江门送别友人的惜别之情，寄托了他那对故土无限依恋的惜愫。

综上足见，江门为陈献章提供了别具一格的生活环境，更为他提供了一片自由天地，其诗曰：

> 江门还我自由仙，七洞天西小洞天。
> 南去北来船过尽，无人肯住钓台前。②

应该说，正是江门这块自由之地，如诗如画之文化沃土，孕育了这位

---

① 关于陈献章迁居江门的时间，史料没有确切的记载，学界的说法不一，大都依据《三赠文都》而推算为10岁左右迁至江门。台湾学者陈郁夫却认为"迁居年月不可考，大略在南归后"，其依据是《改创白沙家祠碑记》所言："白沙先生生都会里，里俗悍，先生长，迁白沙小庐山下。"此说，见陈郁夫编《明陈白沙先生献章年谱》，第14页。

② 陈献章：《次韵呈长官》，《陈献章集》，第668页。

富有时代气息与哲学思维的伟大诗人——陈献章。

四 少年聪颖

人的成长，环境毕竟是外因，而先天的资质与后天的努力，才是使外因得以转化的内在基因。少有灵气、聪颖过人，正是陈献章日后能成就事业的先决条件。

幼年的陈献章，体弱多病，虽没有父爱，却在慈母的百般呵护下成长。其回忆时称："无岁不病，至于九岁，以乳代哺。非母之仁，臣委于沟壑久矣。"[1] 陈献章自幼便有过人的天分，他不但记性好，一目十行，过目不忘，而且喜欢模仿，并能创造。

陈献章少年时，常听祖父讲文天祥、陆秀夫等英烈的悲壮故事，听母亲咏唱唐诗，以及父亲的诗作和当时流行的儿歌。诗与歌伴随着陈献章成长，他自幼即有浓浓的诗情与强烈的创作冲动。据传有一次，母亲思念亲人而十分悲伤，饮食不思，陈献章感到不安，忽见屋前水塘里的鸭子正在戏水觅食，于是灵机一动，脱口唱出一首儿歌来劝慰母亲：

鸭子恋水凼，梅花跌落菊花林。

今日阿妈唔食饭，唱支歌仔解娘心。[2]

少年陈献章还有一些感悟社会、忧国忧民的诗篇，其中有流传于民间的诗歌，曰：

记得细时好，跟娘去饮茶。

门前磨砚壳，巷口拨泥沙。

赤脚骑狮狗，屈针钓鱼虾。

如今成长大，心事乱如麻。[3]

---

[1] 陈献章：《乞终养疏》，《陈献章集》，第 2 页。

[2] 梁炳尧：《陈白沙传略》，第 11 页。

[3] 梁炳尧：《陈白沙传略》，第 11 页。

少年陈献章，悟性极高，读书也有颇深的领悟，常常以惊人之言表达其感受。据史料记载，陈献章读《孟子》，当读到"有天民者，达可行于天下，而后行之"一句时，即慨叹曰："嗟乎，大丈夫行已当如是也。"① 小小年纪，已能读懂蕴含在书中的儒家思想，认定大丈夫当本着经义而处世。

陈献章自幼读孟子的书，发出惊人绝语，显出对孟子思想的共鸣，而在日后，在陈献章的一生中，他有许多与孟子相似之点，如注重教育、创立学说、关注民众。陈献章所构建的心学，便是指出了朱熹之学的不足，而回到了孟子的"尽心"说。因而，人们从陈献章幼年的悟性中，可窥见他日后能够成才，并有"活孟子"之誉的内在基因。

正统十一年（1446），陈献章19岁，进入县学读书，初显才华。老师在批阅他与众不同的作文时，赞曰："陈生，非常人也，世网不足以羁之。"② 这，是一个富有预见性的评语：预见了陈献章有"非常人"的才华，他将不受世间樊篱的约束。弟子张诩也曾说，其先师"自幼警悟绝人，读书一览辄记"③。

陈献章的家乡，有临海的厓山，是宋末志士殉国之地。他幼时在书本上读到这段悲壮的历史时，更是感动不已。其弟子张诩的《白沙先生行状》称，"少读宋亡厓山诸臣死节事，辄掩卷流涕。"④

五　科举之路

"学而优则仕"，是中国古代大部分文人梦寐以求的目标。生活在科举选才时代的陈献章，虽自幼受到道家文化的熏陶，但在亲人的期盼与鼓励下，也不得不沿着儒生们的老路——科举之途而奋进。然而，他并非一帆风顺，困顿与坎坷磨炼了他的意志，加深了他对人生的感悟。士难居官的生活遭遇，使他渐渐淡泊名利而潜心学问，而另辟蹊径去谱写更为精彩的人生篇章。

正统十二年（1447），陈献章20岁，满怀着慈母与祖父的期盼，参加了乡试，成绩优秀，名列第九，迈开了走向仕途之路的第一步。

---

① 张诩：《白沙先生行状》，《陈献章集》，第869页。
② 张诩：《白沙先生行状》，《陈献章集》，第869页。
③ 张诩：《白沙先生行状》，《陈献章集》，第868页。
④ 张诩：《白沙先生行状》，《陈献章集》，第868页。

正统十三年（1448），21 岁的陈献章，进京首次参加会试，中副榜，并未获得参加更高一级的殿试，以及为官的资格，却取得进入国家的最高学府——国子监就读的机会，为继续参加会试再努力。

正是在陈献章埋头读书，一心走仕途之路之时，时局发生了极大的变化。

正统十四年（1449），陈献章 22 岁的那年，发生了土木之变。

当年，国家处于动荡之中，而陈献章的家乡也不安宁。据地方史料记载，新会的大岭村有黄汝通领导的起义，短短 5 个月，起义队伍发展至3000 多人，攻占了船头、石洒冲、上冲等村庄，声势浩大。当年八月，黄萧养领导的起义，也已波及新会；九月，总兵官安卿伯张安进行讨伐，败死。明王朝接连调动官员王清、杨信民、董兴等来粤指挥，对起义军进行围剿。①

次年春，周义长、李丙率 300 多名起义者，围攻新会冲翼村。4 月 11日，董兴率兵 3 万余人围剿，黄萧养于新会菠萝庙、白蚬滘被杀，黄之余部不服招抚。这一年，陈献章的家乡新会极度混乱。

景泰二年（1451），24 岁的陈献章，准备第二次参加会试，然而故乡新会仍处于无序状态。各路起义者活动频频，民众受扰，有 160 名新会士人上京请求政府派兵剿捕，未果。童谣曰："压倒良民，入于月戎；人死不顾，虚镇广东。"②

陈献章的故乡之所以民众起义接连发生，而且愈演愈烈，实是由于百姓生活无着，不得不铤而走险。官方称起义者为"匪"，采取"剿"的对策，然而，民生无着，"匪"越剿越多，社会越剿越乱。

陈献章的诗文，多有对民众疾苦的同情，以及对社会动乱的抨击。在书函中，他大胆披露家乡动乱的惨状，以及人人自危的心态，有文章称：

> 近来敝邑夜寇甚于前日，有尽杀一家十余口者矣。地方如此，不可不早为之所，况有大于此者乎？意欲就省城内求一地，颇幽僻且宽

① 《新会县志》。
② 陈郁夫：《明陈白沙先生献章年谱》，第 15 页。

广，及此时筑室奉老母居之。①

社会为何如此之"乱"？在《与李白洲宪副》函中，陈献章毫不留情地指出：

　　岭南地方寇盗日益，民已穷而征敛无已。天下理乱所关为何？谁其忧之？②

尽管陈献章仍把起义者称为"寇盗"，但他却尖锐指出，社会之所以有"寇"有"盗"，而且在岭南地区寇盗的活动日益厉害，原因是"民穷"，而"民穷"，其根源是政府的横征暴敛，不顾民众死活。字里行间，展示了陈献章敢于针砭时局，能理性地剖析问题。

从国家到家乡，从大环境到小环境，动荡无序。陈献章就是在社会的动荡之时参加了第二次会考，但又落榜了，科举路上，再次受挫。

六　临川拜师

明景泰五年（1454），27 岁的陈献章，前往江西临川，师从理学家吴与弼，经历了一段别样的生活。

吴与弼，字子傅，号康斋，抚州崇仁（今属江西）人。虽出身于仕宦之家，却具有独立人格。19 岁时赴京探亲，读到朱熹《伊洛渊源录》，茅塞顿开，决心发奋，"乃知圣贤犹夫人也，孰云不可学而至哉？"③，立意学问而拒绝科举。他曾独居小楼，闭门两年，专心研读四书五经，以及洛学与闽学。在其《日录》中称，他常梦见孔子与朱熹，是个地道的程朱信徒。他虽多次被荐举，但终不愿为官。天顺元年（1457），他被任为左春坊左谕德，只待了两个月，即称病请辞返乡。中年时，家道中落，家境清贫，却安贫乐道，刻意自立，办学授徒。每天早起摸黑，驾着犁耙耕作，不论粗活细活皆亲力亲为，与弟子一起过着俭朴的耕读生活。在《明儒学案》中，

① 陈献章：《与张廷实主事》，《陈献章集》，第 164 页。
② 陈献章：《与张廷实主事》，《陈献章集》，第 140 页。
③ 黄宗羲：《崇仁学案》，《明儒学案》卷一，中华书局，1985，第 14 页。

黄宗羲为他立了"崇明学案"，称之为明代儒学第一人，对他多有赞美之词："闻道最早，身体力行"，刻苦勤奋，学问"多得自五更枕，汗流被下处"①。吴与弼上无师承，学问多为自悟而得，其学说兼容朱陆，但有明显的心学倾向。著作汇编成《康斋文集》《日录》。

吴与弼致力于教育，对四方来学者教诲不倦。他虽身居乡里，但弟子来自全国各地，且培养出娄谅、陈献章、胡居仁等多名著名学者。因弟子的成就，吴与弼的思想更受到世人的关注。

陈献章与娄谅、胡居仁，三人同出自吴与弼师门，陈献章在《书莲塘书屋册后》中曾说，予与娄克贞"同事吴聘君"，"予以景泰甲戌游小坡，与克贞先后至"②。三人都是老师的得意弟子，尽管各自的学术取向不同，但三位高徒对当时的学术影响，均为学界所肯定。

吴与弼是一位严师，教学认真，教育方法多样化。他既有思想上的讲习，更注重践履。对学生严格要求，进行全方位的训练，更注重道德教化。

首先，吴与弼给学生讲述经典。陈献章在后来的回忆里，谈及老师为他讲学情况：

> 仆才不逮人，年二十七始发愤从吴聘君学。其于古圣贤垂训之书，盖无所不讲。③

陈献章师从吴与弼，老师给他讲述了历代经典，得到吴与弼的特别关照。《白沙先生行状》称：

> 康斋性严毅，来学者绝不与语，先令治田，独待先生有异，朝夕与之讲究④。

吴与弼注重践履，对陈献章却开了小灶。吴与弼的教学，不仅注重经典的讲说，更注重践履。他教弟子躬亲耕作，干各种农活与磨墨、倒茶、

① 黄宗羲：《崇仁学案》，《明儒学案》卷一，第 16~17 页。
② 陈献章：《书莲塘书屋册后》，《陈献章集》，第 64、65 页。
③ 陈献章：《复赵提学金宪》三则，《陈献章集》，第 145 页。
④ 张诩：《白沙先生行状》，《陈献章集》，第 869 页。

迎客等各种杂活，而且不得苟且，这些均为教学内容与训练方式。据记载，每天一早即开始劳作，如陈献章还未起床，老师便大声呼唤："秀才，若为懒惰，即他日何从到伊川门下？又何从到孟子门下？"① 话虽严厉，却是告诫学子不可懒惰，否则不可能成才，显然是在激励学子们奋发向上，话语中所蕴含的殷切期待与一片爱心，陈献章是真切地体悟到了。

陈献章得到吴与弼的厚爱，数月的学习，彼此间已经建立起非一般的师生情谊。一方面，陈献章对先生至为崇敬，在《书玉枕山诗话后》中，他称先生为"一代之人豪"。他具体赞曰：

> 闻其论学，多举古人成法，由濂、洛、关、闽以上达洙泗。尊师道，勇担荷，不屈不挠，如立千仞之壁，盖一代之人豪也。②

另一方面，先生对陈献章也关怀备至。当陈献章即要离开临川时，先生为白沙题书"孝思"，并撰写了《孝思堂记》，以作诠释。文中曰：

> 君子之于亲，跬步不忘于孝，况幽明之异，侍养之旷哉！然全其大，必当略其小，慈颜无恙，伯氏综家，正自求多福之时也。及是时，悉其心以立乎己，俾人知陈氏之有子，先君为不亡矣。陈生勉乎哉！③

吴与弼同情遗腹子陈献章，未能父母双全，勉励他"跬步不忘于孝"。陈献章铭记老师的这番临别赠言，终生付诸践履，一生为母尽孝。其诗曰："多病一生长傍母"④，便是不忘先生教诲的精辟表白。

从陈献章走过的生活历程看，临川游学为时虽短，却给他带来深深的影响。吴与弼对陈献章的成长、学说的形成，以及办学育人等方面，均有着重要影响。在《龙冈书院记》中，陈献章回忆这段经历，曰：

> 予少无师友，学不得其方，汩没于声利，支离于秕糠者，盖久之。

---

① 黄宗羲：《崇仁学案》，《明儒学案》卷一，第 15 页。
② 陈献章：《书玉枕山诗话后》，《陈献章集》，第 70 页。
③ 陈献章：《孝思堂记》，《陈献章集》，第 936 页。
④ 陈献章：《病中写怀》二首，《陈献章集》，第 476 页。

年几三十，始尽弃举子业，从吴聘君游。然后益叹迷途其未远，觉今是而昨非，取向所汩没而支离者，洗之以长风，荡之以大波，惴惴焉，惟恐其苗之复长也。①

从文中可见，陈献章首先肯定师从吴与弼，终结了将近30年来"学不得其方，汩没于声利，支离于秕糠"的迷茫岁月，开始了"觉今是而昨非"的觉醒，并决心奋发而不再回头，这无疑是其人生历程的新起点。吴与弼的影响与启发，无疑是客观存在的事实，陈献章如上所言，便直接记述了这段经历的真实感受。《龙冈书院记》中的这段言语，是为书院作"记"，陈献章的本意不在为自己的先生唱赞歌，而是以自身的经历为后来的学子提供借鉴，可见其中没有吹嘘而具真实性。

关于吴与弼对陈献章的关键性影响，近年来学界也颇为关注。蒙培元在专著《理学的演变——从朱熹到王夫之戴震》中，有如此的评述：

> 他（指陈献章——引者注）从吴与弼那里受到心学思想的影响和启发。所谓"迷途未远"，就是吴与弼所说的"圣贤可学"；所谓"汩没支离"，就是吴与弼所批评的宋以来之学，实际上就是程朱理学。他要把这种"支离"之学洗荡干净。他后来的思想转变与此直接有关。……他不仅从吴与弼学得激励奋发之功，因而"穷尽天下古今典籍，旁及释老稗官小说"；而且受到心学简易功夫的直接启迪。他的思想就是沿着这个方向发展出来的。因此，他对吴与弼评价很高，说吴与弼"如立千仞之壁，盖一代之人豪也。②

这段解读，概括了吴与弼对陈献章的至深影响，揭示吴与弼使陈献章人生之路发生了第一次转折。吴与弼在为人处事、思想学问以至教学方式等方面，对陈献章的影响应是深远的。

事实上，从陈献章后来的学术取向，及其人生轨迹，皆可窥见吴与弼对其影响之深，起码有如下方面。

---

① 陈献章：《龙冈书院记》，《陈献章集》，第34页。
② 蒙培元：《理学的演变——从朱熹到王夫之戴震》，第190~191页。

其一，在为学上，老师对儒家学说的系统传授，为陈献章日后创立学派奠下了坚实的理论根基，也成为其求得"作圣之功"的基础。

其二，在治学上，老师的激励，使陈献章迷途知返，为日后闭门攻读，敢于告别"昨非"，而开创"今是"，开启了闸门。

其三，在教育上，耕、读、教三位一体的吴氏模式，为陈献章日后的生活提供了典范。

公允地说，吴与弼是导师，是楷模，是引路人。陈献章心学的创立、教学的成功、人生的辉煌，统统都离不开这位老师的言传身教。陈献章离开临川之后，还常常思念老师，后来几次路经江西，也特意前去拜望老师。

七 十年静坐

景泰七年（1456），29 岁的陈献章回到江门。阮榕龄的《编次陈白沙先生年谱》记述了他到家后的生活："先生初筑春阳台，日坐其中，用功或过，几致心病"，在春阳台中，勤奋用功，废而忘食，"家人穴壁馈飧"[1]。这，便是著名的"坐春阳台"。一坐就是十年，如其本人所说"坐小庐山十余年间，履迹不逾于户阈"[2]。张诩在《白沙先生行状》中称：

> 自临川归，足不至城市。朱英时为参议，造庐求见，卒避不见。闭户读书，益穷天下古今典籍。彻夜不寝，少困则以水沃其足。[3]

苦读，不顾一切，连官员登门造访，也不给面子；苦读，夜以继日，累了便用水泡脚，用中国传统的"沐足"来消除疲劳；苦读，废寝忘食，家人凿壁，从洞口给他递送食物。

陈献章欲求"作圣"之路，可路在何方，从何处入门？于是陈献章及时总结，不断进行调整，由读书到筑春阳台，独在其中静坐。数年了却未能使心与理"凑泊吻合"，自我感觉没有达到预期目的。于是再改进，采用动静结合的办法，不仅仅静坐，还到山中放声高歌。或在孤岛上大声呼号，

---

① 阮榕龄：《编次陈白沙先生年谱》卷一，《陈献章集》，第 808 页。
② 陈献章：《龙冈书院记》，《陈献章集》，第 34 页。
③ 张诩：《白沙先生行状》，《陈献章集》，第 879 页。

或在溪中弄艇、垂钓，而后达到了忘形去志的"自得"境界，完成了"作圣之功"。如张诩在《白沙先生墓表》中所言：

> 静坐一室，虽家人罕见其面，数年未之有得。于是迅扫夙习，或浩歌长林，或孤啸绝岛，或弄艇投竿于溪涯海曲，捐耳目，去心智，久之然后有得焉。①

如上便是弟子张诩记述陈献章不断摸索的过程。

静坐，一种化繁而约的认知与涵养方法。静坐中由"未得"而"自得"，这便是"舍彼之繁，求吾之约"的涵养过程。陈献章对此过程作了如此的概述：

> ……舍彼之繁，求吾之约，惟在静坐，久之，然后见吾此心之体隐然呈露，常若有物。日用间种种应酬，随吾所欲，如马之御衔勒也。体认物理，稽诸圣训，各有头绪来历，如水之有源委也。于是涣然自信曰："作圣之功，其在兹乎！"有学于仆者，辄教之静坐，盖以吾所经历粗有实效者告之，非务为高虚以误人也。②

静坐，是一种体认物理的作圣之功。陈献章用自身的实践，验证了它的实效。于是，他便教人"静中养出端倪"，由是而否定程朱理学的"格物致知"，这是在修养方法上一次大胆的改革。这十年间，陈献章感悟了"自得"的理想境界。这十年间，陈献章积累了大智慧，实现了一次思想飞跃。

天顺八年（1464），37岁的陈献章，走出春阳台。陈献章有诗记述他那段时间的心境，五律《初秋夜》两首之二曰：

> 自我不出户，岁星今十周。
> 丹砂求未遂，缘鬓去难留。
> 时节来将晚，山河值早秋。

---

① 张诩：《白沙先生墓表》，《陈献章集》，第883页。
② 陈献章：《复赵提学金宪》三则，《陈献章集》，第145页。

西风卷雨去，星月满池流。①

诗中慨叹岁月不饶人，长生不老不可能求到，青春已不再；时光流逝，那时已是初秋时节，幸好"西风卷雨去"，满天星月，映照在池中，好一派秋色。此时陈献章的心境，是多么的复杂，有惋惜，有惆怅，也有喜悦。十年磨砺，陈献章收获了"自得之学"，当是可喜可贺。

成化元年（1465），38 岁的陈献章开始了他的教学生涯，迈出传授儒学新派的第一步。陈献章坐春阳台的十年，他有得有失，成功是主要的。他毕竟完成了从师—静坐—自得的人生历程，不但开始了教学生涯，而且创立了"自得之学"。

八　名震京师

如果说，陈献章在小庐山静坐十年，悟得了"自得之学"，创立富有岭南特色的学说，并设帐授徒，传授其"静坐"之法，开始了吴与弼式的教学生活，这是其人生之旅的第一历程的话，那么，一次偶发事件，他又一次改变了人生的航向，而开启了人生第二历程。具体便是，教学中发生了一些为外界所误解的事，在他人的规劝下，陈献章"复游太学"而"名震京师"，朝中传出"真儒复出"，一时间崇拜者众多。

成化二年（1466），39 岁的陈献章，自收徒讲学以来，从者日增。教学生涯很是得意之时，他却又遇到了麻烦。陈献章教学或许受到吴与弼的影响，读书之余还有许多的课外活动，"习射礼"则是其中一项。他常带领弟子在野外练习射击。"射"，乃孔子倡导的"六艺"——"礼、乐、射、御、书、数"中之一项，"习射礼"本无可非议，但陈献章的举动被疑为"聚兵"谋反。一时间，流言四起。为了不让母亲为自己担心，他接受了钱傅的劝告，再次北上，到京师参加会试。

当年的秋天，陈献章启程北上，开始一次乐山乐水、自得自乐的"一时之壮游"。在《湖山雅趣赋》中，陈献章追述了此次出行的路径：

丙戌之秋，余策杖自南海循庾关而北涉澎蠡，过匡庐之下，复取

---

① 陈献章：《初秋夜》二首，《陈献章集》，第 340～341 页。

道萧山，溯桐江舣舟望天台峰，入杭观于西湖。①

陈献章自称，此行为"壮游"，既增长了见识，领略了人生，又洞察了大自然奥妙，开阔了眼界，而进入物我两忘、生死不干、悠然泰然的理想境界。在赋中，他说：

> 所过之地，盼高山之漠漠，涉惊波之漫漫，放浪形骸之外，俯仰宇宙之间。当其境与心融，时与意合，悠然而适，泰然而安。物我于是乎两忘，死生焉得而相干？亦一时之壮游也。……富贵非乐，湖山为乐；湖山虽乐，孰若自得者之无愧怍哉。②

带着一路的自得与自乐，陈献章抵达京城。这是陈献章第二次进京，随着人生阅历的增长，以及静坐的体悟，他的心境同以前大不一样。在《湖山雅趣赋》中，陈献章记述了在京的交往，以及当时的观感与心态，他如是说：

> 迨夫足涉桥门，臂交群彦，撤百氏之藩篱，启六经之关键。于焉优游，于焉收敛，灵台洞虚，一尘不染。浮华尽剥，真实乃见；鼓瑟鸣琴，一回一点。气蕴春风之和，心游太古之面。其自得之乐亦无涯也。③

又说：

> 出而观乎通达，浮埃之蒙蒙，游气之冥冥，俗物之茫茫，人心之胶胶，曾不足以献其一哂，而况于权炉大炽，势波滔天，宾客庆集，车马骈阗！得志者扬扬，骄人于白日；失志者戚戚，伺夜而乞怜。④

① 陈献章：《湖山雅趣赋》，《陈献章集》，第 275 页。
② 陈献章：《湖山雅趣赋》，《陈献章集》，第 275 页。
③ 陈献章：《湖山雅趣赋》，《陈献章集》，第 275 页。
④ 陈献章：《湖山雅趣赋》，《陈献章集》，第 275 页。

抵京后，陈献章重新进入国子监，读书备考。国子监，在汉代称作"太学"，隋代改称"国子监"，故陈献章再次就读国子监，即有"复游太学"之说。他所就读的国子监，建于元大德十年（1306），位于京都安定门内大街附近的西街口。建筑规模雄伟，富丽堂皇。国子监的主管称作"祭酒"，具体负责教育行政，以及管理教学，也亲自讲课。

时任祭酒的邢让，襄陵人，字逊之，曾于正统十三年（1448）与陈献章同科应考，当时陈献章落第，而邢让举进士，之后便在翰林院任庶吉士，曾参与修撰《英宗实录》。成化二年（1466），提升为国子监祭酒，成为最高学府的主持人。他对抵京的陈献章进行了面试，成为陈献章走上成名之路的给力推手。

祭酒邢让以"和杨龟山《此日不再得》韵"为题，来考陈献章。邢让的试题，无疑是让陈献章去挑战一名大人物。本来，陈献章创立"自得之学"，已在学术上对宋儒们进行挑战，这次面对新的挑战，他也能从容应对。

陈献章作五言诗《和杨龟山〈此日不再得〉韵》，他的诗如是说：

> 能饥谋艺稷，冒寒思植桑。少年负奇气，万丈磨青苍。
> 梦寐见古人，慨然悲流光。吾道有宗主，千秋朱紫阳。
> 说敬不离口，示我入德方。义利分两途，析之极毫芒。
> 圣学信匪难，要在用心臧。善端日培养，庶免物欲戕。
> 道德乃膏腴，文辞固秕糠。仰俯天地间，此身何昂藏！
> 胡能追轶驾，但能漱余芳。持此木钻柔，其如磐石刚。
> 中夜揽衣起，沉吟独彷徨。圣途万里余，发短心苦长。
> 及此岁未暮，驱车适康庄。行远必自迩，育德贵含章。
> 迩来十六载，灭迹声利场。闭门事探讨，蜕俗如驱羊。
> 隐几一室内，兀兀同坐忘。那知颠沛中，此志竟莫强。
> 譬如济巨川，中道夺我航。顾兹一身小，所系乃纲常。
> 枢纽在方寸，操舍决存亡。胡为谩役役，玧丧良可伤。
> 愿言各努力，大海终回狂！

陈献章的答卷，是洋洋洒洒二百多字的五言长诗。诗中，夹叙夹议，既表述自己的身世，又回顾所走过的成长之路，着重申述自己的人生价值、道德取向、学术宗旨与渊源。

在诗中，陈献章给人一种深邃而清新的思想导向，既合乎儒家"圣学"，又有高扬人的主体精神的创新之意。在当时程朱理学一统天下的氛围里，人们的思想被禁锢，陈献章的诗，敢于在一名能决定自己命运的官员面前，坦然陈述己见，无疑彰显其思想解放与学术创新的精神，同时也昭示了明代之学，由理学向心学转换的动向。

陈献章的这首诗，令邢让不禁大惊，叹曰："龟山不如也！"①《明史·陈献章传》称："祭酒邢让试和杨时《此日不再得》诗一篇，惊曰：'龟山不如也。'扬言于朝，以为真儒复出，由是名震京师。"②

杨龟山非一般人物，"龟山不如"的评价，其含金量世人可想而知！

杨龟山（1053~1135），即北宋著名理学家杨时，南剑州将乐（今属福建）人。曾在浏阳、余杭任知府，又曾调任秘书郎、著作郎兼国子监祭酒、徽猷阁直学士、龙图阁直学士等职。晚年，隐居龟山，世人称之为"龟山先生"。曾从学宋代理学大师程颢、程颐兄弟，与游酢、吕大临、谢良左并称为程门四大弟子。杨时与游酢在南方传播二程学说，并开启了南宋闽学，其三传弟子朱熹完成了南派理学——闽学，史称杨时与游酢为宋代理学南传的关键人物。杨时的学说影响颇大，学者奉他为"程学正宗"，成为程朱理学由二程至朱熹过渡期间的重要人物。

邢让的"龟山不如"的美誉，不胫而走。一时间，多少名士如罗伦、章懋、庄昶、贺钦等，欣然同陈献章交友，与他同游。其中贺钦（1437~1510），在当时已担任给事中，听闻人们对陈献章的评论时十分感慨地说："至性不显，宝藏犹霾，世即用我，而我奚以为用。"③他慨叹世事不公，怎么有才华的人不显露，就如宝藏被埋没，而自己无才却被任用（这应是贺钦的谦逊之词），他接受不了这不公的现实，于是"即日抗疏解官去"，辞去了官职，决心师从陈献章，行跪拜礼，至恭至敬地为陈献章捧砚磨墨。

陈献章学识与才华，得到了世人的认可，在士人中有了相当的威望。

---

① 阮榕龄：《编次陈白沙先生年谱》，《陈献章集》，第810页。
② 《明史·陈献章传》，转引自陈献章《陈献章集》，第863页。
③ 张诩：《白沙先生行状》，《陈献章集》，第869页。

人们称他为"真儒"，并认定陈献章现象，便是"真儒复出"。这，不仅是对陈献章的肯定，也是对当时平庸者充塞学界现象的指责。然而，在等级森严的社会里，才华如此出众的陈献章，经过考核却只是被安排做吏部文选清吏司历事。这不过是打杂跑腿的小职员而已，尽管如此，这一职位对仕途坎坷的陈献章来说，已算是唯一到任的官差了。

在吏部短短的工作期间，陈献章表现出他的认真负责，以及不贪图虚荣的高尚品德。他不因职位低微而怠慢，而是勤勤恳恳，朝往昔返，每日手捧案牍，同众官吏杂立于厅下。众人看他如此认真，便劝他休息，他却说："某分当然也。"① 对此，有人评价他"抱负之大而克勤小物"，是践履了孔子的"委吏乘田"。其实，陈献章是安于本职，任劳任怨，无非分之想。吏部也算是国家的中央机构，一个来自边远地区的小人物，本可以利用当差之便，找个靠山往上爬，然而陈献章却不以为然，即便有这样的机会，他也拒绝了。据称，侍郎尹旻闻听说陈献章的贤德后，欲聘他做自己儿子的老师，先后六七次提出请求，都被陈献章拒绝。尹旻闻则因此而恼羞成怒，日后借机报复。

成化三年（1467）春，陈献章辞去了吏部的差事，返回故乡。尽管这次"复游太学"，陈献章在京一度名声大噪，也有了一份差事，但按照他的人生追求，他还是决意辞职南归。

成化四年（1468），41 岁的陈献章，为了家庭，为了遵从母亲的意愿，他不得不再次入京赶赴考场。

成化五年（1469），42 岁的陈献章，第三次应试，不幸，又一次落第。

曾一度名震京师的陈献章，为何落第？人们大为不解。据传，是试卷被扔进水里了，当时有人追究，主考官某编修寻找不到其考卷的下落，上疏禀报，却没有结果。20 年后，御史邝文听闻礼部尚书某从吏说，当年陈献章试卷丢失乃某人所为，众人猜测：此事必是那位欲让儿子师从陈献章，而屡次被拒绝，恼羞成怒的尹某所为。事实真相如何，已无从考证，唯一真实的是，陈献章的科举之路实在坎坷。

面对如此残酷的现实，不惑之年的陈献章"功名"之念，彻底破灭，

---

① 阮榕龄：《编次陈白沙先生年谱》，《陈献章集》，第 810 页。

再无意仕途，他恪守的人生信条是，"进以礼，退以义，不受变于时俗"①。于是，他毅然决定南归，另辟蹊径，潜心学问。

同年三月，在同乡林光的陪同下，陈献章动身离开京城。五月，经过金陵（今南京），陈献章拜访了罗伦（1431~1478）等友人。

六月，过清江，陈献章顺道看望久别的老师。见面时，76 岁的吴与弼，年事已高，但听闻陈献章家乡新居落成，得知陈献章母亲陈老夫人有了新居室，便主动提出为老夫人题词。吴先生对这位道德高尚、为培育孩子而含辛茹苦的老夫人，十分敬佩，他题写了"贞节堂"三个字。其中"节"字，十分形象，似是一妇人怀抱着襁褓中的婴儿，母子何等之相亲相爱。陈献章携带着老师珍贵的墨宝，怀揣着师生的深厚情谊，返回故乡，结束了最后一次赴京应考之旅。

离开了皇城，陈献章心中不无惆怅。其七绝诗《自三洲还至绿村步》，描述的是其由城郭返至乡间的那种寂寞与惆怅，这正是陈献章远离京都时的心理写照。他的诗如是说：

> 江流夹束午风柔，城郭归来禄步舟。
> 惆怅碧桃歌舞散，黄茅烟里一觕軿。②

陈献章离开皇城的复杂心理，在其后来给张廷实的诗中也有袒露。在诗中，他说：

> 各留一影落堪舆，叹息乾坤几丈夫。
> 脱赠藤蓑君亦爱，江门春雨忆皇都。③

在诗中他又说：

> 江门春雨忆皇都，个个先生六十余。

---

① 陈献章：《与顾别驾止建白沙嘉会楼》三则，《陈献章集》，第 305 页。
② 陈献章：《自三洲还至绿步村》，《陈献章集》，第 562 页。
③ 陈献章：《得廷实报定山谢事归，忆东白、仲昭诸先生有作》五首，《陈献章集》，第 629 页。

必有嘉言告当宁，他年应得史臣书。①

一个"惜"字，一个"忆"字，折射出陈献章对当年在京师与好友相聚的日子，是多么不可忘怀！然而，这一切一去不复返，留给诗人的只有"惆怅"与"叹息"而已！

九　致力教育

结束了这次应试，陈献章已无意仕途，便居家养病，致力学问，创立岭南第一个学术流派——江门学派。

成化五年（1469）秋，陈献章回到江门，居碧玉楼。开始闭门谢客，集中时间与精力做学问，并设帐授徒，传授其学说，培育人才。陈献章南归后的生活，张诩在《白沙先生行状》中，有概括性记述。文中称：

> 南归，杜门却扫，潜心大业。道价向天下，四方学者日益众，往来东西两藩部使以及藩王岛夷宣慰，无不致礼于先生之庐。先生日饮食供宾客，了不知其囊之罄也。自朝至夕，与门人宾友讲学论天下古今事，或至漏下，亹亹不少厌倦，翌日精神如故，虽少壮者自以为莫及也。②

南归后的陈献章，由于其思想学说已得到社会的认可，"道价向天下"，名声在外，故来访者络绎不绝，从学者也愈来愈多。陈献章对来者，一概欢迎，热情接待，而不顾家境的困难；对求学者，与之"论古今事"，讲学不辍，忘却了年龄与疲惫。

陈献章是一位有建树的哲学家，也是一位有卓著贡献的教育家。他一生过着儒生的耕读生活，其主要的时间和精力献给了对后辈的培育事业上，为国家、社会造就人才。他通过教学，传授其学术思想，又通过学术思想的传播，培育岭南学子，形成具有岭南特色的明代理学新流派——江门

---

① 陈献章：《得廷实报定山谢事归，忆东白、仲昭诸先生有作》五首，《陈献章集》，第629页。
② 张诩：《白沙先生行状》，《陈献章集》，第870页。

学派。

陈献章本着"自古有国家者，未始不以兴学育才为务"① 的宗旨，把教育培养人才作为国家建设的根本；本着"士不居官终爱国"② 的情怀，认定不能在政坛上为国尽力，也应以教学作为报效社会的平台。

陈献章着力于办学，他把一生献给了教育事业，赢得了社会的好评，有民谣曰：

> 白沙先生归故乡，我送先生路远长。
> 但愿先生长福寿，年年教我学文章。③

在教育方面，陈献章为家乡，为岭南做出了卓绝的贡献，但他与弟子通信时，却自谦地说：

> 老拙无所为，但愿足下辈能树立于世，俾斯文有赖，幸甚，幸甚。④

陈献章希望弟子能够成为社会栋梁。因而，自京师回乡的日子里，陈献章最大的慰藉，便是频频接到弟子学业进步的喜讯。

显然，陈献章把教育作为他为国尽力的唯一途径，把为国家培养人才，作为毕生最大的愿望与期待，而弟子们亦十分争气。一分耕耘，一分收获。陈献章在南归授徒以及晚年居家的岁月里，在杏园的辛勤耕耘，迎来了丰收。最令他感到骄傲的应是，弟子们一个个成才。弟子们传播其学说，为国家社会效力。

陈献章致力教育，他的弟子逾百人，其为国效力的愿望，变成了事实。屈大均在《广东新语》中，有"白沙弟子"专节，称赞其弟子之多，对其重要弟子的贡献也略做介绍，并做评论。文中曰：

---

① 陈献章：《新迁电白县儒学记》，《陈献章集》，第 39 页。
② 陈献章：《命孙田》，《陈献章集》，第 411 页。
③ 梁卫东主编《陈白沙诗选读》，中国戏剧出版社，2008，第 40 页。
④ 陈献章：《与张廷实主事》，《陈献章集》，第 163 页。

新会志有白沙弟子传，弟子一百余六人。以伍云为首，云字光宇，新会人，与李子长并知名。然白沙之门，见道清澈，尤以林先生光为最。光字缉熙，东莞人，所上白沙书，得力过于甘泉，可直接白沙血脉，弟子传当首缉熙。白沙尝语人云，从吾游而能见此道践履者，惟缉熙耳。甘泉亦云，白沙夫子，崛起南方，溯濂雒以达于洙泗，当是时得其门而入者，南川一人。南川者缉熙也。①

屈大均所说，也乃一家之言，关于弟子多少说法不一。《新会县志》（新会知事渤海贾雒英编）卷十二所列白沙弟子为109人，比屈大均所言多出3人。志中有2人有名没姓，其余皆为全名。具体名单如下。

伍云、钟淑、林栋、贺钦、谢文信、林光、杨敷、张英、麦岐、李鸿、李承箕、陈魁、陈仓、刘宗信、易元、周镐、周京、周正、邓球、黄在、李祥、梁储、陈庸、张诩、黄元、何宗濂、陈冕、容珪、李孔修、黄佐、罗冕、袁晖、林敬、易彬、范规、龚日高、何宇新、姜麟、梁贞、林琰、崔楫、梁景孚、梁景行、谭以贤、谭以良、周俭、黄寿、谢祜、马广生、萧立、黄昇（？）、林绍光、李九渊、赵思仁、黄鹤年、马龙、陈绍裘、容贯、容钦、胡旦、×瑜、×璠、胡岳、易龙、李由、李方、李同、吴响、余善、黄泽、陈護、林时嘉、潘汉、叶先、邓德昌、林聪、湛若水、黄忠、黄昊、李亨、黎潜、萧伦、陈东渊、林高、汤（雨禹）、赵善鸣、张天祥、陈谦、曾确、黄子贤、陈瑞、黄球、陆辇、黄彦、关中、康沛、邓珙、张希载、梁大厦、林漳、施用、区越、戴球、戴恩、戴泽、戴参、戴昭、戴辑、戴弁

《新会县志》的记录，可能比较真实与齐全。然而，目前可考的资料中，关于陈献章的弟子多少，各种说法不一。

后人陈遇夫所著《白沙陈子年谱》，列98人，比县志所载略少，所列人名大致相同。

《广东通志》（两广总督仪征阮元监修）"广州列传"之七陈献章传，

---

① 屈大均：《广东新语》，第312~313页。

所附录其弟子的人名则更少，仅 69 人。

阮榕龄查阅了各种史料，并进行了比较，编成《白沙门人考》，书中对陈献章弟子进行逐一介绍，弟子总数增补至 170 人，又附录未知姓名及无籍贯者 10 人。应该说，此书比较全面系统地反映了陈献章弟子的情况。从陈献章弟子的籍贯情况看，当时从学者主要来自省内，也有来自省外的，故说"陈献章弟子足迹遍及岭南、岭北"，也完全合乎事实。据《白沙门人考》资料统计，其弟子具体分布情况如下。

省内 154 人：南海 12 人、番禺 11 人、顺德 19 人、东莞 9 人、香山 1 人、增城 7 人、新宁 1 人、清远 2 人、高要 1 人、开平 1 人、鹤山 8 人、新兴 2 人、博罗 2 人、潮州 5 人、乐昌 1 人、吴川 1 人、新会 71 人。

省外 16 人：江苏 2 人、浙江 3 人、江西 3 人、湖南 1 人、湖北 2 人、福建 3 人、四川 1 人、广西 1 人。①

从《白沙门人考》对弟子的或简或详的介绍中，人们可以看到陈献章的弟子不但来自四面八方，而且每个人来从学的背景也不一样。许多学生是由于陈献章名声震动岭海南北，慕名而来，如《白沙门人考》所说，"当是时先生以道德倾动天下，海内闻风而愿拜门下者，当时不知凡几"②。总的来说，陈献章为社会造就了一批人才，他们从学术上继承和弘扬陈献章的学说。这是陈献章的学说能在明代，及明以后有着深远影响的必备条件。

十 创立学派

南归后的陈献章，通过讲学其思想体系亦渐趋形成。陈献章也就开始独立门户，创立岭南第一个具有形而上意义的、颇具社会影响的学术流派——江门学派。陈献章创立学术流派的过程，便是批判宋儒的弊端的过程，也是回答时代问题的过程。陈献章持"只对青山不著书"态度，故他虽有宏论而无巨著，其学说主要体现在诗作中。他的讲学，无疑是在传授学说，遗憾的是他的学生没能完成一部《论语》式的讲演录。《论前辈言铢视轩冕尘视金玉》是表达他的宇宙观的代表作，虽为千字文，却体现其学术取向。

---

① 阮榕龄：《白沙门人考·目次》，（香港）白沙文化基金会，1965，第 6~7 页。
② 阮榕龄：《白沙门人考·目次》，第 7 页。

《论前辈言铢视轩冕尘视金玉》，以精练的语言概述陈献章学说的三大重要命题："以道为本"、"道通于物"与"心具万理"。文中，表述了陈献章既重"道"又重"心"的理论取向，以及淡泊功名的人生价值理念。该文，构建了陈献章心学新的理论架构。

《论前辈言铢视轩冕尘视金玉》上篇，阐述了"以道为本"思想，着重说明道的品格，并由此展示其别具特色的本体论与心学取向。文中曰：

> 道至大，天地亦至大，天地与道若可相侔矣。然以天地而视道，则道为天地之本；以道视天地，则天地者，太仓之一粟，沧海之一勺耳，曾足与道侔哉？天地之大不得与道侔，故至大者道而已，而君子得之。①

在陈献章看来，"道"是宇宙之本，它至大、至上。尽管可以说，道至大，天地亦至大，两者似是相等了，然而，从"天地"的角度审视，"道"则是天地的本体，从"道"的角度审视，"天地"不过是太仓中渺小的一粟，或说是沧海中微不足道的一勺而已，"天地"与"道"岂能相比？

陈献章在肯定天地之大不可与道相比之后，笔锋一转，即强调人可以"得道"，人在"得道"后将进入新的境界。由此，显露其心学高扬人的主体精神的学术特色。文中曰：

> 一身之微，其所得者，富贵、贫贱、死生、祸福，曾足以为君子所得乎？君子之所得者有如此，则天地之始，吾之始也，而吾之道无所增；天地之终，吾之终也，而吾之道无所损。天地之大，且不我逃，而我不增损，则举天地间物既归于我，而不足增损于我矣。天下之物尽在我而不足以增损我，故卒然遇之而不惊，无故失之而不介。舜禹之有天下而不与，烈风雷雨而弗迷，尚何铢轩冕尘金玉之足言哉！②

在陈献章看来，世界的"富贵、贫贱、死生、祸福"，对于君子来说，

---

① 陈献章：《论前辈言铢视轩冕尘视金玉》，《陈献章集》，第54~55页。
② 陈献章：《论前辈言铢视轩冕尘视金玉》，《陈献章集》，第55页。

是微不足道的，因为当人进入"得道"的境界，便拥有了世间的一切，任何东西都无法使我增损，人间的功名利禄，也变得毫无意义。陈献章创建的学说，是在追求不为名位、利禄、得失、金钱的人生最高境界。这，无疑显示其为学的宗旨与传统儒家，堪相一致。

《论前辈言铢视轩冕尘视金玉》中篇，探究"心具万理"，进一步阐明"心"的功能，阐明一个真正意义上的人——君子，为什么能达到不为万物所累的原因所在。文中曰：

> 天下事物，杂然前陈。事之非我所自出，物之非我所素有，卒然举而加诸我，不屑者视之，初若与我不相涉，则厌薄之心生矣。然事必有所不能已，物必有所不能无，来于吾前矣，得谓与我不相涉耶？夫子谓："不义而富且贵，于我如浮云。"谓薄不义也，非薄富贵也。孟子谓："舜视弃天下如敝屣。"亦谓重爱亲也，非谓轻天下也。[1]

显然，陈献章首先承认了天下间的万事万物都客观存在着，但万事万物并非与人无关；人生活在天地之间，与宇宙间的事事物物有着密切的关联，只是人们对种种事物有着不同的判断而已，正如孔子对富贵与义的看法，孟子对天下与亲情的看法，各人有着不同的是非判断。由此可见，陈献章的心学，与主张"心即理"、否定心之外有物存在的陆九渊心学，并不一样。陈献章是主张心外有物，但天地之事与物皆"非我所自出"，亦"非我所素有"，而是独立地、客观地存在着，因而，认为白沙心学"脉接鹅湖"的说法，无疑是对陈献章学说的误读。当然，作为心学，陈献章与陆九渊所开创的心学一样，强调"心具万理"。陈献章在文中如是说：

> 君子一心，万理完具。事物虽多，莫非在我。此身一到，精神具随，得吾得而得之矣，失吾得而失之耳，厌薄之心，何自而生哉？巢父不能容一瓢，严陵不能礼汉光，此瓢此礼，天下之理所不能无，君子之心所不能已。使二人之心果完具，亦焉得而忽之也。若曰：物，吾知其为物耳；事，吾知其为事耳；勉焉，举吾之身以从之。初若与

---

[1] 陈献章：《论前辈言铢视轩冕尘视金玉》，《陈献章集》，第 55 页。

我不相涉，比之医家谓之不仁。昔人之言曰："铢视轩冕，尘视金玉。"是心也，君子何自得之哉？然非其人，与语此反惑，惑则累之矣。或应曰："是非所谓君子之心也，君子之辨也。"曰："然。然无君子之心，徒有轻重之辨，非道也。"①

陈献章以"心具万理"的命题，揭示了心的功能。在陈献章看来，一个真正意义的人——君子，其心得道之后，即可以使万事万物都备于心中；如果达到了"心具万理"的境界，此时，不管天下的事物如何纷繁复杂，人都不会为外界所牵累，而能辨别是非与轻重；人世间十分注重的功名利禄，在此时也变得毫无意义了；当然，只有"心具万理"的君子，才能做到无欲，不为物所累。

《论前辈言铢视轩冕尘视金玉》下篇，阐述"道"与"物"，"人"、"道"与"物"之间的关系，别出心裁地提出道不离物、物不离道，即"道通于物"的新命题。文中如是说：

> 或曰："道可状乎？"曰："不可。此理之妙不容言，道至于可言则已涉乎粗迹矣。""何以知之？"曰："以吾知之。吾或有得焉，心得而存之，口不可得而言之。比试言之，则已非吾所存矣。故凡有得而可言，皆不足以得言。"曰："道不可以言状，亦可以物乎？"曰："不可。物囿于形，道通于物，有目者不得见也。""何以言之？"曰："天得之为天，地得之为地，人得之为人。状之以天则遗地，状之以地则遗人。物不足状也。"曰："道终不可状欤？"曰："有其方则可。举一隅而括其三隅，状道之方也。据一隅而反其三隅，按状之术也。然状道之方非难，按状之术实难。人有不知弹，告之曰：弹之形如弓，而以竹为弦。使其知弓则可按也。不知此道之大，告之曰，道大也，天小也，轩冕金玉又小。则能按而不惑者鲜矣。愚故曰：道不可状，为难其人也。"②

---

① 陈献章：《论前辈言铢视轩冕尘视金玉》，《陈献章集》，第 55~56 页。
② 陈献章：《论前辈言铢视轩冕尘视金玉》，《陈献章集》，第 56 页。

陈献章认定，"物"有形，而"道"不可言状，人不可见只可存于心。进而，陈献章揭示有形之"物"与无形之"道"的关系，提出"道通于物"，因为道是某物所以为某物的依据，是蕴含于万物之中的"所以然"。由是，陈献章以"道通于物"而奠定了岭南心学的理论基石。

由上足见，《论前辈言铢视轩冕尘视金玉》三篇，高度浓缩了陈献章心学的价值取向，概括其富于创见的宇宙观，呈现其心学的岭南特色。其主要的学术观点可归结如下。

其一，天地万物，乃自然而然地存在着，"非自我而出"，而"道"则为宇宙的本体，天地万物因得道而成，"道"是事物存在的依据。

其二，"道"具有至大、至上、至虚，不可言状的属性，天地间一切皆不可与"道"相比拟，天地比道小，人间的功名利禄更为渺小。

其三，道虽至虚，不可言状，但道蕴含于有形的万事万物之中，人也可以"得道"，即认识与把握"道"。

其四，"得道"之君子，进入"心具万理"的境界，面对纷繁复杂的世界，便可以不为外界所累，无欲而能辨别是非，具有无比的智慧与创造力。

可以说，陈献章的学说，比较集中在《论前辈言铢视轩冕尘视金玉》这一哲学论作之中。当然，其学说更多的还是蕴含于诗中。正如其《雨中偶述，效康节》中所自白，"莫笑狂夫无著述，等闲拈弄尽吾诗"[1]。其哲理诗展示了深邃的学术思想，笔者正是从其诗的"半"字，开始进入探索其宇宙观之奥的大门。[2] 陈献章诗中的"半"字，确实成为打开其心学体系的金钥匙。有学者告诫，从诗中把握陈献章思想很难，但笔者始终坚信白沙诗是其思想的载体。后来笔者在撰写《陈献章评传》时，基本沿着这一思路去探索陈献章的思想，该书出版后，李锦全教授撰写的书评《一部自圆其说的专著》，再次肯定这一研究方法。

综上所述，陈献章在离京返回故乡这十数年间，以其文其诗建构起完整的宇宙观体系，并以此为基点，进而建立起"道"与"心"由"二"而"一"的心学体系，陈献章就这样在远离中国的政治经济中心的边远地

---

[1] 陈献章：《雨中偶述，效康节》三首，《陈献章集》，第 461 页。
[2] 1988 年冬，笔者第一次出席江门市召开的纪念陈献章诞辰座谈会，提交了五千字的短文《白沙诗中"半"与"两"的启示》，李锦全先生主持会议时，把文章的观点作为"关于白沙心学的性质"的第三种观点加以推荐。

域——岭南，自立门户，创立江门学派，谱写了明代心学新篇。

十一 多方应酬

南归的十数年间，陈献章既要力排应酬的干扰，又要保养身体；既要与病魔抗争，又要在繁忙的、摆不脱的应酬中致力教学与创立学说。

自成化五年（1469）离京返乡后的五六年间，陈献章一直患病，自那些年得病之后，他的牙齿与头发都脱落了，幸好老母亲身体还健壮，儿女们的婚事也一桩桩办完。从相关的史料看，陈献章患的并不是致命的不治之症，而是经常"遍身自汗"，"衣裳尽湿"，"数月不止"，以今人的观点看，可能是血气两虚，然而，总不能痊愈、康复，可能受心理因素的影响，疾病一拖便是六七年之久。

处于"抱病违时"的陈献章，病魔令他十分苦恼。他不得不采取对策：一是，"闭门偃卧，绝去应酬"；二是，练"以心驭气之术"。他在给弟子伍光宇的书函中，描述了自己当时的真实情况。其函曰：

> 贱躯失养，百病交集。近过胡按察，请教以心驭气之术，试效立见验，但日用应接事烦，不免妨夺，工夫不精。今欲自五月一日为始，以家事权属之老母，非大宾客，令诸儿管待。及光宇未复白沙，借寻乐斋静居百日，有验即奉还也。光宇决策往青湖，则此屋亦须有分付，某将来却是东道，非偬屋人矣，呵呵。①

"呵呵"一语，道出陈献章面对病魔是何等之乐观！他对疾病采取了积极应对的态度，又向别人学习气功。南归后的十数年间，陈献章在与病魔的搏斗中，争得时间进行教学并创立学说，他便是在经受着身与心的种种磨难中，度过了人生低谷的时光，而后成长为岭南硕儒。

成化十七年（1481）七月，江西重修白鹿洞书院，完工后派李士达与刘希孟携书函与聘金，到白沙来，欲聘陈献章为山长，主持书院工作。白鹿洞书院，原址在江西庐山五老峰下，是古代中国著名的书院之一，亦是最早建成的讲学场所。

---

① 陈献章：《与伍光宇》三则，《陈献章集》，第238页。

陈献章在学界已负盛名，被邀主持白鹿洞书院，应是理所当然；对陈献章来说，这也是一次施展才华的好机遇，他却婉言拒绝了。在《复江右藩宪诸公》与《赠李刘二先生还江右诗序》两封书函中，陈献章如实地记述了事情的经过，又坦然披露心迹。其《复江右藩宪诸公》开宗明义曰：

> 七月二十四日，仆方因暑，闭斋独卧，而李、刘二生适至。书币交陈，辉映茅宇。仆再拜读书，识其所以来之意，不敢当，不敢当。①

当时，陈献章接待了来人，并接过聘金与书函。尽管，聘金与书函令茅宇生辉，但他明白了来者之用意后，即连声说"不敢当！"陈献章肯定"匡庐五老"是"名山"，"白鹿"是"名书院"；"诸公皆世伟人"，而"复名书院之旧"，是"希世伟事"，但他还是拒绝了对方的邀请，为何？在书中直言了原因，其曰：

> 仆生于海滨，今五十有四年矣，未始闻于天下有如是之事：悠然得趣于山水之中，超然用意于簿书之外，……学焉而不得其术，其识昏以谬，其志弱以小，其气乏馁，其行怠肆，其文落莫而不章。岁月侵寻，老将至矣。②

这是一番谦逊之词，陈献章并非虚伪，而是真诚的表白：自己生活在边远的海滨之地，又志在山水，学术上没什么造诣，观点还有许多谬误，而且意志弱，力气不足，行动怠慢，文不成章，年纪也大了，故请来者"收回束帛，更聘真儒"③，另请高明吧。态度十分鲜明而坚决！

其实，陈献章谢绝白鹿洞书院之聘，以年迈多病为由，其实更有深层的原因。他在《赠李刘二先生还江右诗序》中，引述了他当时回答李、刘二先生的话，袒露其内心深处的真实想法。他说：

---

① 陈献章：《复江右藩宪诸公》，《陈献章集》，第 138 页。
② 陈献章：《复江右藩宪诸公》，《陈献章集》，第 138 页。
③ 陈献章：《复江右藩宪诸公》，《陈献章集》，第 139 页。

二生莫误。诸公欲兴白鹿之教，复考亭之旧，必求能为考亭之学者，夫然后可以称诸公之任。使乃下谋于予，是何异借听于聋、求视于盲也。予闻之：君子之使人也，由其诚，不强其所不能。

从婉绝江西白鹿洞书院之聘一事，足见此时的陈献章，学术上渐趋成熟，已远离了以"天理"为最高主宰的朱子之学而自立门户；此时的陈献章，虽认为复兴朱子之学也为"伟事"，却又拒绝承担起如此的使命，底气十足地坚持自己的学术立场。这，便是告别考场南归的陈献章，步入了"不惑之年"，并渐迈向"知天命之年"，而显露出坚定的人生态度。

这一期间，陈献章最为欣慰的是，陈氏家族迎来了一件十分荣耀的事。据阮元主编的《广东通志》记载，成化十三年（1477），"诏旌其门"。陈献章的母亲林化，获得了"节妇"的美誉，受到朝廷的表彰。遗腹子陈献章出生时，林化24岁，丈夫陈琮去世，之后一直留在陈家，侍奉婆婆，养育儿女，守贞节。据称，婆婆性格端庄，但不苟言笑，难以侍候，家人都视她为"神明"。林化侍奉婆婆20多年，从未惹她生气。"贞节"圣旨到，陈家兴建"贞节坊"。

十二 被荐赴京

人生旅途坎坷的陈献章，生活不那么平静，每当比较顺心如意之时，又会出现波澜。就在他潜心学问，决心不再举业时，却有人向朝廷荐举他。成化十八年（1482）二月，广东左布政使彭韶，向皇帝上疏，举荐陈献章。55岁的陈献章遇上了晚到的好机遇，或许会迎来一次人生的大转机。他，再次上京。他抵京后却旧病复发，母亲在乡重病，故不得不乞请南归，从此过着隐居生活。不爱讲"命"的陈献章，似是被命运所捉弄。尽管，他认为"事机成败我当算，天命去留人得知"[1]，人能把握自己的命运，然而，他也无奈地接受那冥冥中不可预知的磨难，走在坎坷之人生路上，不断地自得与完善。

黄淳撰《白沙先生应诏录》，记述陈献章应诏的过程。文中首先简明地介绍了陈献章，曰：

---

[1] 陈献章：《赠李刘二先生还江右诗序》，《陈献章集》，第18页。

献章自幼颖悟，一日读孟子"有天民者，达可行于天下，而后行之"，慨然叹曰："嗟夫，大丈夫行己当如是也。"……

正统十二年丁卯……中乡试。戊辰辛未，两赴礼闱不第。年二十有七从抚州吴与弼讲伊洛之学。丁亥，复游太学，祭酒邢让试和杨龟山此日不再得诗，惊曰："龟山不如也"，以为真儒复出云。①

短短的百余字，道出了陈献章前半生的人生亮点，披露了被荐举的缘由。正是因为陈献章的品格高尚，彭韶才会荐举。在疏中，他高度评价了陈献章的品格，他如是说：

心术正大，识见高明，涵养有素，德性坚定，立志愿学于古人，荣辱不足以介意。②

陈献章品德的方方面面都十分优秀，又有志向，确实是人才，故在疏中，彭韶自谦地说：

国家以仁贤为宝，臣才德不及献章万万，犹叨厚禄，顾于献章醇儒，乃未见收用，诚恐国家坐失为贤之宝。③

彭韶的荐举，并非出于个人目的，或因彼此的私交，而是出于陈献章是难得的人才，推荐他是基于对国家利益的考虑。他以为，国家应以仁贤的人才为宝，自己的才德远远及不上陈献章，却享用丰厚的俸禄，眼看着大儒陈献章未被重用，唯恐坐失良才，对国家不利。

彭韶的荐举十分殷切，宪宗皇帝批准了他的奏请，并"命有司以礼劝驾"。

经历过科举挫折的陈献章，已经无意仕途，并不打算接受彭韶的一片好意，便以母亲年迈，以及"旧病未平"为由而谢绝。巡抚右都御史朱英，

---

① 黄淳：《白沙先生应诏录》，《陈献章集》，第886页。
② 黄淳：《白沙先生应诏录》，《陈献章集》，第886页。
③ 张诩：《白沙先生行状》，《陈献章集》，第870~871页。

观此局面，也上疏荐举，并催促陈献章上路，同时，又给陈献章施加压力，告诫他若不启程，举荐者将有欺君之罪。当地的府县官吏，也"日夕催逼"。迫于无奈，陈献章不得不启程了。

被荐于朝廷，是士人梦寐以求之事，对陈献章来说，也是能施展才华、实现理想与抱负的机遇，一般人求之不得。然而，陈献章却如此低调，那是不是故作姿态？非也！他认为，此事有违自己的意愿。其七律《留别诸友，时赴召命》，袒露了真实的心态。其诗曰：

> 玺书春晚下渔矶，中岁行藏与愿违。
> 鸥鹭自来还自去，江山疑是又疑非。
> 难将寸草酬萱草，且着鹑衣拜衮衣。
> 但得圣恩怜老母，满船明月是归时。①

在诗中，陈献章表明，接到皇上的圣旨，不得不成行，但此行则有违其意愿，何故？一是他留恋那鸟一般来去自由的生活，而且厌恶人世间的是是非非；二是虽得到了皇上的恩典，但却又怜悯年事已高的母亲。在诗中，他表明既不敢抗旨，也不能久留京都的意向。诗的最后，"满船明月是归时"一句，便为日后向皇帝乞请归家养母埋下了伏笔。

在君权至上的时代，皇帝至高无上，君令不可违抗。陈献章只好带着矛盾的心情，违愿地上京了。临行时，他打算携母一同北上，但遭到兄长的反对，未能如愿，真可谓"自古忠孝难两全"。

陈献章上京一事，引发世人的关注与评论。陈献章素来淡泊名利、逍遥自得，竟然要上京赴任，简直不可思议！对此事有人支持，有人讥讽。

据史料记载，荐举陈献章的彭韶，为他赠诗送行。诗中说：

> 大道本无外，此学奚支离？
> 人己彼此间，本末一贯之。
> 是以古人心，包遍无遐遗。
> 卷舒初不滞，动止在随时。

---

① 陈献章：《留别诸友，时赴召命》四首，《陈献章集》，第497～498页。

> 白沙陈夫子，抱道真绝奇。
>
> 林间三十载，于学无不窥。
>
> 术周才亦足，知崇礼愈卑。
>
> 珠玉虽固閟，山水自含辉。
>
> 声名满四海，荐牍逐交驰。
>
> 一朝征书至，八十慈颜嬉。
>
> 有司劝就道，束书敢迟迟？
>
> 积诚动天听，纳牖契神机。
>
> 治化淳以洽，转移良在兹。①

诗中，彭韶夸赞陈献章有过人的学识与才华。

是年九月，陈献章从家乡出发。

陈献章首先路经广州，其景仰者无不上街围观，以亲睹先生之尊容，场面甚是出人意料。史料记载：

> 至广州，由城南至藩台，观者数千万人，图其貌者以百数十计，……道出羊城，观者如堵，至拥马不得行。②

如此拥挤而轰动的场面，或许描写得有些夸张，但从另一角度审视，当时的围堵，足见陈献章在民众当中，已有了相当高的威望。当时的他，可谓岭南的大名人了！

十月，取道江西，陈献章经过永丰（今江西省中部），前去拜祭已故的好友罗伦，作《告罗一峰墓文》。

十一月，过剑江，陈献章带上祭品，以门人的身份为吴与弼扫墓，并作《祭先师康斋墓文》。在文中，首先赞颂先生得天地之精气，而非一般常人，进而肯定其因读朱子书而立志学圣人，并承传二程的学术，以之教育弟子。文中称：

---

① 阮榕龄：《编次陈白沙先生年谱》卷二，《陈献章集》，第 825 页。

② 阮榕龄：《编次陈白沙先生年谱》卷二，《陈献章集》，第 826 页。

　　于乎，元气之在天地，犹其在人之身，盛则耳目聪明，四体常春。
其在天地，则庶物咸亨，太和絪缊。先生之生，孕三光之精，钟河岳之
英，其当皇明一代元气之淳乎！始焉知圣人之可学而至也，则因纯公
之言而发轫，既而信师道之必尊而立也，则守伊川之法以迪人，此先
生所以奋起之勇，担当之力，而自况于豪杰之伦也。①

　　墓文，继而概括先师的学术思想与教学方法，并指出弟子们对先生的
精神只知皮毛，尚未进其门槛，未能真正领会其学说。文中又说：

　　先生之教不躐等，由涵养以及致知，先据德而后依仁，下学上达，
日新又新。启勿助勿忘之训，则有见于鸢鱼之飞跃；悟无声无臭之妙，
则自得乎太极之浑沦。弟子在门墙者几人，尚未足以窥其阃域。彼丹
青人物者，或未暇深考其故而徒摘其一二近似之迹描画之，又焉足以
尽先生之神。

　　这段评述，与其说是陈献章对先师的学术与教学的总结，不如说是陈
献章经过反思之后的醒悟。陈献章在临川学习的那段时间里，他所体会的
是老师对他的严格管束，以及经典的讲授与阅读，而对老师的学问与教育
领会甚少，故深感"未知入处"，带着遗憾匆匆离去。学界由此一般认定陈
献章在临川没有什么收获。事实上，只有当陈献章静坐春阳台十年，获得
了自得之学之后，才真正领会了先生的学说，及其教学方法，而他所创立
的学说以及教学方法，与先师那一套堪相一致。如上的概括，也可以说是
陈献章之学与教育方法的写真，而陈献章也由是认识到先师之伟大。慨叹，
而今虽希望再得到老师的指点却已经不可能了，故在墓文的末段，陈献章
表示了深深的遗憾。文中称：

　　某也生长东南，抠趋日少，三十而后立志，五十而未闻道。今也
欲就而正诸，而悲不及先生之存。②

　　① 陈献章：《祭先师康斋墓文》，《陈献章集》，第 107 页。
　　② 陈献章：《祭先师康斋墓文》，《陈献章集》，第 107 页。

陈献章自谦地说，自己 30 岁才立志于学，而 50 岁还没获得真知，未能把握真理，但再也得不到先生的指教了。这，该是多么遗憾！路过江西，陈献章缅怀先师，在祭文中表明了他的自得之学与教学方法，是受到吴与弼的启发，也揭示了自己离开江西的原因。

十二月，在前往南京途中，陈献章应电白县令之约，撰写《新迁电白县儒学记》，第一次系统展示其教育思想。

成化十九年（1483）正月，陈献章到了江浦（今南京西部）拜会友人。

从江门至京师，路漫漫。一路走来，陈献章与好友相会、拜祭先师、作文、赋诗，交流、切磋……好不潇洒！这不是一次平常的旅差，而是多姿多彩的出行，是自得自乐的人生践履。

十三　居家孝母

成化十九年三月，经 7 个月的长途跋涉，陈献章终于抵京了。

在京师，陈献章既受欢迎，又遭刁难。他带病到吏部听试，因身体不支，更因牵挂家乡病中的老母亲，不得不上疏请求南归，准备放弃最后一次通过仕途而舒展才华的机会。

在大江南北已颇有声望的陈献章，这次应皇帝的诏令而来，好不威风！一抵京，达官贵人纷纷前去迎候，每日登门拜访者数百计，都说是"圣人复出"[①]；有人专程从外地赶来，与陈献章探讨学问；有人称，与陈献章交流学问有了长进。连吏部尚书也去看望，与他对话，问："贵省官如何？"陈献章说："与天下省官同"[②]。这一切，无疑是在京引发的名人效应。

抵京的陈献章，并没有走马上任，而遭到冷遇。当时主管此事的吏部，提出需要"恁部里还考试了，量拟职事"[③]。带病上路的陈献章，经过数月的舟车劳累，身体已不支，老毛病发作，"耳鸣痰壅，面黄头昏"。接到吏部的考试通知时，已卧床不起，只好委托侄儿陈景星代其请准"暂令调治"，待身体好转后才面试。

七月十六日，陈献章带病到吏部听试。因病情未有好转，身体还十分

---

① 阮松龄：《编次陈白沙先生年谱》，《陈献章集》，第 829 页。
② 阮松龄：《编次陈白沙先生年谱》，《陈献章集》，第 829 页。
③ 陈献章：《乞终养疏》，《陈献章集》，第 1 页。

虚弱，全身乏力，站立与行走都困难，"未堪磨砚"，故不得不再次请求推延考试。此后，陈献章的病情没有好转，反而一天天加重。

八月二十二日，陈献章接到儿子景阳来信，得知母亲因忧念而生病，发热发冷。这不幸的消息，令病中的陈献章"魂神飞丧"，不知所措。一边是"君命"，一边是"亲情"，自古忠孝难两全。二者的交结与矛盾，致使陈献章焦虑与痛苦，终夜不能入睡。生活在宗法社会中的他，君命，固然不可违抗；血缘，则是至重的。陈献章母亲寡居几十年，含辛茹苦，哺育他长大成人。在两难之下，经过掂量，陈献章选择了"亲情"，决意返乡，侍奉年迈的母亲。于是，他毅然呈上《乞终养疏》，说明回乡的缘由。

在疏中，陈献章做了自我介绍，回顾了应诏的经过，说明被荐后，因"旧疾未平，母年加老，未能辄行"；抵京后，不能及时听试的原因是旧疾复发，强调这是"众目所睹，不敢自诬"①。在疏中，陈献章袒露了接到家书后的心情。

陈献章深感国家对他的培育之恩，皇上的纳贤之德，是那么深厚，对此，他正是要千方百计来报答。如果不是有不得已的情况，谁敢好慕虚名、假装谦让、犹疑不进而冒犯皇上？陈献章强调，他之所以参加了乡试，又三次参加了会试，这次接到诏令就上路，正是为了报答国家和皇上的恩德。

饱读儒家经典的陈献章，有着一般儒者的心理，懂得"君臣之义"，知恩图报，不放过回报社会的任何机会。疏中所表白的心迹，是真实的！然而，他在一个非常人的家庭中出生与成长，与母亲有着非一般的亲情。他虽决意回乡，但也向皇帝承诺：待到母亲归天，自己病愈，仍会回到吏部听从安排。故在疏中他直截了当地乞请皇上诏令吏部，放他暂时归故里，疗治疾病，侍奉母亲有限的岁月。其言辞，是何等之殷切与直白！

宪宗皇帝亲自再三阅看陈献章的奏疏，深为他的忠孝所感动。九月初一，皇帝下诏明示，陈献章为巡抚等官员推荐的可用之才，令吏部查核是否有"听选监生愿告回家"的先例，吏部核查后复奏皇上。九月初四，皇帝再次下诏：

---

① 陈献章：《乞终养疏》，《陈献章集》，第2页。

> 陈献章与做翰林检讨去，亲终疾愈仍来供职。[①]

皇帝正式授予陈献章翰林院检讨官衔，并准予"亲终疾愈仍来供职"。给未到任的人授予官职，算是破了明代选举制的旧例。《明史》对此，做了特别的记载：

> 至成化十九年，广东举人陈献章被荐，被荐授翰林检讨，而听其归，典礼大减也。[②]

可以说，这是皇帝对他的个案处理，对皇上的大恩典，陈献章极为感激。只是后来虽不断接到催促上京供职的诏令，他却"皆援诏不行"[③]。陈献章终究未就任皇帝钦点的官位，何故？人们只能推测：或许是他一直舍不得离开母亲，而母亲又十分高寿，等到老人家92岁去世时，他已68岁高龄，近古稀之年，再不便远行了；或许是，在陈献章的思想深处，压根就不想当什么京官，而是志在山水，情系故乡。

十四 讲学会友

讲学与会友，是南归后陈献章的主要生活内容。由于名声在外，回到家中的陈献章，来访者络绎不绝，有官员，也有求学者，应接不暇。

成化二十一年（1485），陈献章到家的那年，心情甚佳。当年的春天，他作七言四首，其中说道：

> 龙溪不赏去年花，今岁春光喜在家。
> 多谢花神怜旧识，尽情开向白牛车。
> 长养功劳在此时，好花还借好风吹。
> 朱朱白白天机妙，问著东君自不知。[④]

---

① 阮榕龄：《编次陈白沙先生年谱》卷一，《陈献章集》，第831页。
② 《明史》卷七一，第1714页。
③ 阮榕龄：《编次陈白沙先生年谱》卷二，《陈献章集》，第872页。
④ 陈献章：《春中》四首，《陈献章集》，第755页。

"学宗自然"的陈献章，知"天机"之妙不可违，只能顺应自然；过去的荣耀，也不在乎，"不赏去年花"，而珍惜"今岁春光"。他期待迎来在家的大好春色，故心中无比喜悦。

弘治元年（1488），陈献章 61 岁。是年，孝宗即位，刚即位的皇帝说，"王恕、王竑才德高茂，张元正、陈献章、章懋学有渊源"[1]。陈献章的学问，得到了最高统治者的肯定，于是一些官员上疏，荐举陈献章进入内阁，或言称"圣学当求真儒，陈献章可大用"[2]。可见，"真儒复出"的社会舆论，在陈献章离京之后，仍然在不断发酵。

弘治七年（1494），陈献章 67 岁。是年二月，湛若水在第一次会试落第后，经顺德梁景行介绍，怀着"学而优则仕"的美好理想，慕陈献章之名，到了江门，晚年的陈献章，又迎来一名新弟子。初次见面，陈献章窥见湛若水有功名之心，于是便告诫他，"此学非全放下，终难凑泊"[3]，让他明白求学问要专注，放下一切杂念，才可能有成效。湛若水接受了陈献章的劝告，焚烧了上京参加会试的介绍信——"部檄"，绝意于仕途，决心"全放下"而专心于学问。得陈献章悉心教诲的湛若水，特别能领悟陈献章学说的真谛。

弘治七年，御史熊成章在白沙江湄修建嘉会楼。其门人张诩在《嘉会楼记》中道明了熊成章建楼的初衷，曰：

> 白沙先生倡道东南几四十年矣，天下之士闻风景从，而凡东西往来与夫部使过者必谒焉，村落茅茨土栋至无所于容。弘治甲寅夏六月，巡按广东监察御史南昌熊君成章始谋创楼为衣冠盍簪之地。[4]

陈献章在岭南倡导与传习心学，已有 40 年之久，受到岭海南北世人的仰慕，闻风而来，有求学者，有往来的官员绅士。在交通不发达的年代，有如此数量的学生来自全国各地，也足见"当是时先生以道德倾动天下，

① 阮松龄：《编次陈白沙先生年谱》卷二，《陈献章集》，第 841 页。
② 阮松龄：《编次陈白沙先生年谱》卷二，《陈献章集》，第 841 页。
③ 阮松龄：《编次陈白沙先生年谱》卷二，《陈献章集》，第 850 页。
④ 陈献章：《嘉会楼记》，《陈献章集》，第 936 页。

海内闻风而愿拜门下者，当时不知凡几"①。先生原来的乡间茅屋已经无法容纳更多的人，讲学条件已难以适应了，故熊成章筹划建嘉会楼。可见嘉会楼的创建，旨在改善陈献章与社会各界及其弟子交往的条件。

弘治十年（1497），湛若水致函陈献章谈学习体会，称"日用间随处体认天理"。陈献章阅函大加赞赏，即复函称：

> ……来书甚好。日用间随处体认天理，着此一鞭，何患不到古人佳处也。②

由此，陈献章认定其心学的衣钵继承人，非湛若水莫属，便作《江门钓濑与湛民泽收管》诗三首，诗的按语称：

> 达摩西来，传衣为信，江门钓台亦病夫之衣钵也。兹以付民泽，将来有无穷之托。珍重，珍重。③

江门风月钓台，是陈献章在蓬江岸边建造的一间小屋，临江可垂钓、观月、饮酒、游乐，那也是他讲学、坐而论道的平台。在陈献章的心中，江门钓台象征着他的事业、学术、学派，犹如佛家的袈裟，可作为传承事业的"信物"。尽管晚年的陈献章，生活穷困，他却认为绝不能为了几个钱而把它变卖。在陈献章看来，"皇王帝伯"那样的大人物，总归都会离开人世；"雪月风花"那样的美好诗句，永远吟诵不完，而事业总归后继有人。

弘治十二年（1499），陈献章把江门钓台作为信物赠予湛若水，湛若水正式成为陈献章的衣钵继承人。

湛若水没有辜负陈献章的期待，在未来的岁月里，他不断弘扬陈献章所开创的明代心学，使之更理论化、完善化，更兼容与开放，而成为别具特色的新理学流派。湛若水在与友人王阳明的交往中切磋学问，把白沙心学传递给王阳明。在陈献章去世之后，为纪念恩师献身教育事业，湛若水

---

① 阮松龄：《白沙门人考·目次》，第 7 页。
② 陈献章：《与湛民泽》十一则，《陈献章集》，第 193 页。
③ 陈献章：《江门钓濑与湛民泽收管》，《陈献章集》，第 644 页。

所到之处必建书院，通过讲学传播白沙心学。长江后浪推前浪，湛若水的办学，不论规模、学生数量、讲学内容，皆远远超越老师。正是湛若水踏遍半个中国的讲学与办学活动，使白沙心学的火种播向神州大地。

更有趣的是，湛若水为官之后，为不忘先师的嘱咐，在家乡新塘江边修建一座房子，也命名为"江门钓台"。对此，《增城县志》有所记载，只是岁月沧桑，钓台已荡然无存。

晚年陈献章，勤奋讲学，悉心培育晚辈。弟子成才，便是他最大的慰藉与鼓舞。湛若水在学术上的建树，固然是陈献章的骄傲，而弟子在科举考试中喜讯频传，也给陈献章带来极大的喜悦。陈献章一向淡泊功名，三次会试落第，使他对科举考试毫无兴趣，他曾直白地说，"功名真个不如闲"，对功名置之"一笑"，但是，晚年的陈献章，不得不"随俗"让儿子景阳去应试。其实，在以科举为选士的重要手段的时代，陈献章不可能一概反对科举，而一批批弟子经过科举选拔，登上仕途，成为国家的栋梁，他也为此而感到骄傲，而有所慰藉。这正是陈献章通过教育效力社会的体现。

十五　从祀孔庙

弘治十三年（1500）二月初十日，陈献章带着其坎坷、辉煌与愁思，走完了人生旅程，享年73岁。

陈献章自以为，"多病一生长傍母，孤臣万死敢忘君？"[1] 他愿以一生忠君孝母，践履儒家的道德伦常。他为了母亲，可以放弃即将就任的官职，但他并非远离人世，而始终忠君爱国。他淡泊名利，自嘲"有酒终日醉，无官到处闲"，[2] 诚然，他又感到"乾坤那肯放人闲"[3]。他不为功名所困，不祈求荣华富贵，但日夜还关注着家国大事，其诗曰：

> 总为功名欺白发，不将富贵薄秋云。
> 虽然久病无官况，每拜名香祝圣君。[4]

---

[1] 陈献章：《病中写怀》二首，《陈献章集》，第476页。
[2] 陈献章：《赠世卿游山》，《陈献章集》，第378页。
[3] 陈献章：《病中写怀》二首，《陈献章集》，第476页。
[4] 陈献章：《病中写怀》二首，《陈献章集》，第476页。

尽管，陈献章的一生历尽仕途的坎坷、病魔的缠绕，虽也有过多愁、感伤，甚至有些许消极、厌世，但他不断地在困境中挣扎，是生活的强者，面对困境他总期求超脱，寻求"人与乾坤一处归"的至高境界，永存"士不居官终爱国"的情怀。

去世前不久的一天，陈献章一早起来，穿戴着朝服朝冠，弟子搀扶着点燃香烛，面朝北方，五拜三叩首，口中念道："吾辞吾君！"又作诗，曰：

> 托仙中被谤，托佛岂多修？
> 弄艇沧溟月，闻歌碧玉楼。[1]

此诗真实地概括其晚年生活，虽经受各种毁谤，却过着志在山水的生活。临终时不忘与北面的国君话别，展示他"忠君"的一贯立场。民间也有美丽的传说："殁之日，顶出白气贯天，勃勃如蒸，竟日乃息。"[2] 他家的屋顶上，冒出一股白气，勃勃向上，直冲云霄，终日不散。这，寓意着人们怀着敬意，把他比作冲天而上、永不消散的云气，祝愿他永垂不朽！

弘治十三年（1500）七月二十一日，陈献章下葬于圭峰山麓，送葬者数千人，葬礼极其隆重，足见其威望之高。21 年后，改葬阜帽峰脚。

陈献章去世后不久，其诗文被收集编为《白沙子集》，始刻于弘治十八年（1505），后又多次重刻，有多种版本。该书全面反映了陈献章的思想学说，并使之广为传播。

衣钵继承人湛若水，遵循"道义之师，成我者与生我者等"的理念，在陈献章去世后，请假从京师赶回家乡，为先生服丧 3 年，后来又为先生撰写改葬墓碑文。弟子李承箕，远道从湖广来到白沙村，拜祭先师。

正德九年（1514），巡按广东高大和御史倡建白沙祠于新会城北门街，后迁马山。

正德十四年（1519），王阳明弟子薛中离，上疏请准陈献章从祀孔庙。所谓"从祀"，便是附祀，是指有贤德的儒士死后，配享在孔子庙里，接受官方和民间的最高规格的祭祀。这，便是对儒士的最高的评价与肯定。但

---

[1] 阮松龄：《编次陈白沙先生年谱》卷二，第 861~862 页。
[2] 阮松龄：《编次陈白沙先生年谱》卷二，第 862 页。

是，薛中离的奏请，并未马上获准。

万历二年（1574），神宗皇帝下诏建白沙祠，赐额、联和祭文：

> 祠中赐额曰："崇正堂"；联曰："道传孔孟三千载，学绍程朱第一
> 支"；复命翰林院撰文以祭，曰："恭惟先生五岭秀灵，潜心理学。宗
> 濂洛之主静，弄月吟风；接洙泗之心源，鸢飞鱼跃。孝友出处，昭在
> 当时。懿范嘉言，垂于后世。洵一代醇修，足为儒林矜式者也。朝廷
> 重道，致祭于祠，灵明不昧，庶其来歆。"①

祭文赞扬陈献章，是岭南精英，他的学说渊源于孔孟与宋代理学，他
的孝道在当时已轰动社会，他的美德与高论，将影响后世，他不愧为值得
人们敬仰的大儒。这，就是皇帝对他的最高奖赏！

朝廷对陈献章如此的评价，是在他去世后 74 年，而且对其学说的定位
也不见得中肯，尽管如此，这一切晚到的评价，总算是以官方的态度给一
名曾有过不凡影响的硕儒历史地位的肯定。

万历十三年（1585），皇帝再次下诏准陈献章以翰林检讨身份入祀孔
庙，赐称"先儒陈子"，谥"文恭"。明代心学的开创者、岭南精英文化的
奠基者——陈献章，便成为广东唯一入祀孔庙的大儒，成为古代岭南最亮
丽的文化品牌。

第二节　白沙学说

陈献章心学，作为明代心学的开篇，有别于宋代陆九渊所开创的心学。
他的学说，在本体论上，借鉴了朱子学的以理为本，又兼容了张载的以气
为本，而主张"以道为本"，以及"气与道同为本"，并提出"道通于物"
的重要命题。陈献章创建了富于岭南特色的本体论，为心学开创了新的理
论路向。

---

① 阮榕龄：《编次陈白沙先生年谱》卷二，第 863 页。

一 以道为体

在本体论上，陈献章明确提出"道"是天地间万事万物的本原，万物皆由"道"而生，"道"使某物所以成为某物，是该物存在的"所以然"。

本着"面对青山不著书"的陈献章，没有留下学术专著，他"以诗传道"，其学术思想主要体现在其大量的诗歌中，《论前辈言铢视轩冕尘视金玉》，是陈献章仅有的哲学论著。在这一千字之文中，他以简明的语言陈述他的心学，以及他的人生价值取向。在文中，他说：

> 天得之为天，地得之为地，人得之为人。[①]

在陈献章看来，宇宙间，天地虽大，但与道相比，道更为大；天、地、人都因得了道而产生与存在，故道是天地万物之本原，是宇宙之本。

陈献章认为，作为宇宙本原的"道"，或称"理"，具有两大品格，一是至大至虚，二是通于万事万物。他说：

> 此理干涉至大，无内外，无终始，无一处不到，无一息不运……往古来今，四方上下，都一齐穿纽，一齐收拾，随时随处，无不是这个充塞……此理包罗上下，贯彻终始，滚作一片，都无分别，无尽藏故也。[②]

在陈献章看来，"道"，至大，无所不包，无所不至，无时不在，它在时间与空间上是无限的，"往古今来"，"四方上下"，整个宇宙无不是"理"，也即"道"的充塞与运息。它的大，体现在没有始终、没有内外，既"无一处不到"，也"无一息不运"，贯穿于一切的时间与空间。在这里，陈献章的"道"或"理"，与朱熹一样，是作为宇宙的本体。然而，应须指出在朱熹的学说里，"理"与"道"的内涵与外延，不完全等同。朱熹说，"道便是路，理是那文理"，"'道'字包得大，'理'是'道'字里面许多

---

① 陈献章：《论前辈言铢视轩冕尘视金玉》，《陈献章集》，第 56 页。
② 陈献章：《与林郡博》七则，《陈献章集》，第 217 页。

理脉"，"'道'字宏大，'理'字精密"①。陈献章并没有如此严格地区分二者。当代学者简又文曾指出，陈献章的"理"，如其《随笔》诗中所言"人不能外事，事不能外理"，"理"是指"物理"，或"自然之理"，它是当代人们"以科学的名词称之曰'自然律'（自然法则）"②。

在陈献章看来，如此至大的"道"，宇宙间没有何事何物可与之"相侔"。他说：

> 道至大，天地亦至大，天地与道若可相侔矣。然以天地而视道，则道为天地之本；以道视天地，则天地者，太仓之一粟，沧海之一勺耳，曾足与道侔哉？天地之大不得与道侔，故至大者道而已。③

这是说，宇宙间没有任何东西，可以与"道"相匹比，天地虽大，但从道的角度看来，天地不过是"太仓之一粟，沧海之一勺"而已，渺小得很，哪能"与道侔"？再说人，则小于天地了，而人世间的功名利禄，更不足道了。故他又说：

> 道大也，天小也，轩冕金玉又小。④

陈献章认为，至大的道，还具有至虚的品格。道，至虚，无形无状，无始无终，无增无损，不可感知。道，不同于天地间一切看得见、摸得着的事物。他说：

> "道可状乎？"曰："不可。此理之妙不容言，道至于可言则已涉于粗迹矣。"⑤

显然，有道家素养的陈献章，接受了老子对道的界定："道，可道，非

---

① 朱熹：《朱子语录·性理三》，中华书局，1983，第99页。
② 简又文：《白沙子研究》，第93页。
③ 陈献章：《论前辈言铢视轩冕尘视金玉》，《陈献章集》，第54~55页。
④ 陈献章：《论前辈言铢视轩冕尘视金玉》，《陈献章集》，第56页。
⑤ 陈献章：《论前辈言铢视轩冕尘视金玉》，《陈献章集》，第56页。

常道。"他认定，"道"，要是能感知、能说得出，它就不是永恒的"道"。作为宇宙本体的"道"，是永恒的，也是不可言状、不可感知的。他认定，"道不可以言状"，"有目者不得见"①，是"虚"而非"实"。在陈献章看来，如果"道"可言、可见，那已经成为实实在在的事物了。显然，陈献章严格区分了虚的、形而上的"道"，与实的、形而下的"物"。

陈献章强调，具有至大、至虚品格的"道"，却非虚无。在时空上，它是有、是大。"我道非空亦非小"②，"道无往而不在"③，道不生不灭，无始无终。故他又说：

> 天地之始，吾之始也，而吾之道无所增；天地之终，吾之终也，而吾之道无所损。④

又说：

> 有物万象间，不随万象凋。⑤

陈献章便是以至大、至虚，又无始无终的"道"，作为宇宙的本体，作为他心学的最高范畴。

在陈献章的学说里，"道"为万物之本，为"虚"，万物因得"道"而为"物"，为"实"；"虚"与"实"是两个重要范畴，各自有着极不相同的内涵与外延；而探究二者的关系，便是他的学说的重要内容。这些便是陈献章本体论的核心，后人的研究，不可不着力于此。

陈献章在本体论上，持"以道为本"的理论取向，严格区分了至虚的、作为本体的"道"与有形的、派生的"物"。他认为，道与物二者的关系，便是"道通于物"。显然，陈献章揭示了道与物的关系，开辟了有别于陆九渊的"心即理"的新的心学路径。

---

① 陈献章：《论前辈言铢视轩冕尘视金玉》，《陈献章集》，第 56 页。
② 陈献章：《寒江独钓》，《陈献章集》，第 635 页。
③ 陈献章：《与张廷实主事》，《陈献章集》，第 164 页。
④ 陈献章：《论前辈言铢视轩冕尘视金玉》，《陈献章集》，第 55 页。
⑤ 陈献章：《偶得寄东所》二首，《陈献章集》，第 310 页。

关于"道"与"物"的关系，陈献章从两个方面进行阐述。

其一，"道"是万物之本。

陈献章明确提出，"道"是物所以为某物的"所以然"，是事物存在的依据。正是在这个意义上，"道"是万事万物的本体，也即宇宙的本体。陈献章没有给"道"赋予人格神的品格。它，既没有意志，也没有造物的目的，道之成物，是物在得道中自然而然地生成。陈献章曰：

> 天道至无心，比其著于两间者，千怪万状，不复有可及。至巧矣，然皆一元之所为。①

在陈献章看来，天地间千怪万状的事物，无不是道之所为，"道"之成物，是何等之巧妙，但它并非有目的、有意识地造物。

其二，"道"寓于"物"。

陈献章认为，"道"在成物中，寓藏于物，物中有道，道不离物。在《论前辈言铢视轩冕尘视金玉》中，他以简明的语言，概括了道物关系，曰：

> 物囿于形，道通于物，有目者不得见也。②

陈献章认定，道不是有形之物，任何有形之物都无法与它比拟，但是，有形之物与它却有着密切的关系：道，寓于物之中，并非离物而独立存在；物，蕴含着道，并非与道分离。

"道通于物"命题的提出，是陈献章告别朱熹理学而另立门户的起点，也是白沙心学的理论基点。在陈献章看来，凡物必有形，必拘泥于形，而道则贯通于物之中。因而至虚的道也是真实的存在。也就是说，一方面物因得道，而成为物；另一方面，道则因通于物而得以存。宇宙间，没有无道之物，也没有离物之道，正是有形之物与无形之道构成了大千世界，那是一个"虚中有实，实中有虚"的世界。故弟子湛若水谈及陈献章的本体

---

① 陈献章：《仁术论》，《陈献章集》，第57页。
② 陈献章：《论前辈言铢视轩冕尘视金玉》，《陈献章集》，第56页。

论的虚实关系时，如是明了地说：

> 虚实二字，可往来看，虚中有实，实中有虚。①

虚实相参，道物统一，这是陈献章学说的核心理念，这一理论常常体现于他的诗句之中。五言诗《浮螺得月》说：

> 道眼大小同，乾坤一螺寄。
> 东山月出时，我在观溟处。②

此诗说明，乾坤之道虽至大无比，但却又蕴寓于一小螺之中，人们从螺中可看见道。陈献章以形象而生动的比喻，用诗的语言来表述他那别具一格的宇宙观。

蕴含哲理的七言诗《夜坐》，也表述了陈献章同样的思想内容。他的诗说：

> 半属虚空半属身，细缊一气似初春。
> 仙家亦有调元手，屈子宁非具眼人？
> 莫遣尘埃封面目，试看金石贯精神。
> 些儿欲问天根处，亥子中间得最真。③

陈献章感悟到了世界的统一性，称之为"一"，称之为"元"，却又看到世间的一切都"两谱开"：宇宙"半"属"虚"，而"半"为实；"虚"便是"精神""道"，"实"便是"形气"，是有形之"物"。在诗中，他勾勒了一个半虚半实的意境，启示了一个哲理：任何事物，即便是毫无知觉的"金石"，其中必有看不见、不可直接感知的"精神"所贯通，这"精神"便是使"金石"所以为"金石"的依据，也就是"道"。

---

① 黄宗羲：《甘泉学案》，《明儒学案》卷三七，第 906 页。
② 陈献章：《浮螺得月》，《陈献章集》，第 793 页。
③ 陈献章：《夜坐》，《陈献章集》，第 422 页。

　　"半"与"两"是陈献章心学的重要范畴，也是白沙诗的诗眼，白沙诗中常见的词语。如："半雨""半晴""半日""半夜""半晌""半江""半间""半醒""半醉""半篷""半枝""半落""半开"；"半醉人""半江人""半山翁""半日眠""半夜心"……他甚至在一句中用两个"半"字，如"半床明月半床云""半相期许半相同"等。诗眼"半"，体现的是陈献章以道为虚、以物为实的哲理，也是"道通于物"命题的展示。

　　陈献章的"道通于物"道破了"道"与"物"之虚实关系："道"是物之"本"，而"物"则是道之"舍"。对陈献章如此重要的理论基点，过去学界尚未有足够的关注，但是岭南明末清初诗人屈大均注意了。其《广东新语》卷十二《白沙诗》一节中，如是说——

　　　　白沙先生善会万物为己，其诗往往漏泄道机，所谓吾无隐尔。盖知道者，见道而不见物；不知道者，见物而不见道。道之生生化化，其妙皆在于物，物外无道。学者能于先生诗深心玩味，即见闻之所及者，可以知见闻之所不及者。物无爱于道，先生无爱于言，不可以不察也。[①]

　　屈大均高度评价白沙诗深刻的哲理性，指出他的诗，不仅能令人领悟"见闻之所及者"，还能令人体悟到"见闻之所不及者"。屈大均还紧紧抓住白沙学说中关于"道"与"物"之关系的重要命题，用更通俗、更生动的语言表述其含义："道之生生化化，其妙皆在物，物外无道。"

　　陈献章的"道通于物"论，既"见道"，又"见物"，合理地揭示了宇宙间既没有无道之物，也没有离物之道；道通于物而得存，物得道而自为物。"道通于物"否定了悬空的"天理"，因而成为开创有明一代心学的理论基石，是陈献章所倡导的"心学法门"之理论关键点。"道通于物"，是陈献章学说的重要命题，也是打开白沙心学的钥匙，但过去学界对此多有忽略，而不能区分明代心学的两个不同流派。陈献章所开创的时代心学，虽为心学，却非"脉接鹅湖"，而与后来集大成的阳明心学，也同中有异。

---

　　① 屈大均：《广东新语》卷一二，第347~348页。

二 气道同体，虚实参半

"道通于物"命题的提出，使白沙心学有别于陆九渊心学，"道气同体"的命题，使陈献章心学开拓出更富真理性的明代心学新派。

陈献章"以道为本"的本体论，认为世界统一于"道"，这与朱熹的"理一元论"，无疑有着一定的渊源关系，诚然，陈献章还受到了张载的"气一元论"的影响，把"气"与"道"同样看作宇宙的本原。

首先，陈献章明确提出，"气"与"道"具有同样的品格。

陈献章认定，充塞于天地之间的不过是"气"而已，它如同"道"一样，万古周流，无时不在，无处不存，时空二维上无非都只是"气"，生生化化的万千世界，也不过是"气"的运动变化，由"气"而衍生出千姿百态的万事万物。《云潭记》，记述了陈献章与弟子同游圭峰山之圣池，有感于景色中的"云"，而启迪学生认识"云"即是"气"，并由是而讲述其深刻的"宇宙一气"之哲理。在该文中，他说：

> 天地间一气而已，屈信相感，其变无穷。人自少而壮，自壮而老，其欢悲、得丧、出处、语默之变，亦若是而已，孰能久而不变哉？变之未形也，以为不变；既形也，而谓之变，非知变者也。夫变也者，日夜相代乎前，虽一息变也，况于冬夏乎？生于一息，成于冬夏者也。夫气上蒸为水，下注为潭。气，水之未变者也。一为云，一为潭，变之不一而成形也。其必有将然而未形者乎？①

陈献章以实地的观感，形象而生动地揭示其深邃的本体论思想："气"，是宇宙的本原，天地间的一切，都是由"气"的屈伸交感、运动变化而产生的；宇宙间可感知的有形之物，或看不见、摸不着的一切，都在变化发展，都是"气"的运动变化。他进而举出日常生活的例子加以说明，如人自少年至壮年，而后到老年，人的情感、言语、处事、得失等，都在时刻发生变化。无论你是否意识到这种变化，也无论它变化的形态如何，客观上它都在"变"。他告诉弟子，"气"，总是在不断地、夜以继日地、无时无

---

① 陈献章：《云潭记》，《陈献章集》，第 41~42 页。

刻地运动变化着，正是这无一息不变的"气"充塞着宇宙。

在五言诗《五日雨霽》中，陈献章以更为简练的语言，来表达他丰富的本体论思想。在诗中，他说：

> 元气塞天地，万古常周流。[1]

弟子湛若水对此诗诠释说：

> 元气者，天地之正气也。……言天地中正之气，充塞两间，万古周流。上下四方之宇，古今往来之宙，同此充塞流行也。[2]

得白沙学说真传的湛若水，诠释"上下四方之宇"与"古往今来之宙"两句，是用了最为典型的言辞来概括"宇宙"一词，又借用了陈献章在阐释"道"的品格时的说法："往古来今，四方上下，都一齐穿纽，一齐收拾，随时随处，无不是这个充塞"，以此揭示"元气"的属性，由是而解读陈献章的诗，具体便是把"气"与"道"置于宇宙本原的同一层面上，并揭示二者同样具有的无限地充塞于宇宙的统一的品格。从湛若水的解读中，人们更清晰地看到，陈献章认为世界统一于"道"，也统一于"气"。

其次，陈献章揭示宇宙的一切，统一于"气"，"道"又超乎"形气"。

鉴于"天地一气"的理论立场，陈献章认定，宇宙是由人、天、地三者构成，而三者也无非是"气"的体现而已。他提出：

> 直从罔象前头见，人与乾坤一处归。[3]

人与乾坤，都统归于"一"，"一"是什么？"一"便是"气"，是变化无穷，而衍生出人与天地间一切的"气"。他直白地说：

---

① 陈献章：《五日雨霽》，《陈献章集》，第 305 页。
② 湛若水：《白沙子古诗教解卷之下》，《陈献章集》，第 769 页。
③ 陈献章：《题袁氏知归卷》三首，《陈献章集》，第 574 页。

> 元气之在天地，犹其在人之身，盛则耳目聪明，四体常春。其在天地，则庶物咸亨，太和缊缊。①

陈献章鲜明提出了宇宙统一于"气"的"气一元"论。在七言诗《次韵张东海》中，阐述宇宙万物统一于"气"的观念，他如是说：

> 道超形气元无一，人与乾坤本是三。②

从修辞学的角度审视，陈献章这两句诗，对仗十分工整，前句的"无"与后句的"是"，同为是非判断词语；而前句的"一"与后句的"三"，则表示数量。陈献章是说，宇宙的元始，不仅有"道"，还有"气"，作为宇宙的本体——"元"，并不是"一"。在陈献章看来，天、地、人三者并立于宇宙之间，却有同样的本原，那便是"道"和"气"。尽管，在陈献章理念里，"道"与"形气"并非平起平坐，"道"是居于更高的层面，"形气"是指聚而有形之物，而非在本原意义上的"元气"。

对陈献章诗句"道超形气元无一，人与乾坤本是三"的解读，在学界有多种版本，各持己见者由是对陈献章的学术思想性质的定位持不同看法，并产生较大的争议。传统的看法认为，"道超形气"中的"超"，是"超越"之意，认为"道超越于形气之上"，那么，"道"便是超然于物质性"形气"的一种思维物，故其学说即为唯心论。章沛先生在其专著《陈白沙哲学思想研究》中所阐述的看法，与传统的解读大相径庭，他认为，"超形气"意即"浑沦"，"道"便是"元"即"无极"，是"物质"，是"实体"，是"'气形质具而未分离'的物质状态"，由是章沛认为，陈献章的"道"是宇宙的本原，是"自然"，无极分离为人与乾坤。③ 章沛不同意"硬解"陈献章的"道"为"无"，由此导出了 20 世纪 50 年代至 90 年代，在陈献章的家乡广东开展的一场关于白沙心学是唯物还是唯心的论争。

如上两种观点，或释陈献章的"道"为"物质状态"，或释其"道"为

---

① 陈献章：《祭先师康斋墓文》，《陈献章集》，第 107 页。
② 陈献章：《次韵张东海》，《陈献章集》，第 499 页。
③ 章沛：《陈白沙哲学思想研究》，广东人民出版社，1984，第 39~40 页。

"思维物"，均不合陈献章的本意。从现存的史料看，陈献章本人的观点十分鲜明，他从未把"道"看作"气"，在其学说中，"道"与"气"是不同的范畴，更难以找到"道"是"物质状态"的说法，因而难以推断出其哲学为唯物论。同样，视陈献章的"道"为超然于"形气"之上的思维物，则与陈献章的"道通于物"的命题相悖。如果离开了陈献章的本意，而硬扣上"唯物论"或"唯心论"的帽子，那是以今人之论而强加于古人的苛求了。

姑勿论陈献章哲学思想的属性如何，单就"道"与"气"的关系而论，陈献章的观点十分鲜明。如前所说，陈献章给本体的"道"赋予了"至虚"的品格，但其"道"与"物"即"形气"不可分离，"道"并非离"物"而存在的虚无。因而，人们绝不可以西方"哲学基本问题"的标准，简单化地将其学说划归唯物论或是唯心论，非 A 即 B 的机械论并不可取。①

最后，陈献章明确提出，"气"与"道"同为宇宙之本体。

对于"道"与"气"的关系，尽管陈献章没有将"道"与"气"画上等号，但在其学说里，二者同为宇宙之"体"，彼此依倚，密不可分，可见白沙学说并非二元论。在陈献章看来，"道"与"气"并非各自单独存在，而是道不离气，气中必有道。故陈献章说：

> 物囿于形，道通于物……②

> 夫道至无而动，至近而神，故藏而后发，形而斯存。③

> 虚实二字，可往来看，虚中有实，实中有虚。④

陈献章是说，物，因"得道"而得成为物；道，因贯通于物而得以存；

---

① 关于陈献章学说的性质问题，笔者于 1998 年出版的专著《陈献章评传》，采用了"亦 A 亦 B"的辩证分析方法，紧紧抓住陈献章"以道为本"与"道通于物"的重要命题，全面剖析其学说体系的内在逻辑，而后厘清学说的性质，提出既非唯物论亦非唯心论，而是综合各家学说的理学新体系，由是而提出陈献章学说定性的第三种观点，但也因此而被学界批评"不遵守哲学基本问题"。
② 陈献章：《论前辈言铢视轩冕尘视金玉》，《陈献章集》，第 56 页。
③ 陈献章：《复张东白内翰》，《陈献章集》，第 131 页。
④ 黄宗羲：《甘泉学案》，《明儒学案》卷三七，第 907 页。

气周流变化而成物，物即是道与气的统一体。可见，"物"是有形的、可感知的实体，它是气流动变化的一种状态，因"流"而有"形"，"形气"便是有形而可感知之"物"，也是"道"存在的载体。陈献章明显地把世界看作有"虚"有"实"，是"虚"与"实"的统一，强调"道"与"气"同为宇宙的本体。弟子湛若水把老师如上之观念，以一言而概括之，曰：

　　盖气与道为体者也。①

　　从"道"与"气"同为"体"的论述中，人们不难看到，陈献章学说中的宇宙，是既有"道"又有"气"，既虚又实的统一体，因而其本体论，与后来的王阳明"心外无物"、以心为宇宙本体显然有差异。正是在这一意义上，如果把"道超形气"的"超"解读为"超脱"，或"超离"，完全有违陈献章"道通于物"命题的本意，也有悖他的本体论的理论取向。作为心学大师陈献章，他的心学强调"得道"与"会理"，是他的"道通于物"论在认知论与涵养论上的演绎。可以说，"道通于物"这一核心命题，以及"以道为本""道气同为本"的本体论，这是打开白沙学说的金钥匙。过去学界，比较少论及其气论，更没有深入探究他关于道与气的关系，这一疏忽，无疑使人难以准确地把握陈献章的学说。

三 "静养端倪"

　　在认知论上，陈献章提出"静养端倪"，即从"静坐"入门，进而"致虚""立本"，最后达到"道心合一"，这是一个无须外力的自我感悟、体认、认知的过程。

　　陈献章"坐小庐山"，十年苦苦探索，则悟到了"为学须从静坐中养出个端倪来，方有商量处"②，于是总结自身经验而提出别开生面的"心学法门"。在《书自题大塘书屋诗后》中，陈献章概要地说明其"心学法门"的基本内容。他说：

---

① 湛若水：《甘泉文集》卷八，清同治丙寅年重刻本。

② 陈献章：《与贺克恭黄门》十则，《陈献章集》，第133页。

……为学当求诸心必得。所谓虚明静一者为之主，徐取古人紧要文字读之，庶能有所契合，不为影响依附，以陷于徇外自欺之弊，此心学法门也。[1]

陈献章把"作圣之功"作为一种"求诸心"的涵养与认知过程，教人反身向内，而不求于外，通过"虚明静一"，而达到涵养、作圣的目的，然后再与经典的说法进行比对、验证，使儒家传统的涵养方法得以传承，使宋儒的修己之方由繁而简。这，便是陈献章"心学法门"的精髓，具体可作如下分析。

（一）以"静"为门户

陈献章的"心学法门"，以"虚明静一"为主，以"静"为涵养的门户。黄宗羲在《明儒学案·白沙学案上》中对陈献章的学说有一个概括，其中明确指出，"先生之学，以虚为基本，以静为门户"[2]，即"从静中养出端倪来"。

学界公认，陈献章的"静养端倪"，是教人通过静坐的方式，去体认心中的"善端"，即"端倪"，也即"道"。可见"静坐"是进入涵养全过程的入口处——门户。

"静坐中养出个端倪"，这是陈献章以"静"为涵养门户的经典说法，尽管，他没有对此做过详尽的理论阐述，但那是他自身经验的总结。他向学生讲述从江西返回后，由闭门读书到静坐而自得的亲身经历时说：

比归白沙，杜门不出，专求所以用力之方。既无师友指引，惟日靠书册寻之，忘寝忘食，如是者亦累年，而卒未得焉。所谓未得，谓吾此心与此理未有凑泊吻合处也。于是舍彼之繁，求吾之约，惟在静坐，久之，然后见吾此心之体隐然呈露，常若有物。日用间种种应酬，随吾所欲，如马之御衔勒也。体认物理，稽诸圣训，各有头绪来历，

---

① 陈献章：《书自题大塘书屋诗后》，《陈献章集》，第 68 页。
② 黄宗羲：《白沙学案上》，《明儒学案》卷五，第 79 页。

如水之有源委也。于是涣然自信曰"作圣之功，其在兹乎！"①

陈献章经历了废寝忘食地读书，然而"未得"，"吾此心与此理未有凑泊吻合处"，于是调整了方法，改为"静坐"，"久之"，才变"未得"为"自得"，达到了心与道"合一的境界"。静坐，便是陈献章"所经历确有实效者"，是他的经验，是他的体悟。

静坐，有几分神奇，几分奇妙。如陈献章所言，人在长久静坐之后，就能体悟到自身的本体之心"隐然呈露"，于是此心已能与道"凑泊吻合"，它不再"累"，不再"碍"，也非虚空，而是"常若有物"。至此，人便达到了一定的理性高度，即把握了必然而进入了自由境界，故在"日用间种种应酬"，便能随心所欲，既能"体认物理"，又能"稽诸圣训"，方方面面都能应付自如，这便进入了圣人的境界。所谓的"作圣之功"便是如此简单，并非一定要采用宋儒所倡导的那套繁缛的方法。

陈献章"舍彼之繁，求吾之约，惟在静坐"，终结了宋儒的涵养方法，取而代之的是开启"静坐"之门，使人由"一般"的、"有累的心"，通往"廓然若无""无欲"的"圣贤之心"的境界，由此求得"心"与"道"相"凑泊吻合"的入门与通道。当然，"静"也是修己的一种境界，如其诗《游心楼·为丁县尹作》中所言：

坐来白日心能静，看到浮云世亦轻。②

可以说，这便是陈献章"从静中养出端倪来"的精义所在。

（二）"静坐"并非陈献章首倡

陈献章以"静"为涵养的门户，可以说是直接受到宋代周敦颐的"主静"说，以及二程"静坐"说的影响。他的弟子张诩在《白沙先生墓表》中已道明此事，文中如是说：

---

① 陈献章：《复赵提学佥宪》三则，《陈献章集》，第 145 页。
② 陈献章：《游心楼·为丁县尹作》，《陈献章集》，第 414 页。

　　其为道也，主静而见大，盖濂洛之学也。①

张诩作为学生，十分清楚老师的学说，以"静"作为体悟"道"的门户，这就是对周敦颐与二程学说的继承。

　　陈献章在谈及其学说的渊源时，有如此说法：

　　　　入者，门也；归者，其本也。周诚而程敬，考亭先致知，先儒恒言也。三者之学，于圣人之道孰为迹，孰知之无远迩欤？周子《太极图说》："圣人定之以中正仁义而主静。问者曰'圣可学欤？'曰：'可。''孰为要？'曰：'一为要。'一者，无欲也。"《遗书》云："不专一，则不能直遂；不翕聚，则不能发散。见静坐而叹其善学曰：'性静者，可以为学。'"二程之得于周子也，朱子不言有象山也。此予之狂言也。②

在宋代理学中，周敦颐讲"主静"，程子讲"静坐"，而朱熹则讲"敬"，讲"致知"，显然与周程的理路不同。陈献章十分清楚，他的"静坐"说与周、程同，而与朱子异。

　　在《与罗一峰》函中，陈献章再次陈述了"静坐"的学术渊源，他说：

　　　　伊川先生每见人静坐，便叹其善学。此一静字，自濂溪先生主静发源，后来程门诸公递相传授，至于豫章、延平二先生，尤专提此教人，学者亦以此得力。晦庵恐人差入禅去，故少说静，只说敬，如伊川晚年之训。此是防微虑远之道，然在学者须自量度何如，若不至为禅所诱，仍多静方有入处，若平生忙者，此尤为对症药也。③

把"静"作为心性涵养的"入处"，这是陈献章极力主张的。他以为，这一涵养方法，首先由周敦颐"主静"论提出，开了先河；继而二程及程

①　张诩：《白沙先生墓表》，《陈献章集》，第883页。
②　陈献章：《书莲塘书屋册后》，《陈献章集》，第65页。
③　陈献章：《与罗一峰》七则，《陈献章集》，第157页。

门弟子大力推行，"递相传授"，在社会产生了影响。尽管朱熹等人担心"静坐"使人误入禅门，但陈献章还是认定，只要你能有着明确的儒者立场，那么"静坐"还是涵养的"入处"，尤其对那些平生忙忙碌碌的人更是一服"对症药"。

事实上，学界的研究表明，"静坐"作为涵养的"入处"，不仅周程，宋代的诸子，也都执此主张。如北宋张载，明确提出"盖静者进德之基也"①，把"静"作为道德涵养的基础，陈献章的思路与此相吻合。南宋朱熹也曾谈"静坐"，只是担心"静坐"者误入禅。有学者说陆九渊教人"静坐"，其实，恪守孔孟之说的陆九渊，没有专言"静坐"，在动静问题上，他坚持原始儒家动静相兼的说法。

值得注意的是，先秦诸子百家，都有以"静"为涵养方法的说法，特别是道家。老子主张"清静无为"，在《道德经》中说，"归根曰静，静曰复命"，"清净为天下正"②。在道家学说里，"静"便是宇宙的根本，庄子更明确揭示了"静"与人的道德涵养，以及社会和谐、天下太平的密切关系。其《天道》曰：

> 夫虚静恬淡寂寞无为者，天地之平而道德之至。③

庄子的"坐忘"，尤其影响了陈献章。庄子在《大宗师》文中引用孔子与弟子的对话，说到"坐忘"时解读了"坐忘"一词，孔子的弟子颜回如是说：

> 堕肢体，黜聪明，离形去知，同于大通，此谓坐忘。④

庄子已经把"坐忘"作为人们的涵养方法。"坐忘"是通过"坐"而达到"忘"的境界，无疑同陈献章以"静坐"为涵养的入门极为相近。当然，陈献章本人也告诫弟子，他的"静坐"，并非"坐忘"，是因为他所追

---

① 张载：《横渠易说》，《张载集》，中华书局，1978，第113页。
② 《道德经》第十六章、第五十五章。
③ 庄子：《庄子·天道》。
④ 庄子：《庄子·大宗师》。

求的涵养境界与庄子同中有异。尽管如此，陈献章主张以"静"为涵养的入门，其渊源实在久远，他也无须申报"专利权"，他是将中华传统文化中有实效的涵养方法承传与弘扬了。

（三）"静坐"并非涵养的唯一方法

如前所说，陈献章以"静坐"为涵养的门户，是进入"作圣之功"门径的第一个入口处，便是倡导中国传统"主静"的涵养方法。诚然，陈献章并没有把"静坐"作为涵养的唯一方法，如下两个方面可得到佐证。

其一，陈献章自身涵养的多元性。

考量陈献章发明"自得之学"的过程，人们不难发现，他"坐春阳台"十年的过程中，他在不断变革自身的涵养方法。弟子张诩在《白沙先生墓表》文中有这样的记述：

> 暨归杜门，独扫一室，日静坐其中，虽家人罕见其面，如是者数年，未知有得也。于是迅扫凤习，或浩歌长林，或孤啸绝岛，或弄艇投竿于溪涯海曲，忘形骸，捐耳目，去心志，久之然后有得焉，于是自信自乐。[①]

显然，陈献章在求"作圣之功"的开始，是闭门静坐，但数年不见成效，于是，便改变了方法，由户内的静坐，转向户外的种种活动，或是在山林中放歌，或是在岛上呼啸，或是在河海中乘舟垂钓等，不论怎样的方式，都能忘形去志，最后能体悟心中的"道"，达到"自信自乐"的自得境界。可见"静坐"并非陈献章涵养的唯一方式。

屈大均在《广东新语》中，专节谈论了陈献章"逸事"，也佐证了"静坐"并非他涵养的唯一方法。该著作卷九写道：

> 白沙先生尝戴玉台巾，扶青玉杖，插花帽檐，往来山水之间。有诗云："唯有白头溪里影，至今犹戴玉台巾。"又云："挂地撑天吾亦有，一茎青玉过眉长。"又云："两鬓馨香齐插了，赛兰花间木犀花。"

---

① 张诩：《白沙先生墓表》，《陈献章集》，第 883 页。

又尝披藤蓑垂钓，有诗云："何曾思君独举杯，江门薄暮钓船回。风吹不尽寒蓑月，影过松梢十丈来。"其风流潇洒，悠然自得，身在万物之中，而心出万物之外。斯乃造化之徒，可以神遇而不可形迹窥者，所谓古之狂者非耶。[1]

屈大均以形象的语言，生动地勾画了陈献章在大自然的怀抱里，那样"风流潇洒，油然自得"地去感悟，去体认宇宙之"道"。由是可见，陈献章为自己起的几个别号——"石斋"、"碧玉老人"、"玉台居士"、"江门渔夫"、"黄云老人"和"紫水归人"等，是多么地恰如其分。这一切，足见陈献章并非以静坐作为唯一的涵养方法。

其二，陈献章传道方法的多样性。

"静"，是陈献章涵养途径的入口处，但"静坐"并非其"作圣之功"的唯一方法，还可以从他传道方法的多样性中得到佐证。陈献章设帐授徒，传授其"作圣之功"，他走出春阳台后，最大的愿望是把他静坐的成功传授给他人，因而他要教人"静坐"，然而，他在教学中，并没有仅仅教人静坐，而是用他特有的多样性方式进行。

在《送李世卿还嘉鱼序》中，陈献章描绘了与弟子李承箕一起生活的情景，从一个侧面反映了陈献章生动活泼的教学方法，也佐证他完成"作圣之功"、体道方法的多样性。其文曰：

> ……朝夕与论名理。凡天地间耳目所闻见，古今上下载籍所存，无所不语。所未语者，此心通塞往来之机，生生化化之妙，非见闻所及，将以待世卿深思而自得之，非敢有爱于言也。时时呼酒与世卿投壶共饮，必期于醉。醉则赋诗，或世卿唱，予和之，或予唱而世卿和之，积凡百余篇。[2]

饮酒、吟诗、观花、赏月、垂钓江边、放迹山林等，都是陈献章与弟子一起体道的方式。陈献章还常常与弟子乘船垂钓，在艇中师生一起或品

---

[1] 屈大均：《广东新语》，第277页。

[2] 陈献章：《送李世卿还嘉鱼序》，《陈献章集》，第16页。

茶，或咏诗唱和，或抚琴而歌，或观赏天水一色的美景，或仰望太空傲视宇宙，或高歌呼啸，飘飘然地放情欢乐，由是而进入人与自然交融，师生共同体验自得、自乐的境界。这便是让学生在极度放松的环境中，真真切切地领悟其"学贵自得"与"学贵宗自然"的精髓。

陈献章所提倡的只向内体察本体之心，排斥外来因素的"静坐"法，同时，也采用其他非"静"的方式去"体道"，这恰恰是儒道合一的认知途径与方法。因而，人们应以多元的思维方式，对他以"静"为入门的涵养方法进行解读，才可以避免机械论的误读，才可能真正理解其以"静"为入门的"作圣之功"。

（四）以"无欲"为关键

在陈献章的心学法门中，"静"，是第一关键词；"无欲"，则是第二关键词。"静坐"仅仅是门户，而进入门户之后是否能完成"作圣之功"，"无欲"则是关键。陈献章以无欲作为"作圣之功"的关键，他强调只有排除个人的私欲，才可能体认天理，才可以进入圣贤的境界。他明确地说：

> 无欲则静虚而动直，然后圣可学而至矣。[①]

这就是由"静"而"虚"，"虚"而后可以体认本体之心，然而，"虚"则必须"无欲"。

在陈献章看来，涵养最终是"体道"，也就是"无不在于天理"，而不在"人欲"，不在人欲，也就是"无欲"了。陈献章所指的"无欲"，便是没有非分的欲求，具体便是心不为外物所"着"、所"累"、所"障"、所"碍"。他说：

> 断除嗜欲想，永撤天机障。身居万物中，心在万物上。[②]

湛若水诠释此诗时，明白道出陈献章"无欲"的内涵，那便是断除了

---

① 陈献章：《复赵提学金宪》三则，《陈献章集》，第 147 页。
② 湛若水：《白沙子古诗教解卷之下》，《陈献章集》，第 785 页。

"耳目口鼻四肢之欲"。湛若水说，如庄子所说，"其嗜欲深者，其天机浅"。这是说，本来天理流行不息，但人的嗜欲使天理受到了遮蔽，只有断除了种种阻碍天机流行的嗜欲，才可超乎万物之上。①

应该说，陈献章与朱熹二人，有着同样的理学家的基本立场，便是"去欲"而"存理"，维系封建的道德伦常，因而，在理欲关系上彼此有着一致的看法。当然，陈献章所说的"无欲"，不完全等同于朱熹的"无欲"。陈献章所言之"无欲"，也就是"克去有我之私"②，做到"身居万物中，心在万物上"，不为外物所累，而并非要摈弃人的所有欲望，或安于朱熹主张的"咬菜根"。事实上，陈献章并不反对人的欲望与作为，而是认为过分的执着与非分的追求，便成为一种"私欲"，有了它心就会"累"，而不能与"道"相"吻合"。陈献章所强调的是：

> 人心上容一物不得，才着一物，则有碍。且如功业要做，固是美事，若心心念念只在功业上，则此心便不广大，便是有累之心。是以圣贤之心，廓然若无，感而后应，不感则不应。③

在陈献章看来，"无欲""无累"，即"廓然若无"之心，只有这样的"心"，才是"圣贤之心"，才可感悟"道"，才可与"道"相"凑泊吻合"。

陈献章以"无欲"为涵养的关键，是对原始儒家传统的继承，陈献章明确提出：

> 孔子教人文、行、忠、信，后之学孔氏者则曰："一为要"，一者，无欲也。无欲则静虚而动直，然后圣可学而至矣。④

陈献章以为，人们进入静坐之后，可以排除外界的种种干扰，没有了私心与杂念，也就达到了"无欲"的境界，即"一"的境界。儒家先贤以"一"为境界，而达到"一"，其中关键是"无欲"，由"无欲"——"静

---

① 湛若水：《白沙子古诗教解卷之下》，《陈献章集》，第785页。
② 陈献章：《与张廷实主事》，《陈献章集》，第162页。
③ 陈献章：《与谢元吉》，转引自陈郁夫编《明陈白沙先生献章年谱》，第27页。
④ 陈献章：《复赵提学金宪》三则，《陈献章集》，第147页。

虚"——"动直"，便可"学圣"，而达到"至圣"的目的。宋代程朱理学主张"存天理，去人欲"，认定"天理"与"人欲"不两立，此乃原始儒家的立场。陈献章以"无欲"为涵养——"作圣"的关键，便是对儒家涵养方法的继承，其推理的路径便是：

"致虚"—"立本"—"道心合一"

对于陈献章的"心学法门"，简又文诠释说，"以静坐功夫而养出为学的开首"①，"静"是为学之"开首"，是为学之门户，至于"读古人要紧文字"，仅仅是作为一种验证。可以说，"心学法门"的具体路径，如前所引用的《书自题大塘书屋诗后》中所说，是通过"涵养至极""胸次澄澈"，而"见于一动一静之间"，由是达到与"道"的吻合②。简明表述便是：

静坐—胸次澄澈—涵养致虚—立本—会道

具体说，由静坐入门，静而后能"胸次澄澈"；胸中无一物得留，便是"澄澈"，便是"静虚"；达到了"虚"，也就消除了人世间的种种障碍，也就是"无欲"；于是，本体之心就会呈现，至此，即可在自己的心中求得与"道"的"吻合"。

由"静"而"虚"，在"自得""作圣"过程中，极其重要。在陈献章看来，"虚"，就是"一物不留"，就是"无欲"，因而"致虚"，可以"养其心体，勿使邪动之欲得以干之，而常为万感万应之本"。在陈献章看来，宇宙间的事物"动"是"有形"，而"静"就是"未形"，"虚"是"本"，"致虚"便可以"立本"。③

陈献章的"自得""作圣"的路径，是把"静"、"虚"与"无欲"三者整合在一起，而后求得心的本体。有学者指出，这样的涵养方法"直接来源于先秦儒家学派的集大成者荀子"④，并明确引用了荀子的相关观点。

---

① 简又文：《白沙子研究》，第 185 页。
② 陈献章：《书自题大塘书屋诗后》，《陈献章集》，第 69 页。
③ 区大伦：《游江门记》，《陈献章集》，第 945~946 页。
④ 刘兴邦：《白沙心学》，社会科学文献出版社，2012，第 81 页。

荀子在《解蔽》中说：

> 人何以知道？曰：心。心何以知？曰：虚壹而静。心未尝不臧也，然而有所谓虚；心未尝不满也，然而有所谓一；心未尝不动也，然而有所谓静。人生而有知，知而有志，志也者，臧也；然而有所谓虚，不以所已臧害所将受谓之虚。心生而有知，知而有异，异也者，同时兼知之；同时兼知之，两也，然而有所谓一，不以夫一害此一谓之壹。心卧则梦，偷则自行，使之则谋。故心未尝不动也，然而有所谓静，不以梦剧乱知谓之静。未得道而求道者，谓之虚壹而静。①

从如上的阐述，足见这种"虚壹而静"的方法，是先秦儒者所主张的涵养方法，陈献章的"心学法门"所揭示的门径，与之堪相一致。

陈献章正是在直接继承先秦儒家的涵养方法"虚壹而静"中，创立了明代的"心学法门"，重新恢复了传统儒家的涵养途径，而有别于朱熹所倡导的由"格物"而后"致知"的路径。在陈献章心学法门路径中，突出一个"心"字，他认为在正常情况下，"使心常在内"②，因而为学求诸心即可，而无须外求，不必格尽天下万物，或读尽古人的经典之书。如果要格尽天下万事万物，才体认到天地之理，那样太烦琐了。所以他提出，"舍彼之繁，求吾之约，惟在静坐"的主张。③

客观地说，这样简约的路径，同惠能的"顿悟成佛"极其相似。二者都强调无须外求，而向自身的心中求；二者都设定一个心中固有的体悟对象，不论是称作"道"或"佛性"；二者都把涵养简约化为对"道"，或"佛性"的自我体悟，都否定向外索求的种种繁缛的过程。尽管，陈献章及其弟子无不强调，心学法门讲"虚静"与禅宗的"虚静"，是"似同而异"，二者有着本质的区别，但是二者如此简约的涵养方法，都体现了岭南人的务实精神，以及开拓与创新精神。

---

① 王先谦：《荀子集解》卷一七，中华书局，1988。
② 陈献章：《书漫笔后》，《陈献章集》，第 66 页。
③ 陈献章：《复赵提学金宪》三则，《陈献章集》，第 145 页。

（五）以"勿忘勿助"为体认之原则

陈献章的"心学法门"，不仅提出了涵养的入门、关键、路径，还指出了涵养是无须外力的"勿忘勿助"的过程，是自然而然、自我觉醒的过程。可以说，"勿忘勿助"是完成"作圣之功"所必须恪守的前提条件，是"自觉""自得"的规则。黄宗羲曾说：

> 以勿忘、勿助之间为体认之则，以未尝致力而应用不遗为实得，远之则为曾点，近之则为尧夫，此可无疑者也。①

黄宗羲认定，陈献章以"勿忘勿助"为"体认之则"，这是对他的老师吴与弼的直接继承，也是对先秦曾点的继承。

可以说，"勿忘勿助"四字，简明地概括了陈献章的"自得""作圣"，是一个无须外部条件、任何外力的情况下，实现人的自我觉醒的过程。"勿忘勿助"便是这一体认过程的必须遵循的规则。陈献章要强调的是——

> 具足于内者，无所待乎外。②

陈献章又说：

> 自得者，不累于外物，不累于耳目，不累于造次颠沛。鸢飞鱼跃，其机在我。③

用现代认识论的言语表述，陈献章的"自得"便是说不以外界为认知对象，不依靠人的耳目感官，不受任何外界的干扰，而能通过自己的感悟，去认知和把握自然运动客观发展的规律。

在与弟子的通信中，陈献章反复说明，"自得""作圣"，不但无须外部

---

① 黄宗羲：《白沙学案上》，《明儒学案》卷五，第80页。
② 陈献章：《风木图记》，《陈献章集》，第48页。
③ 黄宗羲：《白沙学案上》，《明儒学案》卷五，第90页。

条件，而且必须排除外部的干扰，并说明这"勿忘勿助"，在当年孟子与曾点那里已经运用了。《与林郡博》函中，陈献章如是说——

> 往古来今，四方上下，都一齐穿纽，一齐收拾，随时随处，无不是这个充塞。色色信他本来，何用尔脚劳手攘？舞雩三三两两，正在勿忘勿助之间，曾点些儿活计，被孟子一口打拼出来，便都是鸢飞鱼跃。若无孟子工夫，聚而语之，以曾点见趣，一似说梦。①

在这里，陈献章用了一个典故：当年，孔子带着学生曾点等人，在沂水游泳，在雩坛上乘凉，后来，孟子把他们当时的事，称作"勿忘勿助之间"，这就是一种在察见"鸢飞鱼跃"的本体功夫的规则。②"勿忘勿助"，首先是曾点践履体认的规则，之后孟子进行了概括。显然，陈献章坦然把自己的"体认之则"，与孟子、曾点的儒家传统接上了轨。

在《与林缉熙书》函中，陈献章又说——

> 诗、文章、末习、著述等路头，一齐塞断，一齐扫去，毋令半点芥蒂于我胸中，夫然后善端可养，静可能也。终始一意，不厌不倦，优游厌饫，勿助勿忘，气象将日进，造诣将日深。③

在陈献章看来，不论是在"动"的状态下进行体认，还是在"静"的状态下进行体认，"勿忘勿助"终究是"体认之则"。可见，白沙心学所创立的"心学法门"，确立"自得""作圣"的入门、路径与规则，即是正宗的儒家的涵养之学，也就告诫人们必须始终坚持。

无须讳言，陈献章的"自得之学"，作为一种认知方法，也有一定的片面性。本来，人的认知是人对客观世界的体悟，因而，以外界事物为认知对象，又须通过人的感官耳目，但陈献章的"自得"却以"道"为认知的对象，并强调"勿忘勿助"，无须依靠感官，不被外界干扰。其理论依据

---

① 陈献章：《与林郡博》七则，《陈献章集》，第 217 页。
② 刘兴邦：《白沙心学》，第 83 页。
③ 陈献章：《与林缉熙书》三十一则，《陈献章集》，第 975 页。

是，认识的对象"道"，具有被自我认知的属性，"道也者，自我得之，自我言之，可也"①。在陈献章看来，"道"之所以能自我认知，是因"道通于物"，"形而斯存，道在我"②，道寓于心，心为道舍。可见，陈献章"自得之学"的理论前提，是设定先验的认知对象——"道"，是一个无须外铄的、自身固有的道德精神；认知便是向内索求自我的道德精神——人区别于其他动物的主体能动精神。可以说，这样的认知方法，无疑缺乏科学的支撑而无法突破古代先验论的樊篱。

四　"自得"而"作圣"之学

白沙学说的宗旨，是"自得"而"至圣"。

"学贵自得"论，是陈献章最早创立的学说，其中体现着其心学的宗旨。如前所言，陈献章在江西临川师从吴与弼，读了儒家典籍，接受了一番受用终身的教育，也懂得了"迷途知返"，但他还未满足，说是"未知入处"。为什么？细细究来，是陈献章找不到"作圣之功"的入门处。回到老家，"杜门不出"，继续发奋，苦苦摸索，在"无师友指引"的情况下，十年磨一剑，从不得要领，到有所领悟，而后"见吾此心之体隐然呈现"，实现了"未得"到"自得"的飞跃，由是发明了"自得之学"，发现了心学的宗旨，他的思想发展的逻辑是自得—为己—作圣。

何谓"自得"？陈献章明确说：

> 夫学贵自得也。自得之，然后博之以载籍。③

> 忘我而我大，不求胜物而物莫能扰。孟子云："我善养吾浩然之气。"山林朝市一也，死生常变一也，富贵贫贱、夷狄患难一也，而无以动其心，是名曰"自得"。④

> 自得者不累于外物，不累于耳目，不累于造次颠沛。鸢飞鱼跃，

---

① 陈献章：《复张东白内翰》，《陈献章集》，第 131 页。
② 陈献章：《复张东白内翰》，《陈献章集》，第 131 页。
③ 阮松龄：《编次陈白沙先生年谱》卷一，《陈献章集》，第 807 页。
④ 阮松龄：《编次陈白沙先生年谱》卷二，《陈献章集》，第 825 页。

其机在我。①

由如上所引用的数段论述，足见陈献章对"自得"的阐述有如下几个要点。

陈献章所言的"自得"，便是"自我得之"，强调的是"自"与"得"。首先是突出一个"自"，落脚于一个"得"字，教人在自我中求得。也就是说，"自得"，便是主体的人，在自我中获得认知，完成涵养功夫。

陈献章所言的"自得"，便是把自我作为认知的主体，是一种自我体认，自得心体，认知自身所深藏着的"本体之心"。突出的是"自"字，即自我，即人的主体。自我的认知，也便是自我的涵养。

陈献章所言的"自得"，是把"道"作为认知的对象，是在自我心中去体认"道"，把握作为事物"所以然"的"道"，作为事物发展规律的"道"。由"自"而"得"，实现自我与贯通于万物的"道"相吻合。

陈献章的"自得"，是一种自我的认知与涵养，他倡导"为学当求诸心必得"②，向自我内心的"反省"、感悟与体验。换言之，"自得"也便是"自觉"，在不需任何外力情况下，不依靠人的耳目感官，不受任何外界的干扰，而能通过自己的感悟，实现人的自我觉醒。

陈献章的"自得"，是把认知的宗旨定位在"道"与"心"的吻合上。陈献章在"坐春阳台"之前，所以"未知入处"，没有解决如何完成"作圣之功"，事实上是未达到"心"与"道"相"凑泊吻合"的境界。

可以说，心与道合一，是圣贤的境界，是陈献章寻求的目标，是心学的宗旨。正是在这个意义上，白沙心学是认知方法，也是涵养方法。陈献章希骥通过对自身所蕴含的"道"的体悟、认知，实现"心"与"道"的"凑泊吻合"，实现从"未得"到"已得"的认知，以及"鸢飞鱼跃，其机在我"境界的涵养，从而完成他梦寐以求的"作圣之功"。

综上所述，陈献章心学里的"自得"也便是"自觉"，在不需任何外力情况下，实现人的自我觉醒。概而言之，"自得"便是陈献章所言：

---

① 黄宗羲：《白沙学案上》，《明儒学案》卷五，第 90 页。
② 陈献章：《书自题大塘书屋诗后》，《陈献章集》，第 68 页。

> 具足于内者，无所待乎外。①

"自得"，用现代认识论的言语表述，便是说不以外界为认知对象，不依靠人的耳目感官，不受任何外界的干扰，而能通过自己的感悟，去认知和把握自然运动客观发展的规律。由此足见，陈献章的"自得之学"，便是当代学者简又文所揭示的，"务使一己心中真理充沛，对于事事物物理解通透，即是'自得'"②，陈献章主张，通过自我体认去把握世界，主宰世界，高扬人的主体精神，实现人的自我价值。可见，陈献章的"自得之学"，由"自得"而"为己"，而后"作圣"，这也就揭示其心学的宗旨所在。在《程乡县儒学记》中，陈献章便十分明确地说：

> 夫士何学？学以变化气习，求至乎圣人而后已矣。③

"作圣"，是为学的宗旨，是自得的宗旨，也是白沙心学的宗旨。

陈献章"自得之学"的可贵之处，则在于他的"自得"，便是人的内在的、自我精神的觉醒，故"自得"，也便是"自觉"。陈献章自己说得很明白：

> 学无难易，在人自觉耳。才觉退便是进也，才觉病便是药也。眼前朋友可以论学者几人？其失在于不自觉耳。④

在陈献章看来，因学问而得，便是"自得"，也即"自觉"；"觉"便已得，而"得"意味"觉"，"得"则"觉"，觉则能使面对的问题迎刃而解。由是，陈献章高度肯定了人的主体精神即能动精神的功能与作用，认定只要高扬人的主体精神，便可驾驭客观世界。

陈献章的"自得之学"，所要强调的是，自我对自身的能动精神的认知，从而达到主体精神高扬，能与天地齐一的至大境界，这集中彰显了主

---

① 陈献章：《风木图记》，《陈献章集》，第48页。
② 简又文：《白沙子研究》，第205页。
③ 陈献章：《程乡县儒学记》，《陈献章集》，第28页。
④ 陈献章：《与湛民泽》十一则，《陈献章集》，第191页。

体的人及其主体精神。这是陈献章心学的本色，也是明代心学的理论价值指向。这一指向，否定了宋代理学主张外在的规范——"天理"，便是以外在的道德伦常对主体人进行束缚与钳制。陈献章的"自得之学"主张主体的人以"反求""自得"去唤醒自身所蕴含的道德本性，激发人的主动性与能动性，把儒家"作圣"的功夫，落实到个人的道德本性的自我感悟与觉醒上。这种"自得之学"，主张自我体认、自得心体，以实现道德自觉，完善人性，而达到"作圣"境界。这种心学学说，无疑是呼唤主体人觉醒的先声。

"自得"，作为一种认知与涵养方法，传承了儒家的心性学说，而"自得之学"，则是陈献章所创立，是其学说独开门户的集中体现。明儒刘宗周曾如是解读陈献章的"自得之学"，他说：

> 先生学宗自然，而要归于自得。自得故资深逢源，与鸢鱼同一活泼，而还以握造化之枢机，可谓独开门户，超然不凡。[1]

"自得之学"，把对"道"的深究，提到与生生化化的大自然同样活泼的层面上，提到对宇宙发展规律把握的高度上，这是陈献章"超然不凡"的创新。然而，"自得"的认知与涵养方法，却非陈献章之首创，而是儒家的一贯创导。从原始儒家，到宋儒，无不言及"自得"，显然，陈献章自得之学是继承了儒家的传统。

应该说，"自得"，是一种"为己"之学，先秦时期的孔子早有此主张。他说：

> 古之学者为己，今之学者为人。[2]

学，在儒家看来，便是认知与涵养。孔子认定，学就是"为己"，荀子诠释这种"为己"，具体便是"以美其身"，是对自身的一种心性的涵养，以达到最佳的境界。从学术史的角度考量，可以说"为己"，便是"自得"

---

① 黄宗羲：《师说·陈白沙献章》，《明儒学案》，第4页。
② 孔子：《论语·宪问》。

的早期胚芽。

战国时期的孟子，沿着孔子"为己"之说而明确提出：

> 君子深造之以道，欲其自得之也。自得之，则居之安；居之安，则资之深；资之深，则取之左右逢其源。故君子欲其自得之也。①

学界普遍认为，孟子最早提出"自得"概念。陈献章的"自得"与孟子一样：以"道"为认知的对象，也是"为学"所求的对象，这一对象便是认知的主体——人自身所深藏着的"本体之心"。因而，"自得之"，便是"内求""反求"；是自"内"而"得"，并非自"外"而"得"；通过内求，"自得"而进入"左右逢其源"的自由境界。人由"自得"而能"自由""自信""自乐"。

"自得"之说，在宋代新儒学——理学，各家各派均有阐述。如程颐说：

> 学莫贵乎自得，非在人也。②

程颐沿用了孟子的"自得"概念，具体解说了何谓"自得"，还反复谈论如何"自得"与"不自得"。他如是说：

> 大抵学不言而自得者，乃自得也；有安排布置者，皆非自得也。③

> "圣人以此洗心退藏于密"，圣人示人之意至此深且明矣，终无人理会。易也，此也，密也，是甚物？人能至此深思，当自得之。④

> 义有至精，理有至奥，能自得之，可谓善学矣。⑤

---

① 孟子：《孟子·离娄下》。
② 程颢、程颐：《二程集·论学篇》，第 1197 页。
③ 程颢、程颐：《二程集·师训》，第 121 页。
④ 程颢、程颐：《二程集·明道先生语二》，第 136 页。
⑤ 程颢、程颐：《二程集·论学篇》，第 1189 页。

自得而至于无我者，凡善言美行，无非所过之化也。①

学而不自得，则至老而益衰。②

陈献章对"自得"的阐述，与程子的说法基本一致。关于陈献章心学的思想渊源，学界多有争议，但其本人则比较认可自己受到了二程的直接影响，这不仅体现在"静坐"的方法上，"自得之学"的整体思路也与程颐比较接近。

集宋代理学大成的朱熹，对"自得"也有许多论述。首先他在《四书集注》诠释了孟子的"自得"。他说：

君子务于深造而必以其道者，欲其有所持循，以俟夫默识心通，自然而得之于己也。自得于己，则所以处之者安固而不摇；处之安固，则所藉者深远而无尽；所藉者深，则日用之闲取之至近，无所往而不值其所资之本也。③

朱熹是说由"自然而得之于己"，而后进至"无所往而不值其所资之本"的"左右逢其源"境界。这合乎孟子"自得"之说的原意，同陈献章的"自得"之说堪相一致，足见陈献章"自得"说，源于原始儒家，并进一步进行了阐发。

南宋心学创始人陆九渊，注重人的主体精神，因而也强调"自得"。他说：

自得、自信、自成、自道，不倚师友载籍。④

尽管陈献章的"自得之学"，是"独开门户"，没有史料说明他受到陆

---

① 程颢、程颐：《二程集·论学篇》，第 1189 页。
② 程颢、程颐：《二程集·论学篇》，第 1189 页。
③ 朱熹：《四书章句集注·孟子集注》卷八，中华书局，1983。
④ 陆九渊：《语录》，《陆九渊集》卷三五，中华书局，1980。

九渊的影响，但陆九渊对"自得"的界定，显然被陈献章接受了。事实上，"自得"的这种界定是儒家的一贯看法，可以说，陈献章发明"自得之学"，是对传统儒家"自得"说的继承与弘扬。

陈献章的"自得"，又是道家之情结。在中国文化史上，儒道常常是互补的，陈献章的"自得之学"在继承儒家学说的同时，也透出他的道家情结。

"道法自然"，是最为集中展示老庄思想的命题，要求人们去认识客观的"道"，遵循自然法则。这同儒家的"自得"具有一致性。学界已经关注道家的"自得"同儒家、陈献章"自得之学"的密切关系，有学者指出"中国传统'自得'思想的另一个源头是庄子的'自得'思想"[1]；还有学者更明确地提出，"白沙的'自得'，受老、庄、魏晋玄学的影响甚巨"，认定"老子虽然没有明确提出'自得'之说，但老子对'道'的呈现以'德'的形式完成。这里'德'也就是'得'"，"更重要的是，'道'之'得'是完全以感悟和体验方式出现"，"总体上表现的是'不立文字'的体悟，是对本体的体悟，这是白沙的'自得之学'的主要渊源之一"[2]。当代学者的这些分析，十分合乎陈献章的思想实际。显然，陈献章以"求诸心"的内省体悟所完成的"自得"，既是对儒家传统的承传，同时也融汇了道家的感悟与体验。

陈献章的"自得之学"，凝聚着深深的道家情结，他受庄子的影响尤深。庄子虽然没有常常言及"自得"，但其所言的"自得"，"是自己有所得，自得人的自然本性"，"即自然而得"[3]。庄子在《让王》中曾说：

> 日出而作，日入而息，逍遥于天地之间而心意自得。[4]

庄子明确使用了"自得"的概念，认为"自得"便是顺乎自然而作为，而逍遥自在地在天地之间，这就使"心意自得"，即合乎人的自然本性。庄子更为强调，只有合乎自然本性，才"自得"，才可有"真知"，才能成为

---

[1] 刘兴邦：《白沙心学》，第 8 页。
[2] 苟小泉：《陈白沙哲学研究》，中华书局，2009，第 78 页。
[3] 刘兴邦：《白沙心学》，第 8 页。
[4] 庄子：《庄子·让王一》。

"真人"；反之，便是"不自得"，便会违背自然规律，处事欠条理，而做出过激、不和谐，甚至出轨的行为。在《在宥》中，庄子如是说：

> 使人喜怒失位，居处无常，思虑不自得，中道不成章，于是乎天下始乔诘卓鸷，而后有盗跖、曾、史之行。①

庄子的"自得"，突出"得"是自然的本性，而顺应自然；庄子的"自得"，也强调一个"自"字，在《骈拇》中，庄子说：

> 夫不自见而见彼，不自得而得彼者，是得人之得而不自得其得者也，适人之适而不自适其适者也。②

在庄子看来，"自得"，是自我之得，得于"自"，而并非得于"彼"。这无疑与儒家的"为己"之学相一致，也就成为陈献章的"自得之学"的理论渊源。

五 "宗自然"

在《明儒学案》中，黄宗羲提出，"先生之学宗自然"③，因其"道本自然"④。显然，黄宗羲精确地抓住了陈献章宇宙模式中的重要命题，白沙诗《观物》即集中体现了"宗自然"的学术思想。陈献章如是说：

> 一痕春水一条烟，化化生生各自然。
> 七尺形躯非我有，两间寒暑任推迁。⑤

诗中勾画了宇宙间的一切，各自"化化生生"，任其自然而然地存在与发展的画面。陈献章认定，道是自然的道，物是自然的物。这是陈献章的

---

① 庄子：《庄子·在宥一》。
② 庄子：《庄子·骈拇二》。
③ 黄宗羲：《师说·陈白沙献章》，《明儒学案》，第4页。
④ 黄宗羲：《师说·陈白沙献章》，《明儒学案》，第5页。
⑤ 陈献章：《观物》，《陈献章集》，第683页。

本体论思想。

所谓"自然"，湛若水对先师的"自然"有清晰的诠释，他说：

> 夫自然者，天之理也。理出于天然，故曰自然也。①

"自然"，便是"天然"，是"道"与任何事物自然而然生生化化，不需外力，"勿忘勿助"地在时间的流淌中不断地变化发展。湛若水说，这种自然"如日月之照，如云之行，如水之流，如天葩之发，红者自红，白者自白，形者自形，色者自色，孰安排是，孰作为是，是谓自然"②。没有谁的安排，没有谁的作为，天地间的万事万物，它的形状、色调、所为，这一切的一切，都是自然而然地发生和存在，这便是"自然"，这便是"道"，这便是"天理"。

湛若水对陈献章"宗自然"观的领悟，极为深刻，因而对先师"自然"的解读也十分到位。陈献章在《太极涵虚》与《枕上谩笔》二诗中，也有如此的表述。在《太极涵虚》中，陈献章说：

> 混沌固有初，浑沦本无物。
> 万化自流形，何处寻吾一。③

《枕上谩笔》又说：

> 正翁眼时元活活，到敷散处自乾乾。
> 谁会五行真动静，万古周流本自然。④

诗中"万古周流本自然"一句，高度概括了陈献章"宗自然"的全部内涵。陈献章认定，不论是处于"浑沦""混沌"的初始状态，还是进入了五行的动静变化、万物运动发展阶段，它无不是"自流形"，他强调一个"自"

---

① 湛若水：《重刻白沙先生全集序》，《陈献章集》，第 896 页。
② 湛若水：《重刻白沙先生全集序》，《陈献章集》，第 896 页。
③ 陈献章：《太极涵虚》，《陈献章集》，第 522 页。
④ 陈献章：《枕上谩笔》，《陈献章集》，第 647 页。

字。"自"，是"自然"，具体便是"自信"、"自动"、"自静"、"自阖"、
"自辟"、"自舒"和"自卷"。陈献章具体阐述说：

> 宇宙内更有何事，天自信天，地自信地，吾自信吾；自动自静，
> 自阖自辟，自舒自卷，甲不问乙供，乙不待甲赐；牛自为牛，马自为
> 马；感于此，应于彼，发乎迩，见乎远。①

陈献章强调，尽管"道"是世界的本原，但宇宙间的一切，都出于
"自化"，是自然地生成，万物的存在与发展，没有"恩赐"与"等待"，
没有主宰，没有人的意志的干预，没有任何外力的推动，而是事物自身的
顺乎自然，合乎规律的存在与发展。

陈献章"道本自然，化化生生"的"宗自然"观，用现代哲学语言来
表述，便是说天地万物客观存在，它的发展变化有着自身的规律，不以人
的意志而转移，宇宙间不存在人格神与造物主。这一观点，陈献章在其
《云潭记》中，有精辟的概括：

> 物之至者，妍亦妍，媸亦媸，因物赋形，潭何容心焉？②

这便是陈献章宇宙基本模式所蕴含的唯物的因素，是白沙心学不同于宋代
陆九渊心学以及陈献章之后的王阳明心学的突出体现。正如当代学者章沛
所指出的，陈献章认为"物有其自身规律，并非心所主宰"③。这便是白沙
心学不同于陆九渊心学和阳明心学的集中体现。

如上所言，陈献章"宗自然"观，承认世界的客观存在，并揭示客观
世界按照自身的规律运动发展。在《示湛雨》书函中，他说得十分形象而
精彩。他说：

> 天命流行，真机活泼。

---

① 陈献章：《与林时矩》三则，《陈献章集》，第242页。
② 陈献章：《云潭记》，《陈献章集》，第41页。
③ 章沛：《陈白沙哲学思想研究》，第63页。

水到渠成，鸢飞鱼跃。

得山莫杖，临济莫渴。

万化自然，太虚何说？

绣罗一方，金针谁掇？[①]

在陈献章看来，"天理"，这种客观必然，它"真机活泼"，也无非是"水到渠成，鸢飞鱼跃"，"太虚"并不需要说话，天地万物的变化发展，都是那样自然而然，不需要"得山"与"临济"二僧喝杖为教，绣罗的"金针"不需要人来"掇"。

显然，陈献章在告诉人们，"自然"无非就是"水到渠成，鸢飞鱼跃"，这便是自然而然地存在与发展的物质性的自然世界；它，"真机活泼"，便是"天命流行"。而"天命"就是"天理"，是世界运动变化的规律，是自然而然的，无须任何人为的干预。陈献章在"天理"与"自然"之间画上了等号，这不仅否定造物主的存在，还强调了世界及其发展规律的客观性。

陈献章揭示事物发展规律的客观性，认定宇宙间的一切运动变化，不以人的主观意志而转移。这一理论特色，在其诗文中多有体现。如他在五言古诗《八月二十四日飓作，多溺死者》中所记述：

坐忘一室内，天地极劳攘。

颠浪雷殷江，流云墨推障。

高田水灭顶，别坞风翻舫。

大块本无心，纵横小儿状。

江门三两诗，饶舌天机上。

诗中真实地记述了飓风大作时的种种情景，乌云滚滚，大浪滔天，田地被淹，船只翻沉，但他指出"大块无心"，天灾并不是上天有意识地作难。湛若水解读此诗时说：

然天地心普万物而无心，其劳攘纵横如小儿之状，岂有意为之者

---

① 陈献章：《示湛雨》，《陈献章集》，第 278 页。

哉？所以我之诗，饶舌以言天机之上耳。盖无心即天机也。①

湛若水如实地解读了陈献章"大块无心"的本意，并明示了陈献章在
"无心"与"天机"之间画上了等号，通俗地解读了陈献章关于大自然发生
的一切灾难，就像无知的孩儿无意识的蛮横而已。

在陈献章看来，宇宙间的一切，自然而然地生生化化，自然而然地存
在与发展，是因为"大块"——"道"，没有意志与目的，天灾亦是"无
心"，而非传统所言的"天谴"。这是对自汉代董仲舒以来，以"天人感应"
为理论基点的"天谴"论的一个有力的批评。多少年来，人们以之解释天
灾，把自然灾害说成是上天对人间的一种惩罚，而陈献章却持有另一立场，
相对合理地做出解释。他告诫人们：上天没有意志，天地间所发生的一切，
并非有预期的目的，大自然只是按自身的规律自然而然地运动变化着。这
在那个年代无疑是一种思想启蒙，一种思想解放，十分可贵！

陈献章如上的观点，在《祭黄君朴文》中，说得更直白。他说：

> 大块无心，孰夭孰寿？消息自然，匪物有咎。委变化于浮云，达
> 荣枯于疏柳。②

显然，陈献章反复强调，自然界有自身的发展规律，人的生老病死，
同样有着客观的规律，是不受任何意志与愿望所左右的，这便是陈献章所
说的"大块无心"的内涵。

正是从这一理论基点出发，陈献章以为人们只能承认规律与遵循规律，
而不可违背。在《素馨说》中，陈献章阐明了各种植物对于人类有着不同
的作用，如"菽粟""可以饱"，"麻缕""可以温"，使人得以"生"，而
"花"却与菽粟、麻缕不同，既不能使人"饱"，也不能使人"温"，因而
人们对客观的一切，都不可以主观去强求，他告诫人们：

> 可已而已，不可已而不已，引而伸之，触类而长之，于道其庶几

---

① 湛若水：《白沙子古诗教解卷之下》，《陈献章集》，第 766 页。
② 陈献章：《祭黄君朴文》，《陈献章集》，第 111 页。

乎？治国其庶几乎！①

　　陈献章在文中由近及远，触类旁通，从日常生活到治国平天下。他启迪人们，不可以主观去强求客观，而要顺乎自然。

　　认定宇宙发展是"无心"的客观发展，是白沙心学的特色，也是陈献章的一贯观点。他的七言诗《赠周成》，以凝练的语言高度概括了这一理念，他在诗中说：

　　　　虚无里面昭昭应，影响前头步步迷。
　　　　说到鸢飞鱼跃处，绝无人力有天机。②

　　已有学者关注到陈献章这一理念与立场，认定陈献章的"'自然'并非意志的作用——既非道的意志作用，亦非人的意志的作用"③。正是在这一意义上，可以说，陈献章继承了中国哲学自先秦以来的朴素唯物的思想传统。当然，人们还需看到，由于陈献章将"自然"与"天机"，即"天理"画上了等号，并对"自然"赋予了多元的属性，其"宗自然"还有更丰富的内涵，值得深入探讨，而不宜简单地戴上"唯物"或"唯心"的帽子。

　　陈献章的"自然"，具有非单一性，应把握它的多元内涵。对陈献章的"自然"，湛若水有一段详尽的诠释，颇合乎陈献章的本意。在《重刻白沙先生全集序》中，他如是说：

　　　　白沙先生之诗文，其自然之发乎？自然之蕴，其淳和之心乎？其仁义忠信之心乎？夫忠信、仁义、淳和之心，是谓自然也。夫自然者，天之理也。理出于天然，故曰自然也。在勿忘勿助之间，胸中流出而沛乎，丝毫人力亦不存。故其诗曰："从前欲洗安排障，万古斯文看日星。"以言乎明照自然也。夫日月星辰之照耀，其孰安排是？其孰作为是？定山庄公赞之诗曰："喜把炷香焚展读，了无一字出安排。"以言

---

① 陈献章：《赠周成》，《陈献章集》，第566页。
② 陈献章：《赠周成》，《陈献章集》，第566页。
③ 章沛：《陈白沙哲学思想研究》，第65页。

其自然也。又曰："为经为训真谁识，非谢非陶莫浪猜。"盖实录也。夫先生诗文之自然，岂徒然哉？盖其自然之文言，生于自然之心胸；自然之心胸，生于自然之学术；自然之学术，在于勿忘勿助之间，如日月之照，如云之行，如水之流，如天葩之发，红者自红，白者自白，形者自形，色者自色，孰安排是，孰作为是，是谓自然。①

在这段解读中，湛若水揭示了陈献章的"自然"所包含的丰富内涵。

其一，"自然"，是"丝毫人力亦不存"的客观自然，即天地万物自身的存在与变化，如日月之照、云行水流、天花开放，各自红的红、白的白，各自的形与色无不在自然而然中呈现，没有谁的"安排"，没有谁的"作为"，一切都是客观存在。

其二，"自然"，是他的"文言"。

其三，"自然"，是他的"胸怀"。

其四，"自然"，是他的"学术"。

由此可见，陈献章的"自然"，多种含义间存有可推演的内在联系："勿忘勿助"的"自然"，便是"自然之学术"，它产生出"自然之胸怀""自然之文言"。

湛若水是在为陈献章全集作序时，由诗文的"自然"而引申出陈献章的"宗自然"观的全貌。从湛若水的解读中，人们不难体会到，陈献章诗文的"自然"特色，由于其"学术""胸怀"，无不产生于"勿忘勿助"的"自然"。这个"自然"，便是陈献章所有一切的源头，正是在这"自然之蕴"的意义上，显示了陈献章"以自然为宗"的理论取向，一种带有浓浓的道家情怀，而有别于过于强调人的主体精神、忽略客观世界存在的心学取向，体现出白沙心学的兼容性品格。

毋庸讳言，作为心学，陈献章"以自然为宗"，在主客体的关系上，与一般心学也有一致性。从湛若水如上的解读中，人们还能看到，陈献章的"自然"，固然是"勿忘勿助"的客观自然，而同时又是"忠信、仁义、淳和之心"，即社会的道德伦常。可见，其"宗自然"既有道家的情怀与理论取向，也体现其维护封建纲常的基本立场，对"自然"的主观性与客观性

---

① 湛若水：《重刻白沙先生全集序》，《陈献章集》，第 896 页。

进行了严格区分。这里无疑反映出陈献章在理论创新中的局限与不足，人们应历史地、实事求是地对其心学体系进行合乎逻辑的剖析，既不应溢美，也不应苛求，应正视其学术体系中的多元性与复杂性。

值得注意的是，陈献章的"以自然为宗"论，既是其本体论，亦是其发展观。这一发展观，以否定宇宙有主宰为起点，进而追求以道家老庄所憧憬的"与道翱翔""天人合一"最高境界为归宿，追求人与自然的统一，由是而探究宇宙的发展，探究人与自然的辩证关系。

如前所言，陈献章以自然为宗，便是以自然为本，承认自然的客观存在，以及勿忘勿助地运行，而人则是处于大自然之中，这显然是受到庄子的"天地与我并生，万物与我为一"思想的影响。陈献章说：

> 天地无穷年，无穷吾亦在。①

又曰：

> 本虚形乃实，立本贵自然。②

陈献章心学以"道"为宇宙之本，而"道"是"自然"，是"虚"，人不可与道相"侔"、相"俦"，但人毕竟身居天地的无限变化之中，只要能"立本"，便可"以自然为宗"，便可"虚"，即"与天地同体"，"与道翱翔"，达到物我两忘、天人合一的境界。《与湛民泽》书中，陈献章明白地说：

> 人与天地同体，四时以行，百物以生，若滞在一处，安能为造化之主耶？古之善学者，常令此心在无物处，便运用得转耳。学者以自然为宗，不可不著意理会。③

---

① 陈献章：《晓枕》，《陈献章集》，第 309 页。
② 陈献章：《答张内翰廷祥书，括而成诗，呈胡希仁提学》，《陈献章集》，第 279~280 页。
③ 陈献章：《与湛民泽》十一则，《陈献章集》，第 192 页。

可见，"宗自然"之说，不仅揭示了"道"的自然属性与客观属性，还正确回答了人与自然的关系，传承了儒家的思想，又呈现出"与万物为一""与道合一"的道家情怀。

陈献章强调，他的"自然"来自儒家的正宗，在《读张地曹偶拈之作》中，他直白地说：

> 拈一不拈二，乾坤一为主。
> 一番拈动来，日出扶桑树。
> 寂然都不拈，江河自流注。
> 濂洛千载传，图书乃宗祖。
> 昭昭圣学篇，授我自然度。①

在《题吴瑞卿采芳园记后》中，陈献章强调其"随时屈伸，与道翱翔"观，乃儒家《易经》的传统思想，他如是说：

> 天下未有不本于自然，而徒以其智收显名于当年、精光射来世者也。《易》曰："天地变化草木蕃"，时也。随时屈信，与道翱翔，固吾儒事也。②

显然，陈献章是在彰显其儒家的立场，阐明其"以自然为宗"的观点，确实与儒家的"天人合一"论一脉相通。

纵观中国文化源流，儒家固然有"本于自然"与"天人合一"，追求人与自然和谐的思想，而道家在本体论方面，更提出"道法自然"，尊重规律，顺应自然。陈献章在兼容儒道思想时，确实受到二者的影响。简又文在其专著中明确认为，"白沙子之学，'以自然为宗'，原受了道家相当的影响"③。事实确实如此，试比较陈献章与老庄的一些说法——

先秦时期，老子提出：

---

① 陈献章：《读张地曹偶拈之作》，《陈献章集》，第 305 页。
② 陈献章：《题吴瑞卿采芳园记后》，《陈献章集》，第 71 页。
③ 简又文：《白沙子研究》，第 117 页。

人法地，地法天，天法道，道法自然。①

这是认为天、地与人都得效法道，而道则效法"自然"，宇宙间的一切，无不是自然而然地存在与发展，无须任何外力的作用。庄子顺着老子的思路，进而提出人做到了顺应自然，消融了一切的差异与界限，便能达到"忘心""忘形"，"不以心损道，不以人助天"②的"真人"境界。他在《大宗师》说：

> 夫道，有情有信，无为无形；可传而不可受，可得而不可见；自本自根，未有天地，自古以固存；神鬼神帝，生天生地；在太极之先而不为高，在六极之下而不为深，先天地而生而不为久，长于上古而不为老。狶韦氏得之，以挈天地；伏羲氏得之，以袭气母；维斗得之，终古不忒；日月得之，终古不息；堪坏得之，以袭昆仑；冯夷得之，以游大川；肩吾得之，以处大山；黄帝得之，以登云天；颛顼得之，以处玄宫；禺强得之，立乎北极；西王母得之，坐乎少广，莫知其始，莫知其终；彭祖得之，上及有虞，下及五伯；傅说得之，以相武丁，奄有天下，承东维，骑箕尾，而比于列星。③

庄子的"道"，是宇宙的本体，有着无始无终、不可感知、至虚至大的属性，在"得之"了"道"之后，也便达到了超然的境界。同样的说法，在陈献章的诗文中，也常常出现。如在《与湛民泽》中，陈献章说：

> 飞云之高几千仞，未若立本于空中，与此山平。置足其颠，若履平地，四顾脱然，尤为奇绝。此其人内忘其心，外忘其形，其气浩然，物莫能干，神游八极，未足言也。④

这便是陈献章所憧憬的至高境界，那是超然于千仞高山之外，至高、

---

① 老子：《老子·道篇》。
② 庄子：《庄子·大宗师》。
③ 庄子：《庄子·大宗师》。
④ 陈献章：《与湛民泽》十一则，《陈献章集》，第190页。

至美的境界；那是"人与乾坤"是三，而又"天人合一"的境界；那是世间的人，进入"我在自然，自然在我"的奇妙的境界。陈献章以为，当人完成了这样的升华，在"天人合一"的境界中，人具有了"道"的品格，便是主体精神无穷大的"人"。在陈献章看来，现实中会有人达到如此的境界，如张廷实即为有此境界之人。他在《送张进士廷实还京序》文中，认定——

> 盖廷实之学，以自然为宗，以忘己为大，以无欲为至，即心观妙，以揆圣人之用。①

并进而具体描绘持"以自然为宗"之人，已达到了如此的境界：

> 其观于天地，日月晦明，山川流峙，四时所以运行，万物所以化生，无非在我之极，而思握其枢机，端其衔绥，行乎日用事物之中，以与之无穷。②

陈献章构想，天地、四时、万物运行皆在于我，而我又能把握其发展与规律，用于日用事物之中，于是与天地万物无穷无尽。这是"以自然为宗"的境界，是回归自然而求得"渔樵之乐"的境界。陈献章在《和陶一十二首》之《归田园》中说：

> 我始渐名羁，长揖归故山。
> 故山樵采深，焉知世上年？
> 是名鸟抢榆，非曰龙潜渊。
> 东篱采霜菊，南渚收菰田。
> 游目高原外，披怀深树间。
> 禽鸟鸣我后，麋豕游我前。
> 冷冷玉台凤，漠漠圣池烟。

---

① 陈献章：《送张进士廷实还京序》，《陈献章集》，第 12 页。
② 陈献章：《送张进士廷实还京序》，《陈献章集》，第 12 页。

闲持一觞酒，欢饮忘华巅。

逍遥复逍遥，白云如我闲。

乘化以归尽，斯道古来然。①

　　陈献章认定，对这一境界向往，并非他的发明，而自古有之。"斯道古来然"说的是儒家的"天人合一"之道，亦是道家的"与天地同体，与万物齐一"之道。对此，有当代学者如此评述：

　　　　先生主张学者直叩自然，认识此理，乃遵依大自然中物质界与精神界之种种条件而生活焉，是即将自我与"自然之理"滚成一片。由此进而与"自然"合为一体，即是"天人合一"，或"与天地同体"，是之谓"造道"。夫如是，"希贤"、"希圣"、"希天"之功成矣。此白沙学说中"理"观之大要也。②

　　如此评述，紧紧抓住了陈献章"以自然为宗"论的精髓，即既注重"自然"，也强调人与自然的"滚成一片"，并明确将这种"天人合一""与天地同体"的境界作为作圣的最高境界。

　　综上所述，陈献章的"以道为本"论与"以自然为宗"论所揭示的宇宙基本模式，是融汇前人的思想养分，又检讨前人思想学说的学术成果。这一理论创新的理路是：承认"自然"的客观存在，进而尊重"自然之理"，再与"自然"合为一体。这一理论取向，既承传儒家的"天人合一"传统，又蕴含"与天体同体"的道家情结，它启迪了当代人类去寻求人—社会—自然的协调发展。当今，全球的资源、环境、人口等一系列问题，正困扰并威胁着人类的生存与发展，如何走出困境，实现社会的可持续发展？解决这一问题，仅仅依靠科学技术力量，已然不够，还需政治、经济、文化、法律、道德等各种社会力量的协调配合。其中人文精神的作用，尤为重要。因而，有必要弘扬中国哲学中人与自然和谐发展的思想。陈献章的"以自然为宗"论，正是中国思想库中一份珍贵的遗产，值得人们珍惜与

----

①　陈献章：《归田园》，《陈献章集》，第 292 页。

②　简又文：《白沙子研究》，第 94 页。

利用。

六 兼容诸家

陈献章的理论创新，也得益于对宋代理学的兼容，其中对张载"气一元"论思想养分的撷取尤为明显。

"天地间一气而已"与"道通于物"，是陈献章明确提出的重要命题，其中所蕴含的思想，同张载的"道气合一"论堪相一致。

首先，陈献章继承了从荀子、王充到张载的元气论的思想，把万物看作气运动变化的结果。

先秦时期的荀子，认为天地合气而生万物；汉代王充，更以气的自然禀赋解释天地万物的生成与发展；至北宋时期，张载继承荀子、王充的元气论，并加以发挥，创立了以气为本的"气一元"论，与程朱的"理一元"论、陆九渊的"心一元"论，成为宋代理学三大宇宙基本模式。张载提出，"太虚不能无气，气不能不聚而为万物，万物不能不散而为太虚"，"游气纷扰，合而成质者，生人物之万殊"[1]。陈献章则提出，"天地间一气而已"[2]，认定宇宙间的一切变化，无不是气的"屈伸相感"，运动发展。他提出万物与人"总在乾坤形气内"[3]，把"气"与"道"同样视为宇宙的本体，这无疑同张载主张天地统一于气一样，揭示了万物与气的关系，把"气"作为万物的物质载体。

其次，陈献章明显地受到张载有形与无形统一、虚与实统一观的影响。张载提出，"气聚则离明得施而有形，气不聚则离明不得施而无形"，认定"有形"与"无形"，都是气的运动变化的某种形态而已，因而"虚"与"实"同样是气的变化状态，不可能存在所谓"有生于无"。陈献章的"物囿于形，道通于物""离物无道"的观点，与张载的如上观点完全吻合。尽管陈献章没有像张载那样详尽地展开对有与无、虚与实的学理探究，但其虚中有实、实中有虚，虚实可以来回看的理论取向，恰恰是对张载的辩证统一观的继承，是对"道"与"物"相分、规律与万物游离的二分观的否定。

---

① 张载：《正蒙·太和篇第一》，《张载集》，第7、9页。
② 陈献章：《云潭记》，《陈献章集》，第41页。
③ 陈献章：《和答王金宪乐用》四首，《陈献章集》，第635页。

再次，陈献章弘扬了张载的"自然之为体"思想。张载提出，"由气化，有道之名"，"阴阳合一存乎道"，又说，"世人知道之自然，未始识自然之为体"[①]，便是认为道为自然，而自然为宇宙之体。弟子湛若水概括陈献章的自然观曰，"夫自然者，天之理也。理出于天然，故曰自然以也"[②]，足见陈献章与张载一样，以道为自然，以自然为宇宙的本体，视世界为没有主宰、没有目的地自然而然存在的客观实在，也就否定了将"道"或"理"，视作有意志的人格神。正因为对张载思想的继承与发展，陈献章的心学才能建立在更具真理性的理论基点上。

陈献章心学，在宇宙基本模式方面的创新，凸显了岭南文化的兼容性特色。其学说不仅检讨了朱学，兼容了张学，还直接承传了周敦颐与二程的理学思想。

关于陈献章的学术渊源，应该说有着多元特色，而学界更多地强调其与二程的关系。黄宗羲称，白沙"识趣近濂溪"[③]。其弟子张诩说，"盖其学初则本乎周子主静，程子静坐之说，以立其基"[④]。又说，"其为道也，主静而见大，盖濂洛之学也"[⑤]。

广东学者屈大均在其《广东新语》中，具体地将陈献章与中国古代传统儒家，以至宋以来的新儒学的关系连贯起来，并认定陈献章直接以濂洛之学为渊源。他如是说：

> 明兴，白沙氏起，以濂、洛之学为宗，于是东粤理学大昌。说者谓孔门以孟氏为见知，周先生则闻而知之者，程伯子周之见知，白沙则周之闻而知之者。孔孟之学在濂溪，而濂溪之学在白沙。非仅一邦之幸，其言是也。[⑥]

这显然是说，白沙之学是正统儒家学说，其上承孔孟之学，直接源于周敦

---

① 张载：《正蒙·神化篇第四》，《张载集》，第 15 页。
② 湛若水：《重刻白沙先生全集序》，《陈献章集》，第 896 页。
③ 黄宗羲：《师说·陈白沙献章》，《明儒学案》，第 5 页。
④ 张诩：《白沙先生行状》，《陈献章集》，第 880 页。
⑤ 张诩：《白沙先生墓表》，《陈献章集》，第 883 页。
⑥ 屈大均：《广东新语》卷一〇，第 306 页。

颐。屈大均将儒家发展的链条勾画为：

孔子→孟子→周子→程子→白沙子

在承传的链条上，缺了朱子一个环节，何故？没有史料可考证屈大均是否认为朱子不继承孔孟之道，但可以肯定，屈大均回避了陈献章与朱熹的关系，后来康有为直接道明陈献章学说与朱子学毫无关系。这，或许说明敢为天下先的岭南人，自明以来对作为官方哲学的朱熹理学，甚为不屑。岭南学界大都认为陈献章的思想，渊源于周子与濂溪，如屈大均强调"白沙本于濂溪"[1] 的观点。

白沙之学直接承传了周子濂溪学派，这是学界的主流观点。所以有如此看法，首先是因为陈献章本人，在其诗文中常流露出其心目中宋儒有四大派，他说：

> 宋儒之大者，曰周、曰程、曰张、曰朱，其言具存，其发之而为诗亦多矣。[2]

在这四大流派中，陈献章经常言及者多为周与程（颐），因为他心中十分明白，其主静、主敬的心学直接受理学大师的影响，学界无疑也清楚明代心学开篇者陈献章与周、程的渊源关系。

从心学的视角审视，陈献章与周、程确实有着直接的关系，是毫无疑问的。然而，从宇宙基本模式的层面上，他与周子、二程是否同样有着渊源关系，自然是另一问题。应该说，周敦颐的宇宙模式对陈献章可能有直接的影响，其《太极图说》有一个说明，他如是说：

> 太极动而生阳，动极而静，静而生阴，静极复动。一动一静，互为其根。分阴分阳，两仪立焉。

---

① 屈大均：《广东新语》卷一〇，第 307 页。
② 陈献章：《认真子诗集序》，《陈献章集》，第 5 页。

阳变阴合，而生水、火、木、金、土，五气顺布，四时行焉。①

对这一宇宙生成图，周敦颐做了具体描绘：

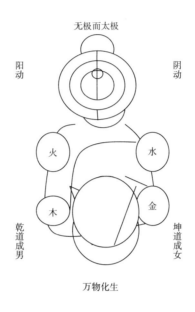

周敦颐受到道家思想影响，其关于宇宙演进过程，是无极（太极）→阴阳→五行→万物。在这一宇宙模式里没有朱熹的"理→气→万物"的理论格局，没有把"理"置于至高无上的主宰地位。显然，在这个意义上，陈献章的宇宙模式同周敦颐有着一致性。

周敦颐对陈献章的影响，或许与周曾在岭南为官，其学术思想对岭南影响比较深远有关。据史料记载，熙宁元年（1068），周敦颐调任广东转运判官，提点刑狱，主管司法，到广州工作后，以"洗雪泽物"为己任，深入调查研究，平冤假错案，为民办好事。作为宋代理学的开篇者，在粤期间，他留下许多思想深邃的诗篇，传递其理学思想，使岭北的学术在岭南生根开花。后人为他建书院以资纪念，如广州的濂溪书院，始建于宋代，毁于元代，复建于明代，延续至清代；北宋时期，曲江的濂溪书院，其规模为全国书院之冠；南宋时期，广东各地均建有以"濂溪"命名的书院；

---

① 周敦颐：《太极图说》，《周敦颐集》，中华书局，1990，第3~4页。

周敦颐之孙周叟梅于南宋时，任广东潮州知州，则为其祖父建公元书院以纪念先祖。[①] 可以肯定，周敦颐的学术思想通过这些书院，在岭南地区得到广泛传播，也可以推断，长期生活在广东的陈献章，自然而然受到影响。孙完璞《粤风》文称，受到周敦颐影响的学者，首先是翟杰，而后是陈献章。其文如是说：

> 说者谓岭学渊源，始于白沙，不知自宋以来，翟杰之学，源于濂溪，已开白沙之先，白沙以主静为宗，教学者但令端坐澄心，于静中养出端倪；与翟杰之学，端居一室，恍然见太极之旨相同。[②]

如上文字尽管所言的是岭南的学术渊源自何人始的问题，其中却反映出濂溪思想在岭南的影响的客观事实。这段文字着重探讨主静之学渊源与联系，但同时也说明濂溪学术对岭南，特别是对陈献章的影响。

总而言之，陈献章的宇宙基本模式，是采诸家之长而后创新，吸取了宋代理学各家的思想养分，是站在前人的肩上而创建更富真理性的理论体系。

陈献章在接受宋儒周敦颐、张载学说的过程中，吸取了道家的思想因子。事实上，受家学、故乡的文化氛围，以及岭南文化兼容特色的影响，陈献章的宇宙模式凸显了"宗自然"的内涵，彰显着陈献章浓浓的道家情怀。

在陈献章的宇宙模式里，"以道为本"，"道"是宇宙的本体，由"道"衍生出的万千世界都处于"无心"，"道"不是主宰，没有意识与目的，故其学说"以自然为宗"，承认世界的存在及其运动变化的规律，具有客观性。

七 "心开万世，宇宙在我"的心学本色

陈献章创立的心学，具有岭南特色，它兼容诸子百家，其涵养、"作圣"的境界——道德自觉与"以自然为宗"，尤显儒道兼容的文化精神。尽管如此，在高扬人的主体精神这一层面上，他强调"心"的主控作用，不

失心学本色——"心开万世"。

心学的最大理论特色，便是极度强调"心"的作用，即"心"与宇宙，孰为大，是宇宙在我，还是我在宇宙？陈献章所开拓的心学，应该说有着两个层面：一方面，"以自然为宗"，承认"鸢飞鱼跃""化化生生"的"气"的世界的存在，追求人与自然"相吻合"；另一方面，则又认定"心具万理"，"心在万物上"，"宇宙在我"，心可"为天地"，"开万世"。白沙心学高扬并夸大人的主体精神的作用，具有心学的本色，是"如假包换"的心学；白沙心学又力图揭示人的主体精神与客观外界二者之间的关系，处理"心"与"道"二者孰为大，孰是最终的主宰这一根本问题，成为极富有岭南兼容特色的心学。因而，在重新解读白沙心学之时，应以亦此亦彼的辩证方法进行剖析，在看到其心学本色的同时，不要把它等同于其他的心学。

"心具万理"与"宇宙在我"的命题，是陈献章首创的心学的基本命题。在《论前辈言铢视轩冕尘视金玉》文中，陈献章明确指出：

> 君子一心，万理完具。事物虽多，莫非在我，此身一到，精神具随，得吾得而得之矣，失吾得而失之耳，厌薄之心，何自而生哉？[1]

又说：

> 此理干涉至大，无内外，无终始，无一处不到，无一息不运。会此则天地我立，万化我出，而宇宙在我矣。[2]

可见，陈献章开创的心学，是教人通过静坐，使自身的本体之心，即"端倪"呈露，由是而使"心"与"道"相"凑泊吻合"。当实现了"心"去"会道"之后，便达到了"心具万理"的境界，君子与小人之异，即在这"心"上。陈献章的"心学法门"，其理论落脚在造就能高扬主体精神而顶天立地的人上。这便是陈献章学说之所以成为心学之核心价值所在，也便

---

① 陈献章：《论前辈言铢视轩冕尘视金玉》，《陈献章集》，第55~56页。
② 陈献章：《与林郡博》七则，《陈献章集》，第217页。

是陈献章开启的明代心学的理论与实践意义所在。

陈献章心学，实质上由两个推理组成：其一，寻找本体的"心"，从"静"进而"虚"，由"虚"而得"道"；其二，展示"心"之功能，得"道"之"心"，即"诚"，具有主控的功能，可治国平天下，可开天地万物。前者，是人的道德自觉与提升；后者，是人的认知水平与创造能力的升华与发挥。

可见，陈献章心学，揭示了"会理"之后的"心"，即已"具万理"，也便具有"道"的品格，即能"主宰"一切：既主宰自身，也主宰外界。正是在这一意义上，可以毫不夸张地说，陈献章心学同样具有"万物皆备于我"的心学本色。

中国心学，萌发于先秦孟子的"尽心"说，创立于南宋陆九渊，集大成于明代王阳明，而中间有着一个极其重要的环节，便是陈献章与湛若水师生二人的心学。心学发展的每一个阶段，无不贯穿着一个核心理念——"万物皆备于我"，冯友兰先生诠释，"万物皆备于我，即我与万物本为一体"，也就是"个人之精神，与宇宙之大精神，本为一体"，"合而为一，所谓人我内外之分，俱已不存"[1]。如在心学的萌发阶段，孟子便已提出：

> 万物皆备于我矣。反身而诚，乐莫大焉。[2]

言必称孟子的陆九渊，在创立中国第一个心学体系时，便是依循孟子的思想，加以发挥。他说：

> 宇宙便是吾心，吾心即是宇宙。[3]

又说：

> 万物森然于方寸之间，满心而发，充塞宇宙，无非此理。孟子就

---

① 冯友兰：《中国哲学史》（上册），华东师范大学出版社，2000，第102页。

② 孟子：《孟子·尽心上》。

③ 陆九渊：《年谱》，《陆九渊集》卷三六，第483页。

四端上指示人，岂是人心只有这四端而已？又就乍见孺子入井皆有怵惕恻隐之心一端指示人，又得此心昭然，但能充此心足矣。①

"宇宙便是吾心，吾心即是宇宙"，也就是孟子的"万物皆备于我"，这，便是心学的核心命题。陆九渊，早年便开始思考人心与宇宙的关系。据史料记载，陆九渊自幼曾因思考天地为何无穷的问题而茶饭不进，绍兴二十一年（1151），13 岁时，"因宇宙字义，笃信圣学"，当他读书读到"宇宙"二字时，忽然大悟，说：

> 元来无穷。人与天地万物，皆在无穷之中者也。②

"宇宙便是吾心，吾心即是宇宙"，就是陆九渊当时的读书心得，他当时即提笔书写：

> 宇宙内事乃己分内事，己分内事乃宇宙内事。③

陆九渊还教人：

> 即今自立，正坐拱手，收拾精神，自作主宰。万物皆备于我，有何欠阙。④

"万物皆备于我"，这就是陆九渊最早确立的中国心学的理论基点，他便是在宇宙与人心之间画上等号。有学者指出，"陆九渊的立学宗旨，是由宇宙而思做人，在社会人生的范围内体察和认识宇宙的真谛"⑤。陆九渊心学把朱熹理学，那高高悬挂在天地万物之上、之外的"理"，"重新拉回到人间来，以表现人在宇宙、社会间的地位与作用"。陈献章的"会理""得

---

① 陆九渊：《语录上》，《陆九渊集》卷三四，第 423 页。
② 陆九渊：《年谱》，《陆九渊集》卷三六，第 483 页。
③ 陆九渊：《年谱》，《陆九渊集》卷三六，第 483 页。
④ 陆九渊：《语录下》，《陆九渊集》卷三五，第 455~456 页。
⑤ 刘宗贤：《陆王心学研究》，第 101 页。

道"之后的人，是大写的"人"，能"心具万理"，"宇宙在我"，也就是陆九渊所说的"万物皆备于我"了。

陈献章沿着人与天地一体的思路，进而强调"心具万理"的君子，可以高扬人的主体精神，此时他的学说更显示其心学本色。在陈献章看来，在人达到了"心"与"道"相吻合之后，便是"心具万理"的"君子"，其能动精神的发挥，则"足以开万世"。

在陈献章看来，"具万理"之心，可"主宰"自身的认知，即人的主体具有对外界的辨别力与把握行为的主宰力。陈献章认为，人与世界的关系是多重的。人生活在大千世界之中，是大自然的一分子，但能把握大自然。其《论前辈言铢视轩冕尘视金玉》曰：

> 天下事物，杂然前陈，事之非我所自出，物之非我所素有，卒然举而加诸我，不屑者视之，初若与我不相涉，则厌薄之心生矣。①

世界的万事万物，都是独立于我之外的客观存在，并非由我所派生，然而却呈现于我的面前，并非"与我不相涉"，人难免受到外界的困扰，这无法摆脱的困扰，会带来"厌薄之心"。然而，人们总不能回避呈现在"我"前面的"事"与"物"，因而，陈献章进而揭示，人在"会道"之后，用"具万理"之"心"，去辨识、回应与驾驭所面临的万事与万物。

在《论前辈言铢视轩冕尘视金玉》中，陈献章明确指出：

> 君子一心，万理完具。事物虽多，莫非在我，此身一到，精神具随，得吾得而得之矣，失吾得而失之耳，厌薄之心，何自而生哉？……是非所谓君子之心也，君子之辨也。……然无君子之心，徒有轻重之辨，非道也。②

就是说，真正意义上的人——君子，其心具万理，即具有极高的认知与辨识能力，可辨别是与非，分清事物的轻与重，宇宙间的纷繁多样的事物统

---

① 陈献章：《论前辈言铢视轩冕尘视金玉》，《陈献章集》，第55页。
② 陈献章：《论前辈言铢视轩冕尘视金玉》，《陈献章集》，第55~56页。

统在掌控之中。

在陈献章看来，其"具万理"之心，可"主宰"客观，即人的主体具有改造与创造客观世界的能动性。

广袤之天地，以及富饶之万物，从何而来？陈献章认为，是"诚"，即"道"所生成，然而，当君子"得道""存道"，即"存此诚"之后，同样可以创造天地万物，故说：

> 夫天地之大，万物之富，何以为之也？一诚所为也。盖有此诚，斯有此物；则有此物，必有此诚。则诚在人何所？具于一心耳。心之所有者此诚，而为天地者此诚也。天地之大，此诚且可为，而君子存之，则何万世之不足开哉？①

陈献章认定，作为世界本原的"道"，或称"诚"，具于人之心中；而人只要"有诚""存诚"，即"会道""具理"，即可以使"天地我立，万化我出，宇宙在我"②，可以创造宇宙间的一切。因而世界的创造，当然也包括人类社会历史的创造，"开万世"自不在话下了。

陈献章对君子"开万世"，有具体的阐述。首先，他以为君子可以因"心之巧"，可以制礼仪，治天下，保四海，平天下。在《仁术论》中，他说：

> 君子因是心，制是礼，则二者两全矣，巧莫过焉。齐王之心一发契乎礼，齐王非熟乎礼也，心之巧同也。③

陈献章认定，"齐王之心，即圣人之心"④，圣人之心无比之"巧"。在《古蒙州学记》中，他明白地说：

---

① 陈献章：《无后论》，《陈献章集》，第 57 页。
② 陈献章：《与林郡博》七则，《陈献章集》，第 217 页。
③ 陈献章：《仁术论》，《陈献章集》，第 58 页。
④ 陈献章：《仁术论》，《陈献章集》，第 58 页。

> 仁，人心也。充是心也，足以保四海；不能充之，不足以保
> 妻子。①

于是，陈献章的结论是："君子一心足以开万世"②。

由上足见，陈献章已经极度肯定"心"——人的主体精神无比强大。这心不仅可以制定社会的各种礼仪制度，进行社会治理，还可以驾驭天地乾坤。在陈献章看来，宇宙间的一切，都因心而生而改变。陈献章的"作圣之功"，在此；"为圣之功"，在此；其心学本色，也在此！

由此足见陈献章"心具万理"的心学本色，然而，人们还应看到陈献章在道、心与物这三者的关系上，既彰显了白沙心学的本色，也恰恰体现了陈献章心学不同于其他心学的岭南特色。这一特色，集中体现在陈献章主张"心"与"物"并存，但他又提出"会道""得理"必须作为"心具万理"的先决条件等。可以说，陈献章所创立的心学是完全意义上的心学，但同时又是别具特色的心学。这集中体现在他阐述"心"与客观外界的关系上，具体可从如下方面考量。

首先，道心关系的多元解读。

如前所说，陈献章所创立的心学，在处理"心"与"道"、"物"的关系上，有所创新，然而在理论的推进中，陈献章对"道"与"心"关系的阐述又呈现了多元观点。

陈献章心学，其理论以"道通于物"为基点，进行两步推演：其一，在"道心分立"前提下，人通过"静坐"而寻找本体之心，即"静—无欲—虚—得道"的推演；其二，以"道心合一"为依据，人在得道之后，能发挥心的功能，即"得道之心（诚）—可治国平天下—可天地我立、万化我出"的推演。第一个推演，其潜台词为"道心分立"，意味着陈献章并不认为"心即理"，"道"与"心"等同，正是因为不等同，故有必要从"静"中"养出"那个寓于"心"之中的"道"来；第二个推演，其潜台词为"道心合一"，意味着在道与心"凑泊吻合"后，"心之体"便"呈现"，于是"得道"之心即具有与道齐等的品格与功能，达到了主体与客体

---

① 陈献章：《古蒙州学记》，《陈献章集》，第28页。
② 陈献章：《无后论》，《陈献章集》，第57页。

相统一的境界。此二推理所构成的陈献章心学，在"道"与"心"的关系上，具有一致性，其学说的内在结构也呈现和谐。

然而，陈献章心学的两个推演之外，还包含另一个与"道通于物""心为道舍"相悖的命题，即夸大得道之心的功能，而产生离道言心的偏向，甚至走向"心"居"物"上。在《示黄昊》中，陈献章说：

> 高明之至，无物不覆，反求诸身，霸柄在手。①

在《与伍光宇》中，陈献章又说"心寓于形而为之主"②，这是怎样的"心"？是有着主宰、支配功能的心，它不仅能主宰有形之人，也可主宰天地万物，"君子一心，足以开万世。"③

此时，陈献章的"心"，已超然于宇宙的一切，是一个大写的"心"。因而"道"与"心"的关系，已是另一番景象。正是在这一意义上，陈献章的学说是真正意义上的"心学"，与其他流派的心学别无二样。可以说，事物都是多元的，非单一的，同样，陈献章对道与心关系的多元解读，使其心学富于多种色调。在研究其学说时，应避免以"A就是A"的线性思维进行分析，而应采用系统多维思维的方法，进行客观的实事求是的、多层面的分析。

其次，万化我出，须先得道。

陈献章揭示人的主体精神的无限创造力之时，强调了这种精神的发挥需要一个前提，便是体认本体之心，"心"与"道"达到"凑泊吻合"，"心"对"道"能"得之存之"，实现了"道心合一"。用现代语言表述，便是人在认识和掌握了客观之后，才可能发挥人的主观能动精神去创造世界。可以说在陈献章心学里，"道"的所为，是无条件的，而"心"的所为，则是有条件的，是以"会道"、"得道"与"存道"为前提。故白沙心学既是心学，又有别于其他心学，研究者对这两个不同的层面都应予以关注，绝不可见其一而弃其二，或是见其二而弃其一。曾有学者提出，"白沙

---

① 陈献章：《示黄昊》，《陈献章集》，第 278 页。
② 陈献章：《与伍光宇》三则，《陈献章集》，第 237 页。
③ 黄宗羲：《白沙学案上》，《明儒学案》。

心学是伪命题"，此说便是只知其一而忽略其二。①

可以说，陈献章所创立的心学，在高扬人的主体精神上，与一般心学有一致性，但在如何发挥人的主体精神上却有着相异之处。陈献章强调"得道""存道"是"立天地""出万化"的前提。他自己说得明白：

> 此理干涉至大，无内外，无终始，无一处不到，无一息不运。会此则天地我立，万化我出，而宇宙在我矣。②

又说：

> 天地之大，此诚且可为，而君子存之，则何万世之不足开哉？③

更说：

> 君子一心足以开万世；小人百感足以丧邦家。何者？心存与不存也。夫此心存则一，一则诚；不存则惑，惑则伪。④

显然，陈献章是把"得道"作为人认识的本质与根本任务，作为"天地我立"、"万化我出"与"宇宙在我"的前提条件。就是说，人只有认识了客观必然，才能实现主体能动精神的发挥，才能获得自由，才能实现主体对客观世界的改造，并创造出奇迹。这无疑是对心的理性认识的科学性诠释，其中的真理性至今闪烁光芒。正是在这一意义上，陈献章心学不等同于西方的"我思故我在"唯心论，也有别于宋代陆九渊心学，以及其后的阳明心学。学界所持的白沙心学"脉接鹅湖"之说，是对白沙心学的

---

① 在 2008 年江门市召开的纪念陈白沙诞辰 580 周年的学术会上，一位教授提出，"心学"是新中国成立以来学界区分唯物论与唯心论时杜撰出来的，因而"白沙心学"是伪命题，并非真实存在。此说，可为一家之言，但并不合乎历史的真实。陈献章心学，是明中叶真实存在的心学流派，是真正意义上的中国心学。陈献章本人明确提出了"心学法门"，并构建了具有心学内涵的学说体系。
② 陈献章：《与林郡博》七则，《陈献章集》，第 217 页。
③ 陈献章：《无后论》，《陈献章集》，第 57 页。
④ 陈献章：《无后论》，《陈献章集》，第 57 页。

误读。

最后，吾心之正，或超道心。

兼容与开放，是岭南文化的特色。白沙心学的思想体系往往色泽斑斓，复杂而多元。无须讳言，陈献章在高扬人的主体精神之时，也会过于夸大"心"的作用，以至忽略了其"会道"、"得到"和"存道"的前提条件。他也曾夸大人驾驭天地乾坤的能力，他说：

> 吾之心正，天地之心亦正；吾之气顺，天地之气亦顺。①

似乎"心"的功能，奇大无比，"心"在天地之上。"心"正，天地才能正；人也高于天地，人的"气"顺了，天地之气才能顺。似乎只要我的"心"扩充，便可治国、平天下，人的心力决定宇宙间的一切，这明显地含有否定世界的客观存在之意。虽然陈献章在理论上从来没有关于"心即理"的表述，但也正是在这一意义上，陈献章的学说是不折不扣的心学，他确实开启了明代心学之先河。

心学的理论缺陷，恰恰表现在人的能动精神与客观必然的关系上。应该说，人的主体精神的能动作用，是存在的，也应得到肯定，然而，能动精神的发挥并不等于人可以为所欲为；即使是"得道""存道"了，把握了自然，进入了"自由"境界，但"自由"总是相对的，有条件的，受到一定的自然环境与社会环境的限制。历史经验告诉人们，任何英雄人物都要受制于一定的历史条件，他的作为离不开"天时、地利、人和"的客观环境，故他必须"审时度势"。"心想事成"，不过是人们的美好愿望，心想但事未必能成；"只要想得到，就能做得到"，也是忽略成事的客观条件的片面之见。可见，"得道""存道"是对客观世界必然性的认识，这仅仅是获得了达到自由的前提条件，因而，当人们高度肯定人的主体精神之时，必须同时强调外在的客观因素，否则便可能陷入精神万能论而蛮干，最后必然受到客观规律的惩罚。惨重的教训告诫人们：主观能动精神的发挥，必须以遵循客观规律为前提。

鉴于陈献章在高扬人的主体精神之时，确实有过于夸大"心"——主

---

① 陈献章：《肇庆府城隍庙记》，《陈献章集》，第 36 页。

体精神的倾向，学界曾认为其学说承接陆九渊的"心学"，或给其心学戴上"唯心论"的帽子。陈献章夸大心的功能的理论指向，与其"道通于物"，以及"得之存之"而后"宇宙在我"的理论显然相悖，这是其心学体系的内在矛盾。这一矛盾使人们难以解开在认知方法上的问题，即主体与客体、人能动精神与客观发展必然性的关系，也即中国思想史上的"道"与"心"的关系。

八 "为学贵疑"

陈献章所创立的心学，教人由静—致虚—自我体认—自我觉醒—自我超脱—浩然自得，其宗旨是通过对自身道德本性的体认与反思而激发出一种能顺应自然与社会的主体意识，唤醒一种精神力量，进入一种道德与自然融合的至高境界。在这一"作圣"的过程中，他所倡导的"学贵知疑"，便是强调对人的主体精神的激发，必须通过"疑"——大胆地怀疑，由"疑"而"觉"，"疑"与"觉"成正比，离开了"疑"便不可能"觉"，因而"贵疑"成为其心学之关键。事实上，陈献章正是由对宋学的"疑"，进而检讨，并最终创建新的学说。

（一）"疑"是儒学的传统

在陈献章心学里，"疑"是"自我觉醒"的契机，"进道之萌芽"。就是说，涵养、"作圣"是一种"自得"，一种"自我觉醒"。用现代语言表述，便是说人要独立思考、大胆怀疑，不循规蹈矩，而要思想解放。

陈献章深刻揭示"疑"在认知过程中的地位与作用，强调"疑"的关键性意义。他明确提出，"疑"是认识的开始，直白地说：

> 疑而后问，问而后知，知之真则信矣。故疑者进道之萌芽也，信则有诸己矣。《论语》曰："古之学者为己。"①

陈献章沿着儒家"学者为己"的传统思路，而认定"疑"是"进道之萌芽"，人的涵养、"作圣"，从"疑"开始，其过程是：

---

① 黄宗羲：《白沙学案上》，《明儒学案》卷五，第89页。

"疑"—"问"—"知"—"真"—"信"

这就是说，在涵养认知世界的开始，因对外界事物的不理解，而存在怀疑——这是"疑"；由于有"疑"，必然会提出问题——这便是"问"；又由于存在疑问，进而会带着问题去寻找答案，获得知识——这便是"知"；认识事物的真相就是"信"，最后达到"得道"的境界——完成"作圣之功"。

显然，陈献章提出，"为学"即为"自得"，即"得道"。"疑"是"得道"的开始，即把握"道"的第一步。在《与张廷实主事》中，他明确地说：

> 疑者，觉悟之机也。一番觉悟，一番长进。①

陈献章强调"为学"首先从"疑"开始，大胆怀疑，依靠自己的独立思考，而不以他人的是非为是非，不以圣贤的是非为是非，敢于质疑提问，追求真理、力求真知。这便是陈献章"自得之学"中"贵疑"说的要义所在。

（二）"贵疑"是心学的重要命题

"贵疑"，并非陈献章首先提出，而是心学的传统观念。陆九渊当年便是一名"贵疑"之人。幼年的他，便敢于怀疑，史料记载：

> 绍兴十九年己巳，先生十一岁，读书有觉。
>
> 从幼读书便着意，未尝放过。外观虽若闲暇，实勤考索。伯兄总家务，尝夜分起，见先生观书，或秉烛检书，最会一见便有疑，一疑便有觉。后尝语学者曰："小疑则小进，大疑则大进。"②

11 岁的陆九渊，爱读书，爱思考，进而提出疑问。他以为，有了疑问，

---

① 陈献章：《与张廷实主事》，《陈献章集》，第 165 页。
② 陆九渊：《年谱》，《陆九渊集》卷三六，第 482 页。

才有自觉、自得，并认定"疑"的大小，决定了"觉"与"得"的大小，也就是进步的大小。

"一疑便有觉"，由中国心学创始人陆九渊首先提出，显然，他是把"疑"作为"觉"的契机。心学，是关于人的本性觉醒的学问，有"觉"，才会有"得"，而有"疑"才会有"觉"。如此推理，是告诉人们，"疑"是何等之重要。陈献章心学没有全部继承陆学，而是沿着如上的思路，把"疑"作为觉悟之机，由是揭示了心学之关键。换言之，涵养、"作圣"的关键，在于"疑"，离开了"疑"，又何言"觉"？又何言"得"？何言"得理""会道"？涵养与"作圣"岂不是落空？

"疑"，具有普遍意义。由"疑"而"觉"，是人们认知与涵养的普遍方法，古今中外，概莫能外。在中国如是，在西方亦然；中国的心学家倡导，西方的哲学家亦主张。

在西方，最早的一批怀疑论者，他们目空一切，怀疑一切，而能在哲学上有所贡献。文艺复兴时期，法国著名作家蒙田（1533~1592），他以"怀疑一切"去冲击神学与经院哲学，对后世产生了深远影响。有"近代哲学之父"的笛卡尔，完成了西方哲学从经验论到唯理论的历史转换，其贡献恰恰是从"怀疑"开始的。他继续以"怀疑"为铁扫帚，去扫荡经院哲学与一切的旧知识。从小就爱怀疑的笛卡尔，他怀疑经典，怀疑一切知识，怀疑周边的一切。普遍的怀疑，使他扫除了偏见与迷信，在普遍怀疑中，他发现了独立自存的精神性实体——"我"。进而，他确立了认识的主体——自我，把自我从客观世界中独立出来，并以之作为其哲学的出发点，去构建新的哲学体系。可以说，正是理性的怀疑，彻底推倒了经院哲学的旧建筑。[1]

由此足见，陈献章提出，涵养、"作圣"，便是"自得"，即"自觉"，离不开"贵疑"，实质上是把"怀疑"作为认识方法，一种理性思维的方法，并揭示其普遍性。

（三）"疑"与"进"成正比

陈献章在"疑"的看法上，继承了陆九渊的观点，倡导了具有普遍意

---

[1] 彭越、陈立胜：《西方哲学初步》，广东人民出版社，1996，第151~156页。

义的认知方法。他把"疑"作为学、进道的起点和关键，同样认定"疑"的大小程度，与学业的进步成正比，并对此做了进一步的阐述。

在《与张廷实主事》函中，陈献章与门人论作诗之法时说得确切。他说：

> 前辈谓"学贵知疑"，小疑则小进，大疑则大进。疑者，觉悟之机也。一番觉悟，一番长进。章初学时亦是如此，更无别法也。凡学皆然，不止学诗即此……①

陈献章是说，"疑"是"学"的开始，任何学习，都得从"疑"开始，"疑"而后"觉"，有"觉"而后"得"，"一番觉悟"才有"一番长进"；有了"大疑"，则有大觉悟、大收获、大长进；如果"小疑"，便是"小进"，是小觉悟、小收获、小长进；"疑"与"学"的关系，显而易见。

陈献章的"贵疑"，是主张要下大力气去怀疑，这个"疑"不可"小"，只有大胆地怀疑，才有大的长进。因而，人们在研究其"贵疑"思想时，切勿忽略他对"疑"的程度的关注，正像在现今当人们倡导"思想解放"时，常常强调一个"大"字，称作"思想大解放"，其中恰恰体现了"大疑则大进"之意。

陈献章的"贵疑"，视"疑"为关键。这是倡导一种批评与创新的精神，在当代，学界曾批判胡适的"大胆怀疑，小心求证"，视之为实用主义方法。其实当年的批评者忽略了一个在陈献章时代已经开始倡导的求学精神与态度，即人的认知首先要敢于怀疑，通过怀疑而去寻求新的结论，追求科学真理，发现事物发展规律。因而，"贵疑"的态度与精神，永远值得倡导，它在白沙文化精神中至为可贵。

（四）敢于怀疑，不迷信他人

为求得"大进"，务须"大疑"。在陈献章看来，"大疑"即大胆怀疑，绝不盲从。他的"大疑"，起码要做到敢于大胆怀疑权威，不以老师的是非为是非。他不盲目崇拜古人、圣贤，以及自己的师长。

---

① 陈献章：《与张廷实主事》，《陈献章集》，第 165 页。

首先，不迷信权威，敢于挑战权威。

宋明以来，从统治集团到学界，都比较注重道统。首先，唐末韩愈提出"道统"论，主张恢复儒家道统，得到了社会的认同；在晚宋时期，作为新儒学的程朱理学，被确立为官方哲学。如前所言，陈献章所处的年代，学界"皆朱子门人之支流余裔"，他们"笃践履，谨绳墨，守儒先之正传，无敢改错"。陈献章的"大疑"，一反其道，敢于大胆怀疑权威、怀疑圣贤、怀疑典籍而独立思考。

陈献章认为，圣贤固然要学，典籍固然要读，然而，需要有一个正确的态度与方法，对前人的言论，甚至是圣贤的言论，也不可尽信。其七言诗《次韵张廷实读伊洛渊源录》中，有如此铿锵之语：

> 往古来今几圣贤，都从心上契心传。
> 孟子聪明还孟子，如今且莫信人言。①

在儒家论坛上，仅次于孔子的"亚圣"孟子，自然是世人心中至尊的圣贤，当然也是陈献章学习的楷模。陈献章学说与孟子有着密切的承传关系，因此有人曾称他为"活孟子"，这并非徒有空名。即便如此，陈献章认为对孟子也不能盲目崇拜，对先贤的言论，也不可尽信，而应通过独立思考，经过心的自得，而后接受前人的思想，不可人云亦云，不假思考。

在陈献章看来，学圣贤要有一个正确的态度与方法，而不可仅抱着一个"希慕之心"，这样才能"自得"。故陈献章教诲学生时如是说：

> 人要学圣贤，毕竟要去学他。若道只是个希慕之心，却恐末梢未易辏泊，卒至废弛。若道不希慕圣贤，我还肯如此学否？思量到此，见得个不容已处。虽使古无圣贤为之依归，我亦住不得，如此方是自得之学。②

在陈献章看来，因为希慕圣贤，故要学圣贤；但学习不可停留在"希

---

① 陈献章：《次韵张廷实读伊洛渊源录》，《陈献章集》，第 645 页。
② 陈献章：《与贺克恭黄门》十则，《陈献章集》，第 133 页。

慕"二字上，而应在"自得"上下功夫，否则学圣贤也不会有成效。

其次，不迷信他人，对一切事物、一切人都可以怀疑。

陈献章的"大疑"，是主张既不盲从古人、圣贤，也不盲从今人，包括自己的老师。在四言诗《赠陈秉常》中，陈献章明确提出，学生对老师也应敢于怀疑，才会有进步。他说："我否子亦否，我然子亦然。然否苟由我，于子何有焉？"①在陈献章看来，要"大疑"，即使对老师所说的话，也要经过思考，不可盲从。如果老师说"是"，你亦说"是"；老师说"非"，你亦说"非"，是与非都是跟着老师说的去说，那么你会有什么收获呢？可见，只有大胆怀疑、独立思考，才能有所得，而后进到自得的境界。陈献章以如此通俗的比喻，揭示"疑"是没有任何条件与范围的限制，"疑"是带普遍意义的。

从陈献章的经历看，他确实做到了"大疑"，故取得了"大进"。他不仅敢于怀疑原始儒家的大人物，也敢于怀疑宋儒们；他不仅敢于怀疑远距离的圣贤，也敢于怀疑近距离的老师。他之所以毅然从江西回到江门，是觉得"未知入门处"，也就是大胆怀疑自己的老师吴与弼那一套教育，是否可以把人培养为圣贤，也就是怀疑老师那一套并非"作圣之功"。恰恰是这样的大胆怀疑，驱使他另辟蹊径，在老家闭门静坐，最后开启"自得之学"，完成了"作圣之功"，开创了明代心学，在学术上有了重大的突破。由此足见，他的"大疑"，确确实实带来了"大进"。

第三节　白沙学说之创新

陈献章所开创的明代心学，创立了一个心学新流派。白沙心学，展示了心学的基本内涵，是完整意义上的心学；对宋代学术有所推进与创新。白沙心学是别具特色的学术体系，蕴含着创新的理论体系。它的创新性，主要体现在如下方面。

一　"道与气同为体"的本体论创新

本体论，是每一个哲学流派对世界是什么的回答，也是各个哲学流派

---

① 陈献章：《赠陈秉常》四首，《陈献章集》，第287页。

的根本点。宋明诸多的学术流派，都可以其本体论而区分：以"理"为本的程朱理学，以"气"为本的张载气学，以"心"为本的陆九渊心学。这无疑是学界的一般看法，诚然，白沙心学却不以"心"为本，而是以"道"与"气"同为本体，彰显其心学的兼容与创新。

以"道"为宇宙本体，是白沙心学的理论基点与特色。尽管学界普遍认定，心学必须以"心"为本体，在广东也有学者坚持这一观点。[①] 陈献章的诗文资料有力地证实了白沙心学的理论出发点确实与陆九渊不一样，首先在本体论上不取陆以心为本，而取朱以理为本。

在本体论的层面上，陈献章与程朱理学一样，把"理"，或称"道"，作为宇宙之本原。他明确提出"道"是天地间万事万物的依据，万物皆由"道"而生，"道"使某物所以成为某物，是该物存在的"所以然"。其主要的哲学论作《论前辈言铢视轩冕尘视金玉》，以简明的语言深刻揭示了"道"的本体意义，文中指出宇宙间，天地虽大，但与道相比，道更为大；天、地、人都因得了道而产生与存在，"道"是某物所以为某物的"所以然"。《论前辈言铢视轩冕尘视金玉》全面揭示的"道"作为宇宙本体的定位与属性，文中如是说：

> 或曰："道可状乎？"曰："不可。此理之妙不容言，道至于可言则已涉乎粗迹矣。""何以知之？"曰："以吾知之。吾或有得焉，心得而存之，口不可得而言之。比试言之，则已非吾所存矣。故凡有得而可言，皆不足以得言。"曰："道不可以言状，亦可以物乎？"曰："不可。物囿于形，道通于物，有目者不得见也。""何以言之？"曰："天得之为天，地得之为地，人得之为人。状之以天则遗地，状之以地则遗人。物不足状也。"曰："道终不可状欤？"曰："有其方则可。举一隅而括其三隅，状道之方也。据一隅而反其三隅，按状之术也。然状道之方非难，按状之术实难。……不知此道之大，告之曰：道大也，天小也，轩冕金玉又小。则能按而不惑者鲜矣。愚故曰：道不可状，为难其

人也。"①

文中以对话的方式，探讨了"道"。可以地说，陈献章心学里的"道"，是天地万物之本原，具有两大品格，一是至大至虚，二是通于万事万物。

首先，在陈献章看来，宇宙间的一切，无不因"得道"而产生与存在。他直白地说，"天得之为天，地得之为地，人得之为人。"② 不存在没有因得"道"而存在的事物。陈献章又认为，"道"成物，而存在于物之中，物有形，而道无形。

其次，陈献章认为"道"是万物之本原，因为它至大至虚。

陈献章认定，"道"至大。"道大也，天小也，轩冕金玉又小。"③ 宇宙间没有何事何物可与之"相侔"，天、地、人都无法与它相比。关于"道"的至大，陈献章使用了比较法，他如此说：

> 道至大，天地亦至大，天地与道若可相侔矣。然以天地而视道，则道为天地之本；以道视天地，则天地者，太仓之一粟，沧海之一勺耳，曾足与道侔哉？天地之大不得与道侔，故至大者道而已……④

在陈献章看来，"道"之大，在宇宙间不存在可以与"道"相媲美之物。如，天地虽大，但从道的角度看来，天地不过是"太仓之一粟，沧海之一勺"而已，渺小得很，哪能"与道侔"？再说人，小于天地，那么人世间的功名利禄，就更微不足道了。

陈献章认定，"道"至虚。它的至虚，体现在无形无状，无始无终，无增无损，不可感知。它异于天地间一切看得见、摸得着的实实在在的事物。

值得注意的是，陈献章给作为宇宙本体的"道"，赋予至大、至虚的品格，但他又认为"道"，却非虚无。陈献章强调，"我道非空亦非小"⑤，

① 陈献章：《论前辈言铢视轩冕尘视金玉》，《陈献章集》，第56页。
② 陈献章：《论前辈言铢视轩冕尘视金玉》，《陈献章集》，第56页。
③ 陈献章：《论前辈言铢视轩冕尘视金玉》，《陈献章集》，第56页。
④ 陈献章：《论前辈言铢视轩冕尘视金玉》，《陈献章集》，第54~55页。
⑤ 陈献章：《寒江独钓》，《陈献章集》，第635页。

"道无往而不在"①，不生不灭，无始无终，在时空上，它是有、是大。故又说：

> 天地之始，吾之始也，而吾之道无所增；天地之终，吾之终也，而吾之道无所损。②

陈献章如上的思想，用诗的语言概括，如在《偶得寄东所》中所说："有物万象间，不随万象凋。"③ 可见，陈献章便是以既是至大、至虚，又是无始无终的"道"作为宇宙的本体。"道"为万物之本，为"虚"，万物因得"道"而为"物"，又为"实"；"虚"与"实"是两个重要范畴，各自有着极不相同的内涵与外延；而探究二者的关系，则为其学说的关键。这即是陈献章心学有别于其他心学之所在，也是白沙心学的理论特色之所在，后人的研究不可忽略，应着力于此。

陈献章认为作为宇宙本体的"道"，因为至大至虚，故在时间与空间上是无限的。他指出：

> 此理干涉至大，无内外，无终始，无一处不到，无一息不运……
>
> 往古来今，四方上下，都一齐穿纽，一齐收拾，随时随处，无不是这个充塞……
>
> 此理包罗上下，贯彻终始，滚作一片，都无分别，无尽藏故也。④

陈献章是说，"道"，至大，无所不包，无所不至，无时不在，其"往古今来"，"四方上下"，整个宇宙无不是"理"，也即"道"的充塞与运息；"道"之大，体现在没有始终，没有内外，既"无一处不到"，也"无一息不运"，贯穿于一切的时间与空间之中。

应该说，陈献章与朱熹一样，是把"道"或"理"作为宇宙的本体，然而，二人在诠释"理"与"道"的内涵与外延时，却不完全相同。朱熹

---

① 陈献章：《与张廷实主事》，《陈献章集》，第164页。
② 陈献章：《论前辈言铢视轩冕尘视金玉》，《陈献章集》，第55页。
③ 陈献章：《偶得寄东所》，《陈献章集》，第310页。
④ 陈献章：《与林郡博》七则，《陈献章集》，第217页。

说，"道便是路，理是那文理"，"'道'字包得大，'理'是'道'字里面许多理脉"，"'道'字宏大，'理'字精密"。① 陈献章对"道"与"理"并没有做如此严格的区分。当代学者简又文曾指出，陈献章的"理"，如其《随笔》诗中所言"人不能外事，事不能外理"，"理"是指"物理"，或"自然之理"，它是当代人们"以科学的名词称之曰'自然律'（自然法则）"②，也就是事物的"所以然"。

陈献章"以道为本"的本体论，认为世界统一于"道"，这与朱熹的"理一元"论，无疑有着一定的渊源，诚然，陈献章还受张载的"气一元"论的影响，把"气"与"道"同样看作宇宙的本原。

在五言诗《五日雨霁》中，陈献章以凝练的诗句表述其丰富的本体论思想，他在诗中说："元气塞天地，万古常周流。"③ 对此诗句，弟子湛若水作了如下诠释：

> 元气者，天地之正气也。……言天地中正之气，充塞两间，万古周流。上下四方之宇，古来今往之宙，同此充塞流行也。④

湛若水具体解读了陈献章既认为世界统一于"道"也统一于"气"的本体论思想。他借用了陈献章在阐释"道"品格时的说法："往古来今，四方上下，都一齐穿纽，一齐收拾，随时随处，无不是这个充塞"，以此揭示"元气"的属性："气"与"道"置于宇宙本原的同一层面上，二者同样具有无限地充塞于宇宙的品格。

显然，陈献章明确提出，"气"与"道"具有同样的品格。他认定，充塞于天地之间的不过是"气"而已，它如同"道"一样，万古周流，无时不在，无处不存，在时间与空间的二维上无非都只是"气"，生生化化的万千世界，也不过是"气"的运动变化，由"气"而衍生出千姿百态的万事万物。在《云潭记》中，陈献章记述了与弟子同游圭峰山之圣池，有感于景色中之"云"，而启迪学生"云"即"气"，借此给学生讲述了深刻的

---

① 朱熹：《朱子语录·性理三》，第99页。
② 简又文：《白沙子研究》，第93页。
③ 陈献章：《五日雨霁》，《陈献章集》，第305页。
④ 湛若水：《白沙子古诗教解卷之下》，《陈献章集》，第769页。

"宇宙一气"的哲理。在文中他说：

> 天地间一气而已，屈信相感，其变无穷。人自少而壮，自壮而老，其欢悲、得丧、出处、语默之变，亦若是而已，孰能久而不变哉？变之未形也，以为不变；既形也，而谓之变，非知变者也。夫变也者，日夜相代乎前，虽一息变也，况于冬夏乎？生于一息，成于冬夏者也。夫气上蒸为水，下注为潭。气，水之未变者也。一为云，一为潭，变之不一而成形也。其必有将然而未形者乎。①

陈献章以实地的观感，形象而生动地揭示其深邃的本体论思想："气"，是宇宙的本原，天地间的一切都是由"气"的屈伸交感、运动变化而产生的；宇宙间可感知的有形之物，或看不见、摸不着的无形之物，一切的变化发展，也就是"气"的运动变化。他进而举出日常生活中的例子加以说明，如人自少年至壮年，而后到老年，人的情感、言语、处事、得失等，都无时无刻地不在变化。无论你是否意识到这种变化，也无论它变化的形态如何，客观上它都在"变"。他告诉弟子，"气"，总是在不断地、夜以继日地、时刻地运动变化着，正是这无一息不变的"气"充塞于宇宙。

在陈献章看来，宇宙间的一切，是气的运动变化的结果，元气产生万物，人也由气而生。在《祭先师康斋墓文》中，陈献章指出，元气在天地，也在人的身上，他如是说：

> 元气之在天地，犹其在人之身，盛则耳目聪明，四体常春。其在天地，则庶物咸亨，太和细缊。②

在《大头虾说》文中，陈献章明显地沿着先秦气论的基本理路，阐述人因禀得阴阳之气而生，并因各自所禀气的不同而形成各自不同的品格。文中说：

---

① 陈献章：《云潭记》，《陈献章集》，第41~42页。
② 陈献章：《祭先师康斋墓文》，《陈献章集》，第107页。

> 夫人之生，阴阳具焉。阳有余而阴不足，有余生骄，不足生吝。①

显然，陈献章把气作为产生人与万物的本原，人与万物因"气"而生，因而，在陈献章心学中的"气"与"道"具有同样的品格，都是形而上。他修正了朱熹的"理"与"气"分形而上与形而下的"二物论"。

二 道气相兼，虚实同源

陈献章揭示宇宙的一切，统一于"道"，又统一于"气"，他认为道气相兼，提出"道"又超乎"形气"。

陈献章明确提出，"气"与"道"同为宇宙之本体。对于"道"与"气"的关系，尽管陈献章没有将"道"与"气"画上等号，但在其学说里，二者同为宇宙之"体"。彼此依倚，密不可分，其学说并非二元论。在陈献章看来，"道"与"气"并非各自单独存在，而是道不离气，气中必有道：

> 物囿于形，道通于物……②
> 夫道至无而动，至近而神，故藏而后发，形而斯存。③
> 虚实二字，可往来看，虚中有实，实中有虚。④

陈献章是说，物，因"得道"而成其为物；道，因贯通于物而得以存；气周流变化而成物，物即是道与气的统一体。可见，"物"是有形的、可感知的实体，它是气流动变化的一种状态，因"流"而有"形"，"形气"便是有形而可感知之"物"，也是"道"存在的载体。陈献章明显地把世界看作有"虚"有"实"，是"虚"与"实"的统一，认定"道"与"气"同为宇宙的本体。弟子湛若水把老师如上之观念，以一言而概括之，他说：

---

① 陈献章：《大头虾说》，《陈献章集》，第61页。
② 陈献章：《论前辈言铢视轩冕尘视金玉》，《陈献章集》，第56页。
③ 陈献章：《复张东白内翰》，《陈献章集》，第131页。
④ 黄宗羲：《甘泉学案》，《明儒学案》卷三十七，第906页。

盖气与道为体者也。①

从"道"与"气"同为"体"的论述中，人们不难看到，陈献章学说中的宇宙，是既有"道"又有"气"，既虚又实的统一体，因而其本体论，与后来的王阳明"心外无物"、以心为本的宇宙本体显然有异。正是在这一意义上，应该说把"道超形气"的"超"解读为"超脱"，或"超离"，完全有违陈献章"道通于物"命题的本意，也有悖其本体论的理论取向。作为心学大师陈献章，其心学强调"得道"与"会理"，正是其"道通于物"论在认知论与涵养论上的演绎。可以说，"道通于物"的核心命题，以及"以道为本""道气同为本"的本体论，无疑是打开白沙学说的金钥匙。过去学界，比较少论及其气论，更没有深入探究其道与气的关系，这一疏忽，无疑难以准确把握陈献章的学说。

在道与气关系上，陈献章从"天地一气"的理论立场出发，认定宇宙是由人、天、地三者构成，而三者也无非是"气"的体现而已。

陈献章在本体论上，持"虚"与"实"相兼的立场，这在其诗中则通过诗眼"半字"而得到充分的体现。"半"既是陈献章哲学思想体系的重要范畴，也是陈献章的诗眼，笔者在开始研究陈献章思想时正是拿着"半"字这一金钥匙去打开其学术殿堂的大门。

三 "道通于物"论的创新

陈献章在本体论上，持"以道与气为本"的理论取向，但又严格区分了至虚的、作为本体的"道"与有形的由"气"运动变化而生的"物"，并揭示了二者的关系。其重要命题"道通于物"，所揭示的道与物的关系，开辟了有别于陆九渊"心即理"的心学新路径。这不能说是陈献章融合儒道二家而实现理论的创新，他的理论着重阐述了如下观点。

以道为本，道通于物。

"道"是万物之本，这是陈献章心学的理论基点。他明确提出，"道"是物所以为某物的依据，是事物存在的依据。正是在这个意义上，"道"是万事万物的本体，也即宇宙的本体。陈献章没有给"道"赋予人格神的品

---

① 湛若水：《甘泉文集》卷八。

格。它既没有意志，也没有造物的目的，道之成物，是物在得道中自然而然生成的。陈献章曰：

> 天道至无心，比其著于两间者，千怪万状，不复有可及。至巧矣，然皆一元之所为。①

陈献章认定，天地间千怪万状的事物，无不是道之所为，"道"之成物，是何等之巧妙，但它并非有目的、有意识地造物。

值得注意的是，陈献章没有像朱熹那样，把"道"悬于物之外，而是寓于"物"之中。他认为，"道"在成物中，隐寓于物。物中有道，道不离物，是陈献章关于道物关系的重要理念。在《论前辈言铢视轩冕尘视金玉》中，他以简明的语言，概括了道与物的关系，曰：

> 物囿于形，道通于物，有目者不得见也。②

陈献章认定，道不是有形之物，任何有形之物都无法与它比拟，但是，有形之物与它却有着密切的关系：道，寓于物之中，并非离物而独立存在；物，蕴含着道，并非与道分离。

"道通于物"命题的提出，是陈献章告别朱熹理学而另立门户的一个理论基点，也是白沙心学的核心理论。在陈献章看来，凡物必有形，必拘泥于形，而道则贯通于物之中。因而至虚的道也是真实的存在。也就是说，一方面物因得道，而成为物；另一方面，道因通于物而得以存。宇宙间，没有无道之物，也没有离物之道，正是有形之物与无形之道构成了大千世界。

"道"与"物"之间密切不可分的关系，陈献章说得很清楚，后人也能领悟到。屈大均在《广东新语》中说：

> 白沙先生善会万物为己，其诗往往漏泄道机，所谓吾无隐尔。盖

---

① 陈献章：《仁术论》，《陈献章集》，第 57 页。
② 陈献章：《论前辈言铢视轩冕尘视金玉》，《陈献章集》，第 56 页。

知道者，见道而不见物；不知道者，见物而不见道。道之生生化化，其妙皆在于物，物外无道。学者能于先生诗深心玩味，即见闻之所及者，可以知见闻之所不及者。物无爱于道，先生无爱于言，不可以不察也。①

屈大均高度概括了陈献章"道通于物"的内涵："道之生生化化，其妙皆在于物，物外无道"。这便是"道"与"物"二者密不可分的关系。

"道通于物"道破了"道"与"物"之虚实关系："道"是物之"本"，而"物"则是道之"舍"。对陈献章如此重要的理论基点，过去学界尚未有足够的关注，但岭南明末清初诗人屈大均注意到了。

屈大均高度评价白沙诗深刻的哲理性，指出他的诗不仅能令人领悟"见闻之所及者"，还能令人体悟到"见闻之所不及者"。屈大均还紧紧抓住其学说中关于"道"与"物"关系的重要命题，用更通俗、更生动的语言来表述："道之生生化化，其妙皆在于物，物外无道"，无疑提醒世人应予以关注。屈大均此论，何等之精当！

陈献章的"道通于物"，展示了一个"虚中有实，实中有虚"，虚实相参的世界。弟子湛若水谈及陈献章本体论的虚实关系时，如是明了地概括"虚实二字，可往来看，虚中有实，实中有虚。"②

显然，湛若水准确地把握了先师所提出的虚实关系。确实，虚实相参，道物统一，便是陈献章学说的核心理念，它常常体现在他的诗句之中。在五言诗《浮螺得月》中，他说："道眼大小同，乾坤一螺寄。东山月出时，我在观溟处。"此诗说明，乾坤之道，虽其至大无比，但却又寓于一小螺之中，人们即螺则可见道。陈献章以形象而生动的比喻，用诗的语言来表述他别具一格的宇宙观。蕴含哲理的七言诗《夜坐》，也表述了同样的思想内容。

陈献章的"道通于物"论，既"见道"，也"见物"，合理地揭示了宇宙间既没有无道之物，也没有离物之道；道通于物而得存，物得道而自为物。"道通于物"否定了悬空的"天理"，因而成为开创有明一代心学的理

---

① 屈大均：《广东新语》卷一二，第347~348页。
② 黄宗羲：《甘泉学案》，《明儒学案》卷三十七，第907页。

论基石，是陈献章所倡导的"心学法门"之理论关键点。"道通于物"，是陈献章学说的重要命题，也是打开白沙心学的钥匙。陈献章正是以"道通于物"论，"道与气同为本"的理论基点，去超越心学的创立者陆九渊的"以心为本"，以及"心即理"，他在"心"与"理"之间画上等号，由此而独开门户，开创新的心学流派。过去，学界对此多有忽略，而这一忽略则常常把别具特色的陈献章心学与"陆王心学"视为等同无异的心学，岂不知明代心学有着两个不同的流派：陈献章所开创的明代心学虽为心学，却非"脉接鹅湖"，与后来集大成的阳明心学也有异。

陈献章以"道通于物"的命题，揭示"道"与"物"的关系，破解了宋以来理学的一道难题，这是他的理论创新。诚然，这一思想源于庄子的道"无所不在"，以及"道通为一"。有学者指出：

> 白沙"道通于物"思想无疑源于庄子。庄子明确提出"道无所不在"、"道通为一"的思想。如《庄子·知北游》中就体现了这一点："东郭子问于庄子曰：'所谓道，恶乎在？'庄子曰：'无所不在。'"道无所不在，天地万物中贯穿着一个同一无别的东西，这便是道。《庄子·齐物论》曰："举莛与楹，厉与西施，恢恑憰怪，道通为一。其分也，成也；其成也，毁也。凡物无成与毁，复通为一。"①

应该说，"道通于物"首先是庄子的"道无所不在"思想的具体表述，是庄子的"道通为一"的更准确的表述。这无疑都是陈献章的道家情怀的集中体现。

在庄子看来，作为世界本原的"道"，是"无所不在"；具体在哪里？庄子直白地、具体地说："在蝼蚁"，"在稊稗"，"在瓦甓"，"在尿溺"②。陈献章正是沿着庄子的理路，以"道通于物"形象而简明地概括"道""无所不在"，直截了当地点明了"道"是"无乎逃物"的。应该说，陈献章的表述，较庄子更直接、更明确了。

陈献章的"道通于物"命题，揭示了"道"无所不在，尤其明确了

---

① 苟小泉：《陈白沙哲学研究》，第106页。
② 庄子：《庄子·知北游》。

"道"与"物"的相互依倚、不可分离的关系，揭示了有形与无形、虚与实的统一性。这与庄子的"道通为一"的含义，在强调"道"与"物"的统一性上，具有一致性。诚然，应该看到庄子的命题已经超出陈献章"道通于物"的命题内涵，更多的是强调在宇宙间一切的一切，不论是成与毁，生与灭，好与坏、美与丑，都"复通为一"，没有差异，没有区别。这是庄子的核心理念，而不完全是陈献章的观点。由是足见，陈献章在继承前人的思想之时，并没有停留在前人的原点上，而是往前推进，向上升华，有自己的独到之处，而推进中华文化的发展与创新。可以说，"道通于物"命题，是陈献章的一大理论创新。

四 "会道"而"宇宙在我"的主客关系论的创新

陈献章所开创的明代心学，明确揭示"道"与"物"关系，为合理解决宇宙观的根本问题——主客关系，提供了理论前提，为中国传统心学增添了难得的真理颗粒，也使其学说与主张"心即理""心外无物"的陆王心学，以及西方的"我思故我在"唯心论，拉开了距离。当然，在他处理主客关系中，也存在某些理论偏颇，需要检讨。具体可从如下方面审视。

其一，"宇宙在我"是对主体精神的确认。

"作圣"，是儒家学说的学术宗旨，作为儒学正宗流派明代心学，也不得例外。陈献章创立学说，便是明确追求完成"作圣之功"。何谓"圣"？在陈献章看来，"圣"应具有极高的道德品格与独立人格，经"会道""自得"而达到"忘己""忘形""与道翱翔""以自然为宗"的境界，实现"宇宙在我"。如此的"圣"，是脱离了动物性的人，是具有极大的心理能量场的人，是大写的人。

确认与高扬人的主体能动精神，是心学的宗旨。从先秦孟子，到宋代的陆九渊，再到明代的陈献章、湛若水、王阳明，无不以"为尧舜"——"作圣"作为理想目标。这一目标的具体含义是达到"宇宙在我"，实现对宇宙的掌控，并能"开万世"。

陈献章"宇宙在我"的命题，是对孟子、陆九渊的"万物皆备于我"的心学核心理念的继承，也是其心学本色的实现。这一命题，揭示了中国传统心学，是教人通过本心的体悟，唤醒人的道德自觉，而高扬人的主体能动精神。这是对人的主体性的确认。

对人的主体能动精神的确认与高扬，是明代心学，以及整个中国传统心学的理论本质特征，也是被人类发展史，以及现代实证科学证实的。宇宙涵括了两大方面：物质的客观世界与人的主观意识和能动精神。客观物质世界，是独立于人之外的、客观的，不以人的主观意愿而改变的、实实在在地存在着的物质实体；人，也是物质实体，属于客观物质世界的一个部分，然而，人又有别于属于物质世界的一般动物。人，是高级动物，是社会动物；人，有思想意识，有道德价值理念，有主观能动精神。心学正是从人与一般动物之异出发，紧紧地抓住了人的本质属性，而去揭示如何构筑人的心理的能量场，以实现人的主体精神的高扬，以及能动精神的发挥，由是而实现对人类历史的开创，以及人与自然的高度和谐。

陈献章认定，人之所以是"人"，而异于一般动物，至为"可贵"的是在"人具七尺之躯"之中，存有"此心此理"[①]；"理"，又"干涉至大"，人能"存理"，则能"天地我立，万化我出，而宇宙在我"[②]；"理"即"诚"，人能存"成"，即"心"中"存之"，则"万世之不足开"?[③] 显而易见，陈献章心学充分肯定了人的主体精神，其在主控宇宙，创造世界，以及开创人类社会历史上，具有巨大之能量！这，就是心学家所要铸造的"人"，顶天立地的"人"！

其二，"会道"与"得理"，是揭示高扬主体精神之前提。

"宇宙在我"命题，确认了人的主体能动精神。人们还应看到，陈献章所开创的心学，与中国传统心学中的其他流派有所不同，那便是在他确认人的主体精神之时，没有忘记，在人以及人的主观意识之外，存在着"鸢飞鱼跃""化化生生"的物质世界，而物质世界还有着自身的、不为人的意识而改变的运动规律——"道"，或称作"理"；他认定，"人"，只有"会道""得理"之后，才可能高扬人的主体能动的精神，才可能使"宇宙在我"，以及"开万世"成为可能。换言之，陈献章以"会道"与"得理"，作为高扬主体精神之前提条件。用现代语言表述，便是说人在掌握了事物发展的客观规律之后，才可能发挥其自身的主体能动精神。这无疑使心学

---

① 陈献章：《禽兽说》，《陈献章集》，第 61 页。
② 陈献章：《与林郡博》七则，《陈献章集》，第 217 页。
③ 陈献章：《无后论》，《陈献章集》，第 57 页。

更富于真理性。

既肯定人的主体性，又将人的主体能动精神的发挥，建立在尊重客观规律的前提下，这就是白沙心学的特色与创新。对此，陈献章说得十分明白，其短文《无后论》如是说：

> 君子一心足以开万世，小人百惑足以丧邦家。何者？心存与不存也。夫此心存则一，一则诚，不存则惑，惑则伪。所以开万世、丧邦家者不在多，诚伪之间而足矣。①

文中又说：

> 夫天地之大，万物之富，何以为之也？一诚所为也。盖有此诚，斯有此物，则有此物，必有此诚。则诚在人何所？具于一心耳。心之所有者此诚，而为天地者此诚也。天地之大，此诚且可为，而君子存之，则何万世之不足开哉？②

从行文看，陈献章是在论"诚"与"伪"之别，探讨"君子"与"小人"的"功"与"过"，实质上却在阐述人能否"存诚"，即"会道"与"得理"二者之间的截然不同的结果，他在告诫人们"存"与不"存"，关系重大。

或许学界过去都没有太注重对《无后论》的解读，其实这篇短文是陈献章并不多得的学术短文中的一篇。在文中，作者不仅仅停留在对道德品格的议论，其用意还在说明作为世界本原的"诚"之功能，揭示"诚"在人的心中"存"与"不存"的不同后果。在文中，陈献章笔下的"诚"，等同于"道"（或称"理"），它是广袤的天地，以及丰富多彩的万物之本原；它蕴含于天地万物之中，亦蕴含在人心之中；人心，如能"存诚"，则能"开万世"，如"不存"，则会"丧邦家"，家国都难保。陈献章用对比的手法，说明"存"与"不存"的不同后果，强调"存"与"不存"所产

---

① 黄宗羲：《白沙学案上》，《明儒学案》卷五，第 91 页。
② 陈献章：《无后论》，《陈献章集》，第 57 页。

生的截然相反的结果。

在哲学的层面上审视，陈献章如上的短文，无疑是给人们揭示一个真理："诚"，或称"道"，或称"理"，是天地万物的本原，是事物的"所以然"，是事物运动发展的规律，人"存"之，即把握了规律，便能主控一切，开拓和成就事业，否则，不仅是"无后"，还会"丧邦家"，后果不堪设想。由是足见，不主张"心即理"或"心外无物"的白沙心学，深刻揭示了人的主体能动精神的高扬与发挥，是有先决条件的，那便是必须以"存诚""得道""会理"为前提。这是白沙心学最突出的理论创新，也是最具真理性的理论光辉点！

其三，"得道"而"开万世"，揭示主客关系。

在白沙心学中，"存诚"、"得道"、"会理"与"开万世"的密切关系，展示了主客体之统一，展示其理论的基本立场。

任何哲学，都务必回答，世界是什么，是物质，还是精神，二者孰先孰后。这便是学界常说的"哲学基本问题"，并依据这一问题去区分哲学的不同流派。陈献章所创立的心学，以道与气同为本，明白地提出是"道"衍生出天地万物，人因"得道"而能主控宇宙，开创历史。这便是认定客体在先，主体在后；人作为主体，是在把握了客观的"道"而后才能发挥主体能动精神；二者虽有先后，却又统一不可分。

主客体关系问题，是宋代以来学界最为关注也最为困惑的问题。白沙心学比较正确地给予了回应，使中国的逻辑思维较合理地回答了哲学基本问题。事实上，历史早已说明：物质世界，先于人类而存在，是先有天地万物，而后有人，诚然，当人类出现之后，人类便通过自身能动精神的发挥，而不断地改变与完善自身生活的物质环境，同时，不断去谱写人类的发展史。事实上，人类历史已经证明：如果没有人的主体能动精神的发挥，就不会有"宇宙在我"，以及"开万世"的业绩。传统心学，不论哪一流派，都立足于激发人的主体能动精神，而达到建功立业。然而，如何激发人的能动精神？传统心学的各流派回答则不尽相同了。白沙心学的"会道"而"宇宙在我""开万世"，无疑是把尊重客观、把握规律，作为发挥人的主体能动精神的前提。

在相当一段时间里白沙心学对主客体关系的回答，一直受到质疑。

新中国成立以来，依据恩格斯的哲学基本问题所提出的原则，中国传统心学都被划入主观唯心论，白沙心学也不例外。心学等于唯心论，已成定论，章沛先生却敢于对这一结论提出否定。他在广东学术刊物《理论与实践》1958 年第 2 期上发表论文《关于陈白沙的哲学思想问题》，提出否定白沙心学是唯心论的看法，他认为"白沙的思想，基本上应该是唯物主义的"，由是拉开了陈献章心学性质论争的序幕。

争论的双方，聚焦在"道"的性质，以及道与心的关系上。关于陈献章的"道"，究竟是"物质"的，还是"精神"的？"道"是"气"，还是"超乎于气之上的东西"？关于陈献章的"道"与"心"是为"二"，还是"合一"？这显然涉及了白沙心学对主客体关系的问题。章沛先生充分肯定了陈献章在主体与客体上的合理性，他明确提出：

> 白沙承认道是宇宙的实体，承认道是客观地不依赖于心而存在的。人可以认识道。这就是白沙在哲学的根本问题上所表现的唯物主义思想。①

他肯定了陈献章的"道"是宇宙的本体，是独立于人主观意识之外的客观存在，显然是抓住了陈献章在主体与客体关系的关键节点。他以极大的学术勇气，说出了那个年代一般学人不敢说的话。其如上的论断，可谓石破天惊！他冲破了人们将心学等同于唯心论的樊篱，为后人重新解读白沙心学打开了闸门。

遗憾的是，当年的那场论争，忽略了陈献章通过"会道"与"宇宙在我"的关系而构建主客体统一论的深刻内涵。更遗憾的是，争论的双方在方法论上，没能摆脱"非此即彼"的偏颇，基本还恪守着以物质与精神何为第一性作为判别哲学性质的唯一标准，并按这一标准简单化地把某一哲学流派划为"唯物论"或"唯心论"。现代系统理论告诉人们，任何事物的运行、发展都有自己系统，系统总具有多维性、多层次性；任何学术体系，也不是单一的，往往具有多元性与矛盾性，特别是古代中国哲学，朦胧性特色比较突出，以"非此即彼"的方法去划分，并不科学、合理。事实上，陈献章的哲学体系，有着由兼容而带来的多元特色，简单的二分法则无法

---

① 章沛：《关于陈白沙的哲学思想问题》，《理论与实践》1958 年第 2 期。

透析其学说的复杂性。

其四，主客关系论中的二重性。

陈献章"会道"与"宇宙在我"的主客关系论，确实存在二重性：一方面，正确回答了主体与客体的关系；另一方面，则存在主体与客体区分颠倒的情状。

如前所说，白沙心学，并没有以"心"为宇宙的本体，而是承认"鸢飞鱼跃"的、由"气"运动变化的物质世界，认定化化生生的大自然，是不依赖于人的意志而独立存在着，因而，人们只有"得道""会理""存诚"，才可能"宇宙在我"，才可能"开万世"，人的主体能动精神的发挥，是在认识客观世界，把握发展规律之后，而并非在前。

与此同时，白沙心学也同样有夸大人的主观能动精神的一面。其心学落脚在"作圣"，而当人们完成了"作圣之功"后，进入了圣人的境界，那时的人，是大写的"人"：顶天立地，"天地"由"我"——"立"，"万化"由"我"——"出"，"万世"由"我"——"开"，于是，宇宙间的一切"皆备于我"，此时，是"我大而物小"，"我"被置于万物之上了。陈献章忽略了，即使是人在"会道""得理""存诚"之后，主体能动精神的发挥，仍然受着外部的各种客观条件的制约，可见，陈献章也一样存在夸大人的能动精神的理论不足，而没能完全解决主客体统一的难题。

公允地说，在主客体关系论上，陈献章有着较宋明诸儒更大的理论贡献，其主客统一论的合理回答，理应得到充分的肯定。当然其中存在着一些理论不足，也应予以正视，但不可因其中的偏颇而抹杀其合理性。

五　检讨宋儒的支离与偏颇

陈献章所创立的心学，在理论上的创新，是多方面的，如上仅仅就其重要命题加以阐述。值得注意的是，陈献章不仅在一个个具体的命题中，有理论的突破与创新，而就总体上说，其学说的创立还检讨了当时的官方哲学——朱熹理学，使明代学术"渐入精微"，开启了从理学到心学的文化转型，这便是划时代的理论创新。其理论贡献具体如下。

（一）在本体论上的创新

陈献章对朱熹理学的检讨，学界大都认定是在认知论上，是以"静养端倪"否定朱熹的"格物致知"，这固然是事实，但人们往往忽略了，陈献章这一创新，是建立在对朱熹的本体论检讨的基础上。也就是说，陈献章从朱熹学说的最根本处进行检讨，对宋代理学做了深层面的清理，由是而构建其心学，引领明代学术走向精微，也展示其学说较陆九渊心学更上一层楼。

在本体论上，陈献章集中对朱熹"理"与"气"支离进行检讨。

朱熹构建理学的理论基点是"理先气后"，在本体论上支离了"理"与"气"。朱熹首先明确提出理气关系问题，也说"有是理便有是气"①，此本只是说气，理自在其中，②也认为天地间，有理有气，二者都存在，缺一不可，并指出"理"是虚，"气"是"实"。但是，在本体论中，理气关系又如何？朱熹则以"先"与"后"、"本"与"末"、"形而上"与"形而下"等，把本为一体、合二而一的理气在时空上给支离了。他强调"理在气上，理在气先"③，明确地说：

> 未有天地之先，毕竟也只是理。④
>
> 理未曾离乎气，然理形而上者，气形而下者。自形而上下言，岂无先后？⑤
>
> 问：理与气。曰：有是理，便有是气，但理是本，而今且从理上说气。⑥

蒙培元先生如是解读朱熹的观点："正因为形而上者是抽象观念，所以它没有形象，只能是精神性存在；形而下者由气构成，是具体事物，故有形象，它是在空中存在"，"离了理，事物就失去了存在的根据，不成其为物"⑦。显然，朱熹的"理"是高悬于万物之上，又存在于万物之先的观念性的、精神性的主宰，它在时间与空间上，均与具体的物相分离，而在具

① 黎靖德编《朱子语类》卷一，第1页。
② 黎靖德编《朱子语类》卷九八，第1页。
③ 蒙培元：《理学的演变——从朱熹到王夫之戴震》，第20页。
④ 黎靖德编《朱子语类》卷一，第1页。
⑤ 黎靖德编《朱子语类》卷一，第3页。
⑥ 黎靖德编《朱子语类》卷一，第2页。
⑦ 蒙培元：《理学的演变——从朱熹到王夫之戴震》，第20页。

体事物中的"理"，只是"分殊"之理，即"事理"，而非具有主宰与创造功能的"理"。

对"理"与"气"的关系的阐述，朱熹从两个层面加以说明。他说得很明白：

> 天地之间，有理有气。理也者，形而上之道也，生物之本也；气也者，形而下之器也，生物之具也。是以人物之生，必禀此理，然后有性；必禀此气，然后有形。其性其形，虽不外乎一身，然其道气器之间，分际甚明。不可乱也。[①]

在朱熹看来，集于一身的"理"与"气"，是不可分离的，但这只是就某一具体的事物而言，就微观而言；从整个宇宙的宏观上说，"理"是生物之"本"，是"形而上之道"，它赋予事物以"性"，而"气"，则是"形而下之气"，是生物之"具"，它赋予事物以"形"。简而言之，在朱熹学说里，"理"与"气"，处于不同的层面，有着不同的功能，二者的不同十分分明，不可混淆。朱熹对"理"与"气"的支离，十分清楚。

陈献章提出"道"与"气"同为体，视二者同为宇宙万物的本体，把"气"提升到与"道"齐格的高度，安置在宇宙本体的层面上，把朱熹所划割开来的"形而上"与"形而下"的鸿沟抹去了。在陈献章看来，宇宙间的一切，一方面由"道"为它提供所以然，另一方面，是气为它提供物质载体，前者为"虚"，后者为"实"，虚实相参而为物。陈献章提出"道通于物"命题，认定作为宇宙本体的"道"（或称"理"），寓于万事万物之中，道不离物，物不离道，在时间与空间上，二者不可相分。

这正是陈献章检讨朱熹支离理气，而回应宋明以来学界争议颇大的"道"与"物"关系问题，是宋以来儒家学说的一大理论突破与创新。

（二）在认知与涵养方法论上的创新

学界比较一致地认为，陈献章发明"静养端倪"，是对朱熹"格物致知"的否定，是变革其烦琐的认知与涵养方法。

---

① 朱熹：《朱子文集》卷五八。

"格物致知"是儒家传统的认知方法与涵养方法，首见于《大学》。至宋代被作为认知方法而受到学界的关注，理学家们依据自身的观点加以理解、诠释或修正。"格物致知"说，是朱熹理学的重要组成部分，是由其本体论所决定的认知论，突出地体现着其理学的特色。

朱熹诠释《大学》时，明确对"格物致知"做了界定，如是说：

> 所谓致知在格物者，言欲致吾之知，在即物而穷其理也。盖人心之灵，莫不有知，而天下之物，莫不有理。惟于理有未穷，故其知有不尽也。是以大学始教，必始学者即凡天下之物，莫不因其已知之理，而益穷之，以求至乎其极。至于用力之久，而一旦豁然贯通焉，则众物之表里精粗无不到，而吾心之全体大用无不明矣。此谓物格，此谓知之至也。[①]

朱熹的格物致知论，认为人无不具有认知能力，而天下的万事万物都有着自身的"理"，并教人从外界的"物"去认知其中的"理"，把外物作为人们的认知对象，通过对万事万物的"所以然""所当然"的不断的认识，而后达到"豁然开朗"，实现认识的飞跃，即达到对事物由"表"而"里"、由"粗"而"精"的至极的认识。这无疑是合理的。学界对朱熹的认知论，皆有比较公允的评论。陈献章对其检讨，可以说主要集中在这种方法的"繁"上，从而着力对"约"的追求。

在朱熹看来：

> 格物者，格，尽也。须是穷尽事物之理。若是穷得三两分，便未是格物，须是穷尽得到十分，方是格物。[②]

这就是说，格物，须是格到尽，不可有一事一物的遗缺，"穷尽得到十分"，才称得上"格物"。具体是要做到"上而无极太极，下而至一草、一木、一昆虫之微"，因为"一书不读，则阙了一书道理；一事不穷，则阙了

---

① 《大学·格物致知》。
② 黎靖德编《朱子语类》卷一五，第283页。

一事道理；一物不格，则阙了一物道理；须着逐一件与他理会过"①。显然，朱熹所诠释的"格物致知"，便是穷尽宇宙，以及宇宙间的一切，然后从中获得认知，他特别要强调的是从宏观到微观，统统"穷尽"。

这样务须"穷尽"的格物，在理论上似乎完满而精微，但在实践上确实十分烦琐与不切实际，反之检讨其理论，则知其失之偏颇！陈献章是否按朱熹的方法进行认知？史料未有明确的佐证，但从他在江西从学将近一年，读圣贤书、参加农作等，如果都算得上是努力去"读"—"穷"—"格"了，那么结果如何？陈献章明确说"未知入处"！据史料记载，后来的王阳明，也曾两次去格竹子，皆以失败告终。实践验证，如朱熹所言，去格上至"无极太极"的宇宙，以及天地间一草一木，读一经一典，穷尽一事一物，不仅烦琐，难以做到，甚至是不可能做到，因为人的精力与认知能力都是有限的，而宇宙间的万事万物则是无限的，以有限去追求无限，便犯了先秦庄子所指出的大忌——"吾生也有涯，而知也无涯；以有涯随无涯，殆已！"② 确实，"人之生命太短，智力太微，而宇宙太大，以如此微小之能力，实未能知如彼巨大之宇宙"③。

陈献章以简而约的方法——"静养端倪"，替代了朱熹繁而杂的"格物致知"。尽管陈献章把认知对象由外转向内，否定了朱熹认知方法的某些合理性，而带来一定的理论倾向，但是陈献章避免了以有限的生命与智力，去认知无限的宇宙以及天地万事万物这一难以做到、不可能做到的错误，这正是陈献章的创新。

六　白沙心学的理论贡献

其一，"学贵自得"论，揭示心学宗旨。

"学贵自得"，体现心学的宗旨。陈献章认为，为学的宗旨在于涵养心性而成为圣贤，故心学便是"作圣之功"。他从江西返乡后，即提出"静中养出个端倪来"，主张以"静坐"为门户，由澄静而"无欲"，最后进入圣贤境界，这便是"自得"的具体途径，也是"作圣之功"。他说："夫学贵

---

① 黎靖德编《朱子语类》卷一五，第283页。
② 庄子：《庄子·养生主》。
③ 张岱年：《中国哲学大纲》，江苏教育出版社，2005，第464页。

自得也。"① 所谓"自得"便是"不累于外物，不累于耳目，不累于造次颠沛"，而"鸢飞鱼跃，其机在我"②。

陈献章的"自得之学"，即孔子的"为己"③，也即孟子的"君子深造之以道，欲其自得之也"④，是儒家传统的反求诸心，内省而自得，最后达到圣人境界的认知与涵养方法。"自得"，便是"自觉"，是一种无须通过耳目感官，不借助外力，而通过自我内心的反省、感悟与体认，由是而"变化气习，求至乎圣人而后已"⑤。

其二，"静养端倪"论，揭示"心学之法门"。

陈献章提出"从静中坐养出个端倪来"⑥，指明"作圣"的具体途径。他自许其十年静坐是——

> 舍彼之繁，求吾之约，惟在静坐，久之，然后见吾此心之体隐然呈露，常若有物。日用间种种应酬，随吾所欲，如马之御衔勒也。体认物理，稽诸圣训，各有头绪来历，如水之有源委也。于是焕然自信曰："作圣之功，其在兹乎!"⑦

这"作圣之功"便是——

静坐—胸次澄澈—涵养致虚—立本—与道合一

陈献章把这"作圣之功"称作"心学法门"，具体是以"静"为"门户"，以"虚"为关键，由静而无欲，而后虚，而后能见"端倪"。"端倪"，即是"善端"，即人的道德本性。可见，陈献章首次揭示"心学法门"，即是"作圣之功"，即是人的道德本性的觉醒。

其三，"宗自然"论，展示心学境界。

---

① 阮榕龄：《编次陈白沙先生年谱》，《陈献章集》，第807页。
② 黄宗羲：《白沙学案上》《明儒学案》卷五，第89页。
③ 孔子：《论语·宪问》。
④ 孟子：《孟子·离娄下》。
⑤ 陈献章：《韶州风采楼记》，《陈献章集》，第26页。
⑥ 陈献章：《与贺克恭黄门》十则，《陈献章集》，第133页。
⑦ 陈献章：《复赵提学佥宪》三则，《陈献章集》，第145页。

陈献章提出，"此学以自然为宗者也"①。他认为，宇宙既虚又实，"本虚形乃实，立本贵自然"②，"天下未有不本于自然"③，承认自然的客观存在；他认定"夫自然者，天之理也。理出于自然，故曰自然"④，宇宙间的一切自然而然地存在和发展。其诗曰：

> 一痕春水一条烟，化化生生各自然。
> 七尺形躯非我有，两间寒暑任推迁。⑤

同时，陈献章认定自然界有着自身的运行规律，那便是"道"，或称"理"。他强调人必须"会道""得理"，达到"道心合一"，这才是涵养的至高境界，也就是静坐养出"端倪"，实现道德自觉，而后成为圣贤，这时便能"与天地同体，四时以行，百物以生"⑥，达到人与自然融为一体的至高境界，也即能达到超然于"山林朝市""死生常变""富贵贫贱""夷狄患难""物我两忘""物不能扰"的至高境界。

其四，"心开万世"论，呈现心学本色。

白沙心学没有"以心为本"的说法，但其"心开万世"论，则把"心"提升至与"道"齐格的层面上，使心具有与道一样的品格。他明确提出"君子一心足以开万世"⑦，"吾之心正，天地之心亦正"⑧。其学说中的"心"，可以主控自身的认知，可以辨别外界是非，并把握行为，故说"君子一心，万理完具。事物虽多，莫非在我"⑨。

"俱万理"的说法，呈现白沙心学本色。在陈献章看来，"俱万理"的心，可以主控主客观世界，具有改造世界与创造世界的能动精神，故说"天地之大，万物之富，何以为之也？一诚所为也"，"有此物，必有此诚。

---

① 陈献章：《与湛民泽》十一则，《陈献章集》，第 192 页。
② 陈献章：《答张内翰廷祥书，括而成诗，呈胡希仁提学》，《陈献章集》，第 279~280 页。
③ 陈献章：《题吴瑞卿采芳园记后》，《陈献章集》，第 71 页。
④ 陈献章：《重刻白沙先生全集序》，《陈献章集》，第 896 页。
⑤ 陈献章：《观物》，《陈献章集》，第 683 页。
⑥ 陈献章：《与湛民泽》十一则，《陈献章集》，第 192 页。
⑦ 陈献章：《无后论》，《陈献章集》，第 57 页。
⑧ 陈献章：《肇庆府城隍庙记》，《陈献章集》，第 36 页。
⑨ 陈献章：《无后论》，《陈献章集》，第 57 页。

则诚在人何所？具于一心耳"①。

值得注意的是，陈献章认为心功能的发挥，须具有前提条件，那便是心首先"得理""会道"。他说"此理干涉至大，无内外，无终始，无一处不到，无一息不运。会此则天地我立，万化我出，而宇宙在我"②。这是说，在完成"作圣之功"之后，本体之心居于万物之上，"无物不覆，霸柄在手"③，实现主体精神的高扬，达到"君子一心，万理完备。事物虽多，莫非在我"④ 的境界。此时，"君子一心足以开万世"⑤，实现"宇宙在我"⑥；人可主控世界，开创历史。这便是陈献章学说的心学本色！

七　白沙的理论创新

在《明儒学案》中，黄宗羲称白沙心学"可谓独开门户，超然不凡"⑦，肯定其理论创新。白沙心学的创新，主要体现在如下三点。

其一，"道与气为体"论，构建新型的宇宙本体论。

陈献章以"道"与"气"为宇宙的本体，提出"盖气与道为体者也"⑧，本体的"道"，至大至虚，"天得之为天，地得之为地，人得之为人"⑨；又提出"气"，"塞天地"，屈伸变化而成物，"天地间一气而已。"⑩他认定，宇宙间的一切，均由道与气而生成。

陈献章认为，由道与气所构成的宇宙，既"虚"又"实"，是"虚中有实，实中有虚"⑪。"道"与"气"，是宇宙的本体，天地万物既是"气"衍生的物质实体，又蕴含着"道"，"道"是某物所以成为某物的依据。这无疑是有别于宋代理学的各种本体论，他不单以"理"或"气"或"心"作为宇宙的本体，而是以"道"与"气"二者合为宇宙的本体，这是别开生

---

① 陈献章：《无后论》，《陈献章集》，第 57 页。
② 陈献章：《与林郡博》七则，《陈献章集》，第 213 页。
③ 陈献章：《示湛雨》，《陈献章集》，第 278 页。
④ 陈献章：《论前辈言铢视轩冕尘视金玉》，《陈献章集》，第 55 页。
⑤ 陈献章：《无后论》，《陈献章集》，第 57 页。
⑥ 陈献章：《与林郡博》七则，《陈献章集》，第 217 页。
⑦ 黄宗羲：《师说·陈白沙献章》，《明儒学案》，第 4 页。
⑧ 湛若水：《甘泉文集》卷八。
⑨ 陈献章：《论前辈言铢视轩冕尘视金玉》，《陈献章集》，第 56 页。
⑩ 陈献章：《云潭记》，《陈献章集》，第 41 页。
⑪ 黄宗羲：《甘泉学案》，《明儒学案》卷三七，第 907 页。

面的本体论。

其二，以"道通于物"论回应道与物的关系。

陈献章提出"物囿于形，道通于物，有目者不得见也"①。他认为，凡物必有形，而"道"作为事物的依据，贯通于由气聚而成的"物"之中，物中有道，道寓于物，物外无道，道与物不可分离；道外无物，离物无道，道寓于物中，物蕴含着道，物与道不分离。"道通于物"论，是陈献章告别朱熹理学而另立门户的理论起点，它否定了朱熹"理先气后""气生万物"的理论构架，回应了自宋以来学界所关注的道与物关系问题，是对传统儒学本体论的创新。

其三，"会道"而"宇宙在我"论，展示主客关系。

陈献章提出，作为本体的"道"至大，"无内外，无终始"，而"会此"，便能"天地我立，万化我出，而宇宙在我"②。他强调把握"道"，是"宇宙在我"的前提条件；认定在唤醒道德自觉，高扬人的能动精神之时，必先承认"道"的客观性，主体精神的发挥必须遵循外在的规律。这无疑合理地阐述了主体与客体的辩证关系，调和了宋明以来，或过于注重客观的"理"的宋代理学，或过于注重主观的"心"的陆九渊心学，展示了更富真理性的理论路向，展现了对宋代程朱理学与陆九渊心学的超越。

八 白沙心学的当代价值

白沙心学，是古代中国商品经济发展而带来的时代思潮，它敢于冲击当时的文化专制，倡导平等、自由，呼吁"贵疑"，倡导思想解放，称得上是中国早期启蒙思潮，其学说可启迪今人。

其一，其兼容的学术路向，启迪人们应富有开放与兼容的文化精神。

白沙心学，兼容儒道佛。首先是借鉴了禅宗南派慧能"顿悟"心中佛性而成佛的理路，而倡导"反诸心"，觉醒"端倪"——人的道德本性而"作圣"，教人如何涵养为大写的"人"；又吸取道家的"道法自然"的天道观，以及张载的"气论"，使他的学说在高扬人的主体精神时，承认"鸢飞鱼跃"、"化化生生"而任自然的大千世界的存在。在陈献章的诗文里，

---

① 陈献章：《论前辈言铢视轩冕尘视金玉》，《陈献章集》，第 56 页。
② 陈献章：《与林郡博》七则，《陈献章集》，第 217 页。

找不到"心外无物"、由"心"生"物"的说法。白沙心学取儒释道诸家之长，而构建新的儒学流派，使之更具真理性，由是而推进儒学在新的历史阶段的发展。开放与兼容的文化精神，是陈献章能创新的关键。

创新，是人类特有的品格。人们在学习、研究、工作与生活之中，都应秉持开放兼容的精神，以谦逊的态度，接受外来的东西，而后实现创新。

其二，教人自得、自信、自觉，启迪人们通过道德本性的觉醒，而充分发挥人的主观能动精神。

白沙心学高度重视人的心，即主体意识的能动作用，而这种能动性只有通过"自得"而获得。他说"夫学贵自得"①，主张通过"自得"而高扬人的主体精神。在陈献章看来，自得就是"得道""会理"，人的"心"与"道"相"凑泊吻合"；当"道心合一"时，便能"天地我立，万化我出，宇宙在我"②；此时人的主体精神无比之大，能让天地因为我而存在，万事万物因为我而发展变化，宇宙便在我的掌控之中。陈献章是说人的"自得"，即把心中的道感悟出来，高扬自身的主体精神，便可达到顶天立地，造化一切，支配一切，驾驭一切的至高境界。

人是动物，又非一般动物，而是社会动物，人不应等待外来的豢养，而应自得、自觉、自信地去奋斗，去创造美好的生活。

其三，强调要"得道""会理"，启迪人们懂得只有在把握客观规律之后，才能发挥主体精神。

白沙心学中尤为可贵的是，注重人的主体精神的发挥，但他承认"鸢飞鱼跃"的大自然的存在，并强调必须把握外在的规律。陈献章没有把人的主观意识视为高于外部环境与规律的超然力量，而是强调主体精神的发挥必然受到外部环境与客观规律的制约，这便是白沙心学的高明之处。

其四，陈献章的"以自然为宗""与天地同体"论，启迪人们树立"命运共同"的一体观，人要懂得敬畏自然，即今人所倡导的注重生态平衡。

白沙心学在高度肯定人的主体精神之时，又承认客观外界及其运行规律的存在，告诫世人要敬畏自然，尊重大自然的运行规律，要"宗自然"，要"与天地同体"，"与万物齐一"。他提出："人与天地同体，四时以行，

---

① 陈献章：《编次陈白沙先生年谱》卷一，《陈献章集》，第807页。
② 张诩：《白沙先生行状》，《陈献章集》，第217页。

百物以生，若滞在一处，安能为造化之主耶？古之善学者，常令此心在无物处，便运用得转耳。学者以自然为宗，不可不着意理会。"①

陈献章传承与弘扬了先秦时期"天人合一"的思想，认定人与宇宙为一体，把人在得道之后的圣贤境界，锁定在"与天地万物一体""天人合一"的节点上。陈献章在告诫人们，人与天地同一，天人合一，这是宇宙间最大的和谐，也是人所追求的最高境界。回顾人类历史，西方的工业革命带来了对大自然的破坏；中国 20 世纪 70 年代末开始的改革开放，也一度出现类似的现象，后来国家及时地倡导"科学发展观"，强调了协调与和谐，及时扭转了以牺牲自然环境而求得经济发展的局面。党的十八大之后，尤其注重生态文明，习近平反复说"绿水青山就是金山银山"，十分强调经济发展不能以破坏大自然为代价。可见当年陈献章的"宗自然"思想，对当今的建设者们仍有启迪作用。

其五，"为学贵疑"，启迪人们敢于思想解放，大胆创新。

白沙心学，称得上是古代中国学界的一大创新。陈献章生活在程朱理学成为官方哲学，学界恪守朱熹信条，无人敢质疑的时代，学术思想被禁锢，而陈献章经过十年静坐，开启了"自得之学"，"静养端倪"的涵养与认知方法，否定了朱熹繁而无效的"格物致知"，挑战了朱熹的独尊地位，展示了陈献章思想解放的"贵疑"精神，他称得上是明代思想解放的先驱。他倡导"学贵知疑"，提出"小疑则小进，大疑则大进"②，"孟子聪明还孟子，如今且莫信人言"③。这，正是敢于怀疑，在怀疑中去创新儒家传统，由是拉开了富于启蒙意义的明代心学的序幕。

---

① 陈献章：《与湛民泽》十一则，《陈献章集》，第 192 页。
② 陈献章：《与张廷实主事》，《陈献章集》，第 165 页。
③ 陈献章：《次韵张廷实读伊洛渊源录》，《陈献章集》，第 645 页。

第四章　甘泉心学

白沙心学，是明代心学的第一环节，继而其弟子湛若水对其学说进行了完善与弘扬，构建了博大精微的甘泉心学，即为明代心学的第二环节。湛若水（1466～1560），明代著名的教育家、政治家、思想家，享誉全国的文化名人。他一生从政、办学、著述，他的学问、事功与学术，都称得上一流；他的为官之道，为学之理，无不值得今人学习与继承。

第一节　家乡与家世

成化二年（1466），在岭南的水乡——广东甘泉都沙贝（今新塘镇），一个小生命呱呱坠地。他就是后来成为明代心学大师的湛若水。岭南，是一片富于特色的土地，特有的山山水水、生活习俗、文化精神，孕育了伟大的思想家、政治家湛若水。

一　家乡

增城，位于珠江三角洲东北部，广州的北部。增城建县于东汉建安六年（201），归南海郡管辖，有1800多年的历史。增城，山清水秀，气候温和，土地肥沃，风调雨顺。曾有一县令为增城赋诗赞道：

> 山行不知深，磷磷经石濑。
> 暝色何苍然，溪流来几派。

增城，以荔枝为最著名。《广东新语》记载，"广人多衣食荔枝、龙眼"，"有荔枝千株，其人与万户侯等"；又说，"荔枝以增城沙贝所产为最"，可见湛若水出生地沙贝，所产的荔枝最为上乘。

增城荔枝，以挂绿为极品，是每年运往京师的最佳贡品。挂绿的最佳产地是沙贝。《广东通志》记述："红壳上有绿线，或在肩或在腰，以增城沙贝所产为上。"明代中叶，由澳门进入中国内地的意大利传教士利玛窦，也曾称挂绿为"水果之王"。增城荔枝的品种还有"怀枝"，又称"尚书怀枝"，相传是时任尚书的湛若水从福建传进来的。据《增城县志》记载，湛若水回祖籍地福建凤亭探亲，在品尝荔枝时觉得不错，于是把荔枝核藏在衣袖里，带回家乡种植，故沙贝四望岗一带所产的荔枝称"怀枝"，即由尚书从外地怀揣回来的荔枝。

二　家世

湛若水祖籍河南开封，祖上曾为官，后南迁到了福建莆田。元代大德年间六世祖湛露，任德庆总管府治中。大德五年（1301），他离任返回老家，路经沙贝村时，对山清水秀的沙贝颇有好感，于是举家迁至此地。

湛氏家族，是沙贝的名门望族。先祖数代为官，落户增城后，曾为护卫家乡的安宁做出奉献，有"义士之家"的美誉。

落户沙贝的六世祖湛露，娶邝氏为妻，育有二子，长子世忠，次子晚丁。晚丁曾任县主簿，六品官。

七祖湛怀德，生于元代末年。当时群雄割据，盗贼、兵匪扰民，社会动乱。面对残酷的现实，湛怀德挺身而出，决心为乡亲排忧解困。他与邻村结盟，在乡间实行武装自卫，收效卓著，被授予"保境元帅"的称号。明代初年，官方仍指派湛怀德，统领当地乡兵，维持地方治安，继续"保境"，他屡建战功。洪武十四年（1381），湛怀德受官方指派统领乡兵，平息了叛乱，受到嘉奖，地方官赵庸封他为"义士"，死后朝廷追封他为"护国保境义士"，后人建"义士祠"以作纪念。

祖父湛江，号樵林，淡泊功名，致力经营家业。他力耕在田野，采樵在山林，游乐于山水，植桑养鱼，自给自足。湛江喜好社交，爱与名士交往，交游广泛，曾结识广东的名士丘浚、陈献章等，据称，湛若水所以到江门师从陈献章，也出于他的祖父与陈的交情。

父亲湛瑛，性格耿直、刚强、仗义。因爱打抱不平，常得罪乡中的豪绅和官差。湛若水9岁那年，祖父去世不久，爱打抱不平的父亲，蒙冤进了大狱。母亲，出身书香门第，既操持家务，又四方奔走，设法营救丈夫，顾不上孩子读书的事。到了湛若水 13 岁那年，母亲打算让他入学，因当年正是狗年，按当地的风俗，狗年入学的孩子会像狗一样的懒惰，湛若水的入学只好又推迟一年。

湛若水出生时，家族已不再显赫。童年时，他家道中落；少年时他既受祖上荣耀的激励，又有家庭困顿的磨砺，总之他的成长受到家庭环境的种种影响。

第二节　甘泉其人

湛若水虽入学比较晚，但求学之路还算畅顺，尤其是师从名家陈献章，奠定了他人生成功的基础。

一　少年时代

14 岁的湛若水入学，进了湛氏家族办的学塾。学塾位于沙贝的石岭，湛若水成名后，石岭改名为"读书岗"。

湛若水在石岭读书期间，发生了一件意外的事：湛若水放学回家，路上遇到父亲的仇家，被殴打，好不容易得以脱身，赶紧往外祖父家赶。到了家门口，他没进屋，而是把沾了石灰的鞋子，倒转方向将鞋印留在大门口。仇家的人看到门口的鞋印，以为他到了家又往外跑了。年幼的湛若水，便这样以过人的智慧，摆脱了追杀。这便是民间传说的"倒踏灰鞋避难"故事。事后家人考虑：这次虽脱险了，说不定以后还会发生类似的事情。为了孩子安全，家人决定让他转到邻乡南湾村去读书。

（一）进五仙观学塾

湛若水母亲明事理，总为儿子前程考虑。她认定省城的学习环境优于家乡，于是主张湛若水到广州就读。湛若水 16 岁那年，到了广州，进入五仙观内的学塾。

五仙观，是道教宫观，原是一座祭祀五仙谷神的道观。在岭南，有一个美丽的传说：古时的广州，比较荒凉，有一次发生灾荒，粮食颗粒无收，民众不得温饱。一天，天空上出现五色的云彩，有五位仙人骑着毛色不一的山羊，山羊嘴里衔着谷穗。降落地面之后，仙人把谷穗赠送给当地的民众，并祝愿他们永无饥荒。之后，五位仙人腾空而去，山羊即化为石头，留了下来。广州从此成为岭南最为富庶的地方之一，并得名为"五羊""羊城""穗城"等。为纪念五仙，广州人建了五仙观。湛若水到了广州即进入五仙观，继续少年时代的学习。

（二）进广州府学

在五仙观学塾就读了两年，湛若水便考进广州府学。

弘治五年（1492），湛若水参加乡试，中举，迈过了科举之路的第一道坎。

湛若水在广州就读以及参加科举考试期间，有两件事凸显他的独立人格，彰显出他能成为心学家所特有的内在基因。

第一件事：在广州府学就读期间，有一天，当地的抚台到学府来巡视，按以往的规矩，全校的师生都要向抚台行跪拜礼。在等级森严的封建专制社会，百姓给官员下跪，本属常理，然而，骨子里有着先父刚毅品格的湛若水，却坚决不服从命令。他的理由是，按有关礼节的规定，校门之内并不是师生向抚台跪拜之地。这件事，体现出湛若水不畏权贵的独立人格，以及一种朴素的平等观念。

第二件事：发生在湛若水参加乡试的时候。按当时的相关规定，考生进试场，须脱掉鞋子，湛若水进入试场时，也必须遵守这一规矩。但是，他却坚决不脱鞋子，表示抗议。他认为，这样的规定，是对考生的不尊重。据说脱鞋的规定，后来被取消了，这是不是由于湛若水的抗议，已无从考究。

上述的两件事，是小事，也是大事，对年纪轻轻的湛若水来说，实在是了不得！这些事彰显出他有主见，有自尊，有独立人格精神，不畏权贵，敢想敢干。中国的心学，是一种高扬人的主体精神的儒家学说，而人的主体精神的高扬，又必须建立在人格独立的基础之上。也就是说，人只有懂得自尊、自爱，有主见才可能发挥出自身的主观能动精神。湛若水能成为心学大家，同他的这些心理基因有着密切的关系。

二　师从白沙

弘治七年（1494），湛若水经地方名士梁景行介绍，到江门拜陈献章为师。这成为他人生的新起点。

陈献章在当时已是名家，在湛若水从学时，他不但创立了集儒、道、释于一体的白沙心学，而且在社会上声望颇高。

湛若水从学时，陈献章已 67 岁高龄。他接受了这名晚到的弟子，并以自己的价值理念，进行开导。首先，他要湛若水放下求功名的俗念，专心学习。据史料记载，陈献章直白地告诫湛若水："此学非全放下，终难凑泊。"他告诫这名新来的弟子：从事学问，须专心致志，集中精力，不可一心多用，否则难以成功。湛若水领会老师的一片苦心，于是焚烧了"部檄"——上京参加会试的证明书，决心放弃举业，专心于学业。陈献章十分看好这名弟子，在给李承箕的书函中，曾说到湛若水是一名不平凡的学生，暗示他对湛若水寄予厚望。

湛若水家住增城新塘，离江门不太远，经常回家。陈献章给他的书函也颇多。陈献章依循古人的教诲，首先是指点安身立命的道理。他说孟子讲性善，张载讲圣人，这些先贤的教诲，都是教人如何以文王、周公为师，以圣人为楷模来要求自己，不断地激励自己；陈献章又强调，道德品格的培养，不能仅仅停留在言论上，要身体力行，譬如做人最根本的孝道，便要付诸行动；他还告诫湛若水要注重与乡亲的关系，强调祸福因"人情"而起，不可不仔细考虑。在书函中，陈献章常常提点与教诲湛若水。在《与湛民泽》中，陈献章说，"承谕近日来颇有凑泊处，譬之适千里者，起脚不差，将来必有至处"，他肯定湛若水的进步，是"起脚不差"，相信在日后的千里之行中，必有成就。在书函中，陈献章又及时提醒湛若水不要受社会陋习所干扰。他认为，当时的风气不良，学者"标榜门户"，只知"诵说"，"不求自得"，故告诫湛若水，须下功夫，去钻研，去体悟，去自得，实在用心良苦！

"名师出高徒"，确实如此！正是得到名师陈献章的悉心教诲与正确指引，湛若水在短期内，学有所成，为日后的成功打下了坚实的基础。

三 传承衣钵

湛若水，是陈献章的一名普通的学生，但也是一名极其非凡的学生。陈献章最终选中了湛若水，并将衣钵传授给他。

晚年陈献章，身体十分虚弱，开始安排后事了。有一次，在碧月楼卧病半月，他忽然接到湛若水的来信，读后"甚喜"，高兴得忘却了病痛，立即起床，给湛若水回信。书函的大意是：

> 眼前可以一起谈论学问的人，还有几个？他们大都不讲"自觉"了；近日因病，身体衰弱，大不如前了，恐怕一旦"就木"（去世了），我平生所成就的学问，就像走了万里征程，如果没有一个"脱驾之地"（让我交班），那真是"自枉"了，白白可惜了！

这像是一封遗书，陈献章这里所说的话，并非开玩笑说说。他真诚地袒露：自己的身体状况不佳，而自己的"自得之学"却没几个人能理解与接受，实在担心一旦离开人世，学说也就枉费了。在陈献章的心目中，湛若水是一名"可论学者"，是能理解他的学说的人，于是他把自己的心愿告诉湛若水，对他寄予厚望。在书函中，他直白地对湛若水说：我已处在年暮晚景，不再想见到别的人，就把无穷的期待托付给你了！

陈献章考虑把衣钵传给湛若水，是在弘治十年（1497）冬。当时，湛若水给老师去信，汇报了学习心得，说：

> 若能随处体认，真见得，则日用间参前倚衡，无非此体，在人涵养以有之于己耳。

意思是说，如果能随处进行体认天理，涵养心性，那么，就能在平日里事事时时上，体现出忠信、笃敬的道德品格。陈献章看过信，十分高兴。

弘治十一年（1498）春，陈献章回信。在信中，十分赞扬地说：

> 去冬十月一日发来书甚好。日用间随处体认天理，着此一鞭，何患不到古人佳处也。

陈献章又说：

> 此为参前倚衡之学也，江门衣钵属之子也。

这是陈献章认定湛若水信中提出的"随处体认天理"，便是先贤们的心性涵养学说，于是，他明确提出江门衣钵的传承问题。

湛若水提出"随处体认"，这是陈献章决定把衣钵传给他的唯一原因。"随处体认"，是湛若水的一大创新，是他对白沙学说的大胆推进。在陈献章看来，"随处体认"是一种"参前倚衡之学"，也即儒家的正统，故他认定湛若水可以成为他的衣钵传人。

"参前倚衡"，出自《论语·卫灵公》，是孔子重要的思想。据说孔子的弟子子路，向老师请教，什么是"行"。孔子说，做到"言忠信，行笃敬"，就好像站着的时候，"忠信笃敬"四个字就在眼前，乘车的时候，好像这四个字就在车辕的横木上。孔子是告诫学生，不管什么时候都要牢牢记住"忠信笃行"四个字，并能体现在自己的言行之中，时时处处都在涵养心性。由此可见，湛若水的"随处体认"，是涵养学、道德学，是儒学正统，体现着白沙心学的精髓。

陈献章非常肯定，湛若水所提出的"日用间随处体认天理"，教人在平日的活动中时时处处进行心性涵养，若能做到这样，便不愁达不到古代圣贤的至高境界。于是，陈献章决定将湛若水作为他的衣钵传人，把发展他的学说的重任托付给湛若水。他作七言诗《江门钓濑与湛民泽收管》，并在诗后加了按语：

> 达摩西来，传衣为信。江门钓台亦病夫之衣钵也。兹以付民泽，将来有无穷之托。珍重，珍重。

诗与按语，明确表达了陈献章的心愿，他要像印度佛教达摩那样传授衣钵；他的衣钵便是江门钓台。

钓台，建于成化年间，是陈献章建在江门蓬江岸边的一栋房子，是仿效东汉严之陵隐居桐江筑钓台的做法，而建成的讲学场所。多少年来，在这钓台，陈献章与弟子们一起垂钓、观景、品茶、饮酒、游乐，钓台是他进行讲学、传授学术、培育人才的平台。在陈献章的心中，钓台象征着他的事业、他的学术、他的学派，就像是他的袈裟，所以他要把它作为信物，来传承他的事业。在诗中，他无限感慨地说，多少年来在这钓台与弟子一起度过，总不能在年迈之时，为了几个小钱把它卖了。他的《江门钓濑与湛民泽收管》诗中如是说：

> 小坐江门不记年，蒲裀当膝几回穿。
> 如今老去还分付，不卖区区敝帚钱。
> 皇王帝伯都归尽，雪月风花未了吟。
> 莫道金针不传与，江门风月钓台深。
> 江门渔夫与谁年，惭愧公来坐塌穿。
> 问我江门垂钓处，囊里曾无料理钱。

陈献章的晚年，家境不佳，如诗中所说，口袋里没几个钱了，即便如此，他也决心不拿钓台去卖，而要把它作为信物，传给湛若水。

弘治十二年（1499），陈献章正式把风月钓台作为衣钵授予湛若水，湛若水成为陈献章的衣钵传人，江门学派的传人。在赠予钓台的同时，陈献章还安置湛若水长住楚云台。

湛若水接过衣钵，没有辜负老师的期待。在陈献章去世后，他依循"一日为师，终身为父"的理念，视老师为父，守灵三年。之后，在漫长的岁月里，他时刻思念着先师，所到之处，为纪念老师而建书院，在书院中悬挂老师的像；他恪守师道，不断地弘扬先师所创立的学说，使之更完善、更系统、更精微，使之发扬光大；为纪念先师，他还在家乡新塘的增江边上，修建了钓台，亦命名为"江门钓台"。《增城县志》，对此江门钓台有所记载。湛若水的所作所为，一切的一切，都凸显了他对先师的敬重与缅怀，凸显了他无愧为陈献章学说与事业的衣钵传人。

四　仕途

湛若水在陈献章去世后，为老师守灵三年，后因遵母命而重上科举路，展示人生的另一番精彩。

弘治十六年（1503），38岁的湛若水，返回家乡，闲居家中，母亲说："壮年居家，非事君之道。"他领悟到男子汉大丈夫，应有理想、抱负、担当与责任。在科举取士的年代，望子成龙的父母，谁不期待自己的孩子经过十年寒窗，而能一举成名，光宗耀祖，报效国家。出身书香之家的湛母，更不能例外了。

弘治十七年（1504），39 岁的湛若水，奉母命北上，入南京太学。祭酒章懋以"睟面盎背论"为题，考查前来备考的学生。湛若水因立论出众崭露头角，得到器重。这一年，他改名为"若水"。

次年春，湛若水在京师参加会试。主考官学士张东白，在阅卷时即认定，他便是白沙弟子。湛若水在会考中获二甲三名，由举人晋升为进士，被选入翰林院，任庶吉士，开始了他的人生第二个征程。

弘治十八年（1505），40 岁的湛若水，初进翰林院，职务是"庶吉士"，其实不过是见习生而已。诚然，有着理想追求的湛若水，以他的忠诚、勤奋，由一名小官员而一步步登上正二品的高位，历任南京礼部、吏部、兵部三部尚书。在仕途上，湛若水一路春风，青云直上。

为官岁月，湛若水既出色完成公务，又辛勤笔耕，是一名学者型的高官。他用学问指导为官，又把为官的实践经验升华为学术思想。

湛若水的仕途经历：

40 岁，选入翰林院任庶吉士；

42 岁，改任翰林院编修，并担任经筵讲官，成为皇帝的老师；

43 岁，任会试同考试官，参与修编《英宗实录》；

47 岁，出使安南国册封安南王，赐一品服以行；

57 岁，回京复任翰林院编修、经筵讲官，先后上《初入朝豫戒游逸疏》、《再论圣学疏》与《元年八月初二日进讲后疏》；

58 岁，升翰林院侍读，六品官；

59 岁，升南京国子监祭酒，从四品；

63 岁，升南京吏部右侍郎，正三品；

64 岁，任北京礼部右侍郎；

66 岁，转任北京礼部左侍郎；

68 岁，升南京礼部尚书，正二品，升迁前曾上《自陈求退疏》；

71 岁，转任南京吏部尚书；

72 岁，南归，过南昌，有《南昌讲义》《谒朱文公先生庙庭文》《谒孟子祠文》，上《乞归田疏》，再次请准"罢归田里"；

据史料记载，曾御史游居敬上论劾疏称，"若水迂腐之儒，广收门徒，私创书院，其言近是，其行大非"，请求弹劾。皇帝曰："若水已有旨谕留，书院不奉明旨、私自创建，令有司改毁。"湛若水第二次遭遇诽谤，所建书院第一次遭禁毁；

73 岁，湛若水先后上《再乞归田疏》《三上乞归田疏》等奏折，一次次请求归隐；

74 岁，转任南京兵部尚书，并为参赞机务；

75 岁，获准致仕。

从如上的经历看，湛若水在仕途上，可谓积极有为，政绩可嘉，连连高升。在 70 岁后，有人上疏对他诽谤，他即主动提出辞职回乡，接连上疏要求退归田野，均未获准，反而在他 74 岁高龄时，由南京吏部尚书转任南京兵部尚书，可见是何等之受宠。

五 出使安南

湛若水任职期间，有一件事值得记载，那便是出使安南（今越南）。

正德二年（1507），湛若水升任翰林院编修，又兼任经筵讲官，第二年参与修国史等，开始在朝廷担任文字编辑与整理工作，并给皇帝讲课，还曾两次担任朝廷会试的考官。

正德七年（1512）二月，湛若水以一品官身份，出使安南，代表皇帝前去册封安南王。这次重要的外交活动，不仅体现了朝廷对湛若水的信任与重用，也是给他展示才华的机会。

安南与两广，不仅地缘相近，民风民俗也十分接近。作为广东籍的官员，湛若水担任出使安南的大使，确实最适合不过。

二月，湛若水启程南行。在交通不发达的年代，由京城到安南，须翻山涉水，直至年底湛若水一行才抵达广西平南县。此时湛若水写下《平南遣兴》。在诗中他说：

渔渊水深，采芝云迷。

寄怀云水，抗志高栖。

严霜陨木，归鸿背飞。

天寒日短，途长行迟。

岁云暮矣，我心则悲。

游神八极，身圉两仪。

宇宙为旅，万物为徒。①

诗中记述了湛若水途中的见闻与思绪：一路走来，遍赏了大自然的风光，鸢飞鱼跃尽收眼底；走过漫漫之路，已是岁末，才到广西平南，尚未到边塞，难免有悲凉之感。湛若水重任在肩，继续赶路。新春之时，路过横州，凭吊北宋词人秦观，作诗《过横州吊秦少游二绝句》。

次年正月，湛若水抵达安南，作了《交南赋》，记述他在安南的所见所闻。

《交南赋》，洋洋洒洒，长达三千余字。在赋之前有序，说明奉命前往安南（今越南）册封安南王，并交代动身的时间与抵达的时间。其中回顾了安南的建制，介绍了安南的风土人情，尤其记录了安南种种的怪现象。

在赋中，湛若水指出安南位于中国之南，曾是中国的属地，"安南汉为交州，在唐为都护府"，但安南却有着别具特色的民俗，如：披发行走，男女不分而在街道上同行，骑大象，以象作为交通工具，民居高筑等②。湛若水认定安南"其俗多诈"，但其制度亦有同中国相一致之处。他指出，"安南之制，民居如此，若王居九一，如中国"③。赋中还记载了他受到欢迎的景况。

这次出使安南，湛若水不辱使命，圆满地完成了对安南王的册封。临别时，安南王赠送一批珍贵礼品，其中赠予朝廷的物品，他代接收，而赠给他个人的，他一概拒收。安南王被他廉洁自爱的品格感动，题诗赞扬，诗中称道："白沙足下更何人"，赞誉他淡泊名利，不愧为岭南名儒陈献章的高足。

六　南京任职

湛若水在京都进入仕途，59 岁之后基本是在南京任职。开国皇帝朱元璋，在南京建都，后迁都京都（今北京），但朝廷仍保留南京的部分职权，以管辖江浙一带的政务，南京依然有一定的行政实权。

---

① 湛若水：《平南遣兴》，《泉翁大全集》卷三九，钟彩钧、游腾达点校本，（台湾）"中央"研究院中国文哲研究所，2017，第 1004 页。

② 湛若水：《交南赋》，《泉翁大全集》卷五三，第 1311 页。

③ 湛若水：《交南赋》，《泉翁大全集》卷五三，第 1310~1313 页。

(一) 颁布"告示"34 条

在南京任职期间，湛若水先后担任南京国子监祭酒，从四品；后升南京吏部右侍郎，正三品；南京礼部尚书，正二品；又转任南京吏部尚书，南京兵部尚书，并为参赞机务。湛若水 35 年的仕途生涯，大都担任文职，难以有太卓著的政绩，而他在南京担任兵部尚书兼任参赞机务时，力主"作"——实干，为当地百姓办了许多实事，显示出他既是心学家，也是实干家。

刚走马上任参赞机务，湛若水即发布"告示"34 条，文中首先说明，他已在神灵前表白了其为官的态度：

即有视京畿军民如子之心，夙夜祗惧，惟恐未知所兴革之宜，以称上德意。①

在"告示"中，湛若水强调：

有视京畿军民如子之心。……予有夙秉心竭力……②

这无疑表明湛若水为官的初心，以及他视民如子、服务于民的决心。

34 条"告示"，体现了湛若水作为南京兵部尚书并参赞机务的施政理念及具体的施政方略，十分全面，涉及政治、经济、文化的方方面面，每一项既揭示其实施的宗旨，又有具体的操作措施。这说明作为心学大家的湛若水，不仅注重人的心性涵养，也十分务实，讲求经世致用，为民办实事，努力做好视民如子的朝廷命官。

(二) 为民做实事

在南京任官期间，湛若水尽职尽责，为百姓办了许多实事，如湛若水及时纠正当时伤害商人利益的事件，具体是：南京大小衙门批牌取货，强

---

① 湛若水：《初任参赞机务南京实部尚书告示》，《泉翁大全集》卷八二，第 2073 页。
② 湛若水：《初任参赞机务南京实部尚书告示》，《泉翁大全集》卷八二，第 2073 页。

抑减价，候领又难，宜行所在诸司痛加禁革。

据史料记载，当时南京政府实施铺户买办制度，所有的商店即"铺户"，都必须在官府注册，并按行业承担官府所需物资"买办"；铺户被分作三等九则，承担了"买办"物品的铺户，便叫作"铺行"；铺行承担任务之后，便向官府预领"官价"，然后为官府买办有关的物品，在期限之内交纳。在这个过程中，官府仗势欺人，他们或是强行压价，或是拖延支付货款，或是谎称货物质量存在问题而进行惩罚等，诸多的刁难使商人吃尽苦头，不得不花钱去疏通。如此种种，结果是"商者必贫，贫者必徙"，商人难免破产，破产之后只好流亡他乡，另谋出路。湛若水在"告示"中称，"率先自禁和买，以安商人"，便是针对此事而提出"同价禁革"。可见湛若水为发展社会经济，从制度上为商人松绑。

湛若水主张"仁政"，提出"分田"而均富的主张，在南京任职期间关心民众的疾苦，努力减轻民众的负担。对在南京任职期间的状况，湛若水在《书参赞行事首》中有一个自陈，他如是说：

> 凡闻之上，喻之下，兴利去害，总若干事，籍以示铣。夫其申圣谟。崇古礼，厉兵式武，率乃自躬，省费宽民，协之各署，养高年，饩困戎，逐游客，止火葬，劝农桑，联保伍，作义庠，坚定业，斯盖相天下之道焉，匪直参赞此邦尔，其诸真见天理而放诸有众者乎！①

这足见湛若水在南京期间，积极去践履儒家倡导的"修身、齐家、治国、平天下"，不仅追求"内圣"，还要实现"外王"。湛若水一生，不仅构筑了明代的学术丰碑，还成为国家官员的楷模。

七 忠君尽责

湛若水出身于社会底层，官场没有背景，在仕途上能青云直上，完全是出于他的忠诚、敬业、有为。其忠诚又体现在他敢于进言，在任 35 年间，上疏 45 件，忠谏直言。疏文内容，有针砭时弊，有陈述学说思想，有自律内省，有感恩之言，等等。

---

① 湛若水：《书参赞行事首》，《泉翁大全集》卷八二，第 2071 页。

（一）敢于针砭不良现象

嘉靖元年（1522），在武宗皇帝去世、世宗皇帝登基之时，湛若水对新皇帝寄予期待。六月，他由家乡返回京城复职，复任翰林院编修，以及经筵讲官。复职之初，从六月至八月，他先后呈上《初入朝豫戒游逸疏》、《再论圣学疏》与《元年八月初二日进讲后疏》等。奏折内容有忠谏、内省、述职等。其中第一份奏折便是针对当时官场存在因"游逸"，而疏于政事的不良现象，他便提出"戒游逸"的忠告。

《初入朝豫戒游逸疏》写于嘉靖元年六月初十。该折之首开宗明义，道明上奏的宗旨，曰：

> 翰林院编修臣湛若水谨奏，为豫戒游逸，以谨君德事。①

继而，陈述因时局"险艰"，而"退废山泽"，后因遇上了"明君"，而得到起用，并担任了讲官，为皇帝讲学。他直言皇帝听讲学时，专心致志，十分用功，但没多久，却以夏日暑天为由暂停了讲课，于是湛若水在疏中指出：

> 夫人之心，无所用则放，有所傲则存。故废于讲学，则或继以逸欲，不可不豫戒也。②

显然，湛若水借停课一事，而告诫皇帝如果"废于学"，便可能产生"逸欲"，不可不警戒。这无疑是一名刚入朝的命官对皇帝的大胆批评，在"王权至上"的年代，如此直言上疏，实在可贵，这展示了湛若水的社会责任感与大无畏精神。进而，湛若水以历史的正反经验告诫皇帝，是否"无逸"关系着天下之兴衰存亡。他如是说：

> 周公作无逸戒成王，首殷三宗、周文王之无逸，而享年有永，其

---

① 湛若水：《初入朝豫戒游逸疏》，《泉翁大全集》卷三六，第927页。
② 湛若水：《初入朝豫戒游逸疏》，《泉翁大全集》卷三六，第927页。

后续嗣王生则逸，逸欲愈甚，而享年愈促。①

湛若水以史为鉴而直言，他说：

> 言不可不念勤恤，戒游逸，以永命也。②

在湛若水看来，如果没有"勤恤"之念，后果是十分严重的。他指出：

> 则观逸游田之事兴，则耽乐之心胜，故下绝于民，上逆乎天也。③

鉴于这样的认识，湛若水向皇帝大胆提出：

> 忧勤之念，兢业之心，盖不可以寒暑间也。④

他大胆忠告皇帝应——

> 以深居静思为本，以温习寻求为业，以敬亲事天为职分，以勤政亲贤为急务，随处操存体认天理，俾此心无异于经筵日讲之时。稍萌逸欲，即为禁止。⑤

从整本奏折来看，湛若水对朝廷是何等之忠诚，对皇上是何等之坦诚，其一片赤胆忠心，跃然于纸上！更何况他才刚刚复职入朝，即以皇帝因暑天而要停课为切入点，抓住"逸欲"的苗头，大胆进言。皇帝阅后批示：

> 这本所言豫戒游逸，召问大臣，并择内臣中老成忠厚的给侍左右，

---

① 湛若水：《初入朝豫戒游逸疏》，《泉翁大全集》卷三六，第 928 页。
② 湛若水：《初入朝豫戒游逸疏》，《泉翁大全集》卷三六，第 928 页。
③ 湛若水：《初入朝豫戒游逸疏》，《泉翁大全集》卷三六，第 928 页。
④ 湛若水：《初入朝豫戒游逸疏》，《泉翁大全集》卷三六，第 928 页。
⑤ 湛若水：《初入朝豫戒游逸疏》，《泉翁大全集》卷三六，第 928 页。

朕已知道了。①

皇帝没有因为受到湛若水的批评而不高兴，反而接纳了湛若水的忠告，还要通告大臣们。

湛若水的直言，是一贯的。如果说，《初入朝豫戒游逸疏》在针砭时弊时顺便批评了皇帝，那么，在嘉靖二年（1523）五月初九日，湛若水呈上《乞上下一心同济圣治疏》中，更是直截了当去批评皇帝了。他在阐述了"天下一舟"，"上下一心"共治之后，强调"一正君心而万化理"，并指出当时朝中的弊端，他说：

> 今陛下不急亲儒学之臣，不闻正心之术，乾刚未奋，宰制不施，初政渐不克终，近习渐为蒙蔽，天戒屡见，不实修省，科道大臣交章，未或举行……左右亲幸之人盅惑上心，不引以声色，则引以异教。亲戚希无厌之赏，近幸夺司法之狱；刑赏僭差，纲纪废弛。②

湛若水所以敢于直言，完全是出于他坚持其心学立场，又能尽臣之本分，正如他所言："臣非纠劾之官，然在以学术开导人主，诚有所见，不敢不陈。"③

（二）"以学术开导人主"

湛若水是明代心学大家，其学说是其为官的理论指导，而他又在为官的实践中升华其理论。他认定：

> 夫帝王之学，心学也。④

湛若水深刻揭示了政事与心学的关系，他更明确地说：

---

① 湛若水：《初入朝豫戒游逸疏》，《泉翁大全集》卷三六，第928页。
② 湛若水：《乞上下一心同济圣治疏》，《泉翁大全集》卷三六，第932页。
③ 湛若水：《乞上下一心同济圣治疏》，《泉翁大全集》卷三六，第932页。
④ 湛若水：《奉诏进讲章疏》，《泉翁大全集》卷三六，第958页。

> 学也者，心也。心也者，人也。人也者，政也。夫政由人生者也，人由心生也，知所以为心，则知所以为人矣。知所以为人，则知所以为政矣。是故学政之致一也。①

把政务同人之心、同人之学，勾连起来，可见湛若水的治国理念源于他的学说，故在行政事务中，主张"以学术开导人主"②。在给皇帝的上疏中，他明显地注入其学说思想。

尤其值得关注的是，湛若水为了让最高统治者能接受其思想学说，他撰写了《圣学格物通》，在书中不仅告诫皇上要以先王为榜样，还要以心学治国。

（三）大胆告诫与启迪君主

湛若水的《乞上下一心同济圣治疏》，便是陈述"天下一舟"一体观的治国理念，《初入朝豫戒游逸疏》，则是提出防止荒诞腐败的治国之策，此外，湛若水的奏折还有告诫君主必须注重的各个方面，主要有如下方面。

其一，关于"君子体仁"的奏折，劝告皇帝"推经传，明圣学，以体群情"。

嘉靖元年（1522）七月初八日，湛若水进《再论圣学疏》。疏中称：

> 臣谓圣学之大莫过于求仁，仁者以人物为一体。③

进而，具体建议皇帝如何才能做到以人物为一体，他说

> 陛下天赐睿智，宜视三公、九卿、百职、科道、万民如一身者，反身而求之，知吾身之心思不可以一时不宰也，则必思所以正其心以主群动，不宜或有放失也。④

---

① 湛若水：《叙政》，《泉翁大全集》卷一八，第534页。
② 湛若水：《乞上下一心同济圣治疏》，《泉翁大全集》卷三六，第932页。
③ 湛若水：《再论圣学疏》，《泉翁大全集》卷三六，第929页。
④ 湛若水：《再论圣学疏》，《泉翁大全集》卷三六，第929页。

进而，湛若水指出，皇帝对他提出"戒游逸"的意见虽有批复，似是予以采纳，但"未见施行"，"是以复进一体之说"，他试图劝告皇帝能——

> 明全体物之仁，玩取身之义，兼爱养之道，虑解体之患，惩扁鹊之走，立大公以普天下，宫中、府中视为一体，疾痛疴养无不相关。使天下后世颂为至仁之君，与神尧准。①

显然，湛若水直言，明君应注重儒家的经典，心怀仁义，与人物融为一体。他欲以其一体观为基点，高屋建瓴地为皇帝提出治国理政的指导思想。

其二，关于"急亲贤""安大业"的奏折，劝告皇帝应君臣一德。

嘉靖三年（1524）二月初四，湛若水上《乞谨天戒急亲贤疏》。疏中称他期待皇上：

> 恳乞谨天戒，急亲贤，以济否屯，以安大业事。②

为何要"急亲贤"，把君臣关系作为亟须解决的问题？湛若水在疏中开篇即道明其中的缘由，那便是——

> 于正德之间，天下濒危者屡矣。当斯之时，科道囚，老臣弃，其不亲贤之至如此。以今视昔，可不为寒心哉！③

在湛若水看来，注重君臣关系，一方面是历史教训的启示，另一方面则是儒家经典的教诲。他引用《易经》进行论证，说：

> 否之《象》曰："否之匪人，不利君子贞，大往小来，则是天地不交而万物不通也，上下不交而天下无邦也。"言不可不亲贤也。④

---

① 湛若水：《再论圣学疏》，《泉翁大全集》卷三六，第930页。
② 湛若水：《乞谨天戒急亲贤疏》，《泉翁大全集》卷三六，第934页。
③ 湛若水：《乞谨天戒急亲贤疏》，《泉翁大全集》卷三六，第934页。
④ 湛若水：《乞谨天戒急亲贤疏》，《泉翁大全集》卷三六，第935页。

湛若水又引用《诗》的说法为证："我祖宗列圣知其然，故有君臣同游之训，文华殿人席之规。《诗》曰：'不愆不忘，率由旧章。'在陛下今日尤为当务之急也。"① 湛若水认定："夫帝王之治莫大乎君臣一德，亲贤而风动之。"② 进而，湛若水向皇帝具体建言：

> 陛下诚能修举盛典，以大臣之贤为统领，求在馆、在朝、在野之贤，明先王之学者，俾侍值于文华殿之侧。陛下每日朝罢，即御文华，向晦乃人，俾群贤日相讲磨圣学。③

显然，湛若水是告诫皇帝，"天子和德于上，臣庶和协于下"，协调朝中的上下关系，营造"和气纲缊"的局面，达到"同舟共济，有安无危"、长治久安的目的。④

嘉靖十年（1531）九月二十三日，湛若水上《进君臣同游雅诗疏》，再议君臣关系。疏中强调"君臣同游雅诗"，可以"彰圣德""弘大业"，他同样引《易》的说法加以论证，又以先帝为榜样。

进而，湛若水给皇帝建言，具体如何改善君臣关系，疏中称：

> 夫人主一日之间，接贤士大夫时多，则可以涵养德性，熏陶气质，习与智长，化与心成。⑤

这些都体现湛若水十分注重道德教育，尤其强调，体认天理必须"随处"。他提出人一出生便接受"蒙养"，以使之心能"正"。

可以说，湛若水上疏虽不算多，但他既为皇帝提供治理国家的策略思想，又关注皇上的家事，及时予以提醒。他的一片忠心，常常得到皇帝称赞。

其三，关于"收敛精神"的奏折，劝告皇帝"图国本，以敦化理事"。

---

① 湛若水：《乞谨天戒急亲贤疏》，《泉翁大全集》卷三六，第935页。
② 湛若水：《乞谨天戒急亲贤疏》，《泉翁大全集》卷三六，第935页。
③ 湛若水：《乞谨天戒急亲贤疏》，《泉翁大全集》卷三六，第935页。
④ 湛若水：《乞谨天戒急亲贤疏》，《泉翁大全集》卷三六，第936页。
⑤ 湛若水：《进君臣同游雅诗疏》，《泉翁大全集》卷三七，第956页。

嘉靖十年（1531）十月初八，湛若水上《劝收敛精神疏》。疏中首先肯定"皇上幼起名藩，继承大统，圣德盛大，超越百王，孜孜图治，十年于兹"，进而直言，皇上的努力，成效不佳，现状是"皇储未建，国本未立"[1]，他本人以及臣民们都为此而担忧。他尖锐指出，至关重要的是"修乎在己"，即是"收敛精神"[2]。湛若水具体阐述"收敛精神"为何重要，他如是说：

> 夫精神者，天敛之以生物，地敛之以成物，圣人敛之以生成德而成大业，帝得之以为帝，王得之以为王，人物得之以为生育昌。……夫精神者，敛之则全，用之则散……是以古之圣帝明王慎之，以保惜其精神焉而不散。[3]

在奏折的最后，湛若水坦言他担心皇帝"圣心渊微，精神恐有过用"，故真诚地建言如何做到"收敛精神"，他说：

> 愿圣明凝心定虑，端庄静一，凡于笾豆之类，付之有司，不役精于耳目，不劳神于思为。翕聚完养，根深固蒂，以为生育之本焉。[4]

显然，湛若水是要皇帝注重"修己"，涵养出"精神"，由收敛精神，抓住生育之本，不要分散，而成就大业。这既强调注重心性涵养，又提示在处事上不可分散精神，注意策略上处理好主次的关系。

（四）对皇帝家事入微关注

在湛若水不多的奏折中有数本是直接为人主而写，其中有启示人主的治国理念与治国策略，也有关心人主家事的。

嘉靖十四年（1535）九月上《进祖陵颂疏》，言及为皇上撰写祭告祖陵诵文之事，阐明"道述祖功宗德，垂诏后世，上绍雅颂之音以追配唐、虞

---

① 湛若水：《劝收敛精神疏》，《泉翁大全集》卷三七，第961页。
② 湛若水：《劝收敛精神疏》，《泉翁大全集》卷三七，第962页。
③ 湛若水：《劝收敛精神疏》，《泉翁大全集》卷三七，第962页。
④ 湛若水：《劝收敛精神疏》，《泉翁大全集》卷三七，第963页。

三代之盛"① 的意义。

嘉靖十二年（1533）八月十七日，湛若水赴南京任职途中，闻皇帝"第一子生"，欢喜之极，即上《途中庆贺皇元子生疏》。在疏中称：

> 身已在行，心驰遥贺。瞻天仰圣，手舞足蹈而不能已也。②

在疏中，湛若水还嘱咐皇上要注重对孩子的教育，他强调：

> 念臣前进古文小学之记，似为今日急务之先。自夫胎教接见之端，以至辅养德性之法，无所不备焉，实乃一德陶成之要……③

在疏中，湛若水不仅表示了祝贺，还不忘提醒皇上要从胎儿开始进行德性的涵养，真是"三句不离本行"，不愧为心学大师！

两个月后，皇帝的第一子不幸夭折，湛若水则上《奉慰疏》，以表"激切奉慰"之情。

嘉靖十五年（1536）十月，皇帝的第二个儿子出生，湛若水上《庆贺皇太子生疏》祝贺。疏文在歌颂之余，不忘皇子的教育问题，疏中说：

> 伏惟哲命惟初生自贻，圣功在蒙养以正。……乐修内，礼修外，自怿成于稚长之龄。④

显然，湛若水时时不忘倡导其"随处体认天理"。在湛若水看来，人的心性涵养须是不受时间与空间的限制，从生命的开始，便应接受"蒙养"，从小就开始去"体认天理"，而后才能成长为"圣贤"。

纵观湛若水所上的奏折，足见他既在治国理政上给皇帝建议，又在方方面面对皇帝关怀备至。这凸显了作为朝廷命官的湛若水，是何等的勤奋敬业、尽忠尽责，真不愧为官吏的楷模！

---

① 湛若水：《进祖陵颂疏》，《泉翁大全集》卷三七，第 977 页。
② 湛若水：《途中应贺皇元子生疏》，《泉翁大全集》卷三七，第 970 页。
③ 湛若水：《途中应贺皇元子生疏》，《泉翁大全集》卷三七，第 970~971 页。
④ 湛若水：《庆贺皇太子生疏》，《泉翁大全集》卷三七，第 980~981 页。

八　品格高尚

湛若水的政绩，得益于其心学的理论指导，也得益于他高尚的品格。他伟大的人格，成就了他的事业。其高尚的品格，值得今人学习。

（一）"公普天下"

"立大公以普天下"，是湛若水的治国理念，也是他的胸怀与品格。关于"大公"他有许多的阐述。在《再论圣学疏》的奏文中，他明确提出：立大公以普天下。① 湛若水认为，有大公之心的圣贤，将大公之心庇及天下，便能成一"公天下"的大同世界。"公天下"，是湛若水治国的最高目标，这是他对儒家的最高理念的继承。

儒家经典《礼运·大同篇》称，"大道之行，天下为公"。肩负着复兴圣学历史重任的湛若水认定"廓然大公"，是圣贤应有的品格。他明确提出，"公"还是"私"决定着个人的命运与前途，是事业成功的关键，因而，统治者须具有一颗"廓然大公"之心，才能治理出幸福安康的大同天下。湛若水说：

> 圣人以天地万物为体，即以身在天地万物看，何等廓然大公。②

> 大公之心，便是天理。③

这是说，"廓然大公"之心，是圣人、君子，即国家的统治者、社会的成功人士应有的道德品格，或说是应该具备的人格精神。

这种"廓然大公"的人格精神，是成就事业的必备条件。湛若水以古为鉴，他借用古代的典籍和前人的经验，给皇帝撰写了《圣学格物通》。在书中，他如是说：

---

① 湛若水：《再论圣学疏》，《泉翁大全集》卷三七，第 930 页。
② 湛若水：《新泉问辨录》，《泉翁大全集》卷六七，第 1647 页。
③ 湛若水：《圣学格物通》卷二〇，吴昂校刊，资政堂重刻。

> 古之圣贤，必先正己，以格君心之非。君心正，则公而明。①

在湛若水看来，古时的圣贤，自己首先进行心性的修养，做到"正己"，具有好的品格，然后去帮助君主革除不好的品格，这样君主的心"正"了，才能治理出"公而正"的局面。他又告诫人们，只有大公的人，才能成就事业，才能成功。他说：

> 廓然大公，物来顺应，不至用智自私之蔽。②

湛若水认为，能廓然大公的人，事事出于公心，不至于受到私心的蒙蔽，因此也就能顺应环境，得心应手，而获得成功。可见，大公之心对每个人，特别是对担负着国家治理重任的"君主"，是何等之重要！

"公"，是人特别是君主重要的道德品格，是关系个人与国家命运的品格。湛若水注重"大公"，反复解读"大公"，辨析"公"与"私"的区别。他借用明太祖的话，对"公"做如下的界定：

> 公即无私，义之谓也；私则忘公，利之谓也。③

湛若水和明太祖一样，把"公"界定为"无私"，公与私不可两立，只有做到了"无私"，才称得上"公"。

湛若水的《圣学格物通·正心下》，阐述了"公"与"天理"的关系，在二者之间画上了等号。他强调：

> 大公之心，便是天理。④

在《新泉问辨续录》中，湛若水又说：

---

① 湛若水：《圣学格物通》卷二〇。
② 湛若水：《圣学格物通》卷一八。
③ 湛若水：《圣学格物通》卷二〇。
④ 湛若水：《圣学格物通》卷二〇。

> 大公之体，无私无虑，不容有一毫意必顾我之私参于其间者也。

这是说，"公"就是"无私"；"大公"，就是"无私"，就是不允许一毫的私念夹杂在其间，"大公"就是"天理"。在湛若水看来，圣贤都把"公"等同于"无私"，"公"与"私"泾渭分明，"大公"是更为彻底的"公"，不容有丝毫私念。

湛若水以为，"大公"，既然是无私，那么就不被物质牵累，因而成为圣贤的品格、君主的品格。他在给皇帝的《圣学格物通》中，这样说：

> 至公无私，自无物我之累。①

就是说，因为公与私不可两立，必须无私才能大公，做到了"大公"，就不会受到"物"和"我"牵累，既不被外界的物质诱惑，也不被内心的私欲困扰，只有排除了追求物质享受的私欲，以及逐利的欲望，才能一心一意在"义"字上用功，而建功立业。如若不是这样，它的结果则恰恰相反，他指出：

> 见闻之念，起于躯壳之私，则广大之体蔽，而身外皆非我也。②

这是说没有大公之心的人，由物质的躯体而产生私欲，则人心中的天理受到了蒙蔽，真正的"我"，就不存在了。可见，圣贤、君主具有"大公而无私"的品格，是何等之重要！

湛若水的"立大公以普天下"，是对儒家"大道之行也，天下为公"理念的演绎。他既把"大公"作为一种理想人格，是圣贤、君主所必备的品格，又强调须以"公"去庇及天下，构建"公天下"的"大同"社会。

（二）"戒逸第一"

湛若水虽身居高位，但他心中一直装着百姓，畏民、爱民、恤民，勤

---

① 湛若水：《圣学格物通》卷一九。
② 湛若水：《圣学格物通》卷一九。

政为民。对当时官场的不正之风，他敢于批评。当年踏上仕途之时，他即上奏《初入朝豫戒游逸疏》，这第一疏便以"周公作无逸戒成王"为例，告诫皇帝"以勤政亲贤为急务"，"存警戒之心，励无逸之教"。

显然，湛若水提出"戒逸"，是直接针对朝中皇帝与官员均存在好"游逸"未能勤政的坏风气而提出的。

湛若水不但期待皇上与朝廷官员能"无逸"，而且能以身作则。他以勤政来抗拒当时朝中的"游逸"之风。他的一生，勤政敬业，便是"戒逸"的典范。在他的人生字典里，"作"是特号字，他的勤政成就了他的功业。他在《答藩臬诸公劝驾书》中坦言：

> 某虽不肖，其敢久恋烟霞以自偷安乎？①

"不自偷安"，贯穿于湛若水的一生。他每天晚睡早起，勤勤恳恳，既勤于政事，又勤于笔耕，作为一名日理万机的官员，他为后人留下了 500 多万字的论著。他生活简朴，还在居处的园子里自种蔬菜，勤于农耕。可以说，湛若水称得上是中国历史上"戒逸"官员"第一人"，值得人们学习！

（三）克己廉洁

怀揣着一颗公心的湛若水，在仕途上总是谨记"努力自爱"②。他深懂"德义行而后无伤廉伤惠之悔"③。他强调：

> 照三事以清为首，九德以廉为言。廉则有分辨之义，清则无苟取之污。④

从现存的史料看，湛若水的清廉是一贯的，他从来都拒收馈赠。在一些书函中他说道：

---

① 湛若水：《答藩臬诸公劝驾书》，《泉翁大全集》卷一〇，第 285 页。
② 湛若水：《答王宁都》，《泉翁大全集》卷九，第 282 页。
③ 湛若水：《答藩臬诸公劝驾书》，《泉翁大全集》卷一〇，第 285 页。
④ 湛若水：《参批本部呈子》，《泉翁大全集》卷三二，第 858 页。

> 沿途知旧致赙，一切不敢祗受。①
>
> 沿途知旧馈遗，一切辞谢。②
>
> 沿途知旧相遗，未曾敢收一毫。③

　　湛若水尤其不收如钱银、玉璧之类的贵重礼品，或是把礼金转为公用。在《参批本部呈子》文中记述，湛若水遇到"仪制司主事黄谨容呈送出已前署主客司收过直厅皂隶十两八钱"，他"即将原银全数送主客司，转贮精善司登簿记收，以备堂上各司公用"④。在《复魏太守辞免坊牌价》中，湛若水提到"陈公惠赠牌坊银一百四十九两五钱七分"，"不敢祗受"⑤。他坦然说道：

> 慈母在堂，凡百事辞受，不揆于义，徒为娱悦，今则已矣。⑥

　　诚实的湛若水，他毫不掩饰地说，他母亲在世的时候，也曾收过别人的赠送，那是为了照顾母亲的面子和情绪。

（四）严于律己

　　湛若水在《改南京吏部尚书谢恩疏》中，曾明确提出自己的为官之道。他如是说：

> 事君以人之职，益励素心，不违天则，好恶无作臧否不偏，以效涓涘之报，以免瘝旷之诛。⑦

　　湛若水在奏折中，说明了自己的职务是"事君"，为国君服务，须揣怀一颗纯洁的心，不违背"天则"，处事不偏不倚，以避免犯错而受到惩罚。

---

① 湛若水：《与繁昌林明府有年》，《泉翁大全集》卷九，第 267 页。
② 湛若水：《答人辞赙》，《泉翁大全集》卷九，第 267 页。
③ 湛若水：《与唐新淦》，《泉翁大全集》卷九，第 568 页。
④ 湛若水：《参批本部呈子》，《泉翁大全集》卷三二，第 858 页。
⑤ 湛若水：《复魏太守辞免坊牌价》，《泉翁大全集》卷九，第 271 页。
⑥ 湛若水：《复魏太守辞免坊牌价》，《泉翁大全集》卷九，第 271 页。
⑦ 湛若水：《改南京吏部尚书谢恩疏》，《泉翁大全集》卷三七，第 979 页。

这种为官之道，既体现着儒家传统的"中庸"理念，也彰显了岭南人兼容的文化精神，更是湛若水仕途畅顺的内在基因。

鉴于这样的为官之道，湛若水一直以来，对自己要求十分严格，撰写了几本奏折，都是对自己的工作进行检讨的。如在南京任国子监祭酒时，仁寿宫火灾，湛若水十分自责，接连上了《鉴灾修省疏》、《灾异自陈疏》与《考察自陈疏》，进行检讨并请辞。

嘉靖四年（1525）五月十七日，任南京国子监祭酒的湛若水，因仁寿宫受灾而上《鉴灾修省疏》。疏中称："因仁寿宫灾"，"臣自闻命，夙夜靡宁"，"为鉴灾修省，乞恩求退，以答天戒事"。① 他特别强调了太学的重要性，以及自己的失职。疏中称：

> 太学乃贤关之地，在南京为圣化之始，若能成就人才，亦可裨致和气。臣猥以菲才过承重寄，到任逾时，士风罔变。惟是位育之理未臻，莫非中和之教弗致。上干天戒，震惊圣心。揆厥感召，臣岂无怨？伏望圣明，察臣避位应天之心，谅臣力小任重之咎，将臣放归田里，别求贤能，有贤化理，庶致休征。②

在疏的字里行间，可窥见湛若水真诚的检讨，以及对工作认真负责的态度。他主动承担责任，并请求辞职。这种态度和精神值得每个人学习。

在湛若水上疏之后，朝廷并没有对湛若水进行惩戒，这使他十分不安，于是，又一次次上疏。嘉靖六年（1527）二月初五，湛若水上《灾异自陈疏》。疏中称："为自陈不职，乞赐罢黜，以回天变事。"③ 又称："盖由力小不足以任重，材薄不能以致远，无以臻成贤之效，而裨咸和之治，化灾为祥，上辱主忧，此臣之罪也。"④ 皇帝阅此奏文后，批曰："湛若水学行素著，宜用心照旧供职，不允所辞。"⑤

接到皇帝的谕旨后，湛若水还是要引咎辞职，他接着呈上《考察自陈

---

① 湛若水：《鉴灾修省疏》，《泉翁大全集》卷三六，第 942 页。
② 湛若水：《鉴灾修省疏》，《泉翁大全集》卷三六，第 942 页。
③ 湛若水：《灾异自陈疏》，《泉翁大全集》卷三六，第 943 页。
④ 湛若水：《灾异自陈疏》，《泉翁大全集》卷三六，第 943 页。
⑤ 湛若水：《灾异自陈疏》，《泉翁大全集》卷三六，第 943 页。

疏》。在疏中回顾了自己的仕途生涯，表达感恩之情。在折中称，"忝受累朝之恩，惭无涓埃之报"，"上负国家重任，下负臣愚素心者也"，"伏望皇上将臣罢归田里"①。自责之情，使湛若水在疏中再一次请辞，坚决请求"皇上将臣罢归田里"。

由上足见，湛若水有着高度的责任感，在工作中尽职尽能，敢于承担责任。这种担当和律己的态度，便是心学大师在现实生活中所显示的圣贤境界，也是国家公职人员应有的人格精神。

（五）勤励朴实

湛若水爱惜时光、努力奋进。他以古先贤为榜样，指出"大禹、周公皆坐以待旦，惜寸阴"；他认同孟子"鸡鸣而起，孳孳为善"的见解，认定好睡懒惰的人，不可能有所成就而"成人成家"②。他以自身的经历为例：在南京担任祭酒时，"公务人事颇多，为编《格物通》书，必三鼓乃睡，鸡鸣即起。从事于三年，乃成书一百卷，又成《诗教》三册。若早眠晏起，岂能成事？"③。他告诫人们，"宜法吾之勤，鸡鸣即起，百事可理"④。他每天晚睡早起，勤勤恳恳。

湛若水依循"一寸光阴，一寸金""天道酬勤"的传统理念，在当今仍值得倡导。可以说，当今社会的种种不良现象，大都缘于人们没有受到"勤励"的家教，如：一些犯罪的年轻人，他们自小养成懒惰的恶习，好吃懒做，幻想天上掉馅饼，幻想"一天暴富"，不懂得"一分耕耘一分收获"，缺乏"勤励"的家教；特别是一些独生子女，更是从小被宠成"小皇帝"，面对这样的社会现实，我们有必要倡导湛若水的"勤励"训导，引导青少年励志勤奋，创造自己的美好人生。

湛若水身居高官，却十分节俭朴实。据史料记载，湛若水生活简朴，衣着与饮食都很节俭。他回忆说，尽管家境还好，但一直"不肯买一纱罗穿着"，结婚时穿的丝袍，是向姓陈的朋友借的，直到39岁上京参加第二

① 湛若水：《考察自陈疏》，《泉翁大全集》卷三六，第944页。
② 湛若水：《免勤励章》，《甘泉先生续编大全·补编》，钟彩钧、游腾达点校本，"中央"研究院中国文哲研究所，2017，第361页。
③ 湛若水：《免勤励章》，《甘泉先生续编大全·补编》，第361页。
④ 湛若水：《免勤励章》，《甘泉先生续编大全·补编》，第361页。

次会试路过南京时，才买了罗绸的衣服。他念念不忘，"昔年读书，只常用盐鱼饭励志"，"至今尚不忘盐鱼滋味也"①，便常常让老家人给他寄家乡的咸鱼。湛若水为官期间，亲躬于自家园圃，种菜自用，清茶淡饭。湛若水办了40多所书院，大多是以他的薪酬，以及他人赠送的礼金作为经费。他还按母亲的嘱咐，在家乡设"馆谷"，为春耕时有困难的乡亲排忧解难。

湛若水不仅自身廉洁，还希冀这样的美德能代代相传，他撰写了《湛氏家训》三十五章，其中第十九章"节酒食"与第二十章"戒服美"，便是强调通过饮食与衣着的节俭，以营造好家风。湛若水提出，饮食方面"平时家居，不许饮酒，非人所馈送及待宾，不许买肉自食"②；在衣着方面，强调"男子十五以下，只宜衣布帛，不许穿纻丝、绫罗、纱绢等物"③，不能"养成其华靡之习"，"早享福禄，尤为不宜"④。

湛若水一生，两袖清风，廉洁自爱，直至去世，还要薄葬。他的墓被盗时，盗贼只拿到几个陶罐，没找到任何珍贵的陪葬品。可见，湛若水生前死后，其节俭精神是一贯的，值得今人学习。

节俭，可以励志；节俭，是中国人的美德。诚然，在当今有些人却丢弃了节俭的美德。20世纪70年代末，改革开放以来，由于社会经济的发展，物质条件的改善，人们的生活水平大为提高，湛若水当年提出的严要求，有一些已经不合时宜，比如人们可以有美食和美服，但是这并不意味着节俭的美德可以抛弃。当今铺张浪费之风仍有存在，如衣着讲究名牌，把服饰作为身份的标示；尽管有人倡议"光盘行动"，但餐桌上的浪费依旧惊人。相比湛若水的节俭朴实，这些挥金如土的人应感到羞愧！

总的说来，湛若水不仅留下了博大精深的心学，还留下弥足珍贵的甘泉精神。传承甘泉精神，有利于在新时代中提升"文化自信"，以发挥文化软实力在社会现代化中的牵动作用。

九 终生办学

湛若水传承了陈献章的衣钵，为传承与弘扬师道，为纪念先师陈献章，

---

① 湛若水：《免勤励章》，《甘泉先生续编大全·补编》，第360页。
② 湛若水：《免勤励章》，《甘泉先生续编大全·补编》，第360页。
③ 湛若水：《免勤励章》，《甘泉先生续编大全·补编》，第360页。
④ 湛若水：《免勤励章》，《甘泉先生续编大全·补编》，第360页。

他遍建书院。他终生从教，无处不授徒，无时不讲学，晚年尤其全力以赴兴学育才。他不仅办学，还提出富于超前性的教育理念，并制定教学的管理规则。其所办的书院以及教育的弟子之多，教育思想之完整，可称得上较为罕见的。他称得上是尊师重教的楷模，是大教育家。

（一）遍建书院

湛若水尽毕生之力，大办书院。他所以注重教育，一方面，是受到先师陈献章的影响，认识到教育的重要性，故以其师为榜样，致力于教育，为国家培育人才；另一方面，为了缅怀先师陈献章，他所到之处必建书院，并在书院中供奉先师的遗像。40 岁的湛若水，进入仕途，便在京师开始了他的教学生涯，直至他生命的最后一刻，还居住在他的番禺精舍中。

对湛若水漫长的办学过程，有学者按时间先后，把他的教学活动划分为四个时期。

第一时期（1505~1515），湛若水 40 岁至 50 岁，从他步入政坛，到他母亲去世扶灵还乡期间，是开始创办书院阶段。

湛若水自称"四十复游燕赵讲业"，是说 40 岁中进士之后，他开始了讲学。据史料记载，当时入选翰林院庶吉士的湛若水，不久结识了在刑部任职的王阳明，两人定交之后，决心"共兴圣学"，便分别开坛讲学，宣讲传统儒学。这便是湛若水早期的教学活动。

第二时期（1518~1522），湛若水 53 岁至 57 岁，在家乡办书院阶段。

正德十年（1515），湛若水母亲去世，他扶母亲灵柩由京师取道南京返回广东，为母亲守灵三年。因当时发生了宁王朱宸濠叛乱，又有东南一带的民众暴乱，时局很是动荡。于是，湛若水守灵期满之后，没有马上返京，而是上疏请求在家养病，获准后，便停留家乡，策划创办书院。

正德十三年（1518），湛若水来到南粤四大名山之一的西樵山，在几位友人与门人的协助下，办成了大科书院。

西樵山，位于今佛山市南海区，海拔 346 米，是一座古火山，也是新石器时代的采石场和石器制作场，是华南地区仅存的古石器制作场，史称"西樵山文化"。西樵山，外陡内平，群峰罗列，参差有序，大科峰为最高。西樵山，风景秀丽，山里有湖，湖里有山，犹如水在山中，山在水里。资料显示，西樵山有岩洞 16 个，泉眼 2322 个，瀑布 28 个……好一个观云海、看日出的避暑之地！湛若水在此山上兴建了大科书院，之后，四方英才云集。明清时期，西樵山吸引了不少文人学子前来隐居，在此山坐而论道，故有"理学名山"之誉，成为岭南的一道文化风景线。

大科书院，规模宏伟，设有"寅宾馆"，以迎接到书院的宾客；设有"进修斋""敬义斋"，作为弟子学习讨论的场地；设有"凝道堂"，作为讲学的场所。湛若水不仅注重书院的硬件建设，也十分重视书院的软件建设，如在管理上制定了《大科书堂训》，作为书院管理的条例。可见，湛若水的考虑，是何等之周全！

大科书院建成后，湛若水在那里讲学 4 年，先后把讲学编录成《樵语》《新语》《知新后语》等，成为学子的学习资料。

第三时期（1522～1539），湛若水 57～74 岁，是返京复职期间，继续办书院及讲学阶段。

武宗皇帝去世，世宗登基，湛若水以为时局有所变化，决意返京。

嘉靖元年（1522）五月，湛若水回京复任翰林院编修，并担任经筵讲官。两年后，湛若水晋升为南京国子监祭酒，官至从四品。

任祭酒期间，他讲学不断，后来把这段时期的讲学编录成《雍语》《二业合一训》，记录了他的讲学生涯。

嘉靖七年（1528），湛若水调任南京吏部右侍郎，官位为正三品。他虽然离开了最高教育机构，官位变动了，但讲学并未终止。这段时间，他继续讲学，讲授内容先后编成《新泉问辨录》《金陵问答》。

嘉靖十二年（1533）七月，68 岁的湛若水升为南京礼部尚书，官至正二品。任职期间湛若水的讲学内容被编录成《新泉问辨续录》。他又曾在泗州与扬州讲学，编录成《泗州两学讲章》和《扬州府学讲章》。

嘉靖十四年（1535），年过古稀的湛若水，上《引年疏》，请求归隐，欲"退居山林"。皇帝说，你身体还好，继续做吧，并于第二年，调任他为南京吏部尚书。这一年的十一月，他曾回了一趟老家，在增城创建了莲洞书院，又在罗浮山建了朱明书馆。可见，湛若水即使是在任职期间，忙于公事，也不忘讲学与办学，确实是"无处不授徒，无时不讲学"。

第四时期（1540～1560），湛若水 75 岁至去世，归隐岁月，他退而不休。这一时期是湛若水办书院与讲学的巅峰时期，是人生的辉煌历程。

嘉靖十九年（1540）五月，75 岁的湛若水获准归隐，结束了 35 年的仕途生涯，回到了广州。

离任的湛若水，七月启程，取水道南归岭南，一路走来，一次次登陆走进书院，或是悼念友人，或是讲学。经杭州时，上岸走进天真精舍，拜祭挚友王阳明。八月，入福建，游武夷山；入江西，走进鹅湖书院，参访当年朱熹与陆九渊论辩之地。九月，抵达粤北韶州，在韶州精舍讲学，后编录有《韶州明经馆讲章》。

回到家乡，湛若水即积极投身于办学与讲学。离开了政坛的古稀之人，本该过舒适安逸的日子，享受天伦之乐，然而，湛若水却选择了继续修书院，收徒讲学。或许他铭记着老师"士不居官终爱国"的教诲，在"罢归故里"之后，仍要为国报效，继续用讲学的方式报效国家，缅怀先师。从75岁到95岁去世，整整20年间，湛若水以一个老人难得的毅力与敬业精神，办起了一个个书院，讲授了一次次的课，培育了一批批的学子，其中有许许多多感人的故事，成为教坛佳话。

嘉靖二十年（1541），湛若水76岁。他先后在增城和罗浮的书院讲学。

嘉靖二十二年（1543），湛若水78岁。他应邀到南岳衡山讲学、办学，在紫云峰麓，建甘泉书院，并立白沙祠，在书院讲学。

嘉靖二十三年（1544），湛若水79岁。他干了一件大事，在广州构筑了一个占地面积数十亩的"湛家园"，在府邸之旁兴办了天关精舍，作为他传播心学的重要平台。

嘉靖二十五年（1546），湛若水81岁。他不顾年迈，再次游南岳，停留数月之久。水陆兼程，一路走来，会友、讲学、论道，又撰写《重修南岳甘泉书院记》。

嘉靖二十七年（1548），湛若水83岁。他与弟子相聚于天关精舍，讲学。

嘉靖二十八年（1549），湛若水84岁。他在龙潭书院讲学，有年逾古稀的弟子陪同。

嘉靖三十年（1551），85岁那年，他先后在龙潭书院、禺山精舍讲学，嘉靖三十九年（1560）他在精舍去世。他就是这样无私地把毕生奉献给了教育事业。

（二）书院及弟子

湛若水去世后，其大弟子罗洪先撰写了《南京兵部尚书甘泉湛先生》，文中称，湛若水有弟子 3900 余人，超越了孔子；在 14 个地方建书院 36 所，数量之多，实为空前！如下是文中所记载的书院。

> 在他的家乡增城，建有甘泉、独岗、莲洞；
> 在增城、龙门，建有明诚、龙潭；
> 在羊城，建有天关、小禺、白云、上塘、潜涧；
> 在南海之西樵，建有大科、云谷、天阶；
> 在惠州之罗浮山，建有朱明、青霞、天华；
> 在韶州之曲江，建有帽峰；
> 在英德，建有清溪、灵泉；
> 在南京，建有新泉、同人、惠化；
> 在溧阳，建有张公、洞口、甘泉；
> 在扬州，建有城外、行藐、甘泉山；
> 在池州，建有九华山、中华；
> 在徽州，建有福山、斗山；
> 在福建武夷山，建有六曲仙掌、一曲王湛会讲；
> 在湖南，建有南岳、紫云。

屈大均的《广东新语》，记载了 32 个书院，与罗洪先的说法基本一致。在这 36 所书院中，绝大多数是湛若水亲自筹建的，也有一些是他的弟子或地方官员协助建成的。

湛若水在五岭南北，致力于兴办书院，使沉寂了多年的民间书院，重新焕发生机，与官办学校一起形成办学的两条腿，有力地推动了明代教育事业的发展，其中岭南的发展尤其喜人。据《宋元明清书院概况》一书作者的统计，明代广东书院的发展速度惊人，所建置的书院已占全国书院的30%，数量居全国的第三位，仅次于江西和浙江，进入了全国教育的先进行列。这无疑为广东社会的发展做了人才先行的准备。湛若水和他的老师陈献章对此功不可没！

　　有学者考证，具体列出湛若水 35 所书院的创建时间，及其部分弟子的姓名，书院具体如下①。

　　　1. 明诚书院　正德初年　增城

　　　2. 云谷书院　正德十二年（1517）　南海

　　　3. 大科书院　正德十二年（1517）　南海

　　　4. 独岗书院　正德末年　增城

　　　5. 新泉书院　嘉靖初年　南京

　　　6. 甘泉书院　嘉靖六年（1527）　增城

　　　7. 甘泉山馆谷　嘉靖七年（1528）　扬州

　　　8. 斗山书院　嘉靖十年（1531）　徽州歙县

　　　9. 白沙书院　嘉靖十一年（1532）　广州

　　　10. 天泉书院（堂）　徽州休宁

　　　11. 福山书院（堂）　徽州婺源

　　　12. 九华山甘泉书院　嘉靖十三年（1534）　池州青阳

　　　13. 帽峰书院　嘉靖中　韶州曲江

　　　14. 清溪书院　韶州英德

　　　15. 灵泉书院　韶州英德

　　　16. 莲洞馆谷　增城

　　　17. 朱明书院　嘉靖十八年（1539）　惠州博罗

　　　18. 甘泉书院　嘉靖十八年（1539）　增城

　　　19. 天关书院　嘉靖十九年（1540）　广州

　　　20. 青霞书院　嘉靖十九年（1540）　惠州博罗

　　　21. 天华精舍　嘉靖二十年（1541）　惠州博罗

　　　22. 南岳甘泉书院　嘉靖二十三年（1544）　湖南衡阳

　　　23. 白云书院　嘉靖二十九年（1550）　广州

　　　24. 上塘精舍　嘉靖三十年（1551）　广州

　　　25. 禺山书院　嘉靖三十四年（1555）　广州

　　　26. 天阶精舍　嘉靖末年　南海

① 黄明喜：《甘泉与阳明》，广州出版社，2017，第 57~59 页。

27. 蒲涧精舍　嘉靖末年　广州

28. 玉泉精舍　南海

29. 同人馆谷　南京

30. 惠化馆谷　南京

31. 张公洞口甘泉书院　宜兴

32. 六曲仙掌书院　建宁崇安

33. 一曲王湛会讲馆谷　建安崇安

34. 合一书院　嘉靖末年　广州

35. 龙潭书院　嘉靖末年　广州龙门

湛若水弟子 3900 余人，尚存名者有哪些？近年，有学者依据相关资料进行梳理，列出 640 名弟子的名字①。从籍贯看，其弟子来自全国各地，可见其教育已跨越五岭，遍布江浙、两湖、两广等地，具体地方有：

广州、增城、南海、东莞、新会、番禺、乐昌、揭阳、潮阳、三水、潮州、清远、乐昌、英德、茂名、高明、恩平、顺德、鹤山、四会、惠州、博罗、溧阳、平湖、绵州、孝丰、江都、绩溪、于都、南康、浦江、福安、泰和、高平、桂阳、江山、德安、兴业、武陟、徽州、沅陵、监生、汉都、新安、晋江、山西、绵竹、贵池、祁门、长乐、乐至、衡阳、海阳、兴化、无锡、宁晋、德清、吴县、宜兴、衡山、江山、南安、金溪、安福、南安、桂林、新昌、三原、武进、韶山、莆田、常熟、海阳、安吉、攸县、宁波、归化、诏安、分水、青阳、休宁、荆门、盱眙、武陵、南昌、思南、永安、彬阳、安福、永丰、滁州、东阳、建德、郴阳、太原、六安、新州、海宁、海盐、辰州、祁门、歙县、婺源、蕲水、保宁、信阳、永宁、永兴、兰溪、泾县、新喻、新建、邕州、双林、金陵、贵溪、凤阳、漳平、象州、贵溪、桐乡、秀水、晋江、新安、江山、锦屏、章丘、慈溪、江都、道州、沅江、海阳、青阳、武进、余姚、天台、扬州、新安、永康、永新、怀宁、仙居、开州、西安、鄂县、漳州、麻城、豫章、长兴、泰

_____

① 黄明喜：《甘泉与阳明》，第 119~171 页。

和、建昌、漳平①

可以说，湛若水是沿着陈献章办书院的路向，推进教育事业的发展，但是，他在办学的地域上，则跨越五岭；在书院和弟子的数量上，也大大超过了老师；在对书院的经费投入，以及对贫穷学生的资助上，其力度远超过老师。因为作为高官的湛若水的俸禄，无疑十分可观，那是清贫的陈献章所望尘莫及的。尤其值得注意的是，湛若水遵循母亲的教诲，把他人的馈赠，以及地方的资助，都用于办学。由于种种原因，湛若水在办学的客观条件上比较优越，其办学能力远超越老师陈献章。可以说，对岭南教育事业发展的贡献，湛若水与其先师都功不可没，而二人相比，又可谓"青出于蓝而胜于蓝"！

（三）办学宗旨明确

湛若水办学态度认真，曾几次撰文谈论书院的相关事宜，其中尤其可贵的是确立了书院的办学宗旨。

保存在《泉翁大全集》中，湛若水关于办书院的文稿有：《迁冈书院记》《莲洞书馆赡田仓记》《峨眉莲洞开创书馆记》《甘泉山书院赡田诫》。在这些文稿中，湛若水具体阐说了书院创立的环境、经费以及教学宗旨等。

《迁冈书院记》中，湛若水明确提出：

> 夫书院之设，为传经也。②

在湛若水看来，学就是学经，办书院的宗旨应是"传经"。依循心学的理念，以及"尊儒"的立场，他认定：

> 六经皆由心生者也，故治心以治经，则全经在我矣……道无往而不在也，载而为六经，形而为天地万物，无非我心也。③

---

① 黄明喜：《甘泉与阳明》，第 119~171 页。
② 湛若水：《迁冈书院记》，《泉翁大全集》卷二七，第 738 页。
③ 湛若水：《迁冈书院记》，《泉翁大全集》卷二七，第 738 页。

治经以治心，而体天地万物之蕴，以与之一焉，则全经在我。①

显然，湛若水先设定六经由心而生，治经也就是治心，进而提出以书院作为教育的平台，强调必然注重心性涵养，而"治心"则可以通过治经而达到"治心"的目的。基于此，湛若水确定书院的宗旨在于"传经"。

进而，湛若水通过对书院的环境与氛围的分析，阐明书院有利于传经。他具体描述"书院之胜"的种种优越性，他说：

然则书院之胜，于其中居而四极也，则见夫东西南拱粤秀而尊，居物有方而我无方，则若以发吾心全书之中矣。于其流动而不居也，则见夫山峙川流，日月往来，相代乎吾前，则若以发吾心全易之时矣。于其歌咏而嬉游也，景物欣欣，人鸟相应矣，则人情物理宛然在目，则若有以发吾心全诗之性情矣。于其时景之推夺而惨舒也，则见夫顺化者昌，逆化者亡，与之夺之，生之杀之，日形乎吾前，则若有以发吾心是非之春秋矣。于庶物之群分而合同也，则见夫高深下上，仰极乎天，俯临乎地，化化生生，保合而凝，则吾心天地之大礼大乐于斯乎全矣。②

在湛若水看来，书院居于"四极"之中，她呈现东南西北而为"尊"；她流动不息，能见山川的存在与变化；她景色优美，景物欣欣，体现着"顺之者昌，逆之者亡"的法则；她歌咏游戏，一片欢乐；她万物有群有分，在那里可以仰望天、俯视地，宇宙的生生化化、人心中的大礼大乐全都得到体悟，这便是以心去治经，进而体认天地万物，这便是人与天地万物一体，这便是"全经在我"。

由上可见，湛若水希冀通过书院的有利环境，达到人与天地万物一体，以及治心与治经的关系密切，从而揭示书院的宗旨在于"传经"。如上的文字，绕了半天，只是想说清"书院之设，为传经也"，称得上用心良苦了。

---

① 湛若水：《迁冈书院记》，《泉翁大全集》卷二七，第 739 页。
② 湛若水：《迁冈书院记》，《泉翁大全集》卷二七，第 738~739 页。

（四）倡导自得

在办学中，湛若水不仅明确书院的办学目的，他还向学生提出读书的目的，期待学生懂得为什么要读书。

湛若水遵循"学者为己"的儒家古训，明确提出"学须自得"，他说：夫学求自得而已。① 学，是为了求"自得"。如何实现"自得"？湛若水进而指出：自得者，得自我也，非得于书也。②

在湛若水看来，学就是自得，这自得是从自我中而得，并非从书中而得；从自我中，即是从自我的心中而得。所以他又说：

> 读书之法，心不在则无自得。③

湛若水还是强调，读书学习无非也是在心上下功夫，进行心性涵养。他说：

> 君子之学，反己而已。④
> 学者其学诸心耳。⑤

显然，湛若水把学习当作心性涵养，要求弟子在心性上下功夫，具体便是通过学习，而使自己"学至气质"⑥。他强调：

> 学问之道无他焉，求其放心而已。⑦

这是以孟子的"求放心"来诠释"为学"，也就是把学习等同于道德涵养，等同于人的心性涵养。

---

① 湛若水：《迁冈书院记》，《泉翁大全集》卷二七，第 738~739 页。
② 湛若水：《新泉问辨录》，《泉翁大全集》卷六八，第 1665 页。
③ 湛若水：《新泉问辨录》，《泉翁大全集》卷六八，第 1665 页。
④ 湛若水：《新论·一致章》，《泉翁大全集》卷二，第 32 页。
⑤ 湛若水：《雍语·日新·第三》，《泉翁大全集》卷六，第 119 页。
⑥ 湛若水：《雍语·日新·第三》，《泉翁大全集》卷六，第 123 页。
⑦ 湛若水：《知新后语》，《泉翁大全集》卷三，第 58 页。

在湛若水看来，学是涵养，涵养便是道德本性的觉醒，因而学也即是"觉"。他直白地、反复地说：

> 学以入道为至。①
> 学之者，所以觉其良知也，知也。②
> 今日为学只在体认天理，为千古圣贤心法之要。③

他又说：

> 学者，觉也，古训者，圣人之心也。学之所以觉我之心也，我之心即圣人之心，觉了便不需留心，最是用药之气，以疗吾之元气而不用渣也。④

由上足见，湛若水注重教育，非常明确提出其从事教育的目的，让弟子把学习作为体认天理，作为道德涵养的过程，作为社会教化的手段。这便是湛若水教育思想的核心，也是其从事教育的终极目标。这一教育思想所蕴含的高远性，值得今人借鉴。

（五）注重规范管理

湛若水一生，办书院多、讲学多、弟子多。这三"多"，说明他有极其丰富的教育实践经验，并在实践的基础上，进行理论升华。他提出了一整套完整的、合理的、富有真理性的教育理论，又制定了可操作的、行之有效的教育管理体制。

在创办大科书院的时候，湛若水便为它确立了管理条例。他撰写了《大科训规》，全文 6000 多字，罗列 60 条规章，阐述书院的学生该如何立志，如何为学，如何进行生活管理等，至为具体详尽。

---

① 湛若水：《选刘中山还永丰小序》，《泉翁大全集》卷一九，第 567 页。
② 湛若水：《圣学格物通大序》，《泉翁大全集》卷二〇，第 579 页。
③ 湛若水：《斗山书堂讲学》；《泉翁大全集》卷一二，第 373 页。
④ 湛若水：《新泉向辨录》，《泉翁大全集》卷六八，第 1677 页。

（六）强调须立志

《大科训规》开宗明义，明确提出：

> 诸生为学，必先立志。如作室者，先固其基址乃可。[①]

湛若水要求进入书院的学生，首先必须"立志"，立下一个"不可夺"的志向，确立自己的学习宗旨和目标。"立志"为何是第一重要的事？湛若水打了一个通俗的比喻：建房子，必须先打好地基。在湛若水看来，进入书院的学子，要立志苦读，鸡鸣而起，诵读典籍，"体认天理"，进行道德涵养，不求私利。当然，湛若水也强调，他所办的书院有别于官办学校，它是为儒生或是在科举路上需要求学的人敞开大门。只要进到书院，"必先立志"。这展示了湛若水办书院，有着明确的目的，那便是为国家培养有道德涵养的可用之才。

在宋明时期，民间兴办书院，蔚然成风，书院当具有培育人才的教育功能，但是，书院大都是学者们讲学、发表自由思想、坐而论道的平台，大科书院，也不例外，同样是学者们交流的平台，但《大科训规》却如此突出"立志"，无疑凸显了湛若水作为国家官员，他的书院首先是教育机构，是为国家培养有道德涵养之才的场所。

（七）指导如何用功

《大科训规》指出："诸生用功，随处体认天理。"这是说，立了志就要用功，若不用功，立志便是空话。怎样用功？那就是必须进行涵养。涵养又怎样进行？涵养就是"体认天理"，具体即是不论在何时、何地，不论采用何种方式，都要把意、心、身、家、国、天下，统统当一件事来做，把"天理"，即人的道德本性感悟出来。这就是涵养功夫，就是实现自己所立的"志"而必须做的功夫！

《大科训规》提出，"读书亦唤醒一番，何等有益"。依循儒家的传统，弟子们既要"尊德性"，又要"道问学"，强调涵养不排斥读书。湛若水倡

---

① 湛若水：《大科训规》，《泉翁大全集》卷五，第 99 页。

导"随处体认天理"，是要唤醒人的道德本性，但同时他认为"读书"也能唤醒人的道德本性，主张将二者统一起来。

在南宋，理学家朱熹与心学家陆九渊在鹅湖的论争，其中一个焦点便是"尊德性"与"道问学"之争，湛若水则试图把二者兼容起来。这二者的兼容，便回到了先秦原始儒家的思路：一方面检讨和反思了当时过于注重心性涵养而忽视读书的问题，否定了"此道苟能明，何必多读书"；另一方面，又批评"读书丧心""读书可尽费"的错误倾向。这为大科的学子指明了正确处理涵养与读书关系的方向。

在湛若水看来，道德涵养与读书是相辅相成的。《大科训规》明确提出，书院的教育，须解决好德与智两方面的关系，主张二者同时并举：在道德教育方面，"求道于人伦"，教导学生在日常间体认天理，平日里应孝敬父母，友爱朋友，相互间和睦相处；在学业教育上，教导学生求"自得"，读儒家典籍，增长见识，虚心听讲，独立思考，在做好功课的同时，可"观山水"，野外游览。

《大科训规》，是湛若水管理书院的一套规矩，其中蕴含着他深刻的教育理念，揭示了办教育的规律。他办教育不仅为了解决一家书院的办学问题，还要解决社会教育的重大问题，即"德业"与"举业"的关系，这无疑具有普遍意义。

（八）改革学风，倡导德智并举

湛若水办学，在实践的层面有许多举措，对书院的学风，也有所创新。他主张"学须自得"；针对当时的不良学风，提出"德智并举"；针对死读书、不求甚解，而倡导"为学贵疑"；注重因材施教，要求弟子量力而行。湛若水对新学风的倡导，不是停留在口头上，而更注重在书院的实践中进行。

面对当时学子读书是为了应付科举考试这一社会不良现象，湛若水撰写了《二业合一训》，揭示德业与举业的辩证关系，明确提出教育的宗旨，不是仅仅为了举业的应试。

所谓"二业"，是指"德业"和"举业"。所谓德业，是指道德涵养，今人称作德育；所谓举业，是指科举之业，是通过书本的学习，而能应对科举考试。湛若水认为，德业与举业是一致的，"进德"就能"修业"，"涵养"和"习业"并非两码事，需要同时用力。

对于德业与举业必须合一的道理，湛若水做了充分的阐述。他通俗地比喻说：德育与举业的合一，好比树的根和树的枝叶那样不可以分离，树木"由本根以达于枝叶"，而人的成长则是"由涵养以达其文词"；由根到叶，由涵养到学问知识，一以贯之，是连贯的，所以读书呀，作文呀，不能离开心性涵养的根本，就像是从根的本源中发出枝叶来。湛若水又解释说：你如果涵养了自己的心性，就能体悟许多的实事，那么你的科举之业也便在其中了，这就好像是树有了根，自然而然长出枝叶，绽放出鲜花那样。

湛若水强调，德业和举业，彼此密切联系，相得益彰。他直白地说：

> 吾之教人也，不外科举，致理也存焉，德性存焉，是故合一。[①]

这是说，如果以德业为主导，那么读书、作文都会十分畅顺，举业也就不成问题了。

湛若水既从正面说明，正确处理德业与举业关系，可取得好结果；又指出如果不先立志于德业，不由心性涵养做起，不从根本处下功夫，那么，在学业上"掇拾补缀"，随意地拾取一些装点门面的知识，"读书"只图"记诵"，只在辞章上下功夫，只是为了"取科第""谋爵禄""计功谋利"，其结果便是失去了本体的心，没有了根本，这样不但成就不了圣贤，反而培养出强盗来；如果只讲"举业"，那么"天下无全人"，没有了德才兼备的人才，结果国家无可用之才，同时，学术也会受到破坏，"儒学坏而天理几乎习息"。

从正反方面的比较分析中，湛若水得出的结论是：既不可离德业而求举业，也不能只求举业而不求德业。他告诫人们，正确处理二业关系，不仅关系着个人的命运，还关系着国家的命运，以及圣学与社会道德的兴亡。

湛若水对"二业合一"的阐述，并没有停留在理论层面上，还以事实来论证。常言道："事实胜于雄辩！"湛若水以自己的切身经历，说明德业与举业密不可分的关系。他说，"二业合一"是自己"实身"的践履，是自

---

① 湛若水：《教肆》，《二业合一论》，《泉翁大全集》，第97页。

身"尝试"过的经验。他回忆这样一段经历，用现代汉语叙述便是：

> 自 20 岁开始学，与其他人一样，走科举之路，27 岁通过乡试；后师从陈献章，舍弃了举业，专心进行心性涵养 13 年，乙丑（弘治十八年），40 岁时，会试通过，举业已经与过去大不一样，"渊源而来"，好像有神灵相助。

湛若水是以个人的例子说明，他能举业成功，完全有赖于之前在德业上的努力。

湛若水期待他的理论能落到实处，他呼吁"二业合一"论能落到教育实践之中。在书院的教学中，湛若水为我们树立了典范：他教人"不外科举"，但必需"致理存"，"德性存"，实现二业合一；他教人不可"堕于一偏"，把德业与举业支离开来；他教人懂得读书、作文都"不是本体，就根本之中，发起枝叶"。

湛若水所阐述的"二业合一"的教育理论，在当时很有针砭性，对当今也有启迪性，可称得上是"拯救济世之言"，"救世之第一义"。它的理论意义、历史意义和现实意义都不可低估。

湛若水生活在科举取士的时代，他切身体会到举业有着正负面的功能：一方面，国家通过考试，相对公平地选拔贤才管理行政事务，学子通过举业，而后登上政坛，实现自己为国效劳的理想；另一方面，由于学子被功利诱惑，片面地追逐举业，而忽略德业，其结果是失却本心，导致"人欲肆而天理灭"。湛若水敏锐地看到事态发展的严重性，深怀忧虑，为解除这样的社会困境，故提出"二业合一"的主张，而"发合一之说"，希冀从理论的高度上进行拨乱反正。他自称——

> 其所以扩前贤所未发，开来学之迷途，一洗支离之习，而归于大同之道。①

这就是"二业合一"论的社会价值。《二业合一训·序》袒露了他这一教育

---

① 湛若水：《二业合一训·序》，《泉翁大全集》卷四，第 72 页。

理论的主观意图：

> 挽人心而反之正，涤旧习而与之新，救世卫道。[①]

正确处理德业与举业的关系，至今仍值得人们深思与借鉴。当今，科举取士的制度早被废除，但学生仍然要通过考试走上仕途，或实现个人理想，或取得利禄，于是，现今的教育制度，依然存在以"考试成绩"为考核的唯一标准的弊端，社会上普遍存在以分数论英雄的现象，学校里往往把智育放在德育之上；教学中，着力传授学生应试和谋生的本领，只教学生知识，忽略教学生如何做人，开学的第一课，不是教学生如何写好那个"人"字。鉴于此，重温湛若水的《二业合一训》，是多么有意义！

（九）倡导思想解放

湛若水的先师陈献章提出，"学贵知疑"，"贵疑"是一种敢于创新的精神，但首先是一种好的学习方法。湛若水继承了这一精神，并把它作为一种教学方法。当有学生问"学何贵"时，他明确回答说：

> 学贵疑，疑斯辨，辨斯得矣。故学也者，觉此也者。[②]

这是告诉学生，学就是"自得"，自得就是"觉"，而要"觉"，则须在学的过程中，敢于"疑"，因为敢于提出怀疑，才能辨别是非，求得真理，而达到学的目的——自觉。

湛若水还用对比的方法，说明"疑"在学习中的重要性。他从正面说，如果你"知疑"，懂得去怀疑，那么学习就有进步，这就像走路，行的时候发现有不同的道路，于是就需要去辨别，辨别之后，才选择要走的路而往前走，然后有进步；从负面说，如果一遇到疑问，就回避不敢去辨别、不去思考，碰到的疑问就不可能辨别清楚，也就处于"不明"状态，当然就不会有进步了。如果读书仅仅停留在"文字"上，也便读不通了，就没有

---

① 湛若水：《二业合一训·序》，《泉翁大全集》卷四，第73页。
② 湛若水：《雍语·始终·第五》，《泉翁大全集》卷六，第129页。

收获。

在湛若水看来，"贵疑"是学习的重要方法，因为"疑"带动了"辨"，还带动了思考。他教诲弟子说，学习必须"能问""能思"，如果不能问，就是不曾用功，如果不"善思"，就是废除了思考。所以，他向弟子强调：

> 思也者，心之知觉也，废其思，非学也。①

贵疑，便是大胆怀疑，便是思想解放。这是陈献章所倡导的创新精神，湛若水本人继承和光大了这种精神，并在教学中传授给学生。创新，是人类特有的基因，人类正是在不断创新中发展；创新，是心学的重要理念。南宋的心学家陆九渊极力倡导"贵疑"，提出大疑大进，小疑小进；陈献章继承这一理念，同样认定人的进步程度，与"疑"的大小成正比例，并明确提出大疑就是敢于怀疑一切，敢于怀疑权威，敢于怀疑先师和长辈。湛若水继承了老师的"贵疑"精神，并向学生传授。

（十）主张循序渐进

在儒家的先贤看来，学习是一个渐进的积累过程。湛若水在教学中，采取渐进的方法，并形象地向学生解释。他以鸟飞为例，说这样一个道理：鸷鸟，是一种十分善飞的鸟，但在它幼小时候，一日只能飞十里，如果强迫它飞百里，就一定会从空中掉下来，只有量力而行，慢慢地见习和提高，今日飞十里，明日飞二十里，渐渐就能飞百里，以至千里了。他又以马为例，阐述同样的道理：骥马，是一种十分善跑的马，但在它幼小的时候，能力是跑五十里，却驱使它跑五百里，那它一定僵死；只能渐渐地练习，今日五十里，明日六七十里，渐渐就会达到五百里，然后要跑千里也可以！

湛若水是要告诉弟子一个道理：能飞千里的鸷鸟，能跑千里的骥马，它们的能力是逐渐练就的。善飞也好，善跑也罢，都是长久的练习所造就，何况人呢？士人读古籍，一天能读三行，就读三行，不要强行读五行，这样慢慢学习，熟练了就有提升。

---

① 湛若水：《雍语·始终·第五》，《泉翁大全集》卷六，第 129 页。

可以说，这种渐进的方法，合乎人的认知规律，应该成为一种好的教学方法。湛若水依据这一方法，为学生开列出儒家经典的书单，并指明读书的先后顺序：学者须先看《论语》，次《大学》，次《中庸》，次《孟子》，乃书之序也。可以说，渐进的教学方法，强调学习要量力而行，先易后难。湛若水所倡导的这一学习方法，具有科学性。

（十一）倡导尊师敬长

从注重德业出发，湛若水的教学，引导弟子在日常的学习生活中，从尊师敬长、团结互助开始，注重培育好的道德伦常。

湛若水提出，书院的教育，须要弟子"立志"，"立志"则要"随处体认天理"，体悟自己的"本性"，注重在日常生活中时时处处从本心的善性出发，把仁义贯穿于自己的一切行动之中。湛若水认为，仁义是人的根本，是人区别于禽兽的根本处。他一针见血地说：

> 夫人之初生，莫不有一念之良知良能，达之则为仁为义；不能达之，则为不仁不义。不仁不义则不可以为人，不可以为子。不可以为人子，则入于禽兽之归矣，甚为可惧可哀。

对"人禽之辨"，先秦原始儒家，多有论述，并以它作为主张德治的理论依据。湛若水正是依据这一权威理论，提出他的看法。他告诉弟子们：人一出生，便具有良知良能的本性，如果把这个本性向外扩展出去，就会产生仁义道德；如果不能向外扩展，就没有仁义道德；没有仁义道德，就不可以成为人，就不可以成为子女；如果不是人，不是子女，那只能归为"禽兽"了。这多么可怕，多么可悲！

鉴于这样的理论基点，湛若水期待弟子在书院的学习期间即能培育仁义的道德行为。具体便是首先明白："仁"来源于"爱"，而"爱"首先是爱"亲"，这就是"亲亲"，爱与自己有血缘关系的亲人；"义"产生于"敬"，而"敬"首先是敬长辈，敬长辈也就是义了。

在书院的教育中，湛若水非常注重敬长爱幼，强调"相遇以礼"，以诚相见，"使一家一乡，和气浃洽"。他告诫学生，不要"自是自高"；做事要检点，要谨慎；要懂得取长补短，懂得和气团结。

综上所述，湛若水为贯彻他的"二业合一"、以德为先的主张，便在教育实践中落实，这为后人做出了典范。

十　终生讲学

无时不讲学的湛若水，正是借助书院传播心学，把先师陈献章所开拓的明代心学，带到了岭北，把岭南的儒学传播到神州大地。当年梁启超在整理中国学术思想史的时候，也说到白沙心学的传播主要靠湛若水。尤为值得称道的是，湛若水晚年创办的书院里，出现了长者办学、长者讲学、长者来学的风景线。"天关三皓"，成为教坛佳话！

（一）筵廷讲学

《泉翁大全集》卷十二与卷十三，收录了湛若水的讲章24份。从其讲章可见其讲学时间持续之长、讲学的对象之广、讲学涉及内容之宽，均称得上史上罕见。他不仅给书院的弟子讲学，给讲坛的广大听众讲学，还给皇帝讲学；不仅给年轻的学子讲学，也给年迈的老者讲学。受众者之多，受众者身份与年龄之多样，在中国教育史上也是独树一帜的！

正德二年（1507），42岁的湛若水担任经筵讲官，给皇帝讲学。收入《泉翁大全集》的《经筵讲章》显示，当时湛若水讲授的内容丰富、深刻、通俗，集中点在君民关系上。湛若水石破天惊地提出"君可爱"与"民可畏"的观点，并通过解读君民的密切关系而阐述"君民相须"，君须"畏民"。他先说"君可爱"：

> 盖百姓每全仰赖人君去管治他，才得相安相养，若非人君，则强的便凌那弱的，众的便暴那寡的，都不得安生了。这便是"众非元后，何戴？"以此看来，君岂非可爱？[①]

接着，湛若水说民可畏。他如是说：

> 人君全倚靠那百姓去护卫他，才得安富尊荣。若非百姓，则城池

---

① 湛若水：《经筵讲章》，《泉翁大全集》卷一二，第339页。

谁与他守？社稷谁与他保？都不能安享了。这便是"后非众，罔与守邦。"以此看来，民岂非可畏？①

于是湛若水的结论是：

> 夫君民相须如此。②

湛若水在《经筵讲章》中，对皇帝语重心长地说：

> 民心一散，不可复合，天心一去，不可复留。到这时节，君不见其可爱，而民愈见其畏也。③

他又说：

> 臣惟人君以九重之尊，临兆民之卑，鲜不轻视其民以不足恤者，然尝观之，天人之际，甚可惧也。④

湛若水是说，在君尊民卑的社会里，君虽没有轻视他的民，但从天人关系来审视，如果不懂得恤民，那也是很可怕的。于是他又继续告诫皇帝说：

> 得乎民之心则得天之心，而天位安；失乎民之心则失天之心，而天位危。盖天民一理，上下无间，其得失存亡之机，系乎人君一心之敬否何如耳。故敬者乃圣学之要，而致治保邦之本也。为人君者，可不加之意哉！⑤

---

① 湛若水：《经筵讲章》，《泉翁大全集》卷一二，第339~340页。
② 湛若水：《经筵讲章》，《泉翁大全集》卷一二，第340页。
③ 湛若水：《经筵讲章》，《泉翁大全集》卷一二，第340页。
④ 湛若水：《经筵讲章》，《泉翁大全集》卷一二，第340页。
⑤ 湛若水：《经筵讲章》，《泉翁大全集》卷一二，第340页。

显然，湛若水是依据儒家传统的理念，视皇帝为"天子"，是上天赋予皇帝统治人间的权力，同时又依据儒家传统的理念，认定天的一切意愿来自民众。他直白地说：

> 盖人君所居的位乃是天位……①

湛若水在给皇帝讲学时，敢于告诫皇上，你得了民心，就是得了天心，你的君主宝座就能安稳了；如果你失去民心，就失去了天心，你的宝座就危险了。他从理论的高度上，提醒皇帝，要懂得"君民一理，上下无间"的道理，要懂得君主是否有敬畏民众之心，关系着社稷的存亡与得失。他要强调的是，君民一心，懂得敬畏民众，这才是圣学最为核心的内容，是关乎治国安邦的根本，故君不可不"畏民"！

在《经筵讲章》中，湛若水直接引用了皋陶对舜说的话：

> 天聪明自我民聪明，天明畏自我民明畏，达于上下，敬哉有土。②

这是儒家对天与民关系的最直接、最传统的说法，湛若水也正是循着这理论去开导皇帝，进而具体展开说：

> 盖人君的心即人民的心，人民的心即上天之心。③

在湛若水看来，民心的得失关乎皇位的安危。这是他给皇帝讲学的核心内容，因而他不厌其烦地强调：

> 天无心，人民之心，便是上天之心，民心之所在，即是天理之所在。④

---

① 湛若水：《经筵讲章》，《泉翁大全集》卷一二，第340页。
② 湛若水：《经筵讲章》，《泉翁大全集》卷一二，第341页。
③ 湛若水：《经筵讲章》，《泉翁大全集》卷一二，第340页。
④ 湛若水：《经筵讲章》，《泉翁大全集》卷一二，第341页。

在这里值得注意的是，湛若水虽保留了封建社会的尊卑等级观念，也说"天至高在上，民至卑在下，上下都似不相关一般"，但是他接着说，"天人同是一气，人是天地之精"①，强调"民即是天之所在"②，一个"即"字，把"民"提到了与"天"齐格的高度；他把"百姓"称作"人民"，不用官方常用的"庶民"。这无疑显示了作为朝廷命官的湛若水，已经超越了他既有的官方立场，而敢于以别样的逻辑去诠释传统的天—君—民的关系，给皇帝提出新的训诫。这便是《经筵讲章》最为可贵之处。

（二）晚年讲学

辞官回广州的湛若水，摆脱了政事的缠绕，而专心于教育，活跃于教坛。据统计，他晚年，在五岭南北讲学的书院，即有十多间，有九龙山甘泉书院、扬州府县学、九龙山中华书堂、会华书院、韶州明经馆、天泉书堂、斗山书堂、独岗书院、甘泉洞、天华精舍、白沙书院、天关书院等。在湛若水文集中，他保留了当年的许多讲学的记录，其中散发出的思想智慧，是珍贵的精神财富。

在湛若水晚年的教坛生活中，他的办学精神、办学热忱、精彩讲演，吸引了无数的学子。他在广州兴办并担任主讲的天关书院，更为社会各界所关注，在那里，数位年逾古稀的老者前来求学，留下了"天关三皓"的精彩故事。

嘉靖二十六年（1547），77岁的吴藤川，到天关书院来求师，此时的湛若水，已经82岁了。年迈的老师，看到年迈的学生，惊喜不已！他为这位学生的好学精神所感动，尊称他为"藤川丈人"，作了两首诗，十分称赞地说，吴先生已经77岁了，还好学不倦，来到天关书院，拜我为师。后来，湛若水又为这名高龄弟子特制了一支手杖，手杖是用南岳的方竹制成，并在手杖上刻了他的铭文：

　　嗟！藤川子，七十七稔……不知日之将暮。步高一步，久矣高蹈。

---

① 湛若水：《经筵讲章》，《泉翁大全集》卷一二，第 341 页。
② 湛若水：《经筵讲章》，《泉翁大全集》卷一二，第 341 页。

他是说：喂！藤川先生，77 岁了，还不知你的年岁将到黄昏之时，仍来学习，但只要一步步走下去，就能步步高升，抵达高处！这便是年迈的老师对这名年迈的弟子的鼓励呀！湛若水 85 岁时，又给吴藤川赠诗，可见湛若水对这位老弟子的深情。

"天关三皓"的另两位弟子更高龄，一位是 82 的黎养真，一位是 81 岁的黄慎斋。他们在嘉靖二十九年（1550）来到天关书院。湛若水有诗表露他对"三皓"——三位老人入读书院表示喜悦并给予赞扬。其诗曰：

> 养真慎斋与藤川，三皓同时及我门。
>
> 八十头颅事事真，老来赤子心还存。

除了这"三皓"，湛若水还有另三名年迈的弟子：102 岁的学生姓简、72 岁的学生钟景星，以及 73 岁的张潮。当 102 岁的弟子入学时，湛若水态度十分谦恭，他没有师道尊严，而是意识到这位长者年纪比自己还大，便以贵宾相待，常常让他上座，而自己下座。

嘉靖三十八年（1559），94 岁的湛若水，不顾年事已高，还到刚刚复办的龙门县龙潭书院讲学。当时陪同他前去的弟子，正是年过古稀的高龄学生钟景星和张潮。湛若水讲学时，声音洪亮，发挥自如，思维敏锐，风采不减当年。

嘉靖三十九年（1560），95 岁的湛若水，还在龙门龙潭书院和广州禺山精舍继续讲学。

诚然，岁月不饶人，自然规律不可抗拒，生老病死乃人生之必然。湛若水 95 岁那年，在禺山精舍病逝。春蚕到死丝方尽，湛若水把自己的一生奉献给了他所喜爱的教育事业。他用他的光点燃了弟子们心中的灯，他在中国教育史上，谱写了无比辉煌的一页，他不愧为杰出的教育家！

十一　甘泉学说

湛若水师从陈献章，得老师的精心培育，短短时间即能深悟白沙心学的真谛，33 岁时提出"随处体认天理"，获得老师的赞赏，而成为白沙的衣钵传人。他恪守师道，终生办学与著述，创办书院 30 多所，弟子近 4000人，留下著作 550 多万字。由于湛若水的思想比较超前，不为当时朝廷所接纳，73 岁时，他遭到第二次弹劾，书院先后两次被封，其著作未被整理出版，博大精微的甘泉学，被尘封了 300 多年。明末清初期间，湛若水在学界受到排斥，其学说得不到弘扬。

甘泉学说，博大精微，其学说可归纳为如下方面。

湛若水是陈献章的衣钵继承人，其学说首先是对白沙心学的完善与推进，着重体现在对白沙心学在学理上的进一步阐述，以及白沙的未尽意处的发挥，从本体论、认知论等方面，加以深入地阐述，使陈献章开创的明代心学更完善与精微，更系统化，从而形成明代的第一个心学流派——富于启蒙精神的儒学新派。

（一）道气本原

在本体论上，湛若水传承了陈献章的"道与气同为体"的思想，认定天地间的万事万物，皆源于道与气，以道气同为宇宙的本原。

关于宇宙的本原，湛若水在早年讲学时，即已提出：

> 外气以求性道也，吾只见其惑也。是故夫子川上之叹，子思鸢鱼之察，《易》一阴一阳之训，即气即道也。气其器也，道其理也，天地之原也。①

又说：

> 天下之言道也，则器而已耳。得其器，道在其中矣。②

湛若水明确把"道"与"气"作为天地之本原，在哲学的层面上，把道与气定格为宇宙本原。

在《寄阳明》函中，湛若水提出：

> 上下四方之宇，古今往来之宙，宇宙间只是一气充塞流行，与道

---

① 湛若水：《新论·一致章·第十二》，《泉翁大全集》卷二，第 52 页。
② 湛若水：《求道章·第九》，《泉翁大全集》卷二，第 46 页。

为体，何莫非有？何空之云？①

何谓"道"？湛若水对"道"做了界定，他说：

> 夫道，一而已矣。②
> 夫道至一无二者也，认得本体，则谓之良知亦可，谓之良能亦可，谓之良能亦可，谓之天理亦可。③

在湛若水看来，作为宇宙本原的"道"，也就是"理"，也就是"良知"，三者同为一个概念，而这"道"，就是"一"，即不可支离的整体。

在湛若水看来，"气"与"道"同为宇宙的本原，他指出：

> 盖气与道为体者也，得其中正即是性，即是理，即是道。④
> 宇宙间其一气乎！气一则理一矣。⑤

这是强调，在宇宙间存在"一气"，而"一气"也就是"一理"，理与气不可相分。湛若水认定：

> 人之有生□□□其气而充形体之具也。气之所界，理亦界焉。非气则其形槁矣，非理则气息矣。是生之者，气也，而实□子其间者理也夫。⑥

> 天地间只是一个性，气即性也，性即理也，更无三者相对。⑦

一个生命，既要有"气"，也要有"道"（或称作"理"），没有

---

① 湛若水：《答阳明》，《泉翁大全集》卷八，第 220 页。
② 湛若水：《重修四会县儒学论》，《泉翁大全集》卷二六，第 702 页。
③ 湛若水：《答薛尚谦》，《泉翁大全集》卷一〇，第 303 页。
④ 湛若水：《新泉问辨录》，《泉翁大全集》卷六七，第 1648 页。
⑤ 湛若水：《体认章·第十》，《泉翁大全集》卷二，第 47 页。
⑥ 湛若水：《天关精舍讲章》，《泉翁大全集》卷一〇，第 398 页。
⑦ 湛若水：《新泉问辨录》，《泉翁大全集》卷六七，第 1648 页。

"气"，其便枯萎而不能活，而如果没有了"理"，则"气"也熄灭了，气与理缺一不可。故湛若水又说：

> 理既灭，则形气盖随而灭之。①
> 如曰理气为二，请于气之外，更寻个理出来。②

湛若水认定道与气同为体，是因为在他看来，在天地间什么理呀，气呀，性呀，等等，都是同一的。弟子问到三者的关系时，湛若水明确回答：

> 天地间只是一个性，气即性也，性即理也，更无三者相对。③
> 理气皆道，即气是道。④
> 理气不分浑沦可与会通。⑤

湛若水是说，气中有理，理不离气，气使事物有"形"，而"理"则寓于其形之中。应该说，这是对陈献章"道通于物"命题的发展，是对道不离物、物不离道思想的继承与弘扬。这便是陈湛心学的特色：有形的事物，由有形的气与无形的道融为一体而成，道寓于有形的物之中，道不离气，气不离道。

湛若水要强调的是，理与气同为宇宙之本体，充塞于天地间，"天人同是一气"，在讲学中，他阐述了这一观点：

> 天人同是一气，人是天地之精。天无心，人民之心，便是上天之心，民心之所在，即是天理之所在。此气此理通达无间。⑥
> 盖天地之百物，物物同此元气也。⑦

---

① 湛若水：《天关精舍讲章》，《泉翁大全集》卷一〇，第 398 页。
② 湛若水：《天关精舍讲章》，《泉翁大全集》卷一〇，第 401 页。
③ 湛若水：《新泉问辨录》，《泉翁大全集》卷六七，第 1648 页。
④ 湛若水：《新泉问辨录》，《泉翁大全集》卷六七，第 1652 页。
⑤ 湛若水：《新泉问辨录》，《泉翁大全集》卷六七，第 1653 页。
⑥ 湛若水：《经筵讲章》，《泉翁大全集》卷一二，第 341 页。
⑦ 湛若水：《五经馆记》，《泉翁大全集》卷二八，第 742 页。

在讲学中，湛若水又说：

> 记曰："人者，天地之心。"人如何谓天地之心？人与天地同一气，人之一呼一吸，与天地之气相通为一气，便见是天地人合一处。①

古代哲学，总是带着直观性，湛若水正是从直觉的切身经验中，体悟到人与天地万物一样呼吸着天地间同一的气，由是而推理出"天地人合一处"，而这"一处"，便是盈天地间的同一的"气"。强调"同一""合一"，是湛若水哲学的特色，也是其学说对先师陈献章的本体论的继承与弘扬。

湛若水对本体的"道"赋予种种属性——

> 道也者，先天地而无始，后天地而无终者也②。
> 夫道无内外，内外一道也③。
> 道生于心④。
> 盖此道在宇宙颠扑不破，不为尧存，不为桀亡⑤。

湛若水的"道"，由心而生，无内外，无终始，不可颠扑。道，是不可支离的统一体。可见，湛若水对"道"的界定十分明确，对"道"赋予的内涵，十分丰富，以"道"作为其学说的逻辑起点。

（二）宇宙一气

湛若水既以"道"为宇宙的本原，又把"气"视作宇宙的本原。他反复阐述宇宙间只是"一气"，强调"即气即道"，认定"有形"与"无形"都是"气"，道与气同为本体。

湛若水又明确说：

---

① 湛若水：《泗州两学讲章》，《泉翁大全集》卷一二，第349页。
② 湛若水：《寄阳明》，《泉翁大全集》卷八，第220页。
③ 湛若水：《复王宜学内翰》，《泉翁大全集》卷八，第238页。
④ 湛若水：《白沙书院记》，《泉翁大全集》卷二七，第740页。
⑤ 湛若水：《答王汝中实曹》，《泉翁大全集》卷一〇，第302页。

> 万物宇宙间，混沦同一气。①
>
> 天地间凡有形者气，无形者亦气。②

　　对作为宇宙本原的"气"，湛若水同样赋予至大、至刚的属性。在湛若水看来，"为仁"之事，不必假手于人，自己有足够的力量去完成，没有"力不足者"，因为——

> 力也者，气之运也，志也者，气之帅也。③

这是说，人们有足够的力量去完成"为仁"之事，那是因为人的"力"和"志"，都来源于人体内的"气"，是气的威力使人如愿以偿，气赋予人足够的力量。湛若水正是要透过人的作为，去展示气的力度之大、品格之刚，使气同道一样具有宇宙"本体"的意义。

　　湛若水以气为宇宙本体，认定充塞天地间的无非都是气。他明确提出：

> 宇宙间一气而已，自其一阴一阳之中者谓之道，自其成形之大者谓之天地，自其主宰者谓之帝，自其功用者谓之鬼神，自其妙用者谓之神，自其生生者谓之易，自其生物而中者谓之性，自其精而神、虚灵知觉者谓之心，自其性之动应者谓之情，自其至公至正者谓之理，自其理出于天之本然者谓之天理，其实一也。④

　　在湛若水看来，"气"充塞宇宙间的一切，无非都是气，不论是有形的还是无形的，无论有着怎样的功能，以及怎样的表现，不论有怎样的称谓，其实都是气而已。

　　湛若水的"一体"观，认定宇宙是一个整体，进而揭示这一整体统一于"气"，是气的变化无穷而造化出无穷的万事万物，故说：

---

① 湛若水：《四勿总箴》，《泉翁大全集》卷三二，第841页。
② 湛若水：《贵纯章·第三》，《泉翁大全集》卷二，第33页。
③ 湛若水：《莲洞书馆讲章》，《泉翁大全集》卷一三，第388页。
④ 湛若水：《性情章·第十一》，《泉翁大全集》卷二，第50页。

> 天地间无一物相肖其形者，无一物不同受其气者。于其无一相肖，
> 见造化之无穷；于其同受气，见造化之本一。①

这是说，千姿百态的万事万物，虽然各有形状，但没有哪个物件不禀受着相同的气，可以说造化无穷，但这造化统统来自"气"。于是湛若水的结论是——

> 天外无地，地亦天也，气无所不贯。②

气贯于天地间，天地间一气而已。这便是湛若水对宇宙统一于气的简明概括，也是其"主一"哲学的核心内容。

湛若水"天地一气"的命题，显然是强调宇宙统一于气。在他看来，宇宙是一个同一体，而同一的基础是"气"。这是古代中国哲学的气论，尤其是宋代张载的气论在明代的传承，更是对其先师陈献章气论的弘扬。陈献章明确主张，气与道同时是宇宙的本原。他说："元气者，天地之正气也"，"充塞两间，万古周流"，"上下四方之宇，古今往来之宙，同此充塞流行也"③。他更明确地说："天地间一气而已，屈信相感，其变无穷"④。在陈献章看来，宇宙间的一切，都是气运动变化的结果，元气产生天地万物，其气论继承了荀子、王充、张载的元气论思想。张载的气论认为"太虚不能无气，气不能不聚而为万物，万物不能不散而为太虚"，"游气纷纷扰，合而成之质者，生人物之万殊"⑤。

可以说，在宋明时期，中国哲学思维受佛学影响在不断思辨化和精微化之时，学界对宇宙本原的探究也不断深化。在此特定的历史时段下，湛若水的"宇宙一气"论，以及"道气同为本"论，无疑是关于宇宙本体的探究的一个亮点。

湛若水的"体用一原"思想，还体现在他的"气塞天地"，气与道不可

---

① 湛若水：《性情章·第十一》，《泉翁大全集》卷二，第50～51页。
② 湛若水：《性情章·第十一》，《泉翁大全集》卷二，第51页。
③ 湛若水：《白沙子古诗教解卷之下》，《陈献章集》，第769页。
④ 陈献章：《云潭记》，《陈献章集》，第41页。
⑤ 张载：《正蒙·太和篇第一》，《张载集》，第7、9页。

相分的理论之中。他继承了陈献章的"道气同为体"的思想，认定宇宙间充塞着气，是道和气共同构成了这大千世界。他去函回答王德徵的提问时，这样说：

> 一气充塞，流行于天地，故有屈伸升降，进退相乘也，元非二物。①

在给王阳明的书函中，他又说：

> 上下四方之宇，古今往来之宙，宇宙间只是一气充塞流行，与道为体。②

湛若水在提出"心包万物"的同时，又提出"气塞天地"，认定宇宙间充塞着气，气屈伸、升降、进退等不断运动变化，它与道一起，共同构成宇宙万物的本体。

湛若水还是坚持用"合一"的观点，强调"道"和"气"不可分离。他说：

> 宇宙之内，一而已矣。③

这个"一"，是"道"与"气"的合体，是完全合一的整体。他明确说：

> 舍气，何处寻得道来？……盖气与道为体者也。④

在湛若水看来，宇宙的本体道与气，并非相分离。道与气二者结为一体，道不离气，气不离道，离开了"气"，到哪里去找"道"呢？

---

① 湛若水：《甘泉文集》卷七。
② 湛若水：《寄阳明》，《泉翁大全集》卷八，第 220 页。
③ 湛若水：《问学·第一》，《泉翁大全集》卷六，第 116 页。
④ 湛若水：《新泉问辨录》，《泉翁大全集》卷六七，第 1648 页。

湛若水提出如上的看法，既是对先师"道气同为体"思想的传承，又是对程朱理学"支离"观的批评。在湛若水看来，宇宙完整而又统一，天理就在人们的心中，在气的世界里，在天地万物之中；没有气，就没有实实在在的世界，那看不见的"天理""天道"，离不开实实在在的万事万物。所以，湛若水反问：如果说"理与气为二，请于气之外更寻个理出来"，你要是认为理和气是两个东西，那么，你能在气之外找出一个理来吗？这是多么一针见血的诘问！

（三）有无相生

湛若水的学说，博大精微，其本体论不仅探究了宇宙的本体，还具体阐述了宇宙的生成。依循着中国哲学的传统说法，用有无、阴阳、虚实、动静等概念，构建其宇宙生成论。

在早期著述《新论·阴阳章》中，湛若水便提出：

> 天地之初也至虚，虚者无也。无则微，微化则著，著化则形，形化则实，实化则大。故水为先，火次之，木次之，金次之，土次之。天地之终也至塞，塞则有也。有则大，大变而实，实变而形，形变而著，著变而微。故土为先，金次之，木次之，火次之，水次之。微则无矣，而有生焉。有无相生，其天地之终始乎！①

在《知新后语》中，湛若水又说：

> 阳升则浮，阴降则沉，浮沉相荡而润下生焉。阳精则明，阴精则晦，晦明相感而炎上生焉。阳刚则伸，阴柔则屈，屈伸相循而曲直生焉。柔以溶之，刚以结之，溶结相推而从革生焉。刚以辟之，柔以阖之，阖辟相荡而稼穑生焉。天地之生也，先气而后质，故水、火多气，木、金、土多质。②

---

① 湛若水：《新论·同物章·第七》，《泉翁大全集》卷二，第42页。
② 湛若水：《知新后语》，《泉翁大全集》卷三，第53页。

在《雍语》中，湛若水说：

> 人心贵虚，虚则生生之意霭然于中，可默识之矣。[1]

这些，便是湛若水关于宇宙生成的精辟阐述，概而论之，便是：

虚＝无→微→微化→著→著化→形→形化→实→实化→大；

水→火→木→金→土。

湛若水认为，宇宙是有无相生，从虚，即从无开始，不断地变化，由虚无渐渐变为显著，由无形而变为有形，由小而变为大，也就是由虚而变为实了。在湛若水看来，这种从无到有的演变，也便是水火木金土五行的变化。他的结论是："有无相生"，即是宇宙的终始。其实，他的宇宙生成论，并不完全是"有无相生"，准确地说，应该是"无中生有"论，即从虚无而衍生出有形的"实"而"大"的天地来。

在《新论·一致章》，湛若水又说：

> 天一生水，水生于阳而成于阴，故水之消长也，随阴阳之盛衰。是故春夏而长，秋冬而消，阳为之也。水之行于地也，犹人之血行于百骸也。气为天，体为地，血者承气，以行乎体于天地之间者也。故人之老而死也，阳气渐衰而血渐涸，天地之终也亦然。[2]

关于宇宙生成的看法，湛若水沿袭儒家的传统说法。《易经》称："易有太极，是生两仪，两仪生四象"。宋代周敦颐著《太极图说》，画了一个太极图，并作如此的诠释："无极而太极，太极动而生阳，动极而静，静而生阴。静极复动。一动一静，互为其根；分阴分阳，两仪立焉。阳变阴合，而生水、火、木、金、土，五气顺布，四时行焉。"[3] 湛若水关于宇宙的生成的理路是：

---

① 湛若水：《主敬·第九》，《泉翁大全集》卷六，第141页。
② 湛若水：《新论·一致章·第十二》，《泉翁大全集》卷二，第51页。
③ 周敦颐：《太极图说》，《周敦颐集》，第4~5页。

无极（即太极）→阴阳→五行→万物

湛若水关于宇宙生成的推演，同周敦颐太极图说比较接近。原因是其先师陈白沙曾自许他的学说直接渊源于周敦颐。白沙的得意弟子张诩曾说："盖其学初则本乎周子主静。"① 屈大均在《广东新语》中也说："孔孟之学在濂溪，而濂溪之学在白沙。"②

可以说，湛若水及其先师陈献章，受到周敦颐的影响，其中的原因，或许是周敦颐曾在广东为官，其学术思想在岭南有比较深远的影响，在湛若水的家乡增城，至今仍遗存着多处周氏故居遗址。由是足见，湛若水的宇宙生成论，是沿袭了儒家的传统理路。

诚然，关于宇宙的演进，湛若水并非停留在周敦颐的认知上，而是在此基础上有进一步发展。他说：

> 天地辟，然后万物形；万物形，然后男女别；男女别，然后父子亲；父子亲，然后兄弟序；兄弟序，然后君臣立；君臣立，然后朋友交。君臣治之，朋友资之。是谓彝伦之基。③

宇宙的生成，由太极到万物，仅仅是一个"物"的演化阶段，湛若水进而揭示了在"天地辟""万物形"之后，宇宙还在演化，那便是人类社会的人伦发展，具体便是：

天地辟→万物形→男女别→父子亲→兄弟序→君臣立→朋友交

在湛若水看来，宇宙既有"物"的世界，也有"人"的世界，在万物出现之后，便有了人，有了人，即有人伦秩序，即男女之别、父子之亲、兄弟之序，以及君臣的关系。

应该说，湛若水的宇宙生成论，比较全面而具体。他不仅展示了物质

---

① 张诩：《白沙先生行状》，《陈献章集》，第880页。
② 屈大均：《广东新语》卷一○，第306页。
③ 湛若水：《圣学章·第二》，《泉翁大全集》卷二，第31页。

世界的演进程序，以及人类社会的发展进程，还揭示了世界发展的内在动力。他从两个方面进行阐说。

一是"感应"。湛若水说：

> 天地之间，一感一应而已。阴阳之屈伸，万物之往来，人事之酬酢，感与应而已矣。①

二是圣人所为。湛若水说：

> 惟圣人者，体天地之大德，立天地之大化，成天地之大功，其惟圣人乎！②

显然，湛若水着力揭示宇宙发展的内在动力，却没能摆脱传统的圣人创世论的影响，这是湛若水的时代局限。宋明时期有些思想家虽提出一些关于宇宙生成的猜想，但缺乏实证科学的论证，湛若水的理论也只能停留在此水平上。因而对他的宇宙生成论，只能客观地、实事求是地给予评论，而不可苛求！

（四）天理自然

在本体论上，湛若水以道与气为宇宙的本原，在其学说里，"道"与"理"为同等的概念，故道为本原，也即理为本原。依循着先师白沙"宗自然"的理路，湛若水在《新论》中明确提出"天理自然"。

注重"自然"，是湛若水的一贯思想。他在解读白沙诗时，已对"自然"一词做了详尽的诠释。他明确界定天理，并提出"天理自然"。

何谓天理？湛若水对"天理"有具体的界定，他说：

> 理者，天之理也。③

---

① 湛若水：《圣学章·第二》，《泉翁大全集》卷二，第31页。
② 湛若水：《圣学章·第二》，《泉翁大全集》卷二，第31页。
③ 湛若水：《求道章·第九》，《泉翁大全集》卷二，第46页。

> 天理者，吾心本体之中正也。①

"天理"二字干涉甚大，人不足以名之，无与之对者。天地之覆载，日月之照临，鬼神之吉凶，人物山河、风云雷雨之聚散消息，无非这一个形见，不必言以是也。②

在湛若水看来，天理即是居于人之外的理，又是人心的本体，是人心的中正。可以说，湛若水的"天理"，既是客观的，又是主观的。他强调：

> 天理即是真道理，真道理即是真心。③

不管天理是主观的还是客观的，在湛若水的学说里，天理都是"自然的"，故他说：

> 天理者，天之道也。天理自然……④
> 天理不言而自见也。⑤

又说：

> 天理之自然也，犹水之利下也。善导水者因其利，善养性者保其自然。自然者，天之所为也。知天之所为则几矣。⑥

湛若水的"天理自然"，是说天理是"自然而无所事"⑦，也即是"勿忘勿助"。他强调天理自然而然，无须任何人助力。在湛若水看来，天理自然是天理自身赋有的本性，"犹水之利下"；天理"无所事"就像"四时行

---

① 湛若水：《问学·第一》，《泉翁大全集》卷六，第 116 页。
② 湛若水：《新泉问辨续录》，《泉翁大全集》卷七二，第 1795 页。
③ 湛若水：《新泉问辨续录》，《泉翁大全集》卷七二，第 1796 页。
④ 湛若水：《同物章·第七》，《泉翁大全集》卷二，第 41 页。
⑤ 湛若水：《新论·一致章·第十二》《泉翁大全集》卷二，第 52 页。
⑥ 湛若水：《同物章·第七》，《泉翁大全集》卷二，第 41 页。
⑦ 湛若水：《答少默问易简》，《泉翁大全集》卷八，第 226 页。

焉，百物生焉，天何言哉"①。他要强调：

> 天即理也，理即心也，自然也。②

湛若水的"天理自然"论，把"天""理""心"，视作自然而然、不假人力的客观存在。

何谓"自然"？在《重刻白沙先生全集序》中，湛若水对先师的"自然"有清晰的诠释。他说："理出于天然，故曰自然也。"③，并具体解释："自然"，便是"天然"，是"道"与任何事物自然而然生生化化，不需外力，"勿忘勿助"地在时间的流淌中不断地变化发展。湛若水举例说，这种自然"如日月之照，如云之行，如水之流，如天葩之发，红者自红，白者自白，形者自形，色者自色，孰安排是，孰作为是，是谓自然"④。没有谁的安排，没有谁的作为，天地间一切的一切，其形状、其色调、其所为，都是自然而然地发生和存在的，这便是"自然"，这便是"道"，这便是"天理"。可见，湛若水对陈献章"宗自然"观的领悟极为深刻，因而对先师"自然"的解读也极到位。他一直本着这样的诠释，去阐述其"天理"以及"宗自然"观。

何谓"自然"？在《杂著》中，湛若水曾有四点说明：

> 川上之叹，不舍昼夜。天时在上，水土在下，倬彼先觉，大公有廓。自喜自怒，自哀自乐，天机之动，无适无莫。知天所为，绝无丝毫人力，是谓自然。
>
> 其观于天地也，天自为高，地自为卑。乾动坤静，巽风震雷，泽流山峙，止坎明离。四时寒暑，自适其期。一阴一阳之谓道，道自无为，是谓自然。
>
> 其观于万物也，化者自化，生者自生，色者自色，形者自形。自动自植，自飞自潜。莺自戾天，鱼自跃渊，不犯手假，是谓自然。

---

① 湛若水：《知新后语》，《泉翁大全集》卷三，第 55 页。
② 湛若水：《一理·第六》，《泉翁大全集》卷六，第 133 页。
③ 湛若水：《重刻白沙先生全集序》，《陈献章集》，第 896 页。
④ 湛若水：《重刻白沙先生全集序》，《陈献章集》，第 896 页。

是何以然？莫知其然。其然莫知，人孰与之？孰其主张？孰其纲维？孰商量之？孰安排之？天地人物，神之所为，曰神所为，何以思惟？吾何以握其机？勿忘勿助，无为而为，有事于斯，若或见之。其神知几，其行不疑。穷天地而罔后，超万物而无前。天地万物，与我浑然。一阖一辟，一语一默，各止其极，莫见其迹，莫知其然，是谓自然。①

可见湛若水所言之"自然"集中到一点，便是说天地以及天地间一切的一切，都自然而然地发生、发展，不假人力，"勿忘勿助"，这就是"自然"。湛若水对"自然"进行了全面的、精微的诠释，为其"天理自然"打下扎实的理论基础。

湛若水的"天理自然"，是对先师陈献章"宗自然"学术思想的传承与弘扬。在《明儒学案》中，黄宗羲对白沙心学有一个定位："先生学宗自然"②，因其"道本自然"。

陈献章认为，天地间的一切，各自化化生生，任其自然，道是自然的道，物是自然之物。

学界普遍认为，陈献章的"宗自然"论受到道家老子思想的影响，而湛若水则否定这一看法，而认定"宗自然"也是儒家的正宗思想。他如是说：

盖先生自然之说，本于明道明觉自然之说，无丝毫人力之说。明道无丝毫人力之说，本于孟子勿忘勿助之说。孟子勿忘勿助之说，本于夫子无意必固我之教。③

湛若水更是强调，讲究"自然功夫"才是"圣人路脉"，他直白地说：

不做自然功夫，便不合自然道理，道理不自然，即非道矣。非自

---

① 湛若水：《自然堂铭》，《泉翁大全集》卷三三，第 876~877 页。
② 黄宗羲：《师说·陈白沙献章》，《明儒学案》，第 4 页。
③ 湛若水：《自然堂铭》，《泉翁大全集》卷三三，第 876 页。

然道理，即不是圣人路脉，又别是一个路脉，夫子所谓异端也，可不思哉！可不惧哉！①

湛若水是为先师的"宗自然"正本清源。他认定"宗自然"并非源于道家老庄，而是源于孟子的"勿忘勿助"，也即源于孔子的"无意必固我"之说，是正宗的圣学。他指出，把白沙的"宗自然"说成"老庄"实在太令人疑惑。这里，湛若水不仅为先师辩解，同时也把自己的"天理自然"定位在"圣学"。

（五）理即良知

湛若水认为，天理是"自然"的，也是先验地存在于人心中的良知。他在给弟子讲学时，如是说：

良知者何？天理是也，到见得天理，乃是良知，若不见得天理，只是空知，又安得良？②

孟子曰："物皆然，心为甚。是非之心，人皆有之。"此便是良知，此便是本体。③

在湛若水的学说里，天理与良知便是同一概念，它既是自然而然的、客观的，同时又是存在于人们心中的"德性之知"，就像一把火，随处可以照，又像"知"，是"德性之知"，并非一般的"知"，人们"求良知"，也就是"随处体认天理"。他以颜子为例，说明天理即是"德性之知"。他说：

故颜子有不善未尝不知，知之未尝复行，不待应不去、处不得，乃回头求良知也。④

湛若水正是把天理与良知等同，故在其学说里，随处体认天理，便是

---

① 湛若水：《新泉问辨续录》，《泉翁大全集》卷七二，第 1802 页。
② 湛若水：《新泉问辨录》，《泉翁大全集》卷六七，第 1642 页。
③ 湛若水：《新泉问辨录》，《泉翁大全集》卷六七，第 1650 页。
④ 湛若水：《新泉问辨录》，《泉翁大全集》卷六七，第 1642 页。

认得道德本性，也即"良知"的觉醒。

湛若水又把"天理"称作"千圣千贤的大头脑"，儒家的所有经典，即圣贤之言，也无非就是"天理"，学习经典就是对此进行领会，而并非进行"校勘"，做文字功夫。他明白地告诉弟子：

> 天理二字，乃千圣千贤大头脑，汤之顾误、易之神明，皆是此也。谓之明命、谓之德，皆是这个天理，如是则六经圣贤所言，皆不外此物，非但二句也。会得，便去涵养令有诸己。若徒校勘，亦非用力切要处。[①]

可以说，湛若水不论是认定天理自然，还是认为良知便是天理，都是强调天理的合理性、先验性，以及不可抗拒性，他以此作为构建其心学的理论基础。

（六）体用一原

湛若水学说，以反对宋代理学的"支离"，而力主"一体"为其学术旨趣。在本体论上，他在提出"道气同为体"的同时，又明确主张"体用一原"，营造"主一"的哲学体系。他倡导"合一"，构建了系统的合一论。尤其可贵的是，他与王阳明同时提出"仁者与天地万物一体"，构建了中国古代哲学中最完整的宇宙整体观。

湛若水为反对支离，构建了"一原""一体""一段工夫"的"主于一"的哲学体系。在宇宙观上，他提出的"体用一原"学说，直接针对宋代理学把宇宙的本体"理"同"心""气""物"等相分离的说法。他认为，本体的"理"，同人的"心"，同天地万物，都是"一体"的，用现代的哲学语言表达，便是说天理与宇宙间的一切，是不可分离的统一体，世界具有整体性。其哲学专著《心性图说》，阐释了宇宙"通一无二""纯一无二"的道理，集中体现了他的"体用一原"的思想。

湛若水强调"无二"，便是"通一"。这个"一"，就是"心"，由"心"衍生出万物，心蕴含着万物。他在《心性图说》中说：

---

① 湛若水：《新泉问辨录》，《泉翁大全集》卷六七，第 1641 页。

> 心也者，体天地万物而不遗者也。①

> 心也者，包乎天地万物之外，而贯乎天地万物之中者也。中外非二也，天地无内外，心亦无内外，极言之耳矣。②

湛若水是说，"心"无所不在，无时不在，在时空的二维上，心与万事万物合为一体；人内在的"心"，同人之外的"万事万物"，不可分离。"心"，作为宇宙本原，叫作"体"，那些体现着"心"的，有形有状的、可感知的万事万物，叫作"用"。"体"与"用"，这两个方面，完完全全合为一个整体。这就是湛若水的"体用一原"论。

湛若水创立"体用一原"论，固然是为了检讨宋代理学理论的错误，更重要的是要在现实生活中纠正支离的错误，希冀在书院中，能给弟子传授一种正确的理论导向，故在《大科训规》中，他告诫弟子：

> 自今诸学子合下便要内外本末心事合一，乃是孔、孟正脉。何者？理无内外、本末、心事之间也。③

在泗州书院讲学时，湛若水对学子们强调：

> 万事万物莫非我心。④

显然，湛若水反复去论证、去宣传"体用一原"思想，强调心包万物，无内外，阐述宇宙的统一性。

（七）虚实同原

在学理上，湛若水又阐明了"虚实同原"，进一步阐述他的"主于一"的宇宙观，从根本上批判宋儒的"支离"观。同时，他也把先师陈献章的学说往精微化方向推进。

---

① 湛若水：《心性图说》，《泉翁大全集》卷三二，第 838 页。
② 湛若水：《心性图说》，《泉翁大全集》卷三二，第 838 页。
③ 湛若水：《大科训规》，《泉翁大全集》卷五，第 105 页。
④ 湛若水：《泗州两学讲章》，《泉翁大全集》卷一二，第 349 页。

　　虚实问题，一直为宋明时期学界所关注，在当时争议比较多。关于这方面的看法，湛若水曾向老师陈献章请教说：

> 今之学者，只怕说着一"虚"字，张子曰："虚者，仁之原。"先师白沙先生与予题小圆图屋诗，有云："至虚元受道。"又语予云："虚实二字，可往来看，虚中有实，实中有虚。"予谓：太虚中都是实理充塞流行，只是虚实同原。①

　　在这段话里，湛若水提出了"虚实同原"的看法。话说得很简明，虚与实的关系也说得很清楚了。话中只有几个古汉语的字，"曰""云""谓"是同义词，都是现代汉语"说"的意思；话里的"张子"，是指北宋理学家张载。湛若水这段话首先指出，当时的学者，都怕说一个"虚"字；接着介绍了张载和陈献章对"虚"的看法，张载是把"虚"作为仁爱的源头，而陈献章则说，如果把"至虚"说成绝对的虚空，那就没有了"道"，"虚"与"实"不可以分开，"虚中有实，实中有虚"。陈献章的看法，显然是针对当时的理学家，他们大都把"理"和"气"看作绝对虚空。湛若水继承了张、陈二位前辈的看法，概括地提出"虚实同原"观，认定在宇宙即使处于"太虚"阶段，也有"实理充塞流行"，重申"虚"与"实"同为一体，而非相互"支离"的观点。这也就从另一角度阐述了"体用一原""主于一"的宇宙观。

　　湛若水在讲学时，更是明确提出：

> 太虚能生万物，以其至虚至实也。②

　　在湛若水看来，太虚是"虚"，但太虚能生"万物"，万物即是"实"，足见"虚"与"实"便是"同原"，是虚中有实，实中有虚。

（八）理贯万事

　　湛若水所以要探讨"虚"与"实"的关系，是为了回答这样的问题：

---

① 湛若水：《甘泉文集》卷二三。
② 湛若水：《新泉问辨续录》，《泉翁大全集》卷七一，第 1747 页。

作为宇宙本体的"理"和"气"，同它们所衍生出来的万事万物的关系是怎样的？是互为一体的、不可分离的，还是相"支离"、分为二的？湛若水依据他的"虚实同原"观点，在理和事的关系上，给予的答案当然是不可分的。他在《复洪峻之侍御》的函件中，明确地说：

> 天理者，吾心中正之本体，而贯万事者也。①

这里，湛若水用了一个"贯"字，实质上表明其是坚持先师陈献章的说法的。陈献章说"道通于物"，"道"即是"天理"，它在万物之中，也就是"天理"在万物之中。湛若水和先师一样，否定朱熹等人把"天理"看作孤悬于万物之外的说法。

湛若水进一步阐述"道"与"器"的关系，即"形而上"与"形而下"的关系。他认为所谓"形而上"，是指那些看不见、摸不着的"道"；所谓"形而下"，是指那些看得见、摸得着的实实在在的事物。多少年来，儒生一直在争论，"形而上"与"形而下"是否相分离，湛若水在回答弟子的提问时，回应了这一重要问题。他明确地说：

> 道器同一形字，故《易》不离形而言道，《大学》不离物而言理。②

可见，湛若水强调，"形而上"与"形而下"，都讲个"形"字，不论是"上"，还是"下"，不都是"形"吗？所以，《易经》和《大学》没有离开具体有形的事物而去讲"道""理"。于是，他的结论便是：

> 器道一而已矣。③

为说明器与道不可分离，不是两个东西，而是一体，湛若水给弟子讲

---

① 湛若水：《甘泉文集》卷七。
② 湛若水：《新泉问辨续录》，《泉翁大全集》卷七十三，第 1828 页。
③ 湛若水：《泉翁大全集》卷六，第 134 页。

学时，打了一个比喻：水中的鱼和天上的鸟，是看得见的，都是"形而下"；而鱼和鸟所蕴含的"道"，则"无声无臭"，看不到，听不见，是"形而上"；鱼、鸟和道合起来，自然可以看到了。这是告诉弟子，"合而睹之，自可见矣"，你们把形而上与形而下合起来，整体地看，也便看到了。可见，湛若水"器与道非二"的观点，是要告诉人们，具体的，看得见、摸得着的事物，同蕴藏在事物中看不见、摸不着的事理，是不可分离的。这告诫人们应树立整体观念，并运用整体观去观察事物，才能把握事物的真相。

"主于一"，强调宇宙统一，事物不可支离，这是湛若水哲学思想的突出特色。这一思想，继承了先师陈献章"道通于物"，道不离物、物不离道的思想，但也改写了先师陈献章的"半"字哲学，把他的"半"字，推进为"一"字。

先师陈献章的诗文，喜用"半"字，湛若水却喜用"一"字。这完全是师生二人宇宙观存在的一些差异。陈献章"虚中有实，实中有虚"，"虚实参半"的理论，强调的是世间的一切，均可以"两谙开"，即剖一为二，各为一半。"半"字，是陈献章学说，特别是他的诗的关键词，也是他的诗眼。在白沙诗中，常见"半雨""半晴""半日""半夜""半江""半醒""半醉""半落""半开"，甚至在一句诗中，连用两个"半"字，如"半阴半晴""半床明月半床云"。湛若水把先师的"半"推演为"一"，在他的论著与讲学中，处处可见"一气""一理""一道""一心""一念""一事""一体""一段工夫"等，他是强调世间的一切，都"通一无二"，不可"支离"。从"半"到"一"的推进，便是湛若水从更高的层面上，提供了批评理学"支离"观的理论依据。

为什么宇宙的万事万物都"通一无二"？湛若水进行了学理上的阐述，他明确地说：

> 盖人与天地万物一体。①
> 体用一原，显微无间，一以贯之。②

---

① 湛若水：《甘泉文集》卷七。
② 湛若水：《甘泉文集》卷七。

湛若水是说，本原的"道"和"气"，同它们所衍生出来的天地万物，是一个统一的整体，看不见的、处于微观状态的道、气，同看得见的、处于显著状态的万事，彼此没有间隔，可以说是"一以贯之"。这就是湛若水所主张的宇宙是一，一即是宇宙，"纯一无二""同一无二"的"主于一""体用一原"的本体论。湛若水把陈献章"半"字推演为"一"字，强调宇宙的整体性，更突显了明代心学在本体论的层面上，从根本上否定宋理学的支离观。

（九）天地一体

从"主一"的立场出发，湛若水明确提出"仁者与天地万物一体"，由此构建了极富于真理性的"共同体"理论，极具真理性。

"天地一体"的思想，湛若水在早年讲学时，便已提出。他说：

> 天地与我一者也。[1]
> 天地万物同体。[2]
> 物我同体。[3]
> 与天地万物为一体。[4]
> 心与万物一。[5]

湛若水如上的看法，揭示宇宙是一个整体，天地间不论是人或物，都集结在一起，成为完整的、一体的、不可分的"一"。这就是"天地与我一"，这也便是传统儒家"天人合一"思想。湛若水强调：

> 天一人也，人一天也。不知天人之合一，不足以语性。[6]

---

① 湛若水：《樵语·语道第二》，《泉翁大全集》卷一，第5页。
② 湛若水：《樵语·克艰第九》，《泉翁大全集》卷一，第20页。
③ 湛若水：《知新后语》，《泉翁大全集》卷三，第55页。
④ 湛若水：《雍语·始终·第五》，《泉翁大全集》卷六，第131页。
⑤ 湛若水：《雍语·精义·第十一》，《泉翁大全集》卷六，第147页。
⑥ 湛若水：《樵语·圣教·第八》，《泉翁大全集》卷一，第19页。

湛若水要把他的"天地与我一"，同传统儒家的"天人合一"等同起来，既要说明此一思想的权威性，也要展示其"独尊儒术"的坚定立场。这一说法，同时也蕴含了世界具有统一性的理论取向，这是中国哲人的深入探讨，是具体论证宇宙的整体性的大胆开拓。

湛若水"天地与我一"思想，源于宋代的二程。程颢说"仁者以天地万物为一体"，湛若水体会到，这是说有仁心，才可能有天地万物一体的思想，强调道德对达到人与天地一体的关键意义。他说：

> 仁也者，天地万物一体者也。己克而礼复，则天地万物在我矣。①

湛若水是说，人与宇宙的万事万物一体，这一体的基础是"仁"。故他又说：

> 圣人以天地万物为体，即以身在天地万物中，何等廓然大公，焉得一毫私意，凡私皆从一身上起念，圣人自无此，以自无意必固我之私。②
>
> 不若大其心，包天地万物而与之一体，则夫一念之发，以至天下之物，无不在内。而以其浑沦，则理在天地万物；以其散殊，则理在事亲君之间，即心而事物在，即事而理在。乃为完全也。③

在湛若水看来，人与天地万物一体的前提条件，便是人具有仁爱之心，因为人的廓然大公，而没有丝毫的"故我之私"，便可以与天地万物为一体。这就揭示了，"一体"观的确立，须有前提条件，那就是"仁心"，道德是一体所以能确立的先决条件、必备条件。离开了道德基础，一体即不可能存在。

可以说，湛若水的"一体"观，揭示了宇宙间的一切相互依倚、密切相关，彼此结为不可支离的整体，同时也揭示了维护宇宙一体须有道德基础。

---

① 湛若水：《雍语·求仁·第八》，《泉翁大全集》卷六，第 140 页。
② 湛若水：《新泉问辨录》，《泉翁大全集》卷六十八，第 1647 页。
③ 湛若水：《新泉问辨录》，《泉翁大全集》卷六十八，第 19、1674 页。

关于世界的统一性的探讨，是哲学家所关注的重要命题，古今中外概莫能外。面对世界的多样性，人们即要回答多样的世界是否存在共同的基础，是否具有统一性。马克思主义哲学认为，世界是多样的，又是统一的，世界上的一切事物，都是相互联系的统一整体；世界统一的基础，便是物质。也就是说，千姿百态的世界，有共同的物质基础，世界是统一的不可支离的整体。

关于世界的统一性问题，在马克思主义产生之前，有各种不同的答案，或是说，世界并不存在统一性。否定世界统一性的传统看法，如西方的笛卡尔和康德，认为世界分为各自独立的物质世界与精神世界；中国古代的精气说则认为，宇宙二分为精气与形体，各自独立。认为世界存在统一性的哲学流派，在中国古代如庄子的"天地与我并生，万物与我为一"；荀子与张载的气论，认定宇宙统一于"气"，是气的运动变化，产生天地万物。可见，古往今来哲学家们，无不把探究世界是否统一，作为其构建学说的重要内容。湛若水的"一体"观，是对中国传统"一体"论的继承与弘扬，也是对宋学"支离"观的检讨与否定；它是马克思主义传进中国之前，最有高度、最为深刻的宇宙整体观理论。

湛若水生活的时代，是程朱理学一统天下的时代，史称"明初学者，也大抵笃信程朱，而鲜有发明"。尽管南宋陆九渊心学的提出，使学界一度出现朱陆对峙，迄至明中叶，白沙拉开明代心学序幕，出现"有明之学渐入精微"的趋势，然而程朱理学仍然是统治哲学。湛若水继承先师白沙的心学，同时也以检讨和清算朱熹的"支离"论为宗旨。

朱子学是一个博大精微，又蕴含着诸多矛盾的理论体系，其中有精辟之论，也有背离原始儒家之说。朱熹宇宙论的基本模式是：

"理生气，气生万物"，即理→气→万物。

朱熹说"未有天地之先，毕竟也只是理"，"有是理后生是气"①，这是一个以"理"为宇宙本原的模式。朱熹认为世界由理衍生，世界统一于"理"，也算是承认世界具有统一性的说法，而明代的心学家们则批评朱学

① 黎靖德编《朱子语类》卷一，第2页。

的"支离"，指出朱熹"析心与理为二"，背离了孔孟之学，强调理与心合一、内与外合一、天地万物一体。可以说，湛若水的"一体"观，在宇宙本体的高度上论证了世界的统一性，具有颇高的理论价值。

湛若水的"一体"观，既是对程颢思想的继承，也是他对当时社会现实的考察而后获得的理论升华，具有可贵的理论意义与社会价值。

理论，总是时代的产物，是思想家对社会实践的升华。在明代，学界一直反对"支离"、坚持"合一"，检讨宋代理学。他们强调不能像朱熹等理学家那样，把"理"与"气"，理与事相分离，湛若水在这方面的理论贡献尤其突出。他首先提出，"体用一原"，认定作为宇宙本体的"道"与"理"，同宇宙间有形的万事万物，不可相分。这是从最根本上阐明宇宙是整体，宇宙间的事事物物合而为一个整体，不可分离。

古代中国，"以农为本"，是自然经济社会。人们日出而作，日落而息，男耕女织，生产水平低下，产品只可自给自足，没有多少剩余。随着时间的推移，劳动工具的改进，社会的生产力也就随之而提高。于是，产品日渐丰富，以家庭为生产单位所收获的产品，除了满足自家的需要之外，还有剩余的产品，可以拿到集市上进行交换，这一来，商品经济也由此渐渐地发展起来了。

迄至宋代，农业的发展尤其迅速。一是水稻的生产技术改进，农业品种增加；二是手工业生产渐渐兴旺，手工产品的种类也增加；三是大批的集市兴起，以及大小城镇相继崛起，从事商业化的商人，人数愈来愈多，活跃于集市和城镇。也就是说，商品经济快速发展起来，那些"无利不起早"的商人，给市场以至整个社会，带来了活力。这无疑是正面的效应。但是，这一切也有着负面的影响，那就是人们在商业活动中，受到物质利益的诱惑，而变得"趋利"，社会道德受到了挑战。

面对社会的这些变化，一些士人以传统儒家的眼光进行审视，他们觉得，社会出现了"人欲横流"的状况，是因为道德精神倒退了。于是，维系社会道德纲常的宋代理学应运而生。它的宗旨是，通过革除人欲而维系封建的"三纲五常"，从而使社会回到"有序"。

宋代理学，以程朱理学为代表。先是北宋的程颢和程颐兄弟二人创立了学说，后来南宋的朱熹，进一步发展。他们的学说，合称为"程朱理学"。他们的学说，以"存天理，去人欲"为宗旨，教人通过格物，去体认在万物之上、在万物之先的"天理"，而所谓"天理"，便是封建社会的"三纲五常"。就是说，他们教人努力革除自身的物质欲望，以保存天理，而维系社会的道德纲常。程朱理学这一学术宗旨，符合当时统治者的需要，故它被认定是疗治社会顽疾的一服良药，对社会的安宁可起到一定的作用，于是，南宋朝廷便把它确立为主流的统治理论。

程朱理学存在的问题主要有如下方面。

首先，在理论上，存在"支离"的问题。

如朱熹所说，"天理"是至高无上的，它在万事万物之先、在万事万物之外，当然也在人之外，因而人要体认它，就必先去"格物"。这在理论上说不通。王阳明通过自身的体验之后，就曾质疑说，即使把事物的道理体悟出来了，又怎样能使它变成你心中的"天理"呢？本来，把天理看作在人之外，便是支离了"理"与"人"的关系，这样的理论确实存在问题。

其次，在实践上，宋代理学倡导的涵养方法，十分烦琐，难以做到。

朱熹的所谓"格物"，就是去体认一件件事与物之中的"理"，在体认了所有的事与物之后，才可以体认到天理。这实在很麻烦。王阳明和他的朋友都亲身试验过，想通过"格竹子"，去体认天理，结果不但没"格"到什么"天理"，反倒格出病来了。"格尽"的做法，太烦琐！王阳明还质疑，即使你格到了事物的理，这个"理"又怎能变成你心中的"天理"呢？这切身的体会，使王阳明不再相信"格物"能"致知"的说法。

再说，朱熹为维护纲常，强调要人们克制自己的欲望，用压抑甚至扼杀人欲的办法，去维护"天理"，这一主张在社会生活中，渐渐成为一把"杀人的软刀子"。朱熹认为，天理与人欲不两立，你进则我退，天理进一分，则人欲退一分，必须革尽人欲，才能存得天理。基于这样的逻辑，他鼓励人们去"咬草根"，而遵守道德规范，甚至认为"饿死事小，失节事大"。小说《祥林嫂》中的主人公祥林嫂，便是一个在"饿死事小，失节事大"的压力下痛苦挣扎的悲剧人物。她丧夫之后，因生活所迫而改嫁，未能守节，她羞愧不已，悔恨终生，苦苦熬到了晚年，便把积攒的一点钱，给庙宇捐了一条门槛，让人人去践踏，以期求得宽恕。祥林嫂不过是鲁迅笔下的一个典型人物，现实生活中，还有多少祥林嫂？这便是"存天理，去人欲"的社会效应，它确实是一把杀人不见血的软刀子，是以压抑人性，而去维系社会纲常的精神枷锁。

明代社会，由于商品经济的进一步发展，追求自由、平等渐渐成为社会的诉求，因此，从陈献章到湛若水，再到王阳明，他们的心学应运而生。明代心学，是时代所呼唤的理论创新；湛若水的"体用一原"，便是要从理论的源头上，反对宋代理学的"支离"而产生的理论。

明代中叶，商品经济的发展，带来了物欲的膨胀，那是一个"功利之毒沦浃于人之心髓，而习以成性"① 的时代。正如王阳明所指出，当时的社会，人们为"私欲"所蔽而产生种种怪现象，如"相矜以知，相轧以势，相争以利，相高以技能，相取以声誉"；"其出而仕也，理钱谷者则欲兼夫兵刑，典礼乐者又欲与于铨轴，处郡县则思藩臬之高，居台谏则望宰执之要"；"知识之多，适以行其恶也；闻见之博，适以肆其辨也；辞章之富，适以饰其伪"② 等。面对残酷的社会现实，湛若水和王阳明等思想家，都希冀通过对仁心的恢复，使人们能"消除私欲之蔽"，日后"能以天地万物为一体"。

湛若水倡导"天地一体"，并以之指导其治国与治家。他告诫皇帝，"天下一舟"，要以"一体"观去治国；他在《家训》的第一章，即标明"明一体"，以"一体之义"为家训的核心理念。在湛若水看来，不论是国还是家，社会纷争的根本原因在于，人们缺乏"一体"的观念，故与人"分尔我，相忿斗，相争利，至于相伤相杀，连其身与所爱妻子亦亡灭失所"③ 等。湛若水期待所有的人都树立"一体"的观念，并以之去解决社会的各种纷争，而能营造和谐安宁的社会。

湛若水生活的时代已经过去了 400 多年，然而其"一体"观，作为疗治社会顽疾的良方，其疗效至今仍未消退，对家、国、天下治理与维系，还有着不可低估的意义。

（十）反对"支离"

湛若水以"主一"反"支离"，作为其学术旨趣，这是明代心学的历史使命，也是其学术特色。

---

① 王阳明：《传习录中·语录二》，《王阳明全集》，上海古籍出版社，1992，第 56 页。
② 王阳明：《传习录中·语录二》，《王阳明全集》，第 56 页。
③ 湛若水：《甘泉先生续编大全·补编》（二），第 351 页。

湛若水之所以反对"支离",是针对当时的学风而提出的。他审视和反思了社会存在的学风问题之后坦言：

夫学莫病于支离矣，自一念以至百为，无非心也，二之者支离也。①

故古之学者本乎一，今之学者出乎二。二则支，支则离，支离之弊也久矣。②

在湛若水看来，人们的意念与行动，无非都出于"心"，因而人们为学，也必须在心上下功夫，进行心性涵养，但在他生活的年代，有些人已经背离了儒家倡导的"学者为己"的准则，不"立心"，不"体认"，这就是为学中的"支离"，这种毛病在学界存在已经很久了。

何谓"支离"？湛若水进行了界定。他指出：

惟人心不可识二，二则支，支则离，是故用志不可以或分也。③

夫所谓支离者，二之之谓也，非徒逐外而忘内，谓之支离，是内而非外亦谓之支离，过犹不及耳。④

稍偏内外即涉支离。⑤

在湛若水看来，宇宙是一个整体，任何事物都是一个整体，没有内外之分，若逐外而忽略了内，或逐内而忽略了外，偏内或是偏外，都是"支离"。可见偏于一边，而忽略另一边，陷于"偏"，那就是"支离"。

湛若水认为，支离会带来极大的危害，它使"道""不明不行"。他指出：

二则离，离则支，支离之患兴，而道之所以不明不行也。⑥

---

① 湛若水：《雍语·重心·第七》，《泉翁大全集》卷六，第137页。
② 湛若水：《重修四会县儒学论》，《泉翁大全集》卷二六，第702页。
③ 湛若水：《雍语·日新·第三》，《泉翁大全集》卷六，第123页。
④ 湛若水：《答阳明》，《泉翁大全集》卷八，第239页。
⑤ 湛若水：《答杨少默》，《泉翁大全集》卷九，第256页。
⑥ 湛若水：《与汤民悦》，《泉翁大全集》卷八，第235页。

进而湛若水列举了支离所带来的种种危害，具体有如下方面。

> 知与行二，而举世无真知行矣；
>
> 才与德二，举世无全人矣；
>
> 文与武二，则举世无全材矣；
>
> 兵与农二，则后世无善法矣；
>
> 夫子之文章与性道二，则举世不知圣学矣；
>
> 心与事物二，则圣学不明不行矣。①

鉴于支离有如此多、如此严重的危害，湛若水无比愤慨地说：

> 良可叹哉!②

由上足见，湛若水反对支离，并非一时的心血来潮，而是站在维护圣学的立场上，经过理性思考、深刻反思之后而采取的态度。尤为可贵的是，在反对支离的同时，湛若水创立了系统而全面的"合一"论，为人们摆脱支离提供了新的理论导向，可谓有破有立，在破中立，在立中破。其系统的"合一"论，便是破旧立新的时代思潮。

（十一）系统"合一"论

湛若水提出了一系列的"合一论"，以展示其"体用一原"的具体思想；通过"合一论"的阐发，深化"体用一原"宇宙观。

1. "合一"论的学术宗旨

湛若水曾自许，"甘泉子五十年，学圣人之道，于支离之余，而得合一之要"。③湛若水是说，在学圣学的漫长岁月里，在不断检讨"支离"的过程中，他懂得了"合一"之真谛，由此而建构系统的"合一"论。湛若水的"合一"论有着明确的宗旨，那便是检讨自宋以来，学界"理气之辨"

---

① 湛若水：《与汤民悦》，《泉翁大全集》卷八，第 235~236 页。
② 湛若水：《与汤民悦》，《泉翁大全集》卷八，第 236 页。
③ 湛若水：《送方直养归齐云诗序》，《泉翁大全集》卷一六，第 492 页。

"理欲之辨""知行之辨"中所出现的"支离"之风，回归原始儒家孔孟之说，从而重兴"圣学"。

在《大科训规》中，湛若水指出，后世儒者的"支离"，与圣学相悖，"合一"才是原始儒家孔孟之说的"正派"。他直白地说：

> 自后世儒者皆坐支离之弊，分内外、本末、心事为两途，便是支而离之。故有是内非外、重心略事之病，犹多不悟，歹以为立本。千百年来道学不明，坐此之故。自今诸学子，合下便要内外、本末、心事合一，乃是孔孟正脉。①

大科书院，是湛若水早年在南海西樵山上创建的书院。他曾为书院撰写了训规。在《大科训规》中，他告诫学生，要做到"举业"与"德业"二业合一，并要求学生先明白学界的"支离之弊"，"分内外、本末、心事为两途"，并非"孔孟正派"，他期待学生们认清"支离"所带来的危害。

由此可见，湛若水已经把反对"支离"，构建"合一"的学说，提到了维护正统儒学，以防"道学不明"的高度。在甘泉学中，"支离"，不仅是指"琐碎"，也有"分离"之意，是指违背事物的统一性的"分离"，其"合一"论，恰恰是建立在反对"支离"的基点之上。进而湛若水指出，"支离"必将造成圣学不明的后果。他认为，"离"必然导出"支"，其结果是圣学不明、不行。为纠正此不正之风，其《二业合一训》尖锐地指出问题的严重性，他如是说：

> 故古之学者本乎一，今之学者出乎二。二则支，支则离，支离之弊也久矣。故夫文武二而天下无全材矣。岂惟文武为然？才德二而天下无全人矣。岂惟才德为然？体用二而天下无知道矣。岂惟体用为然？知行、动静二而天下无善学矣。岂惟知行、动静为然？德业、举业二而支离甚矣，非其本然也。②

---

① 湛若水：《大科训规》，《泉翁大全集》卷五，第105页。
② 湛若水：《二业合一训·教肆》，《泉翁大全集》卷四，第77页。

湛若水列举了种种现象，如知与行、才与德、文与武、兵与农、文章与性道、心与物等，这一切都是二而一，不可分割为二。湛若水认定，如果将其分为"二"，便是"离"，"离"也就是"支"，其最后必然是使世人"不知圣学"，使"圣学不明不行"，后果极其严重，且可叹！

湛若水认定，"合一"是宇宙间普遍存在的现象；合一论，揭示了这一现象，即事物所具有的同一性。湛若水认为，心事合一尤其重要，若能打通这关"方有入头"①。

湛若水强调，其"合一"论是坚持儒家正学——孔孟之学的学术宗旨，是维护圣人之学。他明确地说：

> 学者必内外、本末、心事之合一也，乃为孔孟之正脉。②

又说：

> 圣人之学，体用一原，心事合一，岂容有内外之间？③
> 圣人之学，心事合一，是故能开物而成务。④

在湛若水看来，维护圣学是他应有的立场，因为这关系着能否成就事业。儒家讲求"内圣外王"，"修身"是为了"齐家"而后达到"治国、平天下"，如不坚持"心事合一"，便不可能"开物成务"，实现由"内圣"到"外王"的飞跃。

显然，湛若水欲要通过反支离，反对分割本末、内外、心事，从而维护主张"合一"的儒学的正派学理。正是从这一立场出发，他构建了系统的"合一"论，由是而彰显其心学的特色。

2. "理气合一"论

理与气的关系，这是宋明理学的重要命题，迄至湛若水生活的年代，仍争论不休。陈献章构建的"道气同为体"本体论，即已明确地、合理地

---

① 湛若水：《新泉问辨录》，《泉翁大全集》卷六七，第 1641 页。
② 湛若水：《二业合一训》，《泉翁大全集》卷四，第 79 页。
③ 湛若水：《新泉问辨录》，《泉翁大全集》卷六七，第 1653 页。
④ 湛若水：《雍语·辨志·第十二》，《泉翁大全集》卷六，第 150 页。

回应了这一难题；湛若水坚守先师"理不离气"的理论观点，进而提出"理气合一"论，更透彻地做了阐述。

湛若水同先师陈献章一样吸取张载的气论，他尤为强调"理气"的密切关系，认定二者合一而不可分。在与弟子答问时，他明确地说：

> 如曰理气为二，请于气之外更寻个理出来？①

说得何等通俗！在气之外还存在"理"吗？不！

湛若水的"理气合一"论，既传承了先师的思想，又受到张载气论的影响。陈献章的理与道同为体，传承了张载的"气一元"论的本体论理念，湛若水则在陈献章的理与道同为一体的理论上，推演出"理气合一"论来。

张载在其著作《正蒙》中，提出了以"气"为最高范畴的自然观。尽管他在论述宇宙的生成时，夸大了"太虚"神乎其神的主控功能，"以致使他的气一元论罩上了一层神秘主义的云雾"②，然而，那层"云雾"被拨开后，呈现出十分可贵的气与理不可分的真理颗粒。《正蒙》的许多言语，启迪着后人，尤其启迪了明代的心学家。可以推断，湛若水正是从如下的论述中吸取了思想养分。

张载在论述宇宙生成时，认为天地万物由气的变化所生，气是宇宙的本原。他明白地说：

> 太虚无形，气之本体，其聚其散，变化之客形尔；至静无感，性之渊源，有识有知，物交之客感尔。客感客形与无感无形，惟尽性者一之。③
>
> 天地之气，虽聚散、攻取百途，然其为理也顺而不妄。气之为物，散入无形，适得吾体；聚为有象，不失吾常。太虚不能无气，气不能不聚而为万物，万物不能不散而为太虚。④

在张载看来，"气"本是无形的"太虚"，"气"有静态，也有动态；

---

① 湛若水：《甘泉文集》卷二三。
② 张岱年：《关于张载的思想和著作》，《张载集》，中华书局，1978，第4页。
③ 张载：《正蒙·太和篇第一》，《张载集》，第7页。
④ 张载：《正蒙·太和篇第一》，《张载集》，第7页。

它的"聚"便形成有形的、可感知的事物，它的"散"便是无形的、不可感知的"太虚"。这是说，"世界的一切，从空虚无物的太虚到有形有状的万物，都是一气的变化，都统一于气"①。在张载看来，不论在怎样的形态下，"气"与"理"都合而为"一"，是一个不可分离的整体，故又说：

> 由太虚，有天之名；由气化，有道之名；合虚与气，有性之名；合性与知觉，有心之名。②
>
> 神，天德，化，天道。德，其体，道，其用，一于气而已。③

"太虚""天""气""道""性""心"等，不同的称谓，其实是同一的东西，它们虽以不同的功用而出现，但无非"一于气而已"，皆统一于"气"，其中"理"或称作"道"，也不例外。显然，湛若水继承张载的"气本体"论，并发挥其"理气不分"论，把张载当年阐述不多的理论发展为"理气合一"论。

3. "心事合一"与"心理合一"论

湛若水创立了"理气合一论"，完善了陈献章的"半虚半实"的本体论，又由此出发，继续检讨宋儒的支离，而构建"心事合一"与"心理合一"论，并回应南宋时期理学两大流派争论的焦点问题，揭示了主体与客体的统一性。

湛若水明确提出"心事合一"命题，是其"体用一原"论的延伸。也就是说，宇宙的统一性，体与用的一原性、不可分性、不可支离性，决定了事物的合一性，"心事合一"，自然是题中之义了。

事实上，湛若水的一生中，不论是讲学还是著述，他反复地论证宇宙间客观存在的"合一"性。他总是用联系的观点，而非支离的观点去观察、思考各种"合一"关系。湛若水考量的结果，宇宙间存在的"理"—"心"—"人"—"物"，虽在不同的场合，有着不同的称谓与显现，但彼此总是相互关联、合为一体。他说得明白：

---

① 张岱年：《关于张载的思想和著作》，第 2 页。
② 张载：《正蒙·太和篇第二》，《张载集》，第 9 页。
③ 张载：《正蒙·神化篇第四》，《张载集》，第 15 页。

　　盖心与事应，然后天理见焉。天理非在外也，特因事之来，随感
而应耳。故事物之来，体之者心也，心得中正则天理矣。……盖人与
天地万物一体，宇宙内即与人不是二物，故少不得也。①

　　在湛若水看来，人能感应、体悟天理。由于事物出现了，人用"心"
可以感悟"中正"，就能"得理""存理"。由是可见，"理"呀，"心"呀，
"人"呀，"物"呀，都不能"二"之，不可支离，故万事万物既是"心事
合一"，也是"心理合一""心物合一"。

　　4."二业合一"论
　　湛若水的合一论，既在理论层面上阐述，又落脚于实践层面。其《二
业合一训》，是针砭时弊而创立的理论，极富现实意义，收入《泉翁大全
集》卷四中。该文是湛若水给学生答疑的记录，文字不多，却很有针对性，
是其合一论接地气的直接体现，是实学家品格的显露。
　　《二业合一训》蕴含着湛若水的宇宙观与教育观。《二业合一训》一方
面是"心事合一"论的理论推衍；另一方面是湛若水办学的最高指导思想，
是其"体用一原"论在教育实践中的贯彻。
　　所谓"二业"，即是"德业"与"举业"。湛若水生活在以科举取士的时
代，科举即举业，是年轻人追求理想、实现美好人生的必由之途。"举业"决
定着众多年轻人的命运。但教育只讲"举业"，便能使一个人成功？湛若水从
"合一"论出发，鲜明给出"德业合一"的答案。年轻人须"进德修业"，
既要涵养德性，又要追求举业，二者同时努力。他具体说：

　　进德修业，其致一矣，即业、即德，而致力焉也。②

　　在《二业合一训》中，湛若水告诫弟子，德业与举业，是一回事，而
不是两回事，二者不可分。原因是宇宙间的一切，都在于"合"，在于
"一"，如"道无内无外，内外一道"，"心无动静，动静一心"；所以"知
动静之皆心，则内外一"，既然"内外一"，哪里存在"非道"？也就是说，

━━━━━━━━━━━━

　　①　湛若水：《答聂文蔚侍御》，《泉翁大全集》卷九，第 260~261 页。
　　②　湛若水：《二业合一训·教肆》，《泉翁大全集》卷四，第 79 页。

能做到了"合内外，混动静"，这样便进入了"澄然无事"的境界，于是，德业与举业也就"合同而兼得"了。①

湛若水用通俗的比喻，向弟子解说"二业合一"的道理。他说，今天"读书"是为了"明事理"，体悟"实事"，因而"举业"也就"在其中"了。为什么？他举出一个简单的例子：譬如"树木"，有了"根"，那么"枝叶""花实"，便"自然而成"。这是告诫弟子，只要你修养心性，在德业上下功夫，自然而然在举业上便能成功了，二者本来就是一致的；反之，如"读书"只是注重"记诵"，目的是"取科第，谋爵禄"，即只是为了"举业"，而不在德业上下功夫，只是怀着"计功谋利之心"，那么，结果是"大本失"，本体的心丢失了，就成不了尧舜那样的圣贤，而必成为盗贼。②

在回答为什么总以"二业合一"教人时，湛若水指出，如果二业支离，便不可能成功，他以切身的例子做说明：

> 吾实身践焉，吾尝试之矣。昔者吾自二十而学，至二十七年而举于乡，其业犹夫人也。自闻学于君子，舍举业而涵养者十有三年。及乙丑之试也，而举业则若大有异夫昔者也，其源源而来也，若有神开之也。然犹有说焉，乃离举业而涵养也犹若是，若夫不外举业而涵养存存焉，其成也勃焉矣。③

湛若水回忆：20 岁才开始入学④，27 岁乡试中举，可谓举业有进；29 岁赴江门求师，在老师的劝说下，"舍举业而涵养"，十三年之久，直至先师陈献章去世，重新参加会试，"举业则若大有异夫昔者"，在"举业"上较过去有更大的成功；当然，光涵养，只注重"德业"，成功也不会很大。这段自述，折射出湛若水的"合一"论蕴含着丰富的辩证思维。他总是在反对一种偏向的同时，也要防止另一种偏向的出现，因为他认为无论哪一种偏离，都违背"合一"，也都是"支离"的。

---

① 湛若水：《二业合一训·教肆》，《泉翁大全集》卷四，第 81 页。
② 湛若水：《二业合一训·教肆》，《泉翁大全集》卷四，第 79 页。
③ 湛若水：《二业合一训·辨惑》，《泉翁大全集》卷四，第 89 页。
④ "吾二十而学"，是湛若水自称的入学时间。据史料记载，成化十五年（1479），湛若水 14 岁，开始上学；16 岁进广州先贤馆就读。参见洪垣《湛甘泉先生墓志铭》。

"二业合一"论的正确性，湛若水从自身的经验中得到了验证，于是，他理直气壮地批评现实社会存在的错误偏向：只求"举业"，或是"舍业而立德"。他反复告诫弟子，"舍举业则无以立德"①。针对当时社会的主要偏向，他更强调：

> 吾之教人也，不外科举，至理也存焉，德性存焉，是故合一。吾独忧夫学者之堕于一偏也，于举业焉而立命，是不喻吾之志也。吾惟欲人读书焉、作文焉，不失本体，就根本之中，发其枝叶耳。②

湛若水力主"二业合一"，在教学中，要求弟子在读书、作文之中注重涵养，不要失去心之本体，这样，有了"德业"，也就有了"根本"，就可以从根本中发出"枝叶"了。显然，湛若水是同时反对两种偏向，但更担心的是"堕于一偏"，这"一偏"更多的是读书、作文，却忘却了"本体"，重"举业"而轻"德业"。同时他认定，举业也不可偏离德业，务须二者合一。如此辩证地分析二业的关系，何等之精当！当今，一些学校存在只重升学率而忽略德育的现象，湛若水的"二业合一"论，仍具有当代价值。

湛若水的"二业合一"论，及其社会效应，其弟子们有所体悟，也给出评价。门人金溪黄纶在《二业合一训·序》中，如此赞曰：

> 二业合一训者，吾师甘泉先生救世之第一义也，实拯溺济时之言也。③

这是说"二业合一"论，能"拯溺济时"，成为"救世之第一义"。黄纶在《二业合一训·序》中指出，当时人们虽是读"圣人之书"，为"圣人之言"，但其"志则功利"，沉溺于举业，结果则十分严重，因为"昔之以邪道而溺人，故其溺也浅；今以正道而自溺，故其溺也深。溺而不反，人欲

---

① 湛若水：《二业合一训·辨惑》，《泉翁大全集》卷四，第89页。
② 湛若水：《二业合一训·教肆》，《泉翁大全集》卷四，第79页。
③ 湛若水：《二业合一训·教肆》，《泉翁大全集》卷四，第71页。

肆而天理灭矣"；故"先生为是惧，发合一之说，挽狂澜以还先圣之道。故其施教也，以举业为德业之发，以德业为举业之本，易其志而不易其业，合本末，兼体用，一以贯之，而无遗也。其所以扩前贤所未发，开来学之迷途，一洗支离之习，而归之于大同之道"。① 这名弟子的序，完全体会到老师正是针对"功利"而沉溺于"举业"的现象，而提出二业合一，把"德业"作为为学之本，把"举业"看作"德业"的体现，强调"易其志而不易其业，合本末，兼体用，一以贯之"，由此而洗涤"支离"的习气，培育新人。《二业合一训·序》可佐证湛若水提出的"二业合一"论，无疑是拨乱反正中的一种创新。这，岂不是"救世"？黄纶聆听了老师的伟论，也切身体悟了伟论的意义所在。

事实确实如此！湛若水自认为，"学圣人之道"，历时"50 年"，"而得合一之要"②；"二业合一"，则是"吾实身践焉，吾尝试之"③。

湛若水构建"二业合一"论，不仅在理论层面展示其"体用一原""主于一"的本体论，深化其辩证思维，在实践的层面上，也确立了教育的宗旨，他欲纠正重举业轻德业的社会风气，培育德才兼备的可用之才。这，无疑是教育理念的创新，是哲学理论服务于现实社会的开创，功德无量！这，无疑体现了儒家心学关注现实、切入现实、服务于现实的特点。陈献章做到了"士不居官终爱国"，而弟子湛若水则更上一层楼，做到士已居官，更爱国！

5. "知行并行"论

湛若水的"合一"论，不仅在本体论上揭示了宇宙的统一性，也在认知论上揭示了理论与实践的统一性。这，既体现在"二业合一"论中，还体现在"知行并进"论中。他常说的"知行并进"，有时也称作"知行合一"。

湛若水早年在西樵大书院讲学而成书的《樵语》便已提出知行问题，并就为学之事而首次涉及知与行不可相分的关系问题。他说：

---

① 湛若水：《二业合一训·序》，《泉翁大全集》卷四，第 72 页。
② 湛若水：《二业合一训·辨惑》，《泉翁大全集》卷四，第 92 页。
③ 湛若水：《二业合一训·辨惑》，《泉翁大全集》卷四，第 89 页。

知及，仁不守，知不行也。及守而不庄，不畅于四肢也。知仁庄而教不以礼，不发于事业也。知及，始也；动礼，终焉。君子成己成物之学备矣。①

在湛若水看来，"知及"与"守仁"，不可相分，"涵养"与"致知"为"一段工夫"，知与行也不可相分，他把人的认知与日常的践履，看作一个不可分的过程，故提出"知行并造"，即"知行合一"。他论及知行时说：

知行并造，博学、审问、慎思、明辨、笃行，皆所以造道也。读书、亲师友、应酬，随时随处皆求体认天理，而涵养之，无非造道之功。意、身、心一齐俱造，皆一段工夫，更无二事。②

又说：

知者行之几，行者知之实。③
精者知，一者行，即知即行，知行并进。④

在湛若水看来，儒家所说的"博学、审问、慎思、明辨、笃行"的过程，是"造道"的过程，即"随时随处体认天理"的过程，在这一过程中，人的"意、身、心"都同时投入，"知"与"行"同时进行，不可分割，是一个完整的过程，即"一段工夫"，故称作"知行并造"，也即"知行并进""知行合一"。故他强调：

精一只是一段工夫，即精即一，无先无后。实见得如此便是一。
精者知，一者行，即知即行，知行并进。⑤

----

① 湛若水：《语道·第二》，《泉翁大全集》卷一，第 4 页。
② 湛若水：《答阳明》，《泉翁大全集》卷八，第 243 页。
③ 湛若水：《克艰·第九》，《泉翁大全集》卷一，第 20 页。
④ 湛若水：《新泉问辨续录》，《泉翁大全集》卷七三，第 1825 页。
⑤ 湛若水：《新泉问辨续录》，《泉翁大全集》卷七三，第 1825 页。

针对当时一些士人讲"知"而忘却了"行"，湛若水提出：

> 后世儒者就行字别了，皆以施为班布者为行，殊不知行在一念之间耳。自一念之存存，以至于事为之施布，皆行也，且事为施布岂非一念为之乎？所谓存心即行也。①

湛若水用一个通俗的比喻来说明知与行相并进的关系，他说：

> 就知就行、就讲就行。讲者，求之以为行之地也。譬如行路，目视足行，便是知行并进，顷刻相离不得。路之中途便有多歧三叉处，不讲知之，即一步不能行；若不行，即不到得路歧三叉可疑处，又从何处讲得？②

于是，他提出明确的结论：

> 体认兼知行也。③
>
> 离知而行，非圣人之行；离行而知，非圣人之知。④

湛若水强调，知同行虽称谓有不同，但相兼而合一，就像天与地不可分为二一样。故他说——

> 崇法天，卑法地，天地其可以二乎？是故知行异名而并进，达于天德。⑤

湛若水的知行并进，已接近"理论与实践相统一"的观点。他虽没有使用"理论"一词，而他的"念头"即是"理论"的同义词；尤为可贵的

---

① 湛若水：《新泉问辨录》，《泉翁大全集》卷六八，第 1666 页。
② 湛若水：《新泉问辨录》，《泉翁大全集》卷六七，第 1643 页。
③ 湛若水：《答聂文蔚侍御》，《泉翁大全集》卷九，第 261~262 页。
④ 湛若水：《克艰·第九》，《泉翁大全集》卷一，第 20 页。
⑤ 湛若水：《克艰·第九》，《泉翁大全集》卷一，第 20 页。

是，他的讲学已经直接用上了"实践"一词。他曾说：

> 乾知太始，主在念头上；坤作成物，主在实践上。学者宜兼并合一用功，自一念以至实践，通贯一段工夫乃可。①

在短短几句话中，两次用了"实践"一词。可以说，湛若水是古代中国明确使用"实践"说法的第一人。

"知行"问题，是中国哲学的重要命题，也是宋明时期学界极为关注的问题，诚然，在湛若水之前，学者们更多地在探究"知"与"行"孰先孰后，湛若水与王阳明同时提出"知行合一"论，对知行的探讨有了新的突破。可见，明代"知行并进"论在中国认知论的发展史上，具有里程碑式意义。

鉴于阳明把"道德"与"知识"对立起来，故将其"知行合一"解读为理论与实践相统一，是误读了！当然，这虽误解了阳明的原意，但这也算是这一命题的现代转换，是在现代的语境下，突出知与行的统一性，注重笃实践履，确也不离阳明创立"知行合一"论的初衷，更有对当今现实生活中空谈之风的针砭作用，这也算得上是传承与弘扬中华优秀传统文化，是传承阳明心学积极的、有效的举措。

值得注意的是，湛若水与王阳明同时提出知行合一的命题，但彼此的阐述不尽相同。湛若水十分明确地提出"知""行"为"一"，却又认为二者不可混淆。他直白地说：

> 夫学不过知行，知行不可离，又不可混。②

此说，无疑是针对王阳明"知"与"行"为"一念"，没有质的区别的说法而提出。王阳明认为，"行之明觉精察处，便是知；知之真切笃实处，便是行"③；"一念发动处，便即是行了"④。有学者对这一说法提出批

① 湛若水：《新泉问辨续录》，《泉翁大全集》卷七一，第 1753 页。
② 湛若水：《答顾箬溪金宪》，《泉翁大全集》卷八，第 236 页。
③ 王阳明：《文录三·书三·答友人问》，《王阳明全集》卷六，第 208 页。
④ 王阳明：《传习录下·语录》《王阳明全集》卷三，第 96 页。

评，明确指出王阳明所说的"知行合一"，"那是把意识活动也叫作行"，当然，他由是也承认有社会践履活动的存在。① 事实上，湛若水的看法与王阳明确有不同，他认为"知"与"行"二者，"不可离"，也"不可混"，二者既合二为一，又存在差异。他举出儒家经典以为证：如《中庸》，"必先学、问、思、辨，而后笃行"；《论语》，"先博文，而后约礼"；《孟子》，"知性，而后养性"等。湛若水认定，"知"与"行"都以"认知天理"而一以贯之，但毕竟二者又不可混为一谈。以现代哲学的目光考量，湛若水既区分了主观意念与客观践履，又注意到二者间的关联性与统一性，这一说法，无疑较王阳明的说法，更具真理性。

无须讳言，湛若水的"知行合一"论，又认为"体认兼知行"，这一说法，无疑又抹杀了"知"与"行"的差异，犯了与王阳明同样的错误。在哲学层面上说，湛若水的"知行合一"论，强调认知与实践的同一性，有一定的合理性，诚然，过于夸大这一统一性，消解了二者的差异性，"合一"被夸大为"等同"。如果"体认兼知行"，岂不是说"知"与"行"就是一码事，那么，湛若水的"知行"观，同王阳明的"知行合一"，岂不犯了同样的错误？

湛若水明确地把"知行合一"论作为"体用一原"论的具体体现。在给弟子答疑时，他说：

> 内外合一谓之至道，知行合一谓之至学，如是则天地乾坤君臣父子夫妇之道在我矣。②

在湛若水看来，"知"与"行"，二者之所以合一，是因为知与行同时进行，在时间上不可分割。在讲学中，他明确地说：

> 即知即行，知行并进，非今日知明日行也。③

---

① 蒙培元：《理学的演变——从朱熹到王夫之戴震》，第 244 页。
② 湛若水：《甘泉文集》卷一〇。
③ 湛若水：《天泉书堂讲章》，《泉翁大全集》卷一二，第 370 页。

可以说，湛若水的"知行合一"论，是从"知"与"行"在时间上具有同一性来进行审视，鉴于此，他检讨了自先秦以来的知行观，指出传统的"先知后行"与"行后乃知"，都是"各执一端"。

关于"知"与"行"的不可分，湛若水用"饮食"作比喻，指出"食"和"知味"，同时并进，是合一的，而"先知后行者"，不懂得"人莫不饮食鲜能知味"，世上"无食后隽永之味"；"行后乃知者"，则不懂得为什么"冬日饮汤、夏日饮水者"，这样的人如果吃了"不可食"而可以"杀人"的"砒霜"，还不知道是什么味道，他不懂得"何知味之有"，就是说，"食"与"知味"二者密不可分离，是在食中知味，欲知味不可不食，由此可见知与行必须合一，不可相分。

从现代哲学的视角考量，湛若水的"知行合一"论，是一种朦胧的知行统一观，它强调人的实践活动与认知活动具有统一性，尽管湛若水还不能明确阐述"实践"这一概念，也未能揭示实践在认知中的地位与作用，以及实践与认知的辩证运动，但是，他毕竟朦胧地意识到，人的认知离不开读书、酬酢、功业、劳作等践履活动，湛若水认定，人践履的种种"行"产生了"知"，而"知"又指导着人的种种"行"。"知行合一"论，同样是反对分割"知"与"行"的"支离"论。

6. "理欲合一"论

如前所说，湛若水抓住宋代理学的理论缺陷，对其主要的命题一一加以检讨，从而提出系统的"合一"论，其中特别值得强调的是，其以"理欲不可分"论，立场鲜明地向朱熹理学进行挑战。

"理"与"欲"的关系，是宋明时期的理论热点，无须讳言，宋明时期的理学家与心学家，他们肩负着维护道德纲常，维系社会道德纲常的历史使命。因而，湛若水与其先师陈献章一样，在理欲关系上，也有着和朱熹一样的看法，阐述理欲的消长，也有期求"无欲"的说法。在给弟子答疑时，他说：

> 敬者一也，一者无欲也，无欲则洒然而乐矣。①

---

① 湛若水：《问学·第一》，《泉翁大全集》卷六，第 117 页。

以"真乐"为最高境界的湛若水，他以为"真乐"就是"洒然"，认定"无欲"便能"洒然"，而"无欲"，也就是"一"，也就是"敬"。

在理欲关系上，湛若水既有坚持宋儒立场的一面，也有主张"理欲合一"论的一面。他曾明确指出：

> 人有此性，自然有此喜怒爱恶之欲。欲亦性也，何故有不善者？①

"欲亦性"，何有"不善"的说法，显然与朱熹不同。湛若水学说的"道""理""性"是同一的概念，因而，"欲亦性"，便是强调"欲"与"性"，即与"理"的统一性，这就挑战了朱熹主张的"存天理去人欲"，支离"欲"与"理"的观点。在湛若水看来，"性"即"理"，而"欲"亦即"性"，都是自然而生，皆为一体不可区分。尽管湛若水的著作与讲学没有太多地阐述理欲关系，似乎也没有明确提出"理欲合一"的命题，但如上的言谈显然体现了"理欲合一"的理念。试看湛若水与弟子的对话——

> 杨东熙问："名利、货色，私欲之大也，必先克去之，如何？"
>
> 甘泉子曰："然。然而所谓克者，匪坚制尔也，其惟进天理乎！天理日明而人欲日隐，天理日长而人欲日消，是之谓克。"
>
> 又问："己不克，安能见理？"
>
> 答："未体天理，焉知人欲？未能如好好色，焉能如恶恶臭？夫惟仁可以胜不仁，而见大可以忘小。故曰：'好仁者，无以尚之。'否则富贵功名之于欲大矣，孰能小之？"
>
> 问："体天理如之何？"
>
> 答："今夫人之起念于躯壳也，即无往而非私；知物我之同体，则公矣。公也者，其天理乎！"②

在如上对话中，湛若水简明地回应了理与欲、存理去欲的时代问题，辩证地揭示了二者的合一关系。这是湛若水数百万字的著述里，最为全面

---

① 湛若水：《甘泉文集》卷二三。

② 湛若水：《雍语·虚实·第十》，《泉翁大全集》卷六，第 144~145 页。

而合理地谈论理欲问题。其答案的真理性如下。

其一，认定"所谓克者，匪坚制尔"，反对以强制的办法克制欲望。

其二，明确提出"未体天理，焉知人欲"，"理"与"欲"不可分，二者相互依存，主张"天理日明而人欲日隐，天理日长而人欲日消，是之谓克"，在"天理"与"人欲"的消长中克除人欲，"惟仁可以胜不仁"，"见大可以忘小"。

其三，认定"今夫人之起念于躯壳也，即无往而非私；知物我之同体，则公矣。公也者，其天理乎"，针砭当时人们出于物质欲望而产生私欲的弊端，提出解决的办法便是从"体用一原""物我同体"的原则出发，确立"公"的理念，"公"便是"天理"。

显然，湛若水正是坚持他的"合一"论，并以岭南心学的良方来诊治社会顽疾。宋代理学主张的"存天理去人欲"，是要人们"克尽"人欲而保存天理，"饿死事小，失节事大"，也就是要压抑人性而维系社会的道德纲常；陈献章发明的"作圣之功"，所创立的岭南心学，则另辟蹊径，倡导一种"静养端倪"的办法，通过唤醒人的道德本性，而人人自觉维系社会道德纲常。湛若水在阐述理欲关系时，同样是要讲"天理"，通过"体认天理"，去唤醒人内在的道德自觉，树立公心，而后能应对社会上的物欲诱惑，这就弥补了宋儒们的不足，倡导以德抑欲，突出道德涵养的重要意义。在讲学时，湛若水如是说：

> 内外人己夹持则忠信立，直上达天德，天德者，天理也。天理存则我大而物小，我重如太山，而物轻如鸿毛。[1]

由上可见，湛若水的理欲观，在完善和发展白沙心学的基础上，更添岭南心学的启蒙色调。

湛若水创立并坚持了30余年的"合一"论，是在全面检讨前人的思想学说、全面批评"支离"论的过程中，运用先师的基本理论而系统提出的。明末清初的王船山，对"合一"论更有所发展，进一步理论化与精致化，使中国哲学更思辨、更精微，而达到新的高峰。

---

① 湛若水：《扬州府县学讲章》，《泉翁大全集》卷一二，第353~354页。

长江后浪推前浪，陈献章学说经湛若水完善化、系统化和精微化的发展，便在岭南形成一个异于宋代理学的新学派——岭南心学。岭南心学在中华民族文化发展史上，产生过不可低估的影响，其在吸取正统理学养分的同时，敢于向理学挑战，打破正统理学已有的理论格局而"自立门户"；岭南心学在批评正统理学"支离"之风中，检讨正统理学的片面性，为古代哲学向近代转换，提供了理论准备。

湛若水的学说博大精微，其重大的理论贡献便是对传统儒家的涵养与认知论，即"作圣之功"的创新性发展，使作圣不再是士人的专利。他主张心性涵养人人都应进行，而且可以不受时空与方式的局限，展示了人人平等的启蒙思想。进而，湛若水还揭示了涵养的方式可以多样，人们可以在自身的"日常应酬"中，用不同的方式完成，而无须一定通过"静坐"。湛若水不但完善与修正了先师陈献章的"静养端倪"，而且创新了儒家的心性涵养方法，其理论贡献及其社会效应皆具有里程碑式的意义。

（十二）"随处体认"

湛若水到江门游学，师从陈献章，他遵从老师的告诫，尊心与学习，不到三年时间，即有感悟。在给老师的函件中，大胆提出"随处体认天理"的学术命题，得到老师的赞赏。陈献章因此而把湛若水选为衣钵传人。

弘治十年（1497），湛若水在给陈献章的书函中称：

> 愚谓"天理"二字，千圣千贤大头脑处。尧、舜以来，至于孔、孟，说中，说极，说仁、义、礼、智，千言万语都已概括在内。若能随处体认真见得，则日用间参前倚衡，无非此体，在人涵养以有之于己耳云云。①

陈献章接到湛若水的书函后十分高兴，称道："去冬十月一日发来书甚好。日用间随处体认天理，着此一鞭，何患不到古人佳处也"②；"达摩西

---

① 湛若水：《上白沙先生启略》，《泉翁大全集》卷八，第215页。
② 陈献章：《与湛民泽》十一则，《陈献章集》，第193页。

来，传衣为信，江门钓台亦病夫之衣钵也。兹以付民泽将来有无穷之托"①。可见，湛若水"随处体认天理"的提出，是他能作为陈献章衣钵传人的重要原因。陈献章之所以赞赏他，是因为他的"贵疑"，具有敢于创新的学术精神。

在后来漫长的岁月里，湛若水不断传授"随处体认天理"的学术思想，并强调这一命题正是儒家的正统。《新泉问辨录》中，他如是说：

> 随处体认天理，是圣学大头脑，千圣千贤同此一个头脑，尧、舜、禹、汤、文、武、孔子、周、程，千言万语，无非这个物，岂有别物？同是这个中路，岂有别路？②

湛若水认定，天理便是圣贤们的大头脑，从先秦时期的尧舜，到宋代的程子，都是这个"物"、这个"路"，故认定倡导"随处体认"，也就是对先贤的传承。

对"随处体认天理"，湛若水有一个明确的界定：

> 所谓随处体认天理者，随静随动体察之……存心要矣，见理为实。③

在湛若水看来，"随处体认天理"，是心性涵养，换个说法也称作"习心"。他如是说：

> 认得本体，便知习心，习心去而本体完全矣。④
> 去体认天理，只图安排得心上无累，便谓孔、颜之乐在此，果是欤？⑤

---

① 陈献章：《江门钓濑与湛民泽收管》，《陈献章集》，第 644 页。
② 湛若水：《新泉问辨录》，《泉翁大全集》卷六八，第 1670 页。
③ 湛若水：《新泉问辨续录》，《泉翁大全集》卷七三，第 1805 页。
④ 湛若水：《新泉问辨录》，《泉翁大全集》卷六七，第 1651 页。
⑤ 湛若水：《新泉问辨续录》，《泉翁大全集》卷七三，第 1804 页。

湛若水认为，体认天理便是"自求、自得、自乐"①，是一个"求诸己"而能"自得"与"自乐"的过程。他又把这"习心"视作一个完整的过程，犹如"炼金"的"炉锤"。他生动地说：

> 故煎销习心，便是体认天理功夫，到见得天理时，习心便退听，如煎销铅铜，便是炼金。然必须就炉锤乃得炼之功。②

显然，湛若水强调，随处体认天理是习心，而习心则是一个像炼金那样的锤炼过程，要经过艰苦的"煎销"。接着，湛若水针对时弊，毫不留情地指出：

> 今之外事以求静者，如置金于密室，不就炉锤。虽千万年，也只依旧是顽杂的金。③

在湛若水看来，随处体认是习心的真功夫，是需要锤炼的体认天理功夫，光讲静坐成不了！

正是从习心须锤炼的基点出发，湛若水又强调，"随处体认天理"必须坚持一个"恒"字。他指出：

> 如体认，便是至其理。至者，造诣之谓也，若常常如此，存存不息，便是恒之之功，更无别道。④

湛若水认为，随处体认虽须有恒心，但也是极其简易的涵养功夫。他说：

> 惟调停节度，则随动随静，无非中正，天理自见，何等易简！⑤

---

① 湛若水：《新泉问辨续录》，《泉翁大全集》卷七三，第 1809 页。
② 湛若水：《新泉问辨录》，《泉翁大全集》卷六七，第 1651 页。
③ 湛若水：《新泉问辨录》，《泉翁大全集》卷六七，第 1651 页。
④ 湛若水：《新泉问辨录》，《泉翁大全集》卷六七，第 1654 页。
⑤ 湛若水：《新泉问辨续录》，《泉翁大全集》卷七三，第 1832 页。

用今人的视角去审视，湛若水的"随处体认"，有如下的价值：

1. "随处体认"的理论意义

湛若水认为，人的涵养，即是"体认天理"，也就是把心中的"天理"——人的本性感悟出来，觉悟起来；这种"体认"，不受任何条件限制，可以"随心、随意、随身、随家、随国、随天下"，不受时间、空间的限制，"随动随静"，也不受方式的限制。故湛若水说：

> 意、心、身于家国天下，随处体认天理也。①
>
> 吾所谓体认者，非分未发已发，非分动静。所谓随处体认天理者，随未发已发，随动随静。②
>
> 吾之所谓随处云者，随心、随意、随身、随家、随国、随天下，盖随其所寂所感时耳，一耳。③
>
> 古今往来之宙，上下四方之宇，只是一个天理，即易也。若体认得，则周易六十四卦三百八十四爻皆是这个，注脚皆是剩语。言不能加，不言不能减，故也。④

这些话，精准地表达了湛若水"随处体认天理"的思想！

在湛若水看来，人们对天理的体认，即进行涵养，不仅要在静处，还要在动处，"随时""随处"都可以进行，只要"心与事应"，就可以"天理见"。具体是说，认知与涵养可以在静坐、读书，以及应酬日常事务等活动中进行，如农民、官员、士兵，他们"耕田凿井、百官万物、金革百万之众"，他们在劳作、应酬或驰骋沙场等，不论哪样活动，不论什么时间，都可以体认天理。这是说，认知与涵养在任何时候、任何地方，以何种方式，都可以进行。

在湛若水看来，体认天理，进行心性的涵养，以及对世界的认知，对每个人来说，那是必须的，因而，不论是在田野劳作的百姓，还是忙于公务和应酬的官员，或是驰骋沙场的将士，尽管他们没有那么多的闲暇时间

---

① 湛若水：《答陈惟浚》，《泉翁大全集》卷九，第 253 页。
② 湛若水：《答孟生津》，《泉翁大全集》卷九，第 264 页。
③ 湛若水：《答阳明王都宪论格物》，《泉翁大全集》卷九，第 259 页。
④ 湛若水：《新泉问辨录》，《泉翁大全集》卷六八，第 1666 页。

留在家中静坐，但是涵养与认知对他们照样是必要的，他们的涵养与认知不能等到"无事"时去"静坐"，而只能是在他们的日常活动中，用各自的方式方法去进行。

对湛若水的"随处体认天理"，其弟子元德有一段精辟的评论，在《新泉问辨录》如此记述：

> 元德窃思体认天理，不曰某处，而曰随处，最好。随意、随心、随身、随家、随国、随天下，只是一个格物。随性、随情、随形、随体、随礼、随乐、随政、随教，只是一个慎独。随视、随听、随言、随动，只是一个勿。随色、随貌、随言、随事、随疑、随忿、随得，只是一个思。何等容易！何等快活！[①]

一个"随"字，湛若水即把涵养与认知扩展到了任何的空间，扩展了认知的空间，也就扩展了涵养与认知的范围，并强调人人皆可"体认天理"，展示其平等观，展示其学说的启蒙性。

2. "随处体认"的社会意义

湛若水认定，"静坐"，只是涵养与认知的一种方式，而并非适用于任何人、任何时候。这，正是一名朝廷官员从自身的体会而得出的看法，一种不同于过着隐居生活的他的老师的看法。陈献章在科举失意之后，即长期在家乡闲居，收徒讲学，参与社会活动比较少；仕途得意的湛若水，则公务繁忙，应酬众多，哪有闲暇像老师那样，整天在家中静坐呢？事实正是如此！这，也就是人们所说的，"社会存在决定社会意识"，有怎样的现实生活，就会产生怎样的思想理念！

"随处体认"的意义在于：首先，湛若水揭示了体认天理是作为人的一种道德涵养，是人人本应进行的，对每个人来说，是应该的，也是必需的，而非士人的专利，可见体认天理，进行心性涵养，人人平等；其次，湛若水揭示了体认天理可以"随处"，人们依据个人的生活环境，通过各自的方式进行，可见体认天理进行心性涵养不受空间的限制，是多样的、自由进行的；再次，湛若水揭示了体认天理可以"随时"，人们可以依据各自的生

---

① 湛若水：《新泉问辨续录》，《泉翁大全集》卷七一，第 1753 页。

活与工作环境，在不同的时间段里进行；复次，湛若水告诉人们，体认天理并非局限于"静坐"一种方式，可以采取多种方式自由进行。

可以说，湛若水的"随处体认天理"，冲破了儒家传统的"作圣之功"的旧框框，带来了自由而清新的风气，体现出商品经济发展时代的思想解放与理论创新。这一创新，是在特定的历史环境中完成的，也回应了时代提出的问题。湛若水说：

> 随处体认天理，此吾之中和汤也，服得时即百病之邪自然立地退听；常常服之，则百病不生，而满身气体中和矣。①

湛若水为解决当时的社会问题而提出"随处体认天理"的疗治良方，体现其心学的现实性、功效性，也由此展示明代心学并非空谈心性，而是应时代的需要而产生的学术思想，其社会价值在当时乃至当今，都不可低估！

湛若水的"所处体认天理"强调的是，不论在何时、何地，通过何种方式，或是读书，或是应酬，或是劳作，或是静坐，只要能体悟到自己的本体之心，也就是"体认天理"了。这就是湛若水"随处体认天理"的真谛！

湛若水的"随处体认天理"，不仅有理论的创新，还极富有实践意义。他既在理论上推进了陈献章的学说，使岭南心学的涵养与认知学说，更完备，更精微，又在实践层面上，为士农工商、社会各阶层的民众，以及朝野官民，都指明了修身养性的具体途径。客观上，他是告诉人们：认知与涵养，并非少数人的专利，而是人人都可而且必须进行的。

3. "随处体认天理"以"道通于物"为理论依据

湛若水的"随处体认天理"，不仅依循陈献章"静养端倪"的基本路径，还以陈献章"道通于物"为理论依据，展开自己的阐述。

陈献章"静养端倪"的提出，把朱熹所主张的向外"格物致知"涵养与认知方法，改变为向内"求诸心"，即从自己的内心进行反省和感悟，他的理论依据，便是他独创的"道通于物"论。

---

① 湛若水：《新泉问辨录》，《泉翁大全集》卷六八，第 1675 页。

"道通于物"，是陈献章学说的核心命题之一。他认为，"道"是世界万事万物的本原。在哲学论作《论前辈言铢视冠冕尘视金玉》中，他明确提出，天得道，就成了天；地得道，就成了地；人得道，就成了人。"道"，就是天所以成为天、地所以成为地、人所以成为人的依据。进而，他又提出，任何事物，都离不开"道"，而"道"寓于物，蕴含在万事万物之中，即"道通于物"。就是说，道不离物，物不离道，任何事物之中蕴含着"道"，在人的心中，同样也蕴含着"道"。

从这一理论基点出发，陈献章认定，人通过静坐，在排除了一切私欲之后，便进入了寂静状态，于是就可以见到蕴含在心中的"道"，就能使得自己的"心"与"道"相"凑泊吻合"，也就达到"道"与"心"合而为一的境界，人就能涵养为有道德的圣贤。这一"道通于物"论，成为湛若水的"随处体认天理"的理论依据。试看，他在给友人的函件中，如是说：

> 盖心与事应，然后天理见焉，天理非在外也。特因事之来，随感而应耳。故事物之来，体之者心也。心得中正，则天理也。

湛若水是说，天理不在人心之外。当有事来了，人就随事物而感悟，在这种感悟中，如果"心"是"中正"的，也即是"无欲"、无私的，那么"心"也便是体认了"天理"，"心"也即是"天理"了。尽管湛若水没有以"静坐"作为涵养与认知的门户，也没有从"静坐"到"心"与"道"的认知过程的具体推演，但是，人们从如上说法中，清晰地看到陈献章的"道通于物"思想，具体有如下的观点。

其一，湛若水同样认定，"天理非在外"，而是在内，在人的心中，这就体现了陈献章的"心为道舍"、道不离物的思想。

其二，湛若水同样把涵养与认知作为心的体认、感悟，认定涵养便是向内体悟心中的道。

其三，湛若水是"心得中正即天理"，同陈献章一样认定，涵养便是体认心中的道，同样是以心蕴含着道为理论依据。

4. "随处体认天理"坚守"人禽之辨"的理论基点

从陈献章到湛若水、王阳明的心学，他们的理论基点便是先秦时期的"人禽之辨"。孟子、荀子等人都十分强调，人与禽兽的区别在于"道德"

二字，人是有道德的动物。孟子的《告子上》中说，"人为天下贵"，"犬马之于我不同类"；在《离娄下》中孟子更具体地说：

> 人之性善，禽兽之性不善；人能知义，禽兽不能知义。①

可见，是否具有善性——仁义道德，便是人与禽兽的分水岭。儒家一直坚持"人禽之辨"，并以它作为人必须进行心性涵养以及社会进行德治的理论依据。迄至明代，"人禽之辨"便成为陈献章、湛若水和王阳明所倡导的涵养方法的理论依据。

陈献章认定，人在"得道""会理"之后，也就把心中的善性觉悟了，于是便可以成为"圣贤"，成为真正意义的人。他同孟子一样，把是否有"善"性作为人与禽兽的分界线。他撰写了短文《禽兽说》，形象而精辟地阐述了人与禽的区别。在文中，他如是说：

> 人具七尺之躯，除了此心此理，便无可贵。浑是一包脓血裹一大块骨头，饥能食，渴能饮，能着衣服，能行淫欲。贫贱而思富贵，富贵而贪权势，忿而争，忧而悲，穷则滥，乐则淫。凡百所为，一信气血，老死而后已，则命之曰："禽兽"可也。

陈献章是说，一个有着七尺躯体的人，如果没有了"此心此理"，心中没有了道德本性，那就是一包脓血裹着一大块的骨头；他们饥了要吃，渴了要饮，贫贱的时候想要富贵，富贵了又贪图权贵，他们或是争斗，或是忧伤，或是放纵，或是淫欲，任何时候，一切行为，都只是考虑气血的需求，而不是从道德出发，他们哪是人？只能叫作他们"禽兽"！可见，在陈献章和所有的儒者看来，有了道德，才配称为"人"，否则便是"禽兽"。

湛若水的"随处体认天理"，同样以"人禽之辨"作为理论基点。他同样依据孟子的"人禽之辨"的观点，强调人虽然有先验的"良知"，但还必须把这种道德本性向外扩展，即孟子所说的"达"，而后有仁义的道德行为，如果"不仁不义"，没有道德品格，那就归入"禽兽"了。湛若水在讲

---

① 孟子：《孟子·离娄下》。

学时，以简明的言语告诫学生：

> 夫人之初生，莫不有一念之良知良能，达之则为仁为义，不能达之则为不仁不义。不仁不义则不可以为人，不可以为子，不可以为人子，则入于禽兽之归矣，甚为可惧可哀。①

显然，湛若水讲人的道德涵养时，同他的先师陈献章一样，以"人禽之辨"为依据，把没有道德的人归为"禽兽"。

5. "随处体认天理"扩展涵养的时间与空间

如前所说，湛若水的"随处体认天理"，是强调人们对天理的体认，"随未发已发，随动随静"②，不受时空的限制，也不论什么状态，"随心、随意、随身、随家、随国、随天下"，无处不可以体认天理；"随其所寂所感时"，随动时或静时，无时不可以体认天理。③ 这是对先师陈献章体认天理实不受时空限制的理论概括。据张诩在《白沙先生墓表》中的记述，陈献章静坐数年，仍不见成效，于是调整了涵养的方式。文中称：

> 如是者数年，未之有得也。于是迅扫凡习，或浩歌长林，或孤啸绝岛，或弄艇投竿于溪涯海曲，忘形骸，捐耳目，去心志，久之然后有得然，于是自信自乐。④

陈献章的本意是，由"静坐"可以"无欲"，而后达到"自得""自乐"，但其涵养过程，却非单一的"静坐"，而是在不同时间、不同地点的各种方式去获取"自得""自乐"。

如果说，陈献章在创立"自得之学"时，便没有把涵养局限于"静坐"，那么，可以说，在以后漫长的岁月里，他的涵养，以及他教导学生涵养，也如此。陈献章一生以办书院、教学为其主要的人生活动，而他的教学确实从来没有只是教人"静坐"。事实恰恰如此：他常常携带着酒，与弟

---

① 湛若水：《韶州明经馆讲章》，《泉翁大全集》卷一二，第363页。
② 湛若水：《甘泉文集》卷七。
③ 湛若水：《甘泉文集》卷七。
④ 张诩：《白沙先生墓表》，《陈献章集》，第883页。

子一同登山，席地而坐，仰望长空，感悟大自然之奥秘，尽享人生之真乐；常常邀弟子一同乘船垂钓，师生或品茶，或咏诗唱和，或抚琴而歌，或观赏美景，或仰望天空，或高歌呼啸……由是而进入与自然交融，体悟自得、自乐的境界。这，用湛若水的"随处体认"来描述，岂不是更完善？

湛若水明确提出，"静坐"并非认知的唯一方式，在日常生活中，时时、处处都可以进行。"心与事应，然后天理见"，人们对天理的体认，不仅要在"静处"，还要在"动处"，"随时""随事"进行体认。在湛若水看来，静坐、读书，以及应酬日常事务，如"耕田凿井，百官万物，金革百万之众"等，与人交往的种种活动，或者闲暇"无事时不得不居处恭"，进行"静坐"①，都一样可以体认天理。"体认天理"，是对世界的认知，以及对自身心性的涵养，对每个人来说，都是必需的，然而，田野劳作的百姓、忙于公务与应酬的官员、驰骋沙场的将领与士兵，又如何能闲居家中，进行静坐而去认知与涵养呢？故湛若水认定，"静坐"，只是"无事"时可以采用的认知与涵养方法，而非适用于任何人、任何时候。

在湛若水看来，不仅百姓应该"随处体认天理"，连圣贤也不得例外。他说：

> 体认天理，而云随处，则动静心事，皆尽之矣。若云随事，恐有逐外之病也。孔子所谓居处恭，乃无事静坐时体认也。所谓执事敬、与人忠，乃有事动静一致时体认也，体认之功贯通动静显隐，即是一段功夫。②

湛若水以为，大圣人孔子，也不仅"静坐时体认"，而在各种活动中，都在进行"体认"。

6. "随处体认天理"对"静养端倪"的检讨

人类思想理念的发展，总是推陈出新，后人对前人思想有扬也有弃，既有继承，也有检讨、批评。湛若水"随处体认天理"的提出，同样包含了对先师的继承与完善，以及对先师的检讨与批评。后者着重体现在湛若

---

① 黄宗羲：《甘泉学案》，《明儒学案》卷三七，第 894 页。
② 黄宗羲：《甘泉学案》，《明儒学案》卷三七，第 904 页。

水提出体认天理是"随动随静"，而不"刻意"求静这节点上。

湛若水坚持了儒家立场，给老师一个大胆而婉转的批评。在《答余督学》函中，回顾学界关于动静思考演化时，湛若水指出"静坐"虽渊源于程氏，但并非儒家的正统，"古之论学，未有以静坐为言者"，"以静为言者，皆禅也"，而"程氏言之，非其定论，乃欲补小学之缺，急时弊也"，"后之儒者，遂以静坐求之，过矣"①。在湛若水看来，佛教禅宗，讲"静"，追求的是"荒忽寂灭"，而儒家，讲"敬""义"，讲"动静混"，动静兼之，追求"复天地之心"，存"天理"，故"孔门之教，皆欲事上求仁，动时着力"，"静不可以致力，才致力即已非静"②。当有弟子问"静坐"时，湛若水十分明确地说：

> 子谓忠信笃敬，视听言动，非礼之勿，果求之动乎？求之静乎？故孔门无静坐之教。③

显然，湛若水不客气地提醒：只讲"静坐"，当心偏离儒学的正统！

在给弟子的讲学时，有弟子问到"静坐"与"体认天理"时，湛若水对静坐做了比较详尽的评述，以说明"静坐"的非正统性。他如是说：

> 静坐，程门有此传授，伊川见人静坐，便叹其善学，然此不是常理。日往月来，一寒一暑，都是自然常理流行，岂分动静难易？若不察见天理，随他入关入定，三年九年，与天理何干？④

湛若水认定，"静坐"并不是"常理"，而强调察见天理应该依据个人的具体情况而采取各种方式。他说：

> 若见得天理，则耕田凿井、百官万物、金革百万之众，也只是自然天理流行……无事时不得不居处恭，即是静坐也；执事与人时，如

---

① 湛若水：《甘泉文集》卷七，第226页。
② 湛若水：《甘泉文集》卷七，第228页。
③ 湛若水：《雍语·虚实·第十》，《泉翁大全集》卷六，第144页。
④ 湛若水：《新泉问辨录》，《泉翁大全集》卷六八，第1660页。

何只要静坐？[1]

在湛若水看来，静坐只是"无事时"的涵养方式而已，当"执事与人时"，怎么可能去静坐？他甚至认为，如果"此教大行"，人人都去静坐，那么麻烦就大了。对广泛流行静坐的危害性，湛若水做了大胆的预测——

> 使此教大行，则天下皆静坐，如之何其可也！明道终日端坐如泥塑人，及其接人，浑是一团和气，何等自然！[2]

由此足见，湛若水并不主张把静坐作为涵养，即体认天理的唯一方式。

应该说，湛若水的"随处体认天理"，对"静坐"有补充、完善，以至有些许的批评，但他毕竟没有否定陈献章的"静坐"，而是要使陈献章变革朱熹所创新的认知与涵养方法，更为全面与完善。

"随处体认天理"命题的提出，是在湛若水求学期间，但最终成为一种理论，则是在他为官之后。这一理论的发展，固然是其更严谨的理论思维结出的智慧之果，也是其社会实践的理论升华。身居要职的湛若水，不可能像没能进入官场的陈献章那样，日日夜夜地在家中"静坐"，他要体认天理，只能在日常繁忙的"应酬、读书"中进行。可见，师徒二人理论差异，亦源于彼此不同的社会经历。正如有学者所指出的那样：

> 陈、湛二人在修养或为学方法上的差异，是因为他们具有不同的生活经历，因而具有不同的修养经验和理论需要。陈献章生平仕路寒塞，乃一蛰居学者，故多追求个人的精神超脱；而湛若水宦海半生，为一代学官，当然每思索贯彻封建伦理道德。[3]

这一评述，道出了湛若水与老师在学术上之所以不同，是缘于个人经历的不同，这样的评述，很符合他俩的实际，当然此评述中也有某些偏颇。

---

① 湛若水：《新泉问辨录》，《泉翁大全集》卷六八，第 1660 页。
② 湛若水：《新泉问辨录》，《泉翁大全集》卷六八，第 1660 页。
③ 侯外庐、邱汉生、张岂之主编《宋明理学史》下，人民出版社，1984，第 190 页。

事实上，湛若水的思想学说，确实是出于维护封建道德纲常的官方立场，但应该看到，他的思想方法也有追求思想解放、富于启蒙意义的一面。从总体上说，湛若水与老师的差异，确实主要产生于二人具体的生活道路的不同。不过，这些差异并非立场的分歧。这揭示了湛若水虽传承师说，但师生二人的心学，是同中有异，这同他们的人生经历有着极大的关系。

应该说，湛若水虽然传承师说，但师生二人的心学，是同中有异，这同他们各自的生活环境与社会经历的不同，有着密切的关系。可见，社会存在决定社会意识，学者的学术思想源于其生活环境与人生经历，不同的环境与经历，即产生出不一样的学术思想。

（十三）动静相兼

湛若水的"随处体认天理"，坚持传统儒家的理论立场。湛若水认为，儒家在"动"与"静"关系上，是主张二者相兼，并非只是讲"静"，因而湛若水的"随处体认天理"，是强调人们在涵养与认知时，不要过于注重"静"，而把"静坐"作为唯一的方法。

湛若水并非要否定"静坐"，他还强调"静坐"是"初学者"的入门。他认为，静坐对初学者所以必要，首先是因为初学的人，他们的本心，即端倪，即善性，虽是天赋的、"固有"的，但由于外界的诱惑，受到了蒙蔽，甚至"泯没"了、丧失了，那么一定要用静坐的办法去涵养，"静坐久"了，就是进行了"洗涤"；洗涤之后，就会隐隐地见到自己"本体的心"，可以养出"端倪"来了。湛若水认定，"静中养出端倪，为出初学者言之"，静坐是为了开始要涵养和认知的人而提出的。

湛若水虽强调初学者首先必须进行静养，但又指出，当你的静坐练了一段，到了"心熟"程度，那么，就进入一个新的阶段，那时你不论是终日去"酬酢万变"，或是在朝中处理"万事"，或是统领"百万"的全副武装的将士，面临变化万千的局面，你的本体的心，也不会不"呈现"。这是告诉人们，涵养与认知能在静中进行。有了一定涵养的人，他们体认天理就能随处、随时进行，即便处在变化万千的环境，开展着各种各样的活动，也照样能见到自己的本体之心。这里，湛若水告诉人们，"静"与"动"之间，并无可分，只要你能无欲、无私，心中"澄然无一物"，那么，"端倪"，即善端，即"本体之心"，在任何情况下都能呈现，又何必等到"静坐而后见"呢？

湛若水坚持"理无动静"① 的观点，他认定动与静是合一的、不可相分的，故明确指出，"天理无间动静，理无二故也。动静合一，此是中道"②。他认定，涵养是体认天理，使本体之呈现，不必"静坐"。

湛若水对老师的批评，是出于儒家的一贯立场。他强调儒家关于动静的看法时说：

> 动也，而静在其中矣。③
>
> 中即静，和即动，体用一原，显微无间。但静时中处不可着力，才着力即为动矣，故慎独、慎动，都是一理。且谓"戒慎恐惧"四字，何者为静？皆是动时着力功夫，而养静养中之要在其中矣。④

在《答余督学》函中，湛若水回顾了儒家先贤对动静的阐述，他指出"静坐"出自北宋的程氏，但并非儒家的正统。湛若水明确指出：

> 古之论学未有以静为言者，以静为言者皆禅也⑤

这是说，古时的儒者，不讲静坐，如果只讲"静"，那便是禅宗了。湛若水认为，宋代程氏讲"静"，那不过是为了弥补当时初级教育中的不足，解一时之急，而不是他们学说的定论，后来儒者片面理解了程氏，结果便过于注重静坐了。

湛若水只是强调，静坐是为了养出端倪，而这个"端倪"，是"天之所以与我者，非外铄我也"，是"我固有之"，只是因为"其汩没之久，非静养之，则微而不可见"⑥。

在湛若水看来，儒家和佛教禅宗对动静的看法有极大的分歧，他认为，

---

① 湛若水：《新泉问辨续录》，《泉翁大全集》卷七三，第 1818 页。
② 湛若水：《新泉问辨续录》，《泉翁大全集》卷七二，第 1798 页。
③ 湛若水：《新泉问辨续录》，《泉翁大全集》卷七四，第 1838 页。
④ 湛若水：《新泉问辨续录》，《泉翁大全集》卷七三，第 1826 页。
⑤ 湛若水：《答余督学》，《泉翁大全集》卷八，第 225 页。
⑥ 湛若水：《新泉问辨续录》，《泉翁大全集》卷七二，第 1793~1794 页。

佛教禅宗讲"静"，追求的是"荒忽寂灭"，是虚空，是一切都不存在的"寂灭"状态。他认定禅宗是强调一个"空"，确实与儒家不同。

湛若水认为，儒家讲"静"，还讲"敬"、讲"义"，是讲"动"与"静"相"混"，即动静相"兼"，动不离静，静不离动，动静相一致，动中有静，静中有动，不可支离。儒家追求的是"复天地之心"，"存天理"，而行仁义道德，并非要一切寂灭，就是强调在动中求静，又在静中求动。

湛若水要强调的是，动静是相对的，不可绝对相分。他如是说：

> "静"字只宜作"定"字，明道先生云："动亦定，静亦定，无内外，无将迎"便不倚着一边，便不致疏脱驳杂矣。①

基于这样的认识，湛若水认定：

> 孔门之教，皆欲事上求仁，动时着力。
> 静不可以致力，才致力即已非静。
> 戒惧功夫已发，未发不可须臾停止，甚是。然动静无端，亦分不得。②

鉴于对动静相兼的认知，湛若水进而提出——

> 只如是体认，不分静时动时，动静一心也、一理也。③

这是说，儒家的学说都是期求努力做事，在动中去体现人的道德仁义；而处静的时候，就不能用力气，一用力气，就不是"静"了！于是，湛若水毫不客气地说，如果只讲"静"，当心偏离儒家的正统！显然，湛若水提出"随处体认天理"，是为了完善陈献章的"静养端倪"，他正是依据儒学的学说观点，也是出于坚持儒家正统的立场。

---

① 湛若水：《新泉问辨续录》，《泉翁大全集》卷七四，第 1832 页。
② 湛若水：《新泉问辨续录》，《泉翁大全集》卷六八，第 1646 页。
③ 湛若水：《新泉问辨续录》，《泉翁大全集》卷七四，第 1855 页。

湛若水"随处体认天理"是早年提出的，之后继续发展和完善。对自己的理论，他十分自信，认定"随处体认天理"的说法，比较接近实际，比较合理，因而他自始至终都坚持。王阳明与他结交后，首先接受了这一理论的影响，后来，王阳明接受了陆九渊的"心即理"，于是便与湛若水产生了学术分歧：一个坚持"随处体认天理"，一个坚持"致良知"。

湛若水的"随处体认天理"，不仅有理论的创新，还极富有实践意义。他既在理论上推进了白沙心学，使陈湛心学的涵养与认知学说更完备、更精微，又在实践层面上，为社会各阶层的民众指明了修身养性的具体途径。

（十四）勿忘勿助

湛若水提出"随处体认"，并认定人们体认天理，是一个自然而然的过程，无须任何外力的介入，他称之为"勿忘勿助"。

1. 勿忘勿助，即涵养之功

明代心学，总是强调人们的涵养与认知，全都在心上，而在心上的涵养功夫，是一种无须外力介入、勿忘勿助的功夫。湛若水如是说：

> 体认者，在心不在事也。[1]
> 夫勿忘勿助，其养之之功也。[2]
> 心性之学在乎勿忘勿助之间。[3]

在湛若水看来，认知也是人的一种本能，是在人们心中自然而然产生的功夫，是涵养心性功夫最为恰当之处，是一种"善思"。他说——

> 此心在勿忘勿助之间，常中中正正，敬立而道义出矣。[4]
> 勿忘勿助之间，即是的当处。顷刻在此，私意习心成心一切皆了。[5]

---

[1]　湛若水：《答闻人宝应》，《泉翁大全集》卷九，第264页。
[2]　湛若水：《病中答张四全》，《泉翁大全集》卷八，第227页。
[3]　湛若水：《新泉问辨续录》，《泉翁大全集》卷七三，第1819页。
[4]　湛若水：《新泉问辨续录》，《泉翁大全集》卷七三，第1827页。
[5]　湛若水：《新泉问辨续录》，《泉翁大全集》卷七二，第1799页。

> 终日终身，勿忘勿助，一了百了。①
>
> 勿忘勿助，思不出位，如明鉴止水，万象毕照，是善思也。②

在讲学时，湛若水回答弟子问"虚己则自然天理发见"时，说这一看法"最好"，进而说明如何能"虚"。他说：

> 盖勿忘勿助，乃是虚己，天理自见……③

湛若水认为，只要处于"勿忘勿助"，天理便自然呈现。他直白地说：

> 但存心于勿忘勿助之间，天理便自然呈露于前。④
>
> 须于勿忘勿助之间停停当当，乃见真切，真切即天理本体也。⑤

湛若水认为，要见天理，则心必须处于寂静而虚的状态。他认定只要做到"勿忘勿助"，即可以"虚"，虚而后便能见到"天理"，勿忘勿助即是涵养功夫。

2. 勿忘勿助，不假人力

进而，湛若水通俗地解释说，"勿忘勿助"便是无须借助人力的帮助。他认定，只要"志学益笃"，便能"及勿忘勿助之功"⑥。应该说，在明代心学家那里，人的心性涵养，便是人的道德觉醒；道德觉醒，便是人所以为人的前提条件，也是社会道德伦常建立的基础；在心学家看来，这人性的觉醒，是人自身具有的本能。先秦时期的原始儒家孔子、孟子，强调"格物、致知、修身、齐家、治国、平天下"，由"内圣"而"外王"，这是自身涵养，在无外力干预下，完成"作圣之功"。故湛若水反复说：

---

① 湛若水：《新泉问辨续录》，《泉翁大全集》卷七二，第 1800 页。
② 湛若水：《新泉问辨续录》，《泉翁大全集》卷七三，第 1807 页。
③ 湛若水：《新泉问辨录》，《泉翁大全集》卷六八，第 1671 页。
④ 湛若水：《新泉问辨续录》，《泉翁大全集》卷七四，第 1841 页。
⑤ 湛若水：《新泉问辨续录》，《泉翁大全集》卷七四，第 1848 页。
⑥ 湛若水：《病中答张四全》，《泉翁大全集》卷八，第 227 页。

勿忘勿助，便是主一，便无丝毫人力，便是自然。①

孟子之"勿忘勿助"，即周、程之所谓"一"，所谓"勿忘勿助之间当正处，而不假丝毫人力"也。程子之"不假丝毫人力"，即白沙先生之所谓"自然"也。皆所谓"体认乎天之理"也。②

自然道体，须于勿忘勿助之间求之，便是体道自然之功，此即是点化至言，更无别言。③

可见，湛若水从孟子、程子到白沙，这学术的渊源上，印证"随处体认天理"，便是自然而然的，无须人力的涵养与认知的过程。

3. 勿忘勿助即见天理

湛若水的"勿忘勿助"论，揭示了人们的涵养与认知是一个自然过程，其旨在"见天理"，即体认到天理。他如是说：

睹天地自然之体，勿忘勿助，然后可以得斯道之大全。④

全放下即勿忘勿助，如此天理便见。⑤

勿忘勿助之间即见天理耳！勿忘勿助即是中思。⑥

湛若水认定，人们能放下一切，便可以自然而然地体认到天理。也即是说，通过不假于人力的勿忘勿助的自然过程，便能体认到天理。在湛若水看来，"体认天理"，具有无条件性，人人都可以在自然而然中进行，无须费力。

湛若水正是从天理自然之理论基点出发，揭示"勿忘勿助"与体认天理的关系，他说：

盖戒慎恐惧，即是勿忘勿助，元无丝毫人力，皆是自然，此与鸢

① 湛若水：《天关精舍讲章》，《泉翁大全集》卷三，第 394 页。
② 湛若水：《白沙书院记》，《泉翁大全集》卷二七，第 741 页。
③ 湛若水：《新泉问辨续录》，《泉翁大全集》卷七四，第 1833 页。
④ 湛若水：《赠别光忠吉士叙》，《泉翁大全集》卷一五，第 458 页。
⑤ 湛若水：《答王德徵》，《泉翁大全集》卷一〇，第 306 页。
⑥ 湛若水：《新泉问辨续录》，《泉翁大全集》卷七三，第 1855 页。

飞鱼跃岂不同一活泼？此即是天理。谓之天理者，以其不出人力安排也，理只是一个理，惟不用安排，一出自然，故谓之天。①

显然，湛若水是力图把千百年来心性涵养，即"作圣之功"，从少数士人的独享中解放出来，使之成为人人不费力气能自然而然地去完成的涵养功夫，使之具有普遍性，这就为其"人皆可以为尧舜"铸造了理论基础，由是而折射出其学说的时代性与启蒙性。可以说，这也正是其学说不为当时的朝野所认可的主要原因，也是其学说被尘封、其人长期被遗忘的主要原因。诚然，历史终究要还湛若水一个公道。近年来，湛若水的家乡人正通过整理其著作、召开研讨会、开展讲座等各种方式，重新审视湛若水，发掘、传承与弘扬其思想与精神，让其学说成为新时代建设的精神资源，使甘泉心学走进当代社会。

（十五）以德抑欲

理与欲的关系，是宋代理学与明代心学至为关注的时代问题，也是宋代理学与明代心学亟待解决的理论问题。湛若水也曾对理欲进行探讨，并大胆提出理欲的一致性，认定人欲存在的合理性。

1. 理与欲同存

湛若水生活的时代，由于工商业的发展，人们的物质欲望被激发出来，朱熹惊叹"人欲横流"。面对这样的社会现实，湛若水也不得不思考人欲与天理的关系，并寻求有效的解决办法。

在湛若水看来，理与欲同时存在。他沿用了宋代理学"人心与道心"的说法，去说明理与欲的关联性。他说：

> 中则全其本体矣，道心之谓也；不中则非本体矣，人心之谓也。中者理也，不中者欲也。心无二也，毫发之间耳。②
> 中正即是天理，不中不正即是杂糅，即是人欲。③

---

① 湛若水：《新泉问辨续录》，《泉翁大全集》卷七三，第 1852 页。
② 湛若水：《新论·一致章·第十二》，《泉翁大全集》卷二，第 51 页。
③ 湛若水：《新泉问辨续录》，《泉翁大全集》卷七三，第 1826 页。

　　湛若水又认定，尽管天理与人欲同时存在，但人欲不能与天理同日而语，"天理者，吾心本体之中正"①，而"人欲也，其不可与道心并言"②。可以说，湛若水不仅看到了理与欲的同一性，也洞察到二者的差异性，力图揭示二者的辩证关系。

　　2. 理与欲相为消长

　　在湛若水看来，理与欲同时存在，各有自己的"根"，故他说"万理同根，万欲亦同根"；"理"与"欲""其几甚微，其成甚大"③，彼此均在消长之中，而并非一成不变，此消则彼长，彼消则此长。他明确指出：

　　　　夫好恶本非二心，理欲相为消长。④

　　理欲相消长的看法，并非湛若水的发明，朱熹早已说过，而湛若水则从善与恶的视角对这种消长进行审视。他认为，因为人总存有"好仁之心"，这种仁心确实"真切"，如果不用"不仁"去伤害"仁"，这时"人欲净尽，天理流行"⑤，天理长而人欲消。

　　既然理与欲相为消长，那么，天理存则人欲消，这是宋明时期理学家与心学家的共识。湛若水正是由此基本认知出发，而认定以人自身的道德本性的觉醒，便能抑制受外界诱惑而产生的物质欲望。他指出：

　　　　天理存时，则人欲自消，消尽者为圣人。⑥
　　　　天理日明而人欲日隐，天理日长而人欲日消。⑦
　　　　常存天理，则人欲自去，非谓一边存天理，一边去人欲也。⑧

　　天理长而人欲消，这一观点正是湛若水"以德抑欲"的理论依据。故

---

　①　湛若水：《问学·第一》，《泉翁大全集》卷六，第116页。
　②　湛若水：《雍语·求仁·第八》，《泉翁大全集》卷二，第140页。
　③　湛若水：《新泉问辨续录》，《泉翁大全集》卷七一，第1758页。
　④　湛若水：《莲洞书馆讲章》，《泉翁大全集》卷一三，第387页。
　⑤　湛若水：《新泉问辨续录》，《泉翁大全集》卷一三，第387页。
　⑥　湛若水：《天关精舍讲章》，《泉翁大全集》卷一三，第403页。
　⑦　湛若水：《雍语·虚实·第十》，《泉翁大全集》卷六，第144页。
　⑧　湛若水：《新泉问辨续录》，《泉翁大全集》卷七四，第1850页。

他告诫学子：

> 学者只是终日乾乾，体认自家本来天理，则人欲自消。[①]

在湛若水看来，程朱理学主张的"存天理去人欲"并不可行。他认定"去欲"只能通过"体认天理"，树立仁心、公心、善心，而后才能克制人欲。

首先，湛若水依据"欲"也就是"性"，"性"就是"天理"的基本观点，认定人欲与天理是一体的；你体悟到"天理"，才会知道什么是"人欲"；虽然人欲如好货、好色，从人的躯体产生，是私欲，但是，因为万物与我同是一体，这种"私"，也是"公"。什么是"公"？"公"也就是"天理"。

进而，湛若水认定，"天理"与"人欲"，相互依存，也相互消长，天理长，则人欲消，人欲长，则天理消；让人欲消而天理长的过程，就叫作"克"，即是在人欲与天理的消长过程中，克除"人欲"，便是用"仁"去"胜不仁"，以道德去抑制不道德，便能"见大可以忘小"；所以，克除人欲，并非要以强制的办法。

总之，湛若水的"理欲合一"论，落脚在"见大忘小"，通过张扬道德本体的"大"，而去克除那些物欲的"小"。

可以说，湛若水主张以心学的良方，即以"体认天理"，启发人的道德自觉，使人能"见""天理"之本体，以"见大"而去"忘"人欲之"小"，这样便能疗治当时社会"人欲横流"的顽疾。可以说，湛若水提出了与朱熹完全不同的方法。那就是：用"随处体认天理"的方法，唤醒人的道德本性，使人人能用仁义的"善"，去消除行为的"不善"，即是唤醒人的内在的道德自觉，树立公心，而去抵制物欲的诱惑，从而使人人自觉地维系社会的道德纲常。所以，湛若水告诫人们：

> 尽其性则尽人物之性，与天地参矣。何等广大！何等切实！[②]

---

① 湛若水：《新泉问辨续录》，《泉翁大全集》卷七二，第 1790 页。
② 湛若水：《新泉问辨续录》，《泉翁大全集》卷七一，第 1752 页。

　　湛若水的思路，便是以道德去抑制物质欲望；这也就是今人所说的，培育人的"道德自律"，而去维护社会的道德伦常。

　　湛若水的物与欲不可相分的思想，被他的弟子大加发挥，不仅明确地使用了"理欲合一"的说法，还对物欲二者是怎样地"合"，做了更为具体的阐说，又尖锐地批评了宋儒的观点。从黄宗羲《明儒学案》保存的史料可见，湛若水几名弟子大都论及了"理欲合一"。他们或是从理气合一的基本理论出发，或是以儒家经典为依据进行阐述。

　　可以说，在中国没有发生如西方那样的思想启蒙运动，但是在400多年前，对"人欲"进行了抨击，顺应了商品经济发展的历史潮流，发出了时代呼声。"理欲合一"论，敢于疾呼：人的合理的、并非过分的情欲，应得到满足，给人以生存的权利！"理欲合一"论，是明代思想启蒙的早期萌芽，是近代中国自然人性论与人性合理论的思想渊源。这一理论贡献与历史影响不可低估！这或许是湛若水学说的宣传平台——书院，不被当时的统治集团接纳的最根本的原因。

　　以德抑欲，是明代心学的理论基点与特色。如前所说，"以农为本"的古代中国，一直以"重农抑商"为国策，结果工商业受到压抑，诚然，社会的发展总有着自身的、不以统治者的意志所左右的发展规律。生产工具的改进、生产技术的提高，必然带来生产力水平的提升，也就带来了更多的产品，人们在自用有余的情况下，必然需要进行必要的市场交换，于是担负产品流通的工商业必然得以发展。迄至宋代，中国的工商业已有了相当的发展，出现了比较繁荣的城镇，以及市民阶层。商品经济的发展，使人的物质欲望膨胀，带来了社会道德下滑的负面效应。面对"人欲横流"的现实社会，宋代的理学家开出"存天理去人欲"的良方，而明代的心学家们，则认为人欲具有合理性，去不得，只能通过道德本性的觉醒，以道德去抑制物质欲望膨胀。从陈献章的"静养端倪"、湛若水的"体认天理"，到王阳明的"致良知"，都是这一理路。其中，湛若水对以德抑欲的阐述是最为具体而精微的。这是其学说的精彩之处，也是其学说的当代价值的凸显。

（十六）心包万物

　　思想学说，总是时代的产物，也是思想家社会实践的升华。湛若水以其特有的社会实践而形成"随处体认天理"的理论学说，完善与发展了陈献章的"静养端倪"，进而提出"心包万物""理即吾心""宇宙在我"等重要的学术命题，完成了富于岭南特色的系统而全面的心学体系的构建。甘泉心学与阳明心学，成为明代学术星空上的双子座，他们的学养与贡献超越了南宋时期的朱熹理学。

在学界，一般是用本体论来区分哲学体系的属性。一个哲学体系，它的本体论便是阐述什么是世界的本原，是物质还是精神，是气还是理，是理还是心。以此标准推论，心学便是以"心"为宇宙本原。然而，明代心学开篇者陈献章，他的心学则是以"道"（"理"）与"气"同时作为宇宙本原，故受到学界的质疑，以为白沙心学并非心学。湛若水既传承了先师的"道气同为本"的思想，又把先师心学的理路向前推进。他用心性图展示了心贯万物，又认定"万事万物莫非我心"，"理即心"，因而凸显了学说的心学本色。

为说明心包万物，以及"以心为本"的心学核心理念，湛若水绘制了一幅"心性图"[①]，并撰写了哲学论作《心性图说》，对该图做了文字说明。

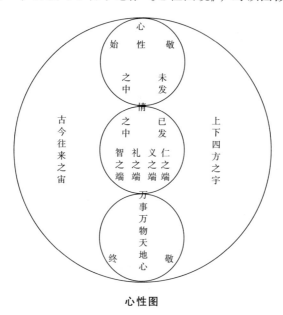

心性图

① 湛若水：《心性图说》，《甘泉先生续编大全》下册，钟彩钧、游腾达点校本，"中央"研究院中国文哲研究所，2017，第948页。

湛若水这一"心性图",由外面一个大圈和圈里的三个小圈组成;大圈表示宇宙由无限的时间和无限的空间构成,"宇"便是"上下四方"的空间,"宙"便是"古今往来"的时间;三个小圈,表示宇宙发展的三个阶段,即开始阶段、发展阶段和终结阶段。三个阶段贯穿着"心":第一阶段,"心"处于"未发"状态;第二阶段,"心"处于"已发"状态,呈现了仁、义、礼、智的四"端"之"心";第三阶段,进入了"万事万物"的化育发展。宇宙发展的整个过程,始终贯穿着心,"心无所不包",心包万物,心贯万物。作为化育天地万物的"心",是宇宙的本原,它和它所化育的万事万物,完全地合为一体。

湛若水的心性图,集中表达了"以心为本""体用一原"的思想。在他的《心性图说》中,用了一个"包"字和一个"贯"字,在时间与空间二维上,确立了"心"的本原地位。他如是说:

> 何以小圈?曰:心无所不贯也。何以大圈?曰:心无所不包也。包与贯实非二也。故心也者,包乎天地万物之外而贯乎天地万物之中者也。中外非二也,天地无内外,心本无内外。①

一个"包"字,一个"贯"字,了得!心既包着天地万物,在其外;又贯于天地万物,在其内。可见,"心"无所不在,无时不在,它与万事万物合为一体,人的内在的"心",同人之外的"万事万物",不可分离。这说明了宇宙的一切,统统源于心,心是宇宙的本原。

继而,湛若水更明确揭示心与万物的关系,他说:

> 故心也者,包乎天地万物之外而贯乎天地万物之中者也,中外非二也。②

在湛若水看来,心统包了天地万物,又贯穿于万物之中,心是宇宙万物的本体,又同宇宙万物融为一体,不可相分。

---

① 湛若水:《心性图说》,《甘泉先生续编大全》下册,第951页。
② 湛若水:《心性图说》,《甘泉先生续编大全》下册,第951页。

可以说，心性图集中展现了湛若水心学的基本内涵与特色。尽管他也以"气"作为宇宙的本体，但其强调心贯乎与包乎万物的理论足以展示其心学的核心内容。从理论阐述的精微性看，湛若水揭示了心的属性，他说：

> 心也者，无远近，无内外。①

由上足见，湛若水作为明代的心学大师，当之无愧！

（十七）理即吾心

湛若水的心性图，揭示了宇宙发展、万物化育的过程，始终贯穿着"心"，展示"心无所不贯"，"心无所不包"。湛若水常常论述"以心为本"的思想，从现存的讲章看，他在泗州讲学时讲得最为明确，他简明地说：

> 万事万物莫非心也。②

显然，湛若水认定，天地间的一切事和物无非都是"心"的体现。在回答弟子丘汝庄的提问时，湛若水做了如下的解说：

> 人也者，天地之气也；心也者，天地之气之精也，可见天下无一而非吾之心，则无一而非吾之事，心事非二也，一以贯之者也。③

湛若水强调说，人是天地之气所生，但"心"是气的精华，天地间的一切，都是心的体现而已，没有一件事不是我的事，因为心与事并非两码事，而是相连贯的一个整体。可见，湛若水认定，宇宙间的事和物，所有的一切，统统都因为心而存在。于是，"心"成为统摄一切的本原。

"心"，是湛若水学说的核心概念，是其讲学的主要内容。他给弟子解读经典、答疑时，全离不开关于"心"的内容。在弟子整理的《新泉问辨

---

① 湛若水：《授受·第五》，《泉翁大全集》卷一，第 12 页。
② 湛若水：《泗州两学讲章》，《泉翁大全集》卷一二，第 349 页。
③ 湛若水：《新泉问辨续录》，《泉翁大全集》卷七一，第 1748 页。

录》、《新泉问辨续录》，以及书院讲章中，处处可见"心"字。湛若水不仅把自己的学说定位在心学上，还说："夫圣人之学，心学也。"①

在湛若水看来，儒家学说便是"心学"。他的这一说法，不仅为了论证自己学说的儒家正统身份，也揭示了儒家学说的核心内容，他是教人在"心"上做文章，注重心性涵养，以及社会管理的德治。在阳明那里也有"圣人之学即心学"的说法，与湛的看法相一致，可见他们立志"共兴圣学"，便是以心学回归正宗儒学。

心学，一般来说，是以心为宇宙的本体。湛若水的心学本色，不仅体现在他提出了"万事万物无非心"，还体现在他提出的"天即理"，"理即心"。在他学说里，心是宇宙的本体，阐说得十分清楚！

湛若水多次论及心与理的关系，在《雍语》中，他直白地说：

> 天即理也，理即心也，自然也。②
> 一道，天理也，心之本体也。③

湛若水是说，天就是理，理就是心，都是自然而然的。显然，他在"天"、"理"和"心"之间，画上了等号，认定在人之外的"天""理"，与人的"心"同一。

> "天" = "理" = "心" = "自然"

这四者之间没有差异，是等同的关系。正是在这样的前提下，湛若水又认定，道、天理，都是心的本体。

由于湛若水认定"理"和"心"都是宇宙的"本体"，于是他也就认定"心"具有与"理"同样的属性与功能。他的这一看法，具体从如下方面阐述：

首先，"心"至大、至广，在空间上具有无限性。湛若水在《雍语》中说："夫心广矣，大矣。"④

---

① 湛若水：《泗州两学讲章》，《泉翁大全集》卷一二，第349页。
② 湛若水：《一理·第六》，《泉翁大全集》卷六，第133页。
③ 湛若水：《问学·第一》，《泉翁大全集》卷六，第116页。
④ 湛若水：《雍语·辨志·第十二》，《泉翁大全集》卷六，第150页。

湛若水认为，过去的经典都说，心是至大、至广的，关于心如何至大、至广，他在《心性图说》中，明确提出，心是"包乎天地万物之外"，又"贯乎天地万物之中"。就是说，心囊括天地万物，又贯穿于天地万物之中，心无所不在，无处不在，既大又广，占据了宇宙的一切空间。他认定，从人的意念，到天地之间的万事万物，无非都是"心"。换言之，离开了心，宇宙间的一切，都不存在。

进而，湛若水又提出，"心"不但广大，而且精微，它既具有"天"的灵性，又具有"气"的精性。在《四勿总箴》中，他说：

> 心含天灵，灏气之精，与地广大，与天高明。惟精惟灵，贯通百体，非礼一念，能知太始。①
> 心性之广大精微，与天地万物同体，而万变万务出焉，其本于心。②

在《雍语》中，湛若水说：

> 人心广大高明，其即天地之覆载万物乎！体而存之，故能与天地准。③

在湛若水看来，心具有广大与精微的属性，它既精又灵。这些属性具体便是：它，有天的灵性，又有气的精性；它，既有地一般的广大，又有天一般的高明；它，既与天地万物同体，又能产生出万变万物；它，既贯通于万事万物之中，又覆盖着万物；它，既体现于万物，又长存于万物，所以它能与天地相比照。

由上足见，湛若水的学说已经具有鲜明的心学特色。他给"心"赋予的属性，是同天地、宇宙的属性相同，显然他在"道""气""理""心""性"几个概念之间画上等号之后，也就直截了当地把"心"提升到了宇宙

---

① 湛若水：《四勿总箴》，《泉翁大全集》卷三二，第 840 页。
② 湛若水：《四勿总箴》，《泉翁大全集》卷三二，第 841 页。
③ 湛若水：《雍语·虚实·第十》，《泉翁大全集》卷六，第 144 页。

本原的层面。这，正是他对白沙心学的一个超越。值得注意的是，尽管恪守师道的湛若水没有背离先师白沙学说的基本理论观点，提出"理即心"，与王阳明的"心即理"异曲同工，但是，他从来没有王阳明的"心外无理，心外无物，心外无事"的说法。他把理、心等同于"自然"，显然是恪守了先师"宗自然"的思想。当然，也不能因为他维护了"宗自然"，而否定他的心学特色，以及他的理论创新。应该看到，湛若水学说更突显心学特色，在某种意义上与阳明心学更靠近了，但是，他的心学仍然保持了"心外有物"的白沙心学的特色，因而与阳明心学存在差异。

（十八）性者生也

心学，即关于心性涵养的学说，因而心学家在谈论心之时，必然涉及性，湛若水也如此。他明确把"性"界定为"心之生理"，并把几个范畴勾连在一起而说明彼此之间的关系。

在《扬州府县学讲章》中，湛若水说：

> 性者，与心俱生，其文从心从生，乃是心之生理也。①
> 云天命之谓性者，言天之命即为人之性，在天为命，在人为性也。故知作用是性之非性矣。率性之谓道者，循性之自然而行，心之所谓性，即事之所谓道。在心为性，在事为道，性体而道用也。②

湛若水认为，"性"字的结构，从心，从生，是一个会意字，是说事物中的道，如果在心中，便是性罢了。因而，湛若水在《志道堂铭》的序中说：

> 夫理，一而已矣。以其原于天则谓之命，以其性命之主宰则谓之心，以其心之生理则谓之性，以其循性之所发而由之则谓之道。③

---

① 湛若水：《扬州府县学讲章》，《泉翁大全集》卷一二，第354页。
② 湛若水：《扬州府县学讲章》，《泉翁大全集》卷一二，第354页。
③ 湛若水：《志道堂铭》，《泉翁大全集》卷三三，第887页。

鉴于这样的认识，湛若水进而提出：

> 在事为道，在政为教也。曰命、曰性、曰道、曰教，非有二物，随在异名耳。[①]

为何非二物而可以"异名"？湛若水认为——

> 所谓道也者不可须臾离，可离非道也者。言道根于性命，发为政教，与人俱生，非是二物可合可离。若其可离，即是二物，非根于性命之道也。[②]

甘泉心学注重对"支离"的清算，故常常强调"合一""同一"，把不同概念、范畴视为同一，由于过于注重事物的同一性，则难免忽略了事物的差异性，在哲学的层面上说，也就是过分夸大了矛盾的普遍性而忽略了矛盾的特殊性。这便是湛若水在阐述"性"时，虽已揭示了它的"生"的属性，但又因过于强调"性"与命、道、教等的非二性，也就抹去了彼此的差异。这便是甘泉心学的理论不足之处。

（十九）宇宙在我

湛若水提出"理即心"，确立了心为宇宙的"本体"，呈现其心学特色。他还明确提出"宇宙在我"的说法，强调"宇宙之化即我之化"，完成了构建心学理论体系的历史使命。

中国心学，由南宋的陆九渊首创。陆学的核心思想是"宇宙在我"。这一说法，渊源于先秦的孟子，而一直成为心学的核心命题。从陆九渊，到明代的陈献章、湛若水，再到王阳明，都讲"宇宙在我"。可以说，"宇宙在我"是心学的理论标杆！

湛若水的心学，也以"宇宙在我"论为核心，而展开宇宙演化理论的阐述，由此而论证"心"是宇宙本体，从而构建其心学体系。在给弟子讲

---

① 湛若水：《扬州府学讲章》，《泉翁大全集》卷一二，第 354~355 页。
② 湛若水：《扬州府学讲章》，《泉翁大全集》卷一二，第 355 页。

学时，湛若水说：

> 则宇宙与我通一无二。宇宙在我，而宇宙之化即吾之化。①
>
> 道者，天理也，此体包贯四方上下，宇宙在我矣。②

好一个"宇宙在我"！湛若水是说，宇宙在"我"之中，主体的"我"同客体的宇宙，合为完整的一体，而并非彼此相分离。

湛若水在给弟子答疑时，他强调——

> 人之心即天地之心，人之性情即天地之性情；性情正而和，而万物化生焉，故曰："天地之用，皆我之用。"是天地万化在我矣。③
>
> 宇宙在我，而宇宙之化即吾之化。④

好一个"宇宙在我"！在湛若水看来，既然"我"与宇宙一体，那么宇宙的变化，也就是"我"的变化。他说"宇宙之化，即吾之化"，便是把人的主体意识，即"心"，作为万物存在、宇宙变化的本原了。这，无疑是心学的理论基点与核心。

这一来，湛若水的学说便和孟子、陆九渊接上了轨。当然，湛若水的先师陈献章也有"宇宙在我"的说法。尽管陈献章没有"以心为本"，而是以道与气为本，但是，他所创立的心学，是名实相符的心学，他同样高度重视人的主体精神的能动作用。陈献章的书函有如是说法：

> 会此则天地我立，万化我出，而宇宙在我矣。⑤

"会此"，何解？"会"，即领会、把握；"此"，是指"此理"，即作为宇宙本体的"道"，亦称作"理"。陈献章的原话，在"会此"之前，已经

---

① 湛若水：《新泉问辨续录》，《泉翁大全集》卷七一，第 1756 页。
② 湛若水：《新泉问辨续录》，《泉翁大全集》卷七一，第 1769~1770 页。
③ 湛若水：《新泉问辨续录》，《泉翁大全集》卷七二，第 1787 页。
④ 湛若水：《新泉问辨续录》，《泉翁大全集》卷七一，第 1756 页。
⑤ 陈献章：《与林郡博》七则，《陈献章集》，第 217 页。

说明"此理"是什么。他这样说：

> 此理干涉至大，无内外，无终始，无一处不到，无一息不运。会
> 此则天地我立，万化我出，而宇宙在我。①

陈献章这至理名言，出自他的哲学论作《论前辈言铢视冠冕尘视金
玉》。在该文中，陈献章不但揭示了作为宇宙本体的"道"，具有至大无比
的属性，而且也告诉人们，如能把握了"道"，就能具有与"道"同样的
"天地我立，万化我出，宇宙在我"的本体性与主控性。但是，值得注意的
是，陈献章的"宇宙在我"，是以"会此"为前提条件的。"会此"，便是
把握"道"，依循"理"，即今人所说的把握规律。在这里，湛若水偏离了
老师的理论前提，讲"宇宙在我"时，不再附加"会此"为前提，只讲
"我立"。他在给弟子解答问题时说：

> "立我"二字最好，我立则我大而物小，我有余而物不足，我无穷
> 而物有尽。②

在湛若水和所有的心学家看来，人的"心"，即人的主体精神，有着巨
大的能动性，宇宙间一切的一切，无非是人的能动性的发挥而产生的结果，
宇宙的变化也就是人的能动性所为。过去学界，把这种学说归为"唯心
论"，并予以批评。

应该肯定，"唯心论"与"唯物论"的区分，是西方哲学的说法，中国
古代哲学本无此说。唯物论与唯心论，在中国哲学体系里不存在绝对的界
限，就一个具体的哲学体系而言，并不存在"非黑即白""非此即彼"的明
显分界，而是呈现唯物因素与唯心因素并存，呈现"亦此亦彼"的复杂状
态。唯物与唯心两个流派的学说，各有理论合理性与偏颇。当然，心学不
等同于唯心论，但心学确实存在唯心论的思想成分，存在过于夸大人的主
体精神的理论不足。

---

① 陈献章：《与林郡博》七则，《陈献章集》，第 217 页。
② 湛若水：《新泉问辨续录》，《泉翁大全集》卷七一，第 1751 页。

应该肯定，人的主体精神，具有巨大的能动性，可以创造出种种奇迹来，但是，能不能说"宇宙之化即吾之化"呢？试问，宇宙在人类出现之前，是否已经存在？近现代的自然科学以及考古学，早已证明，在人类出现之前，宇宙已经存在，可见那个时期的"宇宙之化"，绝不可能是"吾之化"！再者，人类的能动精神的发挥，必须在一定的外部环境下进行，必然受到客观条件与客观规律的制约，不可能是"人有多大胆，地有多高产""只要想得到，就能做得到"！近年，在宣传阳明心学的热潮中，一种非理性的、非客观的解读与宣传，完全忽略了心学的理论不足，难免会给广大民众带来误导。

第三节　甘泉的治国理政思想

甘泉学说有着丰富内涵，既涵括博大精微的心学，又有经世致用的政治、经济、教育等方面的思想内容，其价值理念，具有可贵的当代意义，可服务于当今社会。

湛若水的治国理政思想，可概括为如下方面。

一　以"畏民"为基点的"民本"思想

"民本"，是中国传统的治国理念，但经过湛若水的诠释，它更具有启蒙色彩，凸显了其当代意义。

1. 以"畏民"为"民本"治国理念的基点，"君"须对"民"怀敬畏之心

《尚书》提出"民惟邦本，本固邦宁"①；"天聪明自我民聪明，天明畏自我民明畏"②；"畏于民岩"③。

湛若水专著《圣学格物通》，卷十六、卷十七，以千多字篇幅，对"畏民"进行解读，确立"畏民"为"民为邦本"的理论基点。湛若水的"民本"思想，揭示了君民关系，阐述了君为何必须"畏民"，以及如何由"畏

---

① 《尚书·夏书·五子之歌》。
② 《尚书·虞书·皋陶谟》。
③ 《尚书·周书》。

民"出发，而做到"重民"—"爱民"—"为民"。他说"民者国之本，本固而后国安"①。又说"譬如草木必先有根，而后有干，而后有枝叶。"②无根本又何来干与枝叶？故"为人主者，可不存畏民之心乎？"③

2. 从本体论上说，"宇宙一气"则"君民一体"

湛若水依据其"体用一原"论，指出"宇宙一气也，君民一体也。故君为心，民为体，心与体一也"④，故国家应"上下一心同济圣治"⑤。"君民一体相须"，是因为"君非民泽孤立于上，谁与为君者？""民固不可无君，而君又不可无民"⑥。在湛若水看来，"君"必须"畏民"，还因为"民"代表着"上天"。他指出"天人同气，上下一理，通达流行，更不分别"，故"民心所存即天心所在"⑦，"圣人之心，即百姓之心，百姓之心即天地之心"⑧。湛若水认定"民心即天地之心"，民心的背向，关乎社稷的存亡，故民不可不畏。他的结论是："明君不畏方张之强敌，而畏大可见之民心！"⑨ 好一个"畏民"！

湛若水大胆地挑战了传统社会"君"、"民"与"社稷"关系的思想，提出，"恒人之情，莫不以君为贵，民为轻也。殊不知社稷所以为民也，君所以为君者，以有民也。故无民斯无君矣，无君斯无社稷也"⑩。把"民"的地位升格到至高的位上，强调有"民"才有"君"，有"君"才有"社稷"，其"民本"思想，已超越了传统，而呈现时代的民主新精神。

3. "以民为本"，须落到"恤民""为民"的实处

在湛若水的"民本"治国理念中，尤为可贵的是，他并非一般性地宣扬什么"爱民""恤民"，而把"民本"建立在"畏民"的基点上，由"畏民"而"重民""爱民""恤民""为民"。他提出落实"民本"的一系列措施，具体如下。

---

① 湛若水：《圣学格物通》卷一六。
② 湛若水：《圣学格物通》卷一六。
③ 湛若水：《圣学格物通》卷一六。
④ 湛若水：《圣学格物通》卷一六。
⑤ 湛若水：《甘泉先生续编大全》卷二九，第768页。
⑥ 湛若水：《圣学格物通》卷一六。
⑦ 湛若水：《圣学格物通》卷一六。
⑧ 湛若水：《泉翁大全集》卷三二。
⑨ 湛若水：《圣学格物通》卷一六。
⑩ 湛若水：《圣学格物通》卷一六。

（1）"畏民"，须实施"仁政"。湛若水认定，"惟人君，然后能畏民"，"君当道志于仁，以不忍人之心，行不忍人之政"①，"仁，则民安"②。仁政，是"以民之利为利"，"以民之命为命"，"其利其命无非为民"③。不推行仁政，"畏民"将是一句空话。

（2）畏民，须"薄敛轻徭"。湛若水认为，人君须关心民众疾苦，"视民之饥寒如疾痛之在身，视民之伤如伤己"④，只有视民之伤痛为己之伤痛，才能解决民之疾苦。他认定，民之疾苦产生于赋税，"民之为盗，非天性然也，饥寒迫之也。民之饥寒，非自致然也，赋税剥之也"⑤，故"慈保惠怀，薄敛轻徭，亲民之谓也"⑥，他强调减赋敛便是实施仁政的重要内容。

（3）畏民，须"戒逸豫"。在湛若水看来，实施惠民政策，可以为民众带来实实在在的利益，而同时人君还须"戒逸豫"。《初入朝豫戒游逸疏》，是他新官上任时向皇上的进言——不要"游逸"。他反复说，要做到"恤民"，人君决不可"游逸"，强调"为人君者，先戒逸豫，然后能尽心，能尽心然后能视民如伤，视民如伤然后能保难保之民，而天命归之矣"⑦。

湛若水的"民本"治国理念，有其时代局限与理论不足。如他借助天的威力来论证君民关系，今人难免觉得可笑。然而，只要抹去天人感应的神秘色彩后，就可发现其民本的治国理念的现代价值。

应该肯定，湛若水的如下思想值得借鉴：民是国之基础，有民才有君，有君才有国，君民为一体，君须视民之疾苦为己的肌肤之痛；民心背向，关乎国家存亡，君须"畏民"，而"畏民"则须"爱民""惠民""恤民""为民"；"爱民"则须扩充"仁心"，推行仁政，对民要"薄敛轻徭"，对己要"戒逸豫"。简而言之，当政者应正确认识人民在社会发展中的地位与作用，应真正落实"以民为本"的国策。

---

① 湛若水：《圣学格物通》卷一七。
② 湛若水：《圣学格物通》卷一六。
③ 湛若水：《圣学格物通》卷一七。
④ 湛若水：《圣学格物通》卷一七。
⑤ 湛若水：《圣学格物通》卷一七。
⑥ 湛若水：《圣学格物通》卷一七。
⑦ 湛若水：《圣学格物通》卷一六。

二 "立大公以普天下"的理想人格

湛若水明确以"立大公以普天下"，作为理想人格，把人格的培育，提到首位，把公与私之辨提到是否可以成圣贤，是否可成功事业的关键。"公"是甘泉学的核心理念。这不仅是对儒家"天下为公"最高理念的承传，也是对当时"人欲横流"社会诟病的针砭，对今人很有启迪意义。

《礼运·大同》提出，"大道之行，天下为公"，湛若水循着"天下为公"的理路，进而把人类大同理想落脚到个人的人格培养上。他明确提出，"立大公以普天下"①，主张人人应确立"大公"之心，并将"大公"庇及天下。

湛若水明确提出，"大公"是圣贤之士——真正意义的人所应具有的品格。他说，"君子之道，莫大乎公溥"，"圣人之心，廓然而大公"②，"圣人""君子"，即事业成功人士，应具有公而大的人格精神。又说，"古之圣贤，必先正己以格君心之非。君心正，则公而明"，"公则一，私则二。公私之辨，一念之间"③。他以为，是"公"还是"私"，决定着人的命运与前途，"圣人，天地之道。廓然大公，故能成其公，非诚其私也"。他以为，只有大公的人，才能成就事业，才能成功，因为"廓然大公，物来顺应，不至用智自私之蔽"④，自私则妨碍才干的发挥，只有大公才能顺应环境，得心应手。若是"圣人"则须"体万民而不私"，"私心亡，而万殊一矣"⑤，就统治者而言，天下就能一统而顺治。可见"大公"的人格精神，关乎事业的胜败、国家社稷的兴衰存亡。

何谓"大公"？湛若水引用明太祖的话，如此界定："公即无私，义之谓也；私则忘公，利之谓也。"⑥。他提出，"大公之心便是天理"⑦，"大公之体无私无虑，不容有一毫意必固我之私参于其间者也"⑧。在湛若水看来，

---

① 湛若水：《湛子约言》，《甘泉先生续编大全》上，卷二九，第768页。
② 湛若水：《圣学格物通》卷一九。
③ 湛若水：《圣学格物通》卷二。
④ 湛若水：《泉翁大全集》卷七三，第1820页。
⑤ 湛若水：《圣学格物通》卷二〇。
⑥ 湛若水：《圣学格物通》卷二〇。
⑦ 湛若水：《泉翁大全集》卷七二，第1791页。
⑧ 湛若水：《泉翁大全集》卷七一，第1744页。

"公"与"私"泾渭分明,"大公"更容不得一丝"私"在其间。他说"至公无私,自无物我之累"①,即须克服为"我"之私心,以及排除追求物质享受之私欲,故说"见闻之念起于躯壳之私,则广大之体蔽而身外皆非我矣"②。

原始儒家提出"天下为公"的理念,并开展了"义利之辨",在追求理想社会的同时,提出了"善心""仁心""公心"的理想人格要求,明确以对"义"或"利"的追求作为"人"与"禽"的分水岭。孟子说君子与小人之别在于是"鸡鸣而起,孳孳而为善",还是"鸡鸣而起,孳孳而为利"。湛若水的先师陈献章则更具体地说:"人具七尺之躯,除了此心此理,便无可贵,浑是一包脓血裹一大块骨头。……凡百所为,一信气血,老死而后已,则名之曰'禽兽'可也。"③湛若水正是继承老师的思想,依据传统儒家的"人禽之辨"、公私之辨、义理之辨,把无私的"大公"作为人的理想人格。

可以说,湛若水的时代已经过去,甘泉学虽有一些历史的局限,以及理论的不足,但他那博大精微的学说,主导方面则富于现代性与真理性,成为现代化建设的思想资源和精神动力。

---

① 湛若水:《圣学格物通》卷二〇。
② 湛若水:《圣学格物通》卷二〇。
③ 陈献章:《禽兽说》,《陈献章集》,第61页。

第五章　阳明心学

明代心学在甘泉心学稍后，出现了又一巅峰——阳明心学，它便是明代心学的第三个环节。阳明心学渊源于陈湛心学，同时又受到陆九渊心学的影响，故"集心学之大成"之誉当之无愧。阳明心学曾远播日本，其社会影响超过陈湛心学，是明代心学至为光辉的一环。

第一节　阳明其人

王阳明（1472~1529），名守仁，字伯安，浙江余姚人，明代著名的思想家、政治家、教育家和军事家。

阳明祖籍太原，几度南迁至余杭。王氏为仕宦之家，据史料记载，先祖曾做过（晋代）光禄大夫，世代为官；六世祖王刚，文武双参，任兵部郎中、广东参议，曾在潮州平乱，后到了增城，被害，朝廷命增城为他建"忠孝祠"以作纪念。父亲王华进士及第第一名，是金榜题名的状元，官至南京礼部尚书，二品。

阳明自幼受到良好教育，少年即显露才华。少年时他即立志"读书学圣贤"，12岁在京读书，被问"何为第一等事"，当先生说"唯读书登第"时，阳明却敢提出"读书学圣贤"。18岁拜望著名学者娄一斋，娄为他讲述格物致知之学，称"圣人必可学而至"，阳明深受影响，而奋发读书，立志做圣贤，这便是阳明人生的第一个转折点。

阳明21岁，乡试，中举。次年，阳明赴京会试，落第，此后便遍读朱子书，践履朱熹的"格物致知"，曾在家中的院子里按朱熹的方法，进行"格竹子"，失败；他的友人钱子格竹子也失败，于是他不再相信朱熹的认知方法。

阳明28岁，举进士，任职于工部。29岁，在京师任云南清吏司主事。

33 岁改任兵部武选。34 岁时，结识翰林庶吉士湛若水，二人"一见定交"，决心"共兴圣学"。之后的数十年，阳明与甘泉相互关爱，相互支持，相互切磋学问。

武宗皇帝主政时期，宦官弄权。戴铣、薄彦徽等上奏疏呈谏言，不被采纳，而被下狱。阳明参与上抗议疏，被卷入朝廷风波，受"廷杖四十"后，贬官至贵州。

阳明 37 岁，至贵州龙场驿站。从政治、经济、文化中心的京师，来到荒凉的边远之地，落差实在太大。阳明陷入了人生的困境。他只能"日夜端居澄默，以求静一"①，体悟本心。在静坐中，悟到"圣人之道，吾性自足"，于是摒弃向外求理的认知与涵养方法，而创立"求诸心"的"格物"说，并提出"心即理""知行合一"说，后又提出"致良知"说，构建其心学理论体系。

第二节　阳明学说

学界普遍认为，阳明心学由"心即理"论、"知行合一"论和"致良知"论三部分构成。确实，这三个乐章相互联系、密切关联，有着内在的逻辑关系，因而组合成阳明心学的美妙交响乐。

一　"心即理"，阳明的本体论

阳明心学，以"心"为宇宙本体。心，是天理；心，衍生出天地万物，也主宰和操控天地万物。他说：

> 心即理也。此心无私欲之蔽，即是天理。②
> 身之主宰便是心，心之所发便是意，意之本体便是知，意之所在便是物。③
> 凡意之所用无有无物者，有是意即有是物，无是意即无是物矣。

---

① 王阳明：《年谱一》，《王阳明全集》卷三三，第 1228 页。
② 王阳明：《传习录上·语录一》，《王阳明全集》卷一，第 2 页。
③ 王阳明：《传习录上·语录一》，《王阳明全集》卷一，第 6 页。

物非意之用乎？①

  心即天，言心则天地万物皆举之矣，而又亲切简易。②

  如上是阳明对"心即理"论的明确表述，大致含有三层意思："心"等同于"理"，心便是宇宙的本原，"心"具有衍生和主宰功能。应该说，阳明心学并非如某学者所说"引物入心"，恰恰相反，阳明认定心就是理，心能衍生天地万物。其学说的具体内容如下。

  1. "心"等同于"理"，等同于物

  阳明认定，无欲之"心"，"即是天理"，因而，宇宙间的一切由"理"而生，也就由"心"而生，理是宇宙的本原，心同样是宇宙本原。他具体叙述"心"如何生出"物"来：由"心"而发出"意"，"意"的本体是"知"，"意"的所在即是"物"。这是说心→意＝知＝物。

  简而言之即是心＝物。

  显然，在阳明心学里，人的主观的"意"与客观外界的"物"，并没有差异，合而为一。于是，他认定人内在的意识与外在的事物，二者完全等同。这便是阳明"心即理""心外无物"理论的聚焦点。

  2. "良知"即"心"，有衍生与主宰功能

  阳明认为，天地宇宙间的一切，由"心"而生，那么，天如何生物呢？他在给弟子讲学时明白地说：

  人者，天地万物之心也；心者，天地万物之主也。③

  阳明提出，"心"作为天地万物之"主"，它是"良知"，因而心的主宰，也是良知的主宰，他说：

  充天塞地中间，只有这个灵明，人只为形体自间隔了。我的灵明，便是天地鬼神的主宰。④

---

① 王阳明：《传习录中·语录二》，《王阳明全集》卷二，第47页。
② 王阳明：《文录三·书三·答季明德》，《王阳明全集》卷六，第214页。
③ 王阳明：《文录三·书三·答季明德》，《王阳明全集》卷六，第214页。
④ 王阳明：《传习录下·语录三》，《王阳明全集》卷三，第124页。

进而，阳明认定：

> 良知是造化的精灵。这些精灵，生天生地，成鬼成帝，皆从此出，真是与物无对。①

阳明甚至说：

> 今看死的人，他这些精灵游散了，他的天地万物尚在何处？②

这是无稽之谈！难道一个人"死"了，整个世界就消失了？对此说法，只有在科学尚未昌明的时代，或许人们还会相信，而在当今，在近代科学发达之后的现代社会，除了襁褓中的孩童，以及没有现代科学知识的人才会相信。

3. 心之外的一切均不存在

阳明由"心即理"，推演出心是天地万物的本原和主宰，认定心、良知或称精灵，衍生出天地万物；进而，又推演出离开心，宇宙间便无物存在，即"心外无物"的结论。阳明直白地说：

> 天地万物，俱在我良知的发用流行中，何尝又有一物超于良知之外，能作得障碍？③

在阳明看来，在良知之外，不存在任何的事与物，没有心外之物的存在。既无物，也无其他的一切，于是明确提出"五无"。他如是说：

> 心外无物，心外无事，心外无理，心外无义，心外无善。④

这"五无"，是阳明心学的核心理念，也是其学说的一大特色。这"五

---

① 王阳明：《传习录下·语录三》，《王阳明全集》卷三，第104页。
② 王阳明：《传习录下·语录三》，《王阳明全集》卷三，第124页。
③ 王阳明：《传习录下·语录三》，《王阳明全集》卷三，第106页。
④ 王阳明：《文录一·书一·与王纯甫》，《王阳明全集》卷四，第156页。

无”理论，否定了事物特殊性，在种种的范畴、概念之间画上等号，抹去彼此的差异性。

阳明提出"五无"之前，有一个说明，他说：

> 夫在物为理，处物为义，在性为善，因所指而异其名，实皆吾之心也。①

在这里，阳明的推理是：因心是万事万物本原，故心之外的一切，无非都是心，各种事与物，只是名称不同而已，也就是说：

> 心＝物＝事＝理＝义＝善。

显然，阳明是以事物的同一性取代了事物的差异性。这一理论，无疑有违常理。

现代哲学已揭示：世界上诸种事物所以千差万别，其内在的原因，或称作"根据"，是事物都存在别于他事物的特殊的本质，也就是存在着事物的特殊性。② 可以说，大千世界的事事物物，各自有着异于他物的特殊性，绝对的等同并不存在。阳明否定事物的特殊性，也就否定了世界是千姿百态的客观存在。

事实上，阳明的"心即理"论，衍生出的"心外无物"论，本身便是一个否定世界客观存在的命题，同时也颠倒了物质与精神的关系，否定了先有物质，而后才有思想意识。有学者指出：阳明的"人心即天地万物，天地万物亦即人心"，"'心无内外'，'性无内外'，其实是包万事万理于一心之内，其实是有内而无外"，这便是"强调主观意识的决定作用"，实质是"看到了主观意识的能动性，却抹杀了物质的客观性"，"从根本上否定了客观事物是离开意识而独立存在的"③。

4. "心即理"论与西方哲学

当年，学界把阳明心学定性为"唯心论"，主要是依据阳明的"心即

---

① 王阳明：《文录一·书一·与王纯甫》，《王阳明全集》卷四，第 156 页。
② 毛泽东：《矛盾论》，《毛泽东选集》（袖珍合订本），人民出版社，1969，第 283～284 页。
③ 蒙培元：《理学的演变——从朱熹到王夫之戴震》，第 222～225 页。

理",认定人的思想意识衍生出天地万物,这同西方 18 世纪英国贝克莱的"存在即是被感知""物质是观念的集合",同出一辙。这一定位,一度成为学界的主流观点,也使阳明心学一直被当作唯心论而备受批判,直至前些年,中华优秀传统文化主义得到社会的关注与重视,阳明心学重新被肯定为中华优秀传统文化的一部分,并出现"阳明热",学界和一批民间学者及部分企业家,在重新解读阳明心学时,抛弃了"阳明心学就是主观唯心论"的论断。

在"阳明热"中,不少人为摘阳明心学"唯心论"之帽,否定"心外无物"是一个本体论命题,而认为它是"一个关于个体生存环境的实践命题","是一种生命实践所导向的境界"①。甚至有学者说:"我们过去把王阳明的'心外无物'理解为主观唯心论,那实在是一个大误会"②。这些评述,值得反思。事实上,当年学界普遍认定阳明的"心外无物"同西方近代哲学中的"主观唯心主义"哲学相一致。可以说,把阳明心学定位为"主观唯心主义",恰恰是依据了哲学通识。

静而思之,阳明心学同西方哲学有极其相似之处,似可做一比较,人们应在现代的哲学思维的视域下,重新审视阳明心学。

勒内·笛卡尔(1596~1650),西方现代哲学的奠基人,他第一个建立了完整的哲学体系,在其哲学代表作《谈谈方法》第四部分,提出"我思,所以我是。"

笛卡尔的这句名言,又译作"我思故我在"。这便是笛卡尔认识论的理论起点,由此出发,他在反诘"存在必先于意识"的质疑时说,"没有肉体便不能有思想",认为这是"本末倒置""荒唐可笑"的。

因"我思故我在",笛卡尔的哲学被定位为"主观唯心主义"。在中国,与笛卡尔生活年代差不多的王阳明,其学说以"心即理""心外无物"为理论起点,故也被学界认定,是同"我思故我在"一样的"主观唯心主义"。

在笛卡尔之后,西方还有一位思想家的学说同阳明心学更为接近,那便是英国神职人员乔治·贝克莱。

---

① 董平:《道在何处?理解阳明心学有几个可能误区》,见"大道之行王阳明心学"网,2017年4月11日。

② 董平:《道在何处?理解阳明心学有几个可能误区》,见"大道之行王阳明心学"网,2017年4月11日。

贝克莱（1685~1753），一生主要进行宗教活动，曾担任神学教授和主教等职，主要哲学著作是《人类知识原理》。从该著作的如下观点来看，贝克莱哲学的属性，同阳明心学堪相一致，具体可从如下方面审视。

其一，同样认定，宇宙间不存在独立于人的思想意识之外的事物。

如前所说，阳明认为"心即理"，"心外无物"，而贝克莱也明确说：

> 除了精神或能感知的东西以外，再没有任何别的实体。①

贝克莱具体说：

> 就是说天上的星辰，地上的山川景物，宇宙中所含的一切物体，在人的心灵以外都无独立的存在；它们的存在就在于其为人的心灵所感知、所认识，因此它们如果不真为我所感知，不真存在于我的心中或其他被造精神的心中，则它们便完全不能存在，否则就是存在于一种永恒精神的心中。②
>
> 任何物体，只要不被感知，就是不存在的。③

贝克莱同样举出具体的例子说明，离开了人的感知，便不存在任何的事物。他如是说：

> 我写字用的这张桌子所以存在，只是因为我看见它，摸着它……我所以说曾有香气，只是说我曾嗅过它，我所以说曾有声音，只是说我曾听过它，我所以说，曾有颜色，有形象，只是说我曾看见它或触着它。④

这段话，同阳明所说的话，何等相似！试看阳明如下所说：

---

① 〔英〕乔治·贝克莱著，关文运译《人类知识原理》第一部之7，商务印书馆，1973，第22页。

② 〔英〕乔治·贝克莱著，关文运译《人类知识原理》第一部之6，第22页。

③ 〔英〕乔治·贝克莱著，关文运译《人类知识原理》绪论之47，第41页。

④ 〔英〕乔治·贝克莱著，关文运译《人类知识原理》第一部之3，第21页。

天没有我的灵明，谁去仰他高？地没有我的灵明，谁去俯他深？鬼神没有我的灵明，谁去辩他吉凶灾祥？①

阳明与贝克莱同样认为，离开了人的主观意识，天地万物、宇宙间的一切，都不存在。应该说，以主观意识为主宰，而消除客观事物的存在，这一基本观点，阳明与贝克莱完全一致。

其二，同样认定，万物由"心灵"而生。

同阳明一样，贝克莱也认为心灵具有造物的功能，是心灵衍生出天地万物。他的"心灵"，也就是阳明的"良知""灵明"。在《人类知识原理》中，贝克莱明确提出：

心灵——精神——灵魂：除了那些无数的观念（或知识的对象）以外，还有别的一种东西在认识或感知它们，并且在它们方面施展各种能力，如意志、想象、记忆等。这个能感知的能动的主体，我们叫它作心灵，精神或灵魂，或自我。②

贝克莱不仅明确界定了"心灵"，还具体解释了心灵的功能，他说：

心灵可以单独地考察各种性质，可以把一种性质同其常相联合在一块的别的性质分开，因此，它就可以借此构成抽象概念。③

心灵不但构成抽象的性质观念和样式观念，而且它可以借同样的分离作用，得到较复杂的事物的抽象观念，那些观念中是含有几种共存的性质的。④

这是说，外界的一切观念，统统是心灵的创造物。在贝克莱的哲学里，外界只有抽象的和非抽象的观念，而种种观念无非都是心灵的创造物而已。这种心生宇宙一切的理论，同阳明的灵明衍生论，完完全全相吻合。贝克

① 王阳明：《传习录下·语录三》，《王阳明全集》卷三，第124页。

② 〔英〕乔治·贝克莱著，关文运译《人类知识原理》第一部之2，第20页。

③ 〔英〕乔治·贝克莱著，关文运译《人类知识原理》绪论之7，第5页。

④ 〔英〕乔治·贝克莱著，关文运译《人类知识原理》绪论之9，第6页。

莱与阳明几乎是生活在同一历史时段，尽管东西方的社会环境、文化取向等都不尽相同，但是，他们大约都处在一个商品经济发展，民众渴求人性解放、主体精神显露的时代。社会存在决定社会意识，正是这样相似的、特定的环境，使他们孕育出极其相似的哲学思维。

其三，同样以否定主体与客体的差异性为理论前提。

同阳明一样，贝克莱的哲学是把主观的心灵与外界被感知的事物绝对地等同，以此作为其理论起点。如前所说，阳明认为理、心、事、物等，只是名称的不同而已，人作为主体，同人之外的事事物物的客观世界，是没有差异的绝对等同。贝克莱也明确提出：

> 事实上，对象和感觉原是一种东西，因此是不能互相抽象而彼此分离的。①

显然，贝克莱同样把人的感觉与外在的对象，称作是"一种东西"，视彼此为不可分、完全等同，由是而否定了主观与客观的差异性，进而论证主观意识产生出客观外界来，或说外界的一切，"完全是心灵的产物"②。在他们看来，这些"产物"，既是"抽象的观念"，也包括实体性的自然界。

当今有学者用现象学解读阳明心学，这也有一定的合理性。事实上，现象学的创始人德国胡塞尔（1859～1938），恰恰是发展了笛卡尔的"我思故我在"，更加强调主观意识的作用。他撰写了《笛卡尔沉思》，并努力消除笛卡尔的自然观，晚年提出先验自我是意识的构成和意向结构的最深核心，同时也是心理活动和引发知识活动的总根源。

把阳明心学与西方哲学稍作比较，即能窥见当年学界对阳明心学的定性，确实有一定的学理依据，并非空穴来风！当然，特别值得注意的是中国哲学与西方哲学史，有相一致的思维方法，但又不是完全相同的哲学思维。近代西方，明显地出现唯物论与唯心论的分歧与对立，而中国哲学一直没有出现这种现象。中国的思想家，在思考宇宙问题时，总是比较注重总体性、辩证性。就一个具体的哲学体系而言，中国哲学往往呈现多元性

---

① 〔英〕乔治·贝克莱著，关文运译《人类知识原理》第一部之5，第22页。
② 〔英〕乔治·贝克莱著，关文运译《人类知识原理》第一部之12，第25页。

和复杂性，而非单一性。纵观中国哲学史的发展，未发现类似近代西方那样的唯物论与唯心论相对立的状况，因而不应以西方的标准，把某一哲学流派简单地归为唯物论或唯心论。

再说，在考察唯物论与唯心论的理论时，也不能简单地评判正确与错误，以唯物论为正确、以唯心论为错误。事实上，唯心论也是一个时代的思想硕果，是一个历史阶段的思想印记，是一代人或几代人的理论创新。具体说到阳明心学，它是中国早期的启蒙先声，是中国社会发展历程中的思想界碑，它蕴含的人性平等、道德自觉，呼唤主体精神高扬，倡导思想解放等，这些思想理念不仅在当时，在当代也仍然是积极向上的精神力量。

可以说，"心外无物"这一命题，就本体论的层面上说，它颠倒了主客体的关系，无疑反映了阳明心学的理论不足，但是它对人的主体精神的高扬，高度肯定人的思想意识的能动作用，而顺应社会发展的历史潮流，则是十分可贵的。因而，人们不要因为阳明心学是唯心论而把它抛弃。

5. "心外无物"论与马克思主义哲学

新中国成立以来，中国哲学史教科书以及相关的专著，都一致把阳明心学定位为"主观唯心主义"。把阳明心学定位为唯心论，是参照了西方哲学，但主要是依据了马克思主义辩证唯物论的立场与方法。

侯外庐主编的《中国思想通史》，是中国思想史与中国哲学史研究的权威著作，一度是外国留学生学习中国思想史的必读书。该书的第四卷下第二十章以"王阳明的唯心主义思想"为题，明确指出：

> 王阳明的世界观的出发点和基本前提，即他所提出的"心外无物"、"心外无理"，一切都是从"心"派生出来的。[1]
> 王阳明否认有独立于人的意识之外的客观存在，而认为一切都存在于"心"中。[2]

这个论断的理论依据，来自列宁的《唯物主义和经验批判主义》，《中

---

[1]　侯外庐主编《中国思想通史》第四卷下，人民出版社，1960，第884页。
[2]　侯外庐主编《中国思想通史》第四卷下，第884页。

国思想通史》引用了列宁的原话：

> 如果物体……像贝克莱所说的是"感觉的结合"，那末不可避免地会得出这个结论：整个世界不过是我的表象而已。从这个前提出发，除自己以外，就不能有其他的人存在；这是最纯粹的唯我主义。（《唯物主义和经验批判主义》，人民出版社，1956，第 26 页）①

显然，学界对阳明心学属性的界定，是以马克思主义的辩证唯物论为依据。因而对其"心外无物"论的解读，还须从马克思主义哲学的视角进行审视，以充分了解其学说的亮点与不足。

马克思主义哲学，是建立在现代科学基础之上的科学的世界观与方法论。它从西方引进，本是西方哲学的一个流派，引进中国之后，与中国的社会实际结合，而成为中国革命与建设的思想武器。在当代马克思主义哲学的视域下，人们可从如下方面审视阳明"心外无物"论的合理与不足。

首先，关于世界统一于物质还是精神。

任何一个哲学体系，其本体论都必须回答世界是物质的还是精神的，是物质产生精神还是精神产生物质。人们依据这一理论基点，而判定其学说的属性。

从马克思主义哲学的视角审视，"心外无物"论，是阳明心学最大的理论不足，因为它颠倒了物质与精神、主体与客体的关系。阳明认定，在心之外不存在任何的事物；认为是人的"灵明"，或称"良知"，也即人的意念，衍生出天地万物，离开了人的意念，外物也即不存在。马克思主义哲学则认为，世界是物质的世界，意识只是物质高度发展的产物，是物质产生意识，而不是意识产生物质。列宁曾明确指出：

> 唯物主义的基本前提是承认外部世界，承认物在我们的意识之外并且不依赖于我们的意识而存在着。②

---

① 侯外庐主编《中国思想通史》第四卷下，第 885 页。
② 列宁：《唯物主义和经验批判主义》，《列宁选集》第二卷，人民出版社，1960，第 79 页。

这是辩证唯物论的理论基点，也是马克思主义哲学本体论最简明的表述。这是说，形形色色的大千世界，物质的种种形态，都是独立于人的意识之外的客观实在，它们不依赖于人的意识而独立存在，更不是由人的主观意识而衍生。

阳明"心外无物"论，由心而生万物，在理论上存在不足，学理上缺乏真理性，也违背宇宙发展的真实。近代科学已经告诉人们——

> 在有意识的人产生以前，地球早已存在了几十亿年，地球有着自己生成和发展的历史。太阳系和整个宇宙天体，……从哥白尼创立太阳中心说，伽利略制成第一台望远镜并用它来观察天体以来，自然科学的发展，……逐步地证明诸天体和地球同样都不是依赖于任何意识、精神而存在着的物质的东西。每个天体都有自己的生成和发展的历史，它们的存在和发展都只能用物质本身的原因去说明……[1]
>
> 精神现象只是某些复杂的高级的物质形态的属性，没有离开物质而独立存在的精神力量。[2]

在现代视域下，必须承认宇宙发展历程是：在人类出现之前，在人的意识产生之前，地球早已存在，地球上种类繁多的物质也已存在，它们并不依赖于人的意识就已独立地存在着。可见，这一切并不是人的意识产生出人之外的客观世界，而是客观的物质世界发展到了一定阶段，才产生出人，有了人才会有人的意识。显然，宇宙间不存在离开物质的精神，更不可能由精神、意识而衍生出物质世界来，心生万物并不可能。假如意识真能生出万物，那么一个没饭吃、没衣穿的穷人，他只要躺家中，好好地运用自己的"灵明"，便能衍生出美食和美服，那不就能过上好日子了吗？这样一来，世间岂不就不再有穷人了？这岂不荒唐！更可笑的是，居然有人发表文章说，"意识的确可以把石头变成价值连城的宝石"[3]，这岂不把心学

---

① 艾思奇主编《辩证唯物论 历史唯物论》上篇第二章，《世界的物质性》，人民出版社，1973，第 30 页。

② 艾思奇主编《辩证唯物论 历史唯物论》上篇第二章，第 33 页。

③ 欧阳谦：《"心即理"的意向性诠释——从现象学看阳明心学》，2015 年《孔学堂》（中英双语）第 4 期。

家当成魔术师了？

在现代视域下应该看到，阳明心学把"心"作为宇宙的本原，认定由"心"生出"万物"，便是颠倒了物质与精神的先后位置，倒置了物质与精神的关系，否定物质的客观性，虚拟了意识、精神的创物、主宰功能。

无须讳言，阳明生活的时代，科学的发展水平相对低下，尚没有为阳明提供宇宙发展的知识，这是阳明的"心外无物"出现理论不足的客观原因。从主观上说，在那特定的时代，阳明更多地考虑人性平等、人性觉醒与主体精神高扬，他便有意无意地高估了人的主体意识的作用，而忽略了对物质世界的客观性的思考。正是这特定的历史环境，给阳明心学带来了片面性与局限性，因而今人在审视阳明心学时，既要正视其不足，又不能因此而对他苛求。

其次，关于人的主体能动精神高扬。

马克思主义哲学肯定物质世界的客观性，认定是物质产生精神，否定精神产生物质，但并不否定人的主观能动精神，而是既认定意识是人脑对于客观世界的反映，又认定意识对物质的反映是能动的，意识在一定的条件下，能够反过来对物质发展进程起着巨大的作用。具体是说，人的观念、计划、理论、主张等可以指导人们在客观世界中的实践活动，引发客观世界的变化与发展，这也就是说，人的意识不仅能反映世界，也能改造世界。

意识的能动精神，便是人所特有的主体精神。人，是社会动物，是不同于一般动物的高级动物。人能通过自己的行动创造出自身需要的生存环境，由是而引发客观外界的变动，当然人的行为与活动，必然受到自身意识的支配，即在人的思想、观念、理论、计划等主观的意识的指导与支配下，而进行社会实践活动，这便体现出人的主观意识的能动作用。正是在这个意义上，阳明心学对人的这种主体精神的高度肯定与赞扬，同马克思主义哲学的看法有着一致性。这，便是作为中国早期启蒙先声的阳明心学的理论亮点。

近年来，对阳明心学的"心即理"，高扬人的主体精神的时代精神，人们给予了高度的肯定，还有学者以西方的现象学、量子学等现代学科的理论，来阐述其合理性，称"王阳明乃是以本体的人的存在为出发点，来理解世界的本体论存在方式的。无论人的本体论或物的本体论的显现，都透过心物一元的'观照'桥梁获得了联结"①；或称，阳明的"这个回答，无疑是一种现象学思想的中国式表达"②。学界的这些比较研究，有助于对阳明心学的解读。

应该说，用当代西方现象学解读阳明的"心即理""心外无物"，确实有一定的合理性，这主要体现在认知论层面上。阳明心学与当代的现象学，均强调人们认知外界事物，离不开人的主观意识，这是二者不谋而合之处，但是，阳明的"心外无物"论不仅仅具有认识论意义，更体现了阳明心学的本体论，是阳明对物质与意识关系的回答，是任何哲学家无法回避的本体论问题。因而必须正视许多学者在解读中，未能把"心即理""心外无物"论置于哲学的本体论层面上进行剖析，有意无意回避了阳明对物质与精神关系的认识的不足。事实上，任何哲学都不应回避这一根本问题！作为一个理论研究者，也应时刻坚持正确的立场与方法，坚持辩证唯物论与历史唯物论的世界观与方法论！

二　"知行合一"，德行合一论

心学，是"作圣之功"，是一种认知与涵养的方法。阳明年轻时，便十分注重寻找心性涵养的方法，他先是遵循朱熹极力主张的"格物致知"，16岁在庭院格竹求理，欲"格尽天下万事万物"而求得天理，但失败了，于是认定——

> 先儒解格物为格天下之物，天下之物如何格得？且谓一草一木亦皆有理，今如何去格？纵格得草木来，如何反来诚得自家意？③

阳明通过自身的体认，认识到朱熹倡导的"格物致知"，由"格物"难以达到"致知"，因为天下万物如此之多，如何能"格尽"？即使是"革尽"了天地万物，外物的"理"，又如何变为"自家"的"理"呢？当然，阳明

---

① 张新民：《意义世界的构建——论王阳明的"心外无理、心外无物"说》，2014 年《孔学堂》（中英双语）创刊号。

② 欧阳谦：《"心即理"的意向性诠释——从现象学看阳明心学》，2015 年《孔学堂》（中英双语）第 4 期。

③ 王阳明：《传习录下·语录三》，《王阳明全集》卷三，第 119 页。

一直也没有完全否定"格物"说法，但他重新诠释了"格物"。他提出"格"便是"正"，把不正而归于正而已。

学界一般认定，阳明的"龙场悟道"，也是"格物致知"。事实上，他那次格物，"始知圣人之道，吾性自足，向之求理于事物者误也"，真正明白了认知与涵养便是求理于心，是道德本性的自觉，而不是向外求理。随后，阳明便提出"知行合一"的认知方法，并开始讲授。

"知行合一"论，是依据"心即理"，"心"与"理"合一理论而完成的认知论，是对"心即理"说的展开。在阳明看来，认知与涵养的对象是自己心中的道德本性，并强调人在认知之后必须见诸行动，以解决"知"与"行"的关系。他说：

> 我今说个知行合一，正要人晓得一念发动处，便即是行了。①

阳明强调，认知的同时就是践行，道德意识与道德践行实为一段功夫，德与行务须统一。

阳明认定，知与行不可分离，他明确说——

> 知之真切笃实处，即是行；行之明觉精察处，即是知，知行工夫本不可离。②
>
> 知是行的主意，行是知的功夫；知是行之始，行是知之成。③

阳明强调"知行原是两个字说一个工夫"④，知行不可分作二事。

阳明"知行合一"论的理论贡献在于，揭示"知"与"行"具有密切的、同一的关系，这创新了儒家传统的知行学说，又彰显了传统知行学说的道德伦理性。"知行合一"说的实践意义，在于针砭世人"已知父当孝，兄当弟"，却"仍不能孝弟"把知与行分为"两事"的现状，而教人注重道德践履。他强调人对道德本性的认知，不应只停留在意念层面上，而必须

---

① 王阳明：《传习录下·语录三》，《王阳明全集》卷三，第 96 页。
② 王阳明：《传习录中·语录二》，《王阳明全集》卷二，第 42 页。
③ 王阳明：《传习录上·语录一》，《王阳明全集》卷一，第 4 页。
④ 王阳明：《文录三·书三·答友人问》，《王阳明全集》卷六，第 209 页。

体现在日常践履之中。他指出"未有知而不行者。知而不行，只是未知"①。

可以说，"知行合一"论，是阳明一生能成就事功的理论指南。他在朝廷授命其到地方平乱期间，便极力践履这一理念，实地开展"亲民"、"教化"、移风易俗等社会活动。

阳明提出知行是"一个工夫"，其理论的依据是"心即理也"②。"无心外之理，无心外之物。"③

在阳明看来，由于理不在心之外而在心之中，心就是理，因而不管是人自身的主观行为与活动，或是人之外的客观世界的一切，无不是本体的心或是外发的心。用他自己的话来说，便是：

> 身之主宰便是心；心之所发便是意；意之本体便是知；意之所在便是物。如意在于事亲，即事亲便是一物；意在于事君，即事君便是一物；意在于仁民爱物，即仁民爱物便是一物；意在于视听言动，即视听言动便是一物。④

显然，阳明是说心与物并非二者，由心"所发"的"意"即"知"，"知"与践履道德的"行"便是同一的，或说是合一的，不可支离的。

可以说，"知行合一"说是阳明心学的具体体现及运用，是阳明"论学最要紧处"⑤。阳明之所以把"心即理"作为"知行合一"的理论基石，是因为他在"理"与"心"之间画上了等号。在他看来，心就是理，理就是心，心所固有的道德意识，同心外发而产生的道德践履，本是同一的东西。也就是说，人的道德修养，无须外求，只需内省。这就回到了孟子所说，"尽心而知性，知性而知天"的"内王"的修养路径。虽然孟子没有提出"心外无物"的命题，但他说"天生烝民，有物有则"，认为天在造物之时，把人的道德本性，即为人之"则"蕴藏在人的心中，人们只要通过对本体之心的体悟，便可认知人的道德本性。可见，主张道德意识与道德行为相

---

① 王阳明：《传习录上·语录一》，《王阳明全集》卷一，第 4 页。
② 王阳明：《传习录上·语录一》，《王阳明全集》卷一，第 2 页。
③ 王阳明：《传习录上·语录一》，《王阳明全集》卷一，第 6 页。
④ 王阳明：《传习录上·语录一》，《王阳明全集》卷一，第 6 页。
⑤ 王阳明：《文录三·书三·答友人问》，《王阳明全集》卷六，第 209 页。

统一的"知行合一"论，必然以道与心等同作为理论的前提与基础。

关于"知行合一"说的理论贡献，过去受"左"的思潮影响，唯心论受到批评，而未得到肯定。改革开放以来，学界对此已有纠正。如沈善洪与王凤贤在《王阳明全集》代序中所说：

> 王阳明的"知行合一"论，在伦理学的意义上说，"知是一种'德性之知'，'是为良知'，而非知识也"。"知行合一"，讲的是道德意识与道德行为的统一。
>
> 王阳明的"知行合一"论，还包含着回答认识论上"知"与"行"的关系问题。①

这是一个公允的评价，肯定了阳明的"知行合一"在伦理学意义上，揭示道德意识与道德行为的统一性；在认识论上，揭示知与行的关系，对中国的知行观的发展有着推进作用等。

阳明的"知行合一"说，既有可贵的贡献，也有理论不足。这一理论，首先否定了意念之外的客观世界的存在，进而是把主观的道德意识与客观的道德行为混为一谈，把人们追求主体与客体的一致性夸大为现实存在的等同性，也就是混淆了主体意识与客观实践的界限。当然，人们不会因此而否定其理论贡献，但也须正视其理论的不足。

三 "致良知"，道德觉醒论

"致良知"论，是阳明较后提出的命题，是其认知论的深化，以及道德论的彰显，是其整个心学的核心。

正德十二年至十六年（1517～1521），阳明的大部分时间在江西赣州、南昌度过，在其"百死千难"的军旅生涯中，在平定宁王叛乱之后，他深感"良知真足以忘患难、出生死"，于是认定"致良知"，是"真圣门正法眼藏"，故提出"致良知"论，奏响其心学的第三乐章。

"致良知"论，是把认知看作人对自身道德本性的体认与觉醒。他明确

---

① 沈善洪、王凤贤：《王阳明和他的心学（代序）》，载《王阳明全集》，第9页。

提出：吾教人致良知，在格物上用功，却是有根本的学问。①

阳明认定，学问的根本，"只在良知上用功"②，"就自己良知上真切体认"③。

何谓"良知"？阳明明确界定说："良知者，心之本体。"④ "吾心之良知，即所谓天理也。"⑤

就是说，"良知"即"心之本体"，即"天理"。于是阳明进而推理说："致吾心良知之天理于事事物物，则事事物物皆得其理矣。"⑥

王阳明认定，"致良知"便是真真切切地体认天理，守住自己的本体之心，也就是正心之不正而归于心之正，并把自己的本心，即良知、天理，落到天地间的事事物物上。正是在这一意义上，"致良知"与"格物""知行合一"，有着完全同等的含义。

阳明认定，作为社会教化，首先是教人"致良知"；作为个人，你要完成"作圣之功"，便须"致良知"。他指出：

圣人气象自是圣人的，我从何处识认？若不就自己良知上真切体认，如以无星之称而权轻重，未开之镜而照妍媸。⑦

在阳明看来，人性平等，"良知良能，愚夫愚妇与圣人同"⑧，"良知之在人心，无间于圣愚，天下古今之所同也"⑨。阳明是说，人人具有同一的"良知"，人人均可体认自己的"良知"，圣与愚之所以有别，是在于"惟圣人能致其良知，而愚夫愚妇不能致"⑩。故阳明认定只要能够"致良知"，那么"人人皆可为尧舜"。可以说，"致良知"是阳明心学的道德论，它凸显了阳明心学的学术宗旨，及其理论价值与普遍意义，那便是教人进行心性

① 王阳明：《传习录下·语录三》，《王阳明全集》卷一，第 99 页。
② 王阳明：《传习录中·语录二》，《王阳明全集》卷二，第 71 页。
③ 王阳明：《传习录中·语录二》，《王阳明全集》卷三，第 59 页。
④ 王阳明：《传习录中·语录二》，《王阳明全集》卷二，第 61 页。
⑤ 王阳明：《传习录中·语录二》，《王阳明全集》卷二，第 45 页。
⑥ 王阳明：《传习录中·语录二》，《王阳明全集》卷二，第 45 页。
⑦ 王阳明：《传习录中·语录二》，《王阳明全集》卷二，第 59 页。
⑧ 王阳明：《传习录中·语录二》，《王阳明全集》卷二，第 49 页。
⑨ 王阳明：《传习录中·语录二》，《王阳明全集》卷二，第 79 页。
⑩ 王阳明：《传习录中·语录二》，《王阳明全集》卷二，第 49 页。

涵养，人人都能完成"作圣"功夫。用现代话语表述便是说，通过心性涵养，人人皆可成为有道德的成功人士。

四 "仁者与天地万物为一体"：共同体论

如前所说，阳明心学以反对"支离"为宗旨，其"一体"论便是从本体论的高度为整个学说提供理论支撑。近年来学界对阳明的"心即理"、"知行合一"和"致良知"这些方面，多有探究，诚然，称得上其学说一大亮点的"一体"论，却未被充分关注和深入探讨。

1. "一体"论，揭示宇宙为一体、天下犹一家

阳明学的"一体"论，既探究人与外界的一体性，尤其探究天地万物的一体性。其"一体"论，主要体现在两个命题之中，一是"心即理"，一是"天地万物一体"。

"心即理"，揭示内外一体。"心即理"论，是阳明心学的理论基点，是其本体论的集中体现。阳明明确提出，"心"是宇宙的本体，宇宙间的一切，无不由"理"而生，也无不由心而生。他说："心即理也。此心无私欲之蔽，即是天理。"①

阳明把没有私欲之"心"，等同于宇宙本体的"理"。他明确指出："心即天，言心则天地万物皆举之矣，而又亲切简易。"②

他认定，心是宇宙本体，"心"具有衍生、统摄与主宰的功能。

显然，阳明"心即理"论，把人们腔子里的、内在的"心"，与宇宙间万物所蕴含的"天理"，完全等同，与宇宙间的万事万物完全等同。可见，在阳明心学里，"心"与"理"、"万物"之间，没有间隔、没有差异，完全等同。

在阳明看来，宇宙间的一切，不论是外在的事与物，还是内在的意或知，无非都是心之外发，"理""义""善"等，虽名称相异，但实质无非"吾心"罢了；宇宙间的一切，皆由心所衍发、所囊括、所主控；形形色色的事与物，不过是名称的不同而已。

阳明认定，心就是理，理就是心，于是，宇宙的客体便带有主体性，

① 王阳明：《传习录上·语录一》，《王阳明全集》卷一，第2页。
② 王阳明：《文录三·书三·答季明德》，《王阳明全集》卷六，第214页。

以及道德伦理性。这便是阳明心学的道德本体特色，这也是其"一体"论在本体论中的体现。应该看到，从本体论的层面上看，阳明的"心即理"论，主张由"心"而生"物"，颠倒了"心"与"物"孰先孰后，他否定了物质世界独立于人的意识之外的观点，这并不可取，但是在承认主体与客体的同一性，即宇宙的整体性的层面上，其理论也蕴含一些真理性，应予以肯定。事物是复杂的，阳明心学亦是复杂的，研究者不应因批评"心即理"观点，而否定其中某些合理因素。

"万物一体"，揭示宇宙一体。阳明的"一体"论，不仅揭示人与外界的一体，还揭示了宇宙一体性。

宋代程颢的"仁者与天地万物一体"论，影响了明代心学家，甘泉与阳明皆发挥其"一体之义"，而创立"合一之论"，并以之反对宋代理学的"支离"观。阳明继承与弘扬程颢的"与天地万物一体"思想，他紧扣家、国、天下的整体性而展开。他说：

> 大人者，以天地万物为一体者也，其视天下犹一家，中国犹一人焉。①

在阳明看来，人与天地万物一体，故统治者应具有"与天地万物一体"的观念，把"天下"看作"一家"，把"中国"看作"一人"。阳明又明确提出：

> 盖天地万物与人原是一体，其发窍之最精处，是人心一点灵明。风、雨、露、雷、日、月、星、辰、禽、兽、草、木、山、川、土、石，与人原只是一体。②

阳明所说的"一体"，指"整体""统一体"的意思。他是说宇宙间的一切，是由人的灵明勾连的一个不可相分的统一体。

阳明认定宇宙是一个整体，主要从三个方面论证。

---

① 王阳明：《大学问·续编一》，《王阳明全集》卷二六，第 968 页。
② 王阳明：《传习录下·语录三》，《王阳明全集》，卷三，第 107 页。

其一，以"五谷禽兽之类，皆可以养人；药石之类，皆可以疗疾"来说明，人与天地万物原只是"一体"，"故能相通"①。

阳明认为，因为宇宙中的动植物"可以养人"，人从其中得到营养，可见彼此之间"相通"而能互补，故宇宙具有一体性。

其二，以人借助于万事万物使自身机能得以发挥为例，说明人离不开宇宙间的一切，人与天地万物确实是一体。

阳明说：

> 目无体，以万物之色为体；耳无体，以万物之声为体；鼻无体，以万物之臭为体；口无体，以万物之味为体；心无体，以天地万物感应之是非为体。②

阳明的推理是：因为人的五官的功能，皆与万物密不可分，故足见彼此原为一体。

其三，以人的五官、肢体不可分来比喻宇宙的一体性。

阳明说：

> 物我之间犹如"一人之身，目视、耳听、手持、足行，以济一身之用"。③

在阳明看来，人与人不可相分，人与物不可相分，就像人的身体是一个整体，四肢五官虽有分工，但分工并非分离，故天地万物为一体。

2. "一体之仁"，启示维系一体乃须道德

阳明的"一体"论中，蕴含了"一体之仁"说，为"一体"设定前提，揭示一体必须有"仁"，即由道德来维系。他的"仁者以天地万物为一体"论，是说有仁心的人，才可能有天地万物一体的思想，这揭示了"仁"与"一体"的密切关系，强调"一体"的构建，必须有道德的观照。他

---

① 王阳明：《传习录下·语录三》，《王阳明全集》卷三，第107页。
② 王阳明：《传习录下·语录三》，《王阳明全集》卷三，第108页。
③ 王阳明：《传习录中·语录二》，《王阳明全集》卷二，第55页。

提出：

> 大人之能以天地万物为一体也，非意之也，其心之仁本若是，其
> 与天地万物而为一也。①

阳明认为，人因为有仁心，故能与天地万物一体。他强调，这"仁"心，人人皆有，故人人皆能以天地万物为一体。

阳明又认为，天地万物，只要有知觉、有生意，便都有仁心。他如是说：

> 岂惟大人，虽小人之心亦莫不然，彼顾自小之耳。是故见孺子之
> 入井，而必有怵惕恻隐之心焉，是其仁之与孺子而为一体也；孺子犹
> 同类者也，见鸟兽之哀鸣觳觫，而必有不忍之心焉，是其仁之与鸟兽
> 而为一体也；鸟兽犹有知觉者也，见草木之摧折而必有悯恤之心焉，
> 是其仁之与草木而为一体也；草木犹有生意者也，见瓦石之毁坏而必
> 有顾惜之心焉，是其仁之与瓦石而为一体也。
>
> 是其一体之仁也，虽小人之心亦必有之。②

阳明把"仁"作为一切生物所必有的本性，因为有"仁"的维系，彼此才能同在一起。

尽管，阳明认为"一体之仁"乃是一种"根于天命之性"③，是人的本性，但他更强调"仁心"虽人人先天所具有，但并非人人都能保住。在他看来，是否能保住这"一体之仁"，主要取决于是否"动于欲"，"蔽于私"④。他尖锐指出：

> 苟无私欲之蔽，则虽小人之心，而其一体之仁犹大人也；一有私

---

① 王阳明：《大学问·续编一》，《王阳明全集》卷二六，第 968 页。
② 王阳明：《大学问·续编一》，《王阳明全集》卷二六，第 968 页。
③ 王阳明：《大学问·续编一》，《王阳明全集》卷二六，第 968 页。
④ 王阳明：《大学问·续编一》，《王阳明全集》卷二六，第 968 页。

欲之蔽，则虽大人之心，而其分隔隘陋犹小人矣。①

阳明认定，只要没有"私欲之蔽"，任何人都可以拥有"一体之仁"；如有"私欲之蔽"，"一体之仁"则不可保。阳明的推理便是：

"一体之仁" → "无私欲之蔽" → 则"能以天地万物为一体"

"一体之仁" → "有私欲之蔽" → 则"分隔隘陋"而不可为一体

可以说，阳明"一体之仁"的命题，揭示了确立"一体"观的关键，在于是否保住人的道德本性——"仁"，在于人的道德本性是否受到私欲所蔽，阳明强调"一体"必须由"仁"来维系。

"仁"是什么？在阳明学说里，"仁"即善性，即良知，即灵明。他提出"一体之仁"，便是要以"良知"来维系"一体"。阳明提出：

> 盖天地万物与人原是一体，其发窍之最精微处，是人心一点灵明。②

显然，阳明是说天地万物都是人的"灵明"，即人的良知，由仁所衍生，天地万物因此与人相通彼此能成为一体。在阳明看来，天地的存在，万物的生长，人能感知到一切，都因良知的"妙用"而"发生"，故他明白地说：

> 天地既开，庶物露生，人亦耳目有睹闻，众窍俱辟，此即良知妙用发生时。可见人心与天地一体，故上下与天地同流。③

在阳明看来，正是因为"良知"，即灵明，即"仁"，不仅在人，也在天地万物，它成为彼此之间相同、相连的纽带，使彼此能结为一体。显然，

---

① 王阳明：《大学问·续编一》，《王阳明全集》卷二六，第968页。
② 王阳明：《传习录下·语录三》，《王阳明全集》卷三，第107页。
③ 王阳明：《传习录下·语录三》，《王阳明全集》卷三，第106页。

阳明是说世界具有统一性，世界的统一在于"仁"，即"良知"，即道德精神。这"仁""良知"，即道德精神，便是世界统一性的基础，因而离开了"仁"，即不存在"天地一体"。

3. "万物一体"与"一体之仁"论的形而上意义

阳明的"万物一体"与"一体之仁"论，提出人与宇宙的万事万物之间具有一体性，而这"一体"的基础便是"仁"。这一说法，强调了宇宙间的一切相互依倚、密切相关，彼此结为不可支离的整体；这一说法，蕴含了世界具有统一性的理论取向。应该说，阳明的一体观，是古代中国比较全面阐述世界统一性的理论，其形而上的理论价值应充分肯定。

关于世界的统一性，是所有哲学必须关注的重要命题，古今中外概莫能外。面对世界的多样性，哲学家必须回答：多样的世界是否存在共同的基础，是否具有统一性。关于世界的统一性问题，有各种不同的答案，概而论之则有以下几方面。

否定世界统一性的传统看法，如基督教认为世界分为世俗与天国，佛教认为世界存在人间、天堂与地狱；在西方，笛卡尔和康德，认为世界分为各自独立的物质世界与精神世界；中国古代的精气说则认为，宇宙二分为精气与形体，各自独立。

认为世界存在统一性的哲学流派，在中国古代如庄子的"天地与我并生，万物与我为一"；荀子与张载的气论，认定宇宙统一于"气"，是气的运动变化，产生天地万物。

马克思主义哲学认为，世界是多样的，又是统一的，世界上的一切事物，都是相互联系的统一整体；世界统一的基础，便是物质。也就是说，千姿百态的世界，有共同的物质基础，世界是统一的不可支离的整体。

可见，古往今来哲学家们，无不把探究世界是否统一，作为其构建学说的重要内容，阳明也不例外。阳明的"一体"论，是对中国传统"一体"论的继承与弘扬，也是对宋学"支离"观的检讨与批评；是马克思主义传进中国之前，最有高度、最为深刻的宇宙整体观理论。

阳明生活的时代，程朱理学处于"独尊"地位，史称"明初学者，也大抵笃信程朱，而鲜有发明"。南宋陆九渊创立的心学，使学界一度出现朱陆对峙，迄至明中叶，白沙拉开明代心学序幕，出现"有明之学渐入精微"的趋势，然而程朱理学仍然是统治哲学。阳明年轻时，也曾崇拜朱子，践行朱子学说，但后来提出"一体"论，则与白沙、甘泉一样，都以检讨和清算朱熹的"支离"论为宗旨。

朱子学是一个博大精微，又蕴含着诸多矛盾的理论体系，其中有精辟之论，也有背离原始儒家之说。朱熹宇宙论的基本模式是："理生气，气生万物"。他具体说："未有天地之先，毕竟也只是理"，"有是理后生是气"①，这是一个以"理"为宇宙本原的模式。朱熹认为世界由理衍生，世界统一于"理"，也算是承认世界具有统一性的说法，但他又认定，理先而气后，理与气、理与心是二分的，故明代的心学家们批评朱学是"支离"之学。阳明尖锐指出朱熹"析心与理为二"，背离了孔孟之学，并提出他主张："物理即吾心。"②

阳明的心即理、理即心理论，明确认定理不在心之外，而在心中，心与理二者完全合一，不可支离，他在理、气、心、物等之间画上了等号，鲜明地否定了朱熹那个先于气、外于心、在物之外的理论，强调理与心合一、内与外合一、天地万物一体。他亲身体验朱熹的"格竹子"，质疑朱熹的理在心之外，在物之先。他认定把理看作在人之外，是支离了理与人，他坚定地维护儒家的天地一体、天人合一的理论传统。

可以说，阳明的"一体"论，在宇宙本体的高度上论证了世界的统一性，具有颇高的理论价值。然而，一种学说往往受到时代条件与个人认知的局限，在实证科学尚未产生的年代所创立的阳明一体论，难免带有一些理论不足，它的不足之处有以下两点。

一是阳明由"心即理"论而推演的"天地一体"，是以"心"，即道德、主体意识作为宇宙统一的基础，是一种"我思故我在"的思维模式，否定了独立于人的意识之外的物质世界的客观存在。

二是阳明的天地一体的理论前提是，天地万物贯穿着人的"良知"，故天地万物都相通、相联、相等，人的主体意识、道德精神与外界事物之间的差异被消解了，事物的质的区别不再存在。

有学者针对阳明的理论不足指出，阳明"他解物为事，把意识之外的一切存在都说成是物，都是由于一念发动"，"他从根本上否定了客观事物

① 《朱子语录·理气上》，中华书局，1983，第 2 页。
② 王阳明：《象山文集序·文录四·序记说》，《王阳明全集》，第 245 页。

是离开意识而独立存在的"，"这说明意识具有很大的能动性"，"这说明主观精神具有很大的能动性"，"他夸大了意识同物质的统一性这一面"，"这就从根本上取消了主观与客观的对立，把客观世界完全融化于主观精神之中"，"把朱熹的理一元论变成了心一元论"①。这些都是精辟的评述，指出了阳明在批评朱熹之时，从一个极端走到了另一个极端。当然，当人们指出阳明一体论的理论不足时，不要也不该对他的学说采取苛求或全盘否定的态度。

五 "人皆可以为尧舜"，朴素平等观

倡导"平等"，是阳明心学启蒙性的体现。在给弟子讲学时，他明确说，"格物"是"格不正以归于正"，人人都能做到"格物"，因而"人皆可以为尧舜"②。这，体现了阳明倡导的人人平等观。平等，是明代中叶的时代呼声；平等，是阳明学中的启蒙先声。平等，在特定的时代孕育和产生，其可贵的社会意义，至今犹存。

阳明的平等观体现在如下方面。

1. "良知"与"致良知"，是人性与涵养的平等

阳明的著作，似乎没有直接使用"平等"二字，但其平等观主要体现在他对"良知"与"致良知"的阐述中。他不仅认定人性平等，还认定人涵养心性完成"作圣之功"，也是平等的。他从没有从理论层面阐述"平等"，他的平等观是朴素的。

首先，阳明提出，人皆有"良知"，人性具有平等性。

在阳明看来，"良知"是人与生俱有一种道德本性，"良知"是人人必有的自然人性。他说：

> 良知良能，愚夫愚妇与圣人同。③
> 良知之在人心，无间于圣愚，天下古今之所同也。④

---

①　蒙培元：《理学的演变——从朱熹到王夫之戴震》，第 222 页。
②　王阳明：《传习录下·语录三》，《王阳明全集》卷三，第 120 页。
③　王阳明：《传习录中·语录二》，《王阳明全集》卷二，第 49 页。
④　王阳明：《传习录中·语录二》，《王阳明全集》卷二，第 75 页。

> 良知即是道，良知之在人心，不但圣贤，虽常人亦无不如此。①

这是说，人人具有同一的"良知"，古往今来，天地间不论是圣贤还是常人，"良知"都一样，没有差异。在阳明看来，人性是平等的，人人皆有。他认定，天所赋予人的天性，是平等的，没有任何的差异。这，是一种不折不扣的"平等"观，同西方启蒙运动所主张的"平等"，堪相一致。

其次，阳明提出，人皆能"致良知"，涵养心性具有平等性。

阳明不仅认为，人的"良知"本性是平等的，还认定人人都能体认自身的"良知"，进行心性涵养，因涵养对于每个人来说都是平等的。他指出：

> 自己良知原与圣人一般，若体认得自己良知明白，即圣人气象不在圣人而在我矣。②

在王阳明看来，致良知人人都一样，只要体认了自己心中的良知，就是圣人了。这无疑是说，体认良知，即涵养心性的权利，对每个人来说，也是平等的。

生活在等级森严时代的阳明，他目睹现实中存在等级差异，也看到圣贤与愚夫愚妇的差异，但是阳明认定，这样的差异是由于在社会生活中，有的人"致良知"，而有的人没有"致良知"所造成的。他说：

> 惟圣人能致其良知，而愚夫愚妇不能致。③
>
> 良知良能，愚夫愚妇与圣人同，但惟圣人能致其良知，而愚夫愚妇不能致，此圣愚之所由分也。④

阳明认为，本来良知、良能人人同样具有，愚夫愚妇与圣人完全相同，只是能"致良知"的人，便能成就为"圣人"，而没有"致良知"的人则

---

① 王阳明：《传习录中·语录二》，《王阳明全集》卷二，第 69 页。
② 王阳明：《传习录中·语录二》，《王阳明全集》卷二，第 59 页。
③ 王阳明：《传习录中·语录二》，《王阳明全集》卷二，第 49 页。
④ 王阳明：《传习录中·语录二》，《王阳明全集》卷二，第 49 页。

成了"愚夫愚妇"。阳明是说：同一的"良知"，人人均可体认自己的"良知"，圣与愚之所以有别，就在于是否进行对良知的体认。因而阳明的结论是：只要能够"致良知"，那么"人人皆可为尧舜"。"致良知"论，是"人皆可以为尧舜"平等观的理论基点。可以说，阳明不自觉地把商品活动的平等原则升华为人与人相处的社会原则，形成了他的朴素平等观。这一观点，揭示了人的主体精神的觉醒与张扬之后，即具有平等性。这表明阳明不仅承认社会平等性的存在，还彰显了阳明心学的创新性与时代性。

2. 平等，阳明时代的呼声

特定的社会历史条件，必然产生出相应的思想学说。阳明的"平等"观，是明代商品经济发展的产物。明代的社会改革，催化了商品经济的发展，商品交换中，商品持有者彼此是平等的，商品交换必须遵循等价交换原则，经济领域这些平等，必然产生出特有的思想观念和价值取向。阳明的平等观，体现了商品交换中平等的关系与原则，体现了他所处时代对平等的诉求。换言之，阳明把商品经济所产生的商品意识升华为富有启蒙性的心学，昭示出人性天赋、人性平等、人性解放，以及主体精神的高扬，尤其强调社会的平等性。

从现代社会学的角度审视，平等是人们在社会中的关系，具体是人们在社会生活中处于同等的地位，具有相同的发展机会，享有相同的权利。平等应包括三个方面：人格平等，人人具有相同的价值与尊严；机会平等，人人在经济、政治领域均有同等的参与机会；权利平等，在法律面前人人享有同等的权利。

平等，曾经是西方资产阶级对抗等级森严的封建社会，以及神权至上的社会的有力武器。18世纪西方启蒙运动的思想先驱卢梭，曾高举平等的大旗，在其《社会契约论》中，明确提出："每个人都生而自由、平等。"[1]

卢梭认定，自由与平等是天赋的人性，是生而有之，也是人应有的、合法的社会权利。近代西方的启蒙运动，是为人争取平等、争取"人的解放"的社会运动。可是，启蒙运动之后的工业化，带来了社会物质的丰富，同时又使"平等"二字成了空谈。至19、20世纪，由于社会出现贫富的极大差距，西方许多学者重新呼吁"平等"，尤其强调"分配的平等""机会

---

[1] 〔法〕卢梭：《社会契约论》第一卷，商务印书馆，2003，第5~6页。

的平等"。曾对西方社会进行过考察的孙中山，目睹西方社会"富者日富，贫者日贫"的现状，他尖锐地指出，土地与资本被少数人垄断，故出现了有的人"富与国家相等"，"贫富不均竟到这地步，'平等'二字已成口头空话了"①。

马克思从生产与生产方式的深层面上揭示"平等"产生的终极原因。他指出：

> 劳动是一切财富和一切文化的源泉，而因为有益的劳动只有在社会里和通过社会才是可能的，所以劳动所得应当不折不扣和按照平等的权利属于社会一切成员。②

马克思认为，由于人们只能在社会中进行劳动，劳动产生的一切成果，应不折不扣地属于社会一切成员，人人都有享用这些成果的"平等的权利"。但是，这种"平等的权利"是否能实现呢？马克思明确指出，关键在于"劳动资料"是否被少数人垄断，"在现代社会中，劳动资料为资本家阶级所垄断，由此造成的工人阶级的依附性是一切形式的贫困和奴役的原因"③，社会的真正平等不可能实现。

可以说，平等是社会的产物，平等是特定的社会经济关系和社会利益关系，而不是抽象的概念。阳明的平等观，产生在明代中叶特定的经济社会，他不自觉地把平等升华为人的自然本性，而呼唤人性平等，这无疑具有现代意义的超前性，十分可贵！然而，在阳明生活的年代，现实社会没有为他提供人人得到平等的条件，他的"平等"观，只能是一种思想观念存在于他的学说之中；他也未能像卢梭那样，向社会大声呼吁"平等"，更没有直接追求平等的行动。鉴于此，阳明的"平等"观只能作为一种朴素的思想而存在。

---

① 孙中山：《在东京〈明报〉创刊周年庆祝大会的演讲》，《孙中山全集》第1卷，中华书局，第329页。

② 马克思：《哥达纲领批判》，人民出版社，1965，第7页。

③ 马克思：《哥达纲领批判》，第9页。

六 阳明学说之特色

任何事物，都有自身的特色，这是每个事物必具的特殊性，哲学上称作"矛盾特殊性"，阳明心学也不例外。其学说的特色，具体有如下方面。

1. 以"作圣"为目标的高远性

阳明心学，是一种"作圣之功"，其学说宗旨是通过体认人的本性，即"致良知"，而成就为"圣贤"，这是把涵养的目标设定为"作圣"。就是说，阳明心学是一种认知和涵养方法，教人通过道德本性的觉醒，而实现至高的人生目标，故其学说具有高远性。

阳明心学的高远性，是沿袭儒家的核心理念而发挥。"作圣"，是传统儒家早已设定的涵养目标。儒者们认定——

> 犬马之与我不同类。①
>
> 人之性善，禽兽之性不善；人能知义，禽兽不能知义。②

这是说，人是万物之灵，人是动物，又区别于一般动物；人是社会性动物，道德是社会规范，也是人的本质属性。基于这一理论起点，原始儒家便提出——

> 物格而后知至，知至而后意诚，意诚而后心正，心正而后身修，身修而后家齐，家齐而后国治，国治而后天下平。③

可见，儒学主张通过心性的涵养，而成就为圣贤，再以圣贤之才去治国、平天下。这，便是儒家的"内圣而外王"核心理念。阳明和明代心学家白沙、甘泉一样，把认知与涵养的功夫称作"作圣之功"，把涵养目标锁定为"作圣"。

史料记载，阳明12岁在京师读书时，同私塾先生有一段精彩的对话：

---

① 孟子：《孟子·告之上》。
② 孟子：《孟子·告子上》。
③ 朱熹：《大学章句》，《四书章句集注》，中华书局，2011，第5页。

> 阳明问："何为第一等事？"
>
> 塾师说："惟读书登第耳。"
>
> 阳明表示怀疑，说："登第恐未为第一等事，或读书学圣贤耳。"
>
> 塾师说："汝欲做圣贤耶！"①

从这简短的对话可见，小小年纪的阳明，即认识到读书并不是为了考科举当官，而是为了"学圣贤"，这便是把读书而成就为圣贤，即"作圣"，作为人生的"第一等事"。阳明以"作圣"为人生目标，创立了阳明心学；以"致良知"为功夫，教人通过对自身道德本性的体认，而后成为圣贤。正是这一高远目标的确立，使阳明心学受广大士人的青睐。这种高远性，富于感召力与凝聚力，而能超越时空。事实上，古今中外的有志之士，无不以"作圣"为人生目标，故阳明心学以"作圣"为涵养目标，具有极大的吸引力。可以说，这一高远目标，便是它具有较大影响力的首要原因。

2. 即知即行的务实性

知而必行，即知即行，讲求践履，这是阳明心学的又一特色。这种务实性首先体现在，以"知行合一"取代朱熹的"格物致知"，反对士人"终日从事于无用之虚文，莫自知其所谓"。他强调道德观念与道德践履的合一性，故有学者把阳明心学界定为"实践道德说"②。孙中山曾在《建国方略·心理建设》中，对阳明心学的务实性，予以充分的肯定。他指出——

> 若夫阳明"知行合一"之说，即所以勉人为善者也……惟以人之上进，必当努力实行，虽难有所不畏，既知之则当行之，故勉人以为其难。遂倡为"知行合一"之说曰："即知即行，知而不行，是为不知。"其勉人为善之心，诚为良苦。③

孙中山认定，阳明学说并非清谈，而是劝勉人们"即知即行"，"努力实行"。对阳明心学注重践行的务实性，孙中山予以充分肯定。

---

① 王阳明：《年谱一》，《王阳明全集》卷三三，第 1221 页。
② 刘宗贤：《陆王心学研究》，第 287~302 页。
③ 孙中山：《建国方略·心理建设》，《孙中山全集》第 6 卷，中华书局，1985，第 197 页。

阳明心学的务实性还体现在，阳明努力把他的学理落实到社会实践层面。他终其一生为安邦定国而奋斗不息：在福建、两广、江西等地平乱时，他以其心学去"剿心中贼"，其赫赫战功正是其学说务实性的集中体现；他所到之处，关心当地的政事民生、风俗教育，昌明政教，依循其学说努力去解决社会现实问题。为了促进地方发展，他在地方平乱后，即上疏建言设县，先后在福建、江西、广东设平和、崇义、和平三县，在政教不及的边远之地开展德治教化。

任何理论学说，其生命力无不在于能接地气，能走出象牙塔而服务于社会。阳明心学所以能风靡几百年，正是其学说的务实性带来了持久的生命力。学界曾有一偏见，认为晚明社会的清谈之风，是王学之流毒所致，并把明代的覆灭归罪于王学。这不仅混淆了阳明学的学理与后学们的清谈，还误判了明亡的原因，让逝后的阳明蒙冤。事实上，阳明心学在几百年间，依然风靡，直至今日企业家们还特别喜欢阳明心学，重要原因在于其"知行合一"论的务实性，教人甩开膀子实干而不尚空谈。

3. 语言通俗的简明性

阳明心学特别具有影响力，还源于其表述方式的高明。阳明以简明、通俗、生动的语言，去阐述深邃的心学理论，使其学理易于理解，易于传播。不论是"心即理"，还是"知行合一"，或是"致良知"，都仅以寥寥数字，却把其创新的、深刻的本体论、认知论和道德论简明地表述出来，令人一看就明了，一读即入心，因而具有无比的震撼力、穿透力与感化力。阳明的表述，较白沙的"静养端倪"、甘泉的"随处体认天理"通俗得多。当年梁启超就曾指出，"白沙心境与自然契合"，"常常脱离世俗"，"是一种鸢飞鱼跃光风霁月的景象，人格是高尚极了，感化力伟大极了"，但是"白沙叫人用功的方法，就在'静中养出端倪'一句话。端倪二字太玄妙"，因而人们"不易效法，不易捉摸。所以一时虽很光明，后来终不如阳明学派的发达"①。这真说到点子上了！当然，阳明心学的"发达"与白沙心学的式微，原因是多方面的，语言只是其中一个，应该说，梁启超道出了阳明心学的重要特色，揭示了语言是思想学说的重要载体，以及传播的重要工具。思想学说，务须用简明的语言文字进行表述，让读者易懂。阳明心学

---

① 梁启超：《国学要籍研读法四种》，《儒家哲学》第五讲，吉林人民出版社，2013，第54页。

的简明性，极大地提升了其学说的生命力与影响力。

阳明心学的通俗性，还体现在用简明语言解读学理。如"格物"的定义，阳明便如此简明地说，"格者，正也。正其不正，以归于正也"①，是多么直白！"格物致知"是传统的认知与涵养方法，通过格物便可以致知，但何谓"格物"？阳明告诉你，"格"就是"正"，就是把不正的，即不善的念头革除，使不正、不善归于正，归于善。他临终的遗言，只有"此心光明，亦复何言"八个字，那是何等之简单明了的表白！

人们一般以为，心学深不可测，难读难懂，平民百姓无法接受，而事实上阳明心学，因语言的简明通俗，使深邃的思想无须太多的解读，便能让人理解并浸进心中，这便是其学说能远播、广播的优势所在。这启示后人，学问须有深度，但语言务须浅白。阳明心学的通俗性，很值得后人学习。在当今，学界存在一种错误的倾向：有的学者总以为，文章让人读不懂，才叫有水平，故不在通俗上下功夫，写出来的论著，甚至连本专业的研究者也读不懂。如此文风不纠正，优秀传统文化又如何接地气，如何真正能传承？可见阳明心学的通俗性，实在给今人一个很好的启示。

综上所述，明代心学经历了白沙心学、甘泉心学和阳明心学三个环节，共同谱写了中华文化的学术新篇。明代心学，在反对宋儒的"支离"中，创新了认知与涵养方法，从向外的"格物"，回归到原始儒家向内的"求诸心"；明代心学，强调人的本性平等，认知自身本性也平等，彰显出中国早期启蒙的理论诉求。

七　阳明学说的当代价值

阳明时代已经过去，但阳明学说的真理性依然存在。发掘与弘扬其中的精华，以服务于当代中国人的文化自信，很有必要。

阳明心学的当代价值，可从学说的各个命题中审视，具体有如下方面。

1. "知行合一"的当代社会意义

当今的时代，是商品经济时代。回顾世界经济发展的历程，人们会发现商品经济发展必以"利"为驱动力，而"趋利"的意识又必然带来道德滑坡的风险。可以说，"知行合一"观具有时代性，其社会价值在当今

---

① 王阳明：《传习录上·语录一》，《王阳明全集》卷一，第25页。

犹存!

（1）"知行合一"论的传承与弘扬

在当今，可从两个层面上传承与弘扬阳明的"知行合一"论。

其一，从德行合一方面着力。

阳明的"知行合一"，教人把真切体认出来的良知落到自身的道德行为上，做到德与行的合一，这对今人也很重要。德与行分离的状况，现实生活中普遍存在。因而，学习阳明的"知行合一"很有必要。要懂得人是有道德的社会性动物，"有道德始有国家，有道德始有世界"[①]，人人都应做个道德高尚的人，把道德意识落实到日常行为上来，做到言行一致，德行合一。

其二，从知必行方面着力。

阳明的"知行合一"论，在当时主要是针对一些人高喊道德而没有道德行动的社会弊端而提出的，故他要强调的是"行"，他明确提出：

> 未有知而不行者。知而不行，只是未知。[②]

阳明为何强调"行"，这不仅是因为他十分务实，即知即行是阳明心学的突出特色，还因为在阳明看来，知是人生来就有的本性、本能，不需外烁、不需学习，而行则须花力气。从中国传统"知之非艰，行之惟艰"的思维方式来看，人们总认为知易而行难，在社会现实中，人人都会说而不一定去行动，多少年来，"坐而论道"的清谈成风。阳明的"知行合一"，教人勉于行，鼓励人们积极实践，实在可贵！

（2）对"知行合一"论的反思

阳明的"知行合一"论，是明代心学留下的一份弥足珍贵的思想遗产，应当在当代社会传承与弘扬。当然，也应该看到，在现代视域下进行审视，阳明"知行合一"论既富有真理性，也存在理论不足。其真理性的理论贡献体现在以下方面。

[①] 孙中山：《在东京中国留学生欢迎会的演说》，《孙中山全集》第3卷，中华书局，1984，第25页。
[②] 王阳明：《传习录上·语录一》，《王阳明全集》卷一，第4页。

　　阳明的"知行合一"论对中国传统知行观的理论发展起了推进作用，这集中体现在对传统知行观中片面性的纠正。阳明的主观意图在于重建社会道德，在论述"知"与"行"关系时，努力揭示二者的关系，明确反对现实生活中的两种偏向，既反对不注重"知"的"冥行"，又反对不"行"的"妄想"，而十分注重实践的客观存在，强调知与行的相互依倚，不可分割。这，为传统的知行观添加了辩证因素。

　　理论思维的发展，总是以一代人的新理论去纠正前人的理论片面性，人类的理论思维链条就是这样延续着。阳明生活在一个反对并清算"支离"思维方式的时代，他肩负着克服理论片面性的历史使命，然而，其"知行合一"论，在纠正朱熹"格物致知"说的理论不足时，却陷入了另一个理论泥潭：道德先验，以及把知行绝对等同。

　　阳明同其他心学家一样，视人的道德本性为"天理"，是人不需"学"与"虑"的良知，是从娘肚子里带来的先验德性。事实上，道德是人们的一种意识，它是后天的，而不是先验的。道德是一定的社会环境与社会制度的产物，有怎样的社会环境与社会制度，就有怎样的道德，先验道德不可能存在。再者，阳明的"知行合一"论，过于强调"知"与"行"的统一性，他说："一念发动处，便即是行了。"① 于是陷入"知"＝"行"的理论偏颇。对此，当年甘泉曾指出："夫学不过知行，知行不可离，又不可混。"②

　　显然，甘泉不同意阳明的说法。当代学者蒙培元则指出：

　　　　（阳明）看到意识活动和实践活动的统一性，却抹杀了二者的本质区别。这就等于取消行，而以知为行。王夫之批评他"销行以归知"是很有道理的。③

　　由上足见，阳明"知行合一"论，历经了5个世纪，学界对它褒贬不一，当然，历史会给它一个公允的评价，使后来者得以从其中获取智慧和

---

① 王阳明：《传习录下·语录三》，《王阳明全集》卷三，第96页。
② 湛若水：《答顾箬溪金宪》，《泉翁大全集》卷八，第236页。
③ 蒙培元：《理学的演变——从朱熹到王夫之戴震》，第244页。

启迪。

近年的"阳明心学热"中，人们对"知行合一"进行了现代诠释，被赋予了时代精神。人们大都以毛泽东《实践论》中的"理论与实践相结合"的说法，去诠释"知行合一"。平心而论，这样的解读，并不合乎阳明的原意。阳明的本意，"知行合一"中的"知"，并非指"知识"，而是指"良知"、道德本性、道德意识。在阳明看来，"知识"并非好东西，在给顾东桥的函件中，他曾如是说：

> 知识之多，适以行其恶也。①

显然，阳明认为"知识"是"恶"的源头，他列举种种例子，说明许多人正是依仗自己超乎他人的"知识"去做坏事。对阳明关于知识的看法，有学者指出：阳明在批评朱熹时强调，"学圣人之学，不应去求圣人学而后知的，而应该专求圣人所能知生知的，因而为学的重点是在道德义理，而不是具体知识"，阳明是"通过把道德与知识对立起来，强调道德义理的优先性"②。

应该强调的是，阳明的"知行合一"论所言的"知"，绝非"知识"，而是指"良知"，即人的道德意识。今人可以对"知行合一"进行现代解读，以揭示它的当代价值，但是应该首先了解它的本意，不要曲解，或误读！

阳明把"道德"与"知识"对立起来，故人们把"知行合一"解读为理论与实践相统一，这便是不恰当了，是误解了阳明的原意。当然在现代的语境下，突出知与行的统一性，注重笃实践履，确也不离阳明创立"知行合一"论的初衷，更有对当今现实生活中空谈之风的针砭作用，从某种意义上说，这也算得上是传承与弘扬中华优秀传统文化，传承阳明心学的积极的、有效的举措。

事实上，这些年来，一些企业或个人，确实在阳明"知行合一"文化

---

① 王阳明：《传习录中·语录二》，《王阳明全集》卷二，第 56 页。
② 陈来：《论王阳明"拔本塞源"的思想》，《2017 宁波余姚阳明文化周·中国阳明心学高峰论坛成果集》（内部出版），第 3 页。

精神的激励下，敢干、大干而取得了骄人的成绩。试看，当年阳明悟道的修文县，近年来进入了经济发展的快车道，其中原因之一便是打出了三张名片，并以"阳明文化"为第一名片，把阳明的"致良知""知行合一"文化精神，贯穿于各项建设工作，倡导民众做"良知人"，办"良知企业"，生产"良知产品"。2018 年在贵州召开的国际数博会上，修文县占有一席之位。这，便是阳明"知行合一"论的当代价值的展现。

（3）"知行合一"论的社会意义

阳明的"知行合一"论，强调人的主体意愿必须与见之于外的行为相结合，这蕴含着积极的社会意义，其超越时空的真理性，能给今人珍贵的启迪。

阳明的"知行合一"论，产生于明代中叶，当时，商品经济有了较快发展，社会矛盾进一步激化。各种矛盾交织：土地兼并，官宦贪腐，课税田赋增加，民众不堪负荷，中央集权加强；工商业发展而出现繁华的街市，出现出卖劳动力的劳工，市民活力在增强；少数民族的动乱频频发生等。可见，阳明所生活的时代，不再是有序的、昌盛的时期，而是"无序"的、"人心败坏"的时代，社会正处于转型的前夕。社会如何由"乱"而回归"治"？原始儒家的办法是用"礼"，即重建与维系社会的道德伦常。可以说，时代呼吁道德重建，北宋理学的产生，正是顺乎道德重建的时代需要，以"存天理，去人欲"为理论依归的朱熹理学，成为独尊的统治哲学，正是当时维系社会稳定的需要。

然而，朱熹理学"心与理为二"，教人向外"格物"而求"天理"，因而这种"支离"的修养方法，在道德实践上，便有障碍，难以取得预期成效。明代初，出现了反"支离"的社会思潮，明代心学鲜明的理论特色是"理"与"心"的同一，陈献章的"道通于物"与"心为道舍"，以及王阳明的"心即理"，都强调了道德修养无须向外"格物"，只需"反求诸身"，从而高扬了人的主体精神。

阳明的"知行合一"论，虽有认识论意义，但从王阳明自己反复言说的"立言宗旨"看，他更多的是在道德层面上去纠偏，"对症下药"，继续回应时代对道德的诉求。他的学说是：求学至圣，人人可以做得到，因为——

学是学存天理。心之本体即是天理，体认天理只要自心地无私意。①

知与行本合于一，都是心的本体，出现相分的情况，乃因"被私欲隔断"。②

要做到"知行合一"，必须在道德践履开始时消除不善的道德意识，使二者得以保持合一。

2. 阳明"致良知"论的社会意义

阳明"致良知"论的社会意义，首先是对商品社会道德滑坡的救赎。

阳明的"致良知"，是对明中叶商品经济发展所带来的社会问题的回应，也是对"人欲横流"社会的救赎。

如前所说，自宋以来工商业开始得到发展，古代中国"以农为本"的国策受到了挑战；迄至明代，由于社会经济改革的驱动，商品经济有了较前更快速的发展。生活在明代中叶的阳明，深感人的物欲在不断膨胀，他称当时的社会是，"功利之毒沦浃于人之心髓，而习以成性"③ 的时代。他目睹人们为"私欲"所蔽的种种怪现象，曾尖锐指出——

"相矜以知，相轧以势，相争以利，相高以技能，相取以声誉"；"其出而仕也，理钱谷者则欲兼夫兵刑，典礼乐者又欲与于铨轴，处郡县则思藩臬之高，居台谏则望宰执之要"；"知识之多，适以行其恶也；闻见之博，适以肆其辨也；辞章之富，适以饰其伪也"等等。④

面对人欲膨胀的残酷现实，阳明慨叹——

既其久矣，斗争夺取，不胜其祸，斯人沦于禽兽夷狄……呜呼，可悲也已！⑤

---

① 王阳明：《传习录上·语录一》，《王阳明全集》卷一，第 27 页。
② 王阳明：《传习录上·语录一》，《王阳明全集》卷一，第 4 页。
③ 王阳明：《传习录中·语录二》，《王阳明全集》卷二，第 56 页。
④ 王阳明：《传习录中·语录二》，《王阳明全集》卷二，第 56 页。
⑤ 王阳明：《传习录中·语录二》，《王阳明全集》卷二，第 55、56 页。

他"愤然"疾呼："拔本塞源！"①

阳明希冀通过唤醒人们心中的天理，使"良知之明"，能"万古长存"，仁心得以恢复，使人们能"消除私欲之蔽"，不至于"沦为禽兽"。

回顾历史，社会道德下滑的局面，在宋代已经出现，并早在宋初已引起儒士们的关注。先后有周敦颐、程颢、程颐、张载、朱熹、陆九渊等人，他们分别创立了理学、气学与心学，尽管各流派的学理不尽相同，却有着同一的宗旨，那便是"存天理，去人欲"。儒士们都希冀通过压抑人的物质欲望，去维系社会的道德纲常。认定"饿死事小，失节事大"的朱熹学说，得到朝廷的青睐，一度成为社会的主流意识。然而，人欲难除，宋代理学家们并未能以"去人欲"的办法解决道德下滑的社会问题。儒士们似乎感到"人欲"难以"去"，儒家先贤也只是说"寡欲"，而并没说"去欲"或"禁欲"。迄至明代中叶，白沙的"静养端倪"、甘泉的"随处体认天理"，以及阳明的"致良知"，皆倡导"反诸心"，通过体认心的本性，使道德本性觉悟，以保住"天理""良知"，而去抵御外来的诱惑。这以德抑欲，才是对当时社会的真正救赎。

应该说，宋代理学与明代心学，均以维系社会道德纲常为学术宗旨，力求对人欲横流、道德滑坡的社会进行救赎。诚然，与宋学不同的是，明代心学家白沙、甘泉与阳明在思考：天理与人欲是不是绝对地对立？是不是一定要压抑人欲才能维系道德纲常？他们的答案显然不一样。他们认为，无须压抑人欲，只需通过对蕴含在人心中的天理的体认，唤醒人的道德本性，即能以明是非的"良知"去掌控自己的行为，去抑制自己的物质欲望，也就是通过人的道德自律，便能把人的物质欲望控制在合理的范围之内，这是对先秦原始儒家所倡导的"寡欲"论的传承与弘扬，这也是"致良知"所以能救赎当时的社会，而使阳明学能在明中后期风靡的原因所在。

倡导"致良知"，以道德去构建安定的社会，这是阳明重要的治国理念。史料记载，阳明为朝廷到边远地方去平乱，他心里十分明白，那些地方之所以出现动乱，是因为"声教不及""政教不及"。故他虽以朝廷之威而平定动乱，却懂得只有"建立县治"，"兴起学校，以移易风俗"，"化盗

---

① 王阳明：《传习录中·语录二》，《王阳明全集》卷二，第56页。

为良", 才是 "久安长治之策"①。他认定, 地处边远, 教化缺失, 人也就失却了良知, 故他每到一个地方平乱之后, 都希冀通过地方建设, 进行教化, 改变民风民俗, 培育民众的仁心, 通过 "剿心中贼", 而后能变 "盗" 为 "良", 营造 "有序" 的长治久安的安宁社会。

史料显示, 阳明在江西、广东和福建平乱之后, 先后奏请设置了崇义县、和平县与平和县, 原因是他认定, 教化, 即以教化人, 通过儒家经典教育, 就能培育人的仁义之德。阳明把三个县称作 "崇义"、"和平" 与 "平和", 即期待由仁义道德而带来世间的 "和平", 实现社会长治久安、宁静和谐。由此可见, 阳明极力主张以 "教化", 即 "致良知", 使 "无序" 的边远之地, 重建为文明 "有序" 之域。阳明这段社会经历, 展示了阳明心学中 "致良知", 对社会建设的深刻意义。

3. 阳明 "知行合一" 论对后人的影响

阳明心学的重要命题 "知行合一", 于 1509 年提出, 近代孙中山的《建国方略·心理建设》, 以及当代毛泽东的《实践论》, 都在某种意义上传承了阳明 "知行合一" 论。这些传承都发生在重要的历史时刻, 凸显了阳明心学的社会意义。

以振兴中华为己任的孙中山, 在民国初年撰写了《建国方略》, 为新中国规划了一个无比宏伟的建设蓝图。《建国方略》先后写成, 含三大部分, "孙文学说" 即 "心理建设" 为其中第一部分。

《孙文学说》中, 孙中山阐述了心理建设在社会建设中的地位与作用。据学者考证, 孙中山撰写该文之前, 曾大量阅读 19 世纪末西方人文主义和非理性主义的著作, 有罗素、尼采、沃特、席勒等哲人的 20 余本新作②,

---

① 王阳明:《别录三·添设和平县治疏》、《别录三·立崇义县治疏》,《王阳明全集》卷一·, 第 370、371、367、350 页。
② 姜义华:《论孙文主义人文精神的新构建》, 转引自林家有、张磊主编《孙中山评传》, 广东人民出版社, 2014, 第 364~365 页。当时孙中山曾阅读的主要著作有: 罗素的《柏格森哲学》《我们关于外部世界的知识》, 尼采的《超人的福音书》, 布特鲁的《当代哲学中的科学与宗教》、《教育和伦理学》和《宗教的兴衰》, 韦斯特马克的《道德观念的起源和发展》, 倭铿的《当代伦理学》《精神生活》《知识与生活》《宗教的真相》, 巴尔西里的《柏格森教授的哲学》, 约内士的《鲁道夫·倭铿哲学阐述》, 雷的《一种新哲学: 亨利·泊格森》, 马尼坦的《伯格森的哲学》, 叔本华的《意志与表象的世界》, 艾略特的《现代科学与柏格森教授的幻想》, 沃特的《自然主义不可知论》, 莱尔德的《自我问题》, 赖特的《自我意识》等。

从中吸取了思想养分，但从该文的内容看，孙中山同时也"因袭吾国固有之思想"，写作前阅读了王阳明的著作，受到曾风靡日本的阳明心学的影响。可以说，孙中山"心理建设"的理论基点，便是中国传统心学的"心为本"论。

孙中山认定，"心"为建国之基，体现出心学色调。在《孙文学说》中，孙中山斩钉截铁地说："是以建国之基，当发端于心理。"①

他认定："夫国者，人之积也。人者，心之器也。国家政治者，一人群心理之现象也。"②

在孙中山看来，国家是由人所组成的，国家的政治现象，无非是人的心理表现而已，也便是"心理"→"人"→"国家"。

故孙中山呼吁：

> 国民！国民！当急起直追，万众一心，先奠国基于方寸之地，为去旧更新之始，以成良心上之建设也。③

所谓"方寸之地"，是指人的心。孙中山认定，这人心，人的心理，在建国之始，应先"奠定"。

孙中山认定，心是宇宙本原。他直白地说：

> 夫心也者，万事之本源也。④
> 心之为用大矣哉！⑤

在他看来，世界的一切事与物，皆源于"心"；社会的兴盛与衰败，也产生于人心的"振靡"。这明显展示出孙中山受到阳明心学的影响，接受了阳明"心即理"，"心者，天地万物之主也"⑥，"心外无物，心外无事，心

---

① 孙中山：《建国方略·心理建设》，《孙中山全集》第6卷，第214页。
② 孙中山：《建国方略·心理建设》，《孙中山全集》第6卷，第214页。
③ 孙中山：《建国方略·心理建设》，《孙中山全集》第6卷，第215页。
④ 孙中山：《建国方略·心理建设》，《孙中山全集》第6卷，第159页。
⑤ 孙中山：《建国方略·心理建设》，《孙中山全集》第6卷，第159页。
⑥ 王阳明：《文录三·书三·答季明德》，《王阳明全集》卷八，第214页。

外无理，心外无义，心外无善"① 等观点。

孙中山认为"心"统摄天地万物，贯通于一切时空，无所不在，心便是宇宙的本体。孙中山关于心为"万事之本源"，强调人的主观意识的决定作用说法，与阳明的说法，一脉相承。孙中山认为，宇宙间的一切无不取决于由心而生的意志，他说：

> 吾心信其可行，则移山填海之难，终有成功之日；吾心信其不可行，则反掌折枝之易，亦无收效之期。②

这一说法同阳明所说的："在物为理，处物为义，在性为善，因所指而异其名，实皆吾之心也。心外无物，心外无事，心外无理，心外无义，心外无善"③，"圣人感人心而天下和平"，"而万物生，天下和平焉，则天下万物之情可见"④ 等，如出一辙。他们都是说，心可以创造一切，改变一切，主控一切，宇宙间的一切都无非是心，都由我的心所决定。基于此，孙中山认定在民国初年，新国家的存亡取决于能否破"心理之大敌"，而"出国人之思想于迷津"⑤。孙中山明显地接受了阳明关于"剿山中贼易，剿心中贼难"的说法。

在《建国方略·心理建设》中，孙中山直接论及阳明的"知行合一"，对其理论既有肯定又有批评：一方面，肯定"阳明'知行合一'之说，即所以勉人为善"，肯定"'知行合一'之说曰：'即知即行，知而不行，是为不知。'其勉人为善之心，诚为良苦"⑥；另一方面，又指出阳明的理论仍然保留传统的"知之非艰，行之惟艰"之意，"与真理背驰"，"不合于实践之科学"⑦。孙中山认为，阳明只是说了"合知行于一人之身"，而时至今日，"以科学愈明，则一人之知行相去愈远，不独知者不必自行，行者不必自

---

① 王阳明：《文录一·书一·与王纯甫》，《王阳明全》卷四，第 156 页。
② 孙中山：《建国方略·心理建设》，《孙中山全集》第 6 卷，第 158 页。
③ 王阳明：《文录一·书一·王纯甫》，《王阳明全集》卷四，第 156 页。
④ 王阳明：《续编一》，《五经臆说十三条》，《王阳明全集》卷二十六，第 978 页。
⑤ 孙中山：《建国方略·心理建设》，《孙中山全集》第 6 卷，第 159 页。
⑥ 孙中山：《建国方略·心理建设》，《孙中山全集》第 6 卷，第 197 页。
⑦ 孙中山：《建国方略·心理建设》，《孙中山全集》第 6 卷，第 197、198 页。

知，即同为一知一行，而以经济学分工专职之理施之，亦有分知分行者也"①。或许孙中山对王阳明的批评过于严苛，但是他以近代科学的视角，去重新审视明代心学的"知行观"，从而创新传统的心学，使之适应历史发展的潮流，这无疑昭示着中华文化发展的大趋势。

毛泽东在学生时代，撰写了《心力论》，在领导抗战期间，撰写了《矛盾论》和《实践论》，以二论作为全党和全民的思想武器和精神动力，其中《实践论》一书的副题是"论认识与实践的关系——知与行的关系"，用中国传统的"知与行"来解读马克思主义哲学的"认识与实践"，因而世人认定毛泽东的二论，是马克思主义中国化的典范。尽管《实践论》主要是阐发马克思主义的认识论关于认识与实践的关系，没有直接论及阳明的"知行合一"论，但从该文的副题可推断，当年的毛泽东肯定也熟悉阳明的"知行合一"。难怪在当代，尤其是"阳明热"中，人们总是以毛泽东在《实践论》中所倡导的"理论与实践统一"来诠释阳明的"知行合一"。

关于道德与社会的关系，孔子早已关注。生活在"礼崩乐坏"时代的孔子，他思考，社会为何会出现动乱？他认为，"好勇疾贫，乱也；人而不仁，疾之已甚，乱也"②，社会动乱的根源在于人们的仁心失却了，"人而不仁"是社会动乱的根源所在。故孔子提出"导之以德，齐之以礼，有耻且格"③，倡导以德治国，以礼治国。他认定"克己复礼归仁，一日克己复礼，天下归仁"④。古人已懂得"国无德不兴，人无德不立"的道理，故注重教化，以文化人，以文育人。近代的孙中山，为了中华民族的伟大振兴，也十分注重道德的社会效应。他在《三民主义》讲演中，阐述了道德的重要性，提出恢复中华民族固有的道德并发扬光大，"然后我们的民族地位才可以恢复"⑤；他强调"有了很好的道德，国家才能长治久安"⑥；他疾呼，国人要正心、诚意、修身、齐家，"从内发扬到外，由一个人的内部做起，推

---

① 孙中山：《建国方略·心理建设》，《孙中山全集》第 6 卷，第 198 页。
② 孔子：《论语·泰伯篇》。
③ 孔子：《论语·为政篇》。
④ 孔子：《论语·颜渊》。
⑤ 孙中山：《三民主义·民族主义》，《孙中山全集》第 9 卷，中华书局，1986，第 247 页。
⑥ 孙中山：《三民主义·民族主义》，《孙中山全集》第 9 卷，第 242 页。

到天下为止"①；他主张"改良人格来救国"②。他精辟地说："有道德始有国家，有道德始有世界。"③

孙中山又题词：

　　有道德始有国家，有道德始成世界④。

当今世界，人们越来越认识到，道德对维系和推进社会文明有着基础性意义。近年，中外学界都十分关注道德的功能与作用。比较功利、注重自由的西方，近年来学界对道德也多有论述，如——

法国社会学家爱弥儿·涂尔干，在其专著《道德教育》中，界定了道德，揭示了道德的功能，并具体阐述了如何从培育儿童的道德素质开始而进行社会道德教育。他指出：

　　道德完全存在于个人的良知中，只要看一看我们的内心，就足以把道德揭示出来。⑤

这位西方学者，同中国心学家一样，视道德为人的"良知"，认定道德就在人的"内心"，是人本该具有的属性。他给道德下定义说：

　　道德是各种明确规范的总体……⑥

他又具体提出——

　　道德的功能首先是确定行为，固定行为，消除个人随意性的因素⑦

① 孙中山：《三民主义·民族主义》，《孙中山全集》第9卷，第247页。
② 孙中山：《在广州全国青年联合会的演说》，《孙中山全集》第9卷，第319页。
③ 孙中山：《在东京中国留学生欢迎会的演说》，《孙中山全集》第3卷，第23页。
④ 刘望龄辑注《孙中山题词遗墨汇编》，华中师范大学出版社，2000，第131页。
⑤ 〔法〕爱弥儿·涂尔干著，陈光金等译《道德教育》第二章，上海人民出版社，2006，第22页。
⑥ 〔法〕爱弥儿·涂尔干著，陈光金等译：《道德教育》第二章，第23页。
⑦ 〔法〕爱弥儿·涂尔干著，陈光金等译：《道德教育》第二章，第23页。

  道德是由不计其数的特殊规范组成的，这些规范既是固有的，也是具体的，能够在一个人极为频繁地发现自身所处的不同情境中安排这个人的行为①。

英国哲学家罗杰·特里格，在《道德很重要》书中更直接说——

  道德很重要，并不只是因为它是我们的个人行为和待人处事所必须遵守的准则，它也应该是处理所有事务和治理国家的准则。

他又说，道德"它是正常的、有序的社会的基石"，"如果道德被连根拔起"，"是很危险的"②。

可以说，阳明的"致良知"所揭示的道德与社会文明密不可分的关系，越来越成为人类的共识。应该说，人类社会发展至 21 世纪，文明程度已有极大的提高。然而，也应看到，社会文明仍需继续提升和发展，而文明程度的提升仍然有赖于道德。

20 世纪 70 年代末，中国开始了改革开放。市场经济的发展，带来了社会财富的快速增长，物质生活的明显提升，在人们装钱的口袋鼓起来的同时，人的物欲也膨胀起来了。功利与浮躁，激化了人们对"利"的追逐，使社会道德下滑。商品经济发展，诱发人欲膨胀，是阳明生活时代的社会弊端，也是现代社会的顽疾。鉴于此，可以认定，阳明的"致良知"，可以给疗治当今社会顽疾以借鉴，可以给予当代建设社会文明宝贵的启迪。传承与弘扬"致良知"，让人人学会道德自觉，使自身的道德觉醒，寻回失去的良知，把住道德本性，构建自身的精神家园，使社会文明建设能落到实处。可以说，文明社会只能由有道德的人组合而成！

4. 构建人类命运共同体须有道德基石

"致良知"的社会价值，还体现在国际舞台。由于现代科学技术的发展，人类生活在同一"地球村"中，构建人类命运共同体，是历史发展的必然。马克思主义历史唯物论告诉人们，历史的发展有着不以人的意志而

---

① 〔法〕爱弥儿·涂尔干著，陈光金等译：《道德教育》第二章，第 23、22 页。
② 〔英〕罗杰·特里格：《道德很重要》，至今尚未有中译本，如上引文摘自网络。

改变的规律，构建人类命运共同体，展示了人类发展的前景蓝图，顺应了人类发展的历史潮流。

习近平从当今国际形势出发，明确提出"我们生活的世界充满希望，也充满挑战"，"没有哪个国家能够独自应对人类面临的各种挑战，也没有哪个国家能够退回到自我封闭的孤岛"，所以"我们呼吁，各国人民同心协力，构建人类命运共同体，建设持久和平、普遍安全、共同繁荣、开放包容、清洁美丽的世界"①。

中国共产党，"始终把为人类作出新的更大的贡献作为自己的使命"②，总是在世界格局发生新变化之时，依循历史发展的规律，提出顺应时代发展的战略构想。早在 2013 年 3 月，习近平在莫斯科国际关系学院演说时就提出，"这个世界，和平、发展、合作、共赢成为时代潮流"，"历史都总是按照自己的规律向前发展，没有任何力量能够阻挡历史前进的车轮"③。就是说，在人类经历了纷争、战争，特别是经历了两次世界大战之后，已经从血的教训中走了出来，认识到"和平与发展"对人类的存在与发展的必要性，经过大半个世纪的努力，世界格局发生了前所未有的变化。习近平指出，"这个世界，各国相互联系、相互依存的程度空前加深，人类生活在同一个地球村里，生活在历史与现实交汇的同一个时空里，越来越成为你中有我、我中有你的命运共同体"④。

习近平首先向世界各国发出了构建人类命运共同体的呼吁，并强调在构建人类命运共同体中道德的重要性。在中共十九大报告中，习近平进一步论及道德与构建人类命运共同体的密切关系。他指出当今世界存在种种不和谐、不道德的行为，如——

　　世界经济增长动能不足，贫富分化日益严重，地区热点问题此起彼伏，恐怖主义、网络安全、重大传染性疾病、气候变化等非传统安

---

① 习近平：《决胜全面建成小康社会 夺取新时代中国特色社会主义伟大胜利》，《中国共产党第十九次全国代表大会文件汇编》，人民出版社，2017，第 47 页。
② 习近平：《决胜全面建成小康社会 夺取新时代中国特色社会主义伟大胜利》，《中国共产党第十九次全国代表大会文件汇编》，第 46 页。
③ 习近平：《顺应时代前进潮流，促进世界和平发展》，《习近平谈治国理政》，外文出版社有限责任公司，2014，第 272、273 页。
④ 习近平：《顺应时代前进潮流，促进世界和平发展》，《习近平谈治国理政》，第 272 页。

全威胁持续蔓延，人类面临许多共同挑战。①

事实正是如此：冷战时代虽已结束，可是世界并不平静、不太平，纷争、对峙、战争等依然存在，各种形式的霸权主义与强权政治依然存在：国际交往中有的大国，以一国之利为"优先"，无视他国利益，而敢于无视甚至破坏既定的国际规则，以"单边主义""保护主义"去抗拒"全球化"的历史潮流；有的大国敢冒天下之大不韪，充当"世界警察"，以强凌弱、以大欺小，到处点火，搞军事威胁；在当今，危及人类生命与安全的恐怖活动，时有发生；欠发达国家的民众，生活无着落而不得不逃亡他乡，难民潮时有发生等。可见，在当今的国际舞台上，不道德的行为依然存在。如何使这些现象消除，使居住在同一"地球村"中的各个民族、各个国家能够融为一体？可以说，应该通过倡导"仁"。可见阳明所主张的"拔本塞源"，可启迪人们从根本上铸造道德基石，消除不道德行为，以实现构建人类命运共同体的美好愿景。

应该看到，要消除不道德行为，可以通过"致良知"，使人的道德觉醒。中国共产党人在道德自觉上，首先做出表率。习近平在党的十九大报告中，向世人作出如此承诺：

> 中国坚定奉行独立自主的和平外交政策，尊重各国人民自主选择发展道路的权利，维护国际公平正义，反对把自己的意志强加于人，反对干涉别国内政，反对以强凌弱。中国决不会以牺牲别国的利益为代价来发展自己，也决不放弃自己的正当权益，任何人不要幻想让中国吞下损害自身利益的苦果。中国奉行防御性的国防政策。中国发展不对任何国家构成威胁。中国无论发展到什么程度，永远不称霸，永远不搞扩张。②

这段高度概括的话语，不仅彰显了我们的外交政策，更体现了在推进

---

① 习近平：《决胜全面建成小康社会 夺取新时代中国特色社会主义伟大胜利》，《中国共产党第十九次全国代表大会文件汇编》，第47页。

② 习近平：《决胜全面建成小康社会 夺取新时代中国特色社会主义伟大胜利》，《中国共产党第十九次全国代表大会文件汇编》，第47~48页。

构建人类命运共同体进程中，中国人有着可贵的道德自觉。这，将为世界人民铸造道德基石做出贡献。这也启示人们，构建人类命运共同体，必须从自身的道德自觉做起，换言之便是通过"致良知"，而铸造出道德基石来，把人类命运共同体落到实处。人们应充分认识到，只有铸造道德基石，世界的一切纷争与挑战才可能化解，否则人类命运共同体不可能构建起来。可以说，阳明的"致良知"可以启示世人，只有通过人的道德的觉醒的途径，去铸造道德基石，才能实现构建人类命运共同体的伟业。

5. "天地一体"与"一体之仁"论的社会价值

阳明的"一体"论，既是对程颢思想的继承，也是他对当时社会现实的深刻考察而后获得的理论升华，具有可贵的理论意义与社会价值。

（1）"一体"论倡导以"仁心"疗治社会之疾

如前所说，阳明生活的明代中叶，商品经济的发展，带来了物欲的膨胀，是一个被阳明视为"功利之毒沦浃于人之心髓，而习以成性"① 的时代。他目睹人们为"私欲"所蔽的种种怪现象，希冀通过"拔本塞源"使人们的仁心得以恢复，使人们能"消除私欲之蔽"，日后"能以天地万物为一体"。

以仁心去疗治社会疾病，以维系社会、国家的一体性，这是阳明重要的治国理念。他认真地践行了这一理念。这突出地体现在他每到一个地方平乱之后，都希冀通过地方建设，进行教化，改变民风民俗，培育人的仁心，以维护社会的"一体"。

阳明不仅从理论上阐述了"仁"，阐明"仁"——人的道德本性对树立"与天地万物一体"观念的重要性，并针对现实存在的弊端，强调须"拔本塞源"，堵塞功利思想的源头，从根本上恢复人的仁心，使人人具有"与天地万物一体"的理念。这是阳明"万物一体"论与"一体之仁"论，在他那个时代的社会价值。

（2）在当今，"一体"论对家、国建设仍有重要意义

阳明的"一体"论，在当时是疗治社会顽疾的良方，其疗效历数百年之久仍未减退，时至当今对家、国、天下治理与维系，仍有着不可低估的意义。

---

① 王阳明：《传习录中·语录二》，《王阳明全集》卷二，第56页。

当今社会，同样由于商品经济发展而催生"私欲"，一些人守不住道德底线，社会各种乱象丛生，尚存在阳明当年所说"斗争夺取，不胜其祸"的现象。在当今，确实需要全社会树立"一体"观，使人人都明白，家是一个不可支离的整体，人人都有维系家的一体性的责任；使人们懂得，社会也是一个不可支离的整体，人人都有维系社会的整体协调、和谐的义务。当今中国，国家还未完全统一，应教育公民树立"一体"观，使人人都懂得，国也是一个不可分裂的整体，每个公民都有捍卫国家独立完整的职责。

（3）在当今，"一体"论可以为构建人类命运共同体提供理论支撑

阳明的"一体"论，可为构建人类命运共同体提供基础理论支撑，这是重大的社会价值。

当今世界并不平静、不太平，纷争、对峙、战争等时有发生，各种形式的霸权主义与强权政治依然存在，构建人类命运共同体体现了历史必然性。

马克思主义哲学的整体观认为，世界是整体的，任何事物都具有整体性，人类本是一个不可支离的整体。因而，人类越来越认识到，维系人类的整体性，构建命运共同体，关系着人类的生死存亡，是历史自身发展的必然。

构建人类命运共同体，不仅有马克思主义理论作为依据，还有中国传统文化的理论支撑，在中华优秀传统文化中，"四海之内皆兄弟""天下一家""天人合一""天下大同"等，尤其是阳明学的"天地万物为一体"论，便是一种视宇宙为整体的理论观点，在某种意义上说，它已经蕴含"命运共同体"的思想因子，可以作为构建人类命运共同体的理论支撑。

阳明的"一体"观，无疑可以启迪今人：生存在同一地球上的人类，人与人之间、国与国之间、民族与民族之间、地域与地域之间，尽管存在着差异，但不存在"人己之分"和"物我之间"，彼此通过"对话"、"合作"、"包容"、"协调"、"同心协力"和"同舟共济"，可以形成"你中有我、我中有你"的统一体，构建起人类命运共同体。也就是说，让人们树立起阳明所倡导的"一体"论，可以使各国人民取得共识，从而让世界上不同信仰、不同制度、不同意识形态的国家、民族，形成一个基本共识，使彼此之间可以和平共处、利益交融、有序竞争。

（4）"一体之仁"论，启示铸造道德基石之关键意义

阳明的"一体之仁"论，把道德提到宇宙的本体高度，把道德觉醒、

铸造道德基石作为维系家、国、天下一体性的关键。曾受到阳明心学影响的孙中山，也继承了这样的观念，他概括地说："有道德始有国家，有道德始成世界。"① 孙中山同样深刻认识到，有了道德，国家才成为国家；有了道德，世界才成为世界。道德是维系国家一体性、维系世界一体性的重要基石。孙中山曾演绎儒家的"大道之行也，天下为公"，提出世界大同的愿景，并同阳明一样，高度重视道德对维系家、国、天下统一性的关键性意义。在《三民主义·民族主义》演讲中，他说："用固有的道德和平做基础，去统一世界，成一个大同之治。"② 可以说，家、国、天下的构建与维系，都不能没有道德作为基础。

6. 平等，构建和谐社会的基础

尽管阳明的平等观是朴素的，但它蕴含着真理性。平等，是人们的权利；平等一直成为人类社会处事原则。阳明生活在等级社会里，却有着平等的理念，体现了时代的呼声，实在可贵，这种平等观在当今现代社会仍富于时代意义。

（1）平等，乃社会和谐的基础

回顾人类社会发展进程，人们会发现：在生产资料为少数人所占有的历史阶段里，大多数人为了生存，不得不向他人出卖劳力，于是"平等权利"不可能为社会的每个人所享有。可以说，在漫长的历史阶段里，人们总渴望平等，而等级森严的不平等，则成为社会的现实。处于不平等地位的人们，为获得平等的权利而不得不奋起抗争，社会因此而处于纷争的"无序"状态。显然，没有平等，现实社会不会"有序"，不可能和谐。正是在这一意义上，可以说，平等是和谐社会的基石。

中国经历了几千年的等级森严的不平等的历史阶段，孙中山领导的辛亥革命，终结了封建制度，本应进入平等的现代社会，然而由于"劳动资料"仍然被少数人垄断，民国时期的中国社会，也没有平等可言。当五星红旗在天安门上升起之后，"劳动资料"占有的问题逐步解决，权利不平等的根源得到一定程度上的消除，但由于种种原因，当今社会仍存在一些不平等现象。

---

① 刘望龄：《孙中山题词遗墨汇编》，第 131 页。
② 孙中山：《三民主义·民族主义》，《孙中山全集》第 9 卷，第 253 页。

地域上，由于自然条件及其他原因，地域发展不平衡，出现了地区与地区之间的不平等。20 世纪 70 年代末，改革开放以来，沿海地区率先对外开放，而中部和西部相对滞后，尽管中央政府采取了积极措施，但要完全改变地域发展的不平衡，还有待时日，不可能一蹴而就。

财富分配上，改革开放以来，一部分人先富起来，拉大了贫富差异，经济上的不平等显现。党的十八大以来，国家开展精准扶贫，使一些贫困地区较快地脱贫，经济发展不平等问题逐步得到解决。

应该说，平等仍然是当今社会的诉求。人们不应希冀社会有绝对的平等，但只有把"平等"原则作为人们处事的准则，才可能从根本上解决家庭、社会被撕裂的问题，才可能构建起和谐幸福的家庭，以及长治久安的社会。在当今，重温阳明的平等观，可从中得到启迪，很有必要！

（2）平等乃共同体的处事原则

从宏观上看，阳明的平等观，可以为构建人类命运共同体提供"平等"的处事原则。因为人类命运共同体必须是包容的、和平的、共赢的，而要具有这些属性，则需要坚持平等原则去处事。可以说，只有人与人平等、民族与民族平等、国与国之间平等，才可能形成和维系"人类命运共同体"。

构建人类命运共同体的进程中，坚持"平等"原则很是关键。习近平如是说：

> 我们呼吁，各国人民同心协力，构建人类命运共同体，建设持久和平、普遍安全、共同繁荣、开放包容、清洁美丽的世界。①

在这段话里，蕴含了人类命运共同体的基本内涵，而在这些内涵中又蕴含了平等原则。习近平强调：

> 要相互尊重、平等协商，坚决摒弃冷战思维和强权政治，走对话

---

① 习近平：《决胜全面建成小康社会 夺取新时代中国特色社会主义伟大胜利》，《中国共产党第十九次全国代表大会文件汇编》，第 47 页。

而不对抗、结伴而不结盟的国与国交往新路。[1]

习近平所说的"平等"，具体运用于国与国之间相互交往与合作的各个方面，具体便是——

政治上："要坚持以对话解决争端，以协商化解分歧，统筹应对传统和非传统安全威胁，反对一切形式的恐怖主义"；

经济上："要同舟共济，促进贸易和投资自由化便利化，推动经济全球化朝着更加开放、包容、普惠、平衡、共赢的方向发展"；

文化上："要尊重世界文明多样性，以文明交流超越文明隔阂、文明互鉴超越文明冲突、文明共存超越文明优越"；

环境上："要坚持环境友好、合作应对气候变化，保护好人类赖以生存的地球家园"。[2]

习近平十分强调：

中国秉持共商共建共享的全球治理观，倡导国际关系民主化，坚持国家不分大小、强弱、贫富一律平等。[3]

习近平的这些讲话，已经明确指出平等原则在构建人类命运共同体中的重要性。应该说，以"平等"为处事原则，才可能通过"共商共建共享"的治理，从而建立民主化的国际关系。应该看到，只有坚持"平等"的原则，才可能在地球上构建起国与国之间共商、共建和共享的，平等的人类美好家园。这，便是阳明的"平等"观在当代社会给人们的可贵启迪。

---

[1] 习近平：《决胜全面建成小康社会 夺取新时代中国特色社会主义伟大胜利》，《中国共产党第十九次全国代表大会文件汇编》，第47页。

[2] 习近平：《决胜全面建成小康社会 夺取新时代中国特色社会主义伟大胜利》，《中国共产党第十九次全国代表大会文件汇编》，第47页。

[3] 习近平：《决胜全面建成小康社会 夺取新时代中国特色社会主义伟大胜利》，《中国共产党第十九次全国代表大会文件汇编》，第48页。

第六章 明代心学两流派之异同比较

明代心学，经历了三个阶段，在学术层面上则形成两个流派，即陈湛心学与阳明心学。如前所述，陈献章在开拓明代心学之后，由湛若水完善与发展，因陈与湛之间有师承关系，尽管二人的观点有些许差异，但从总体上说一脉相承，是同一流派。王阳明与陈献章从未谋面，只与湛相交往，且在龙场悟道之后，渐归于陆学，同湛产生分歧，表现出王学与陈湛学之异，后人将其与陆学合称为"陆王心学"。可以说，传统心学的发展呈现错综复杂的态势，明代心学两流派的关系也非单一，各呈异彩，成为中华文化长空中的双子座。

第一节 心学两流派之同

陈献章开拓的心学，拉开了明代心学的序幕。白沙心学早于阳明心学，而湛若水与王阳明二人曾为挚友，有多年的交往，学术上也不断有论辩与切磋，学界认为陈湛心学对阳明心学有一定的影响。对此黄宗羲在《明儒学案》中已有肯定，并成为学界的共识。然而，过去人们对陈湛心学不太关注，对阳明心学与白沙心学的关系，更缺乏了解，在研究中国心学时，这二者的关系则是不可回避的课题。明代心学两流派的关联与异同，值得探究。

一 "静养端倪"与"龙场悟道"之同

白沙与阳明，在开创各自的学说时，有着类似的经历：一者"静坐"，一者"悟道"，都是在静中体悟出心中的道德本性。关于白沙的静坐中养出个端倪，本书有具体的陈述，对于阳明学的悟道，学者大都介绍到王阳明在贵州悟道的情节，并有阳明悟道与白沙静坐相仿的说法。

据史料记载，阳明从政治文化中心的京师，到边远的山区；从政府官员，到地方小邮差，地域的变迁，身份的变化，使王阳明不得不接受心理上极大的挑战。贬官期间，面对的是"万山丛棘""蛇虺魍魉""蛊毒瘴疠""舌难语"①，面对那环境荒凉、语言不通的恶劣的环境，王阳明如何应对？他没有颓废，而是"日夜端居澄默，以求静一；久之，胸中洒洒"②。他在思考"圣人处此，更有何道？"于是——

> 忽中夜大悟格物致知之旨，寤寐中若有人语之者，不觉呼跃，从者皆惊始知圣人之道，吾性自足，向之求理于事物者误也。乃以默记《五经》之言证之，莫不吻合，因著《五经忆说》。③

《年谱》记载了王阳明的这段具有标志性意义的经历，后人称为"龙场悟道"。"龙场悟道"，为王阳明人生的一个转折，是阳明心学创立的开端，是成就其为圣贤的关键。

可以说，"龙场悟道"恰如陈献章的"坐春阳台"，而后"自得"，完成"作圣之功"一样。试看陈献章在走出春阳台的一段感受，同如上所引的王阳明《年谱》的记述，何等相似。陈献章在《复赵提学佥宪》函中曰：

> ……舍彼之繁，求吾之约，惟在静坐，久之，然后见吾此心之体隐然呈露，常若有物。日用间种种应酬，随吾所欲，如马之御衔勒也。体认物理，稽诸圣训，各有头绪来历，如水之有源委也。于是涣然自信曰："作圣之功，其在兹乎！"④

应该说，王阳明的"龙场悟道"，同陈献章的"静养端倪"，是一样的路数，彼此有如下之相同点：

其一，在处于困惑的状况下，进行探求；

其二，同是为了追求"做圣贤"为宗旨；

---

① 王阳明：《年谱一》，《王阳明全集》卷三三卷，第 1228 页。
② 王阳明：《年谱一》，《王阳明全集》卷三三卷，第 1228 页。
③ 王阳明：《年谱一》，《王阳明全集》卷三三卷，第 1228 页。
④ 陈献章：《复赵提学佥宪》三则，《陈献章集》，第 145 页。

其三，皆是以"静坐""静一"为入门；

其四，皆以体悟本心为途径，"求诸心"与"吾性自足"，皆为"内求"的儒家涵养方法；

其五，皆以《五经》圣训进行验证。

也就是说，不论是白沙心学，或是阳明心学，他们创立心学都是为了寻求消除心中的困惑，都是为了达到"做圣贤"的理想目标；他们的心学，都以入静而内求自身的本为途径与方法；他们的体悟，都得到《五经》的验证，合乎圣训。学界从明代黄宗羲，到当代的梁启超，都认定王阳明的学说与陈献章学说之间，必有相通处。黄宗羲还说：

> 有明之学，至白沙始入精微。其吃紧工夫，全在涵养，喜怒未发而非空，万感交集而不动。至阳明而后大。①

黄宗羲认定，明代的心学，白沙是开拓者，阳明则是集大成者。至于王阳明为何一直不言及白沙，黄宗羲也没有具体的解释，只是提出了问题。② 显然，黄宗羲搞不清王阳明为何不谈及陈献章，只是从其高足薛中离上疏请准陈献章从祀孔庙，由此而推断，阳明的学说与陈献章有着密切的关系。

二 体悟本心之同

白沙心学与阳明心学，不仅在创立学说时，有着类似的静坐悟道的经历，二者同为心学，在学理上也确实有许多相同之处。二者之同，是主导方面。

白沙心学与阳明心学之同，具体可从如下方面审视③。

第一，以静坐为门户。

如上所说，白沙与阳明，都有作圣贤的意愿，同样在追求做圣贤的进

① 黄宗羲：《白沙学案上》，《明儒学案》，第 79 页。
② 黄宗羲：《白沙学案上》，《明儒学案》，第 79 页。
③ 关于白沙心学与阳明心学的异同，笔者曾撰文《阳明心学与白沙心学之异同》参加 2012 年在余姚召开的"王阳明国际学术会议"，会后论文发表于《中国哲学史研究》2013 年第 3 期。相关内容在专著《明代心学开篇者——陈献章》中继续陈述。

程中，遇到困惑，又以同一方式完成了"作圣之功"，他们找到了通往圣贤的入门处，同样是"静坐"。在《书自题大塘书屋诗后》中，白沙说得明白，"为学当求诸心必得。所谓虚明静一者为之主，徐取古人紧要文字读之，庶能有所契合，不为影响依附，以陷于徇外自欺之弊，此心学法门也"①。这"心学法门"，如当代学者简又文所说"以静坐功夫而养出为学的开首"②，静坐便是"作圣之功"的入门处。其实在白沙看来，静坐不仅是涵养的"开首"，涵养还以静坐为"主"。"读古人要紧文字"，不过是作为静坐体悟端倪的一种验证。白沙认为，"人心本体皆一般，只要静之以养，便自开大"③。人人都有着一颗同样可以感应"道"的本体之心，只要通过"静坐"，即可使原来的心转换为"廓然若无"之心，故人皆可为舜尧。于是，陈献章不仅自己静坐，也教他人静坐。他说："为学须从静中坐养出个端倪来，方有商量处。"④

同样，王阳明也有静坐悟道的经历。由于惹上了官非，王阳明从京师被贬到贵州龙场驿站，来到那荒凉的小镇。从一名京官贬为一个边远地区的驿站小职员，阳明难免十分失落，在郁郁之中终日沉思。然而，却在静静地沉思中，出现了奇迹——他的思想升华了。如他的弟子所说："先生居夷三载，处困养静，精一之功固已超入圣域，粹然大中正之归。"⑤ 这一具体经历，被称为"龙场悟道"。他是在"养静"中悟出了"道"，"静"同样使他进入"圣域"之门。后人如此描述："王阳明在龙场期间，一度意志消沉，日夜端居澄默，以求静一。久而久之，胸中浇浇，思念圣人此处，更有何道？据说，一天夜里，他大悟'格物致知'的道理，始知'圣人之道，吾心自足'，过去向事事物物求理是错了。他默记《五经》的内容，来论证他所悟的一切'求诸于心'的道理，据说没有不符合的。"

学界普遍认为，王阳明龙场悟道，与陈献章坐春阳台一样，同是通过静思涵养，而达到了圣人的境界，瞬间在心中悟出了"圣人之道"，完成了圣人的道德修养。由"静"而渐进圣界，王阳明与陈献章在创立心学时，

---

① 陈献章：《书自题大塘书屋诗后》，《陈献章集》，第 68 页。
② 简又文：《白沙子研究》，第 185 页。
③ 陈郁夫编《明陈白沙先生献章年谱》，第 27 页。
④ 陈献章：《与贺克恭黄门》，《陈献章集》，第 133 页。
⑤ 王阳明：《传习录上·语录一》，《王阳明全集》卷一，第 1 页。

几乎是毫无区别的。尽管后来王阳明开创了致良知①学说，也没有否定"'静坐'是致良知静的工夫，是在心灵纯净的状态中体悟本体"。就是说，陈献章与王阳明二人都是以"静"为涵养的入门与通道，"坐来白日心能静，看到浮云世亦轻"②。二人也都出于自身的经验而教人"静坐"，阳明的"静处体悟"与白沙的"静养端倪"，堪相一致。

无须讳言，不论是陈献章还是王阳明，静坐都显得有几分神奇，几分奇妙。人在静坐久了之后，怎么就能体悟到自身的本体之心，使之"隐然呈露"？此心又怎么能与道"凑泊吻合"，更会"常若有物"？常人是难以理解，只能认定，当人把握了必然而进入了自由之境，即能在"日用间种种应酬"中，随心所欲，既能"体认物理"，又能稽合"圣训"，这就是所谓的"作圣之功"。可以肯定的是，在陈献章与王阳明看来，他们所倡导的以"静"为门户，而实现做圣人便是如此简单，不必采用宋儒所倡导的那套繁缛之法。

第二，以无欲为枢纽。

"存理去欲"，是宋明理学各流派的共同核心理念，几乎所有的理学家都认为，道德涵养必须消除"人欲"，而后才可保存那体现着封建纲常的"天理"。宋代理学如此，明代的心学也如此，阳明与白沙概莫能外。他们都以为，要"做圣贤"，则必须先进入"静"之后达到"无欲"，二者都把"无欲"作为"作圣之功"的关键。

陈献章把"无欲"看作"会道"的关键。他直白地说："无欲则静虚而动直，然后圣可学而至矣。"③ 因为人们进入静坐之后，排除外界的种种干扰，没有了私心与杂念，也就达到了"无欲"的境界，这便是儒家所倡导的"一"的境界。他明确提出，"孔子教人文、行、忠、信，后之学孔氏者则曰：'一为要'，一者，无欲也。"④ 陈献章认定，无欲便是消除人的非分欲求，使心不为外物所"着"、所"累"、所"障、所"碍"，故说："断除嗜欲想，永撤天机障。身居万物中，心在万物上。"⑤ 湛若水诠释此诗时，

---

① 刘宗贤：《陆王心学研究》，第 338 页。
② 陈献章：《游心楼·为丁县尹作》，《陈献章集》，第 414 页。
③ 陈献章：《复赵提学金宪》三则，《陈献章集》，第 147 页。
④ 陈献章：《复赵提学金宪》三则，《陈献章集》，第 147 页。
⑤ 湛若水：《白沙子古诗教解卷之下》，《陈献章集》，第 785 页。

明白道出陈献章"无欲"的内涵：断除了"耳目口鼻四肢之欲"，如庄子所说，"其嗜欲深者，其天机浅"。在陈湛二人看来，本来天理流行不息，但人的嗜欲使天理受到了遮蔽，只有断除了种种的障碍天机流行的嗜欲，才可超乎万物之上。① 由是即见，白沙认为"无欲"为作圣之功的关键。

与白沙一样，阳明也教人在静中体认本体之心，"静坐"则必须"无欲"。在王阳明看来，"心即理也。此心无私欲之蔽，即是天理"②。天理与私欲，势不两立，无欲才可能体悟到天理，因而涵养必须把住"无欲"这一枢纽。"静坐"作为人们涵养功夫的入口处，其目的在于拴缚那颗被人欲干扰的心；对私欲"如有一念萌动，即与克去，斩钉截铁，不可姑容。与它方便，不可窝藏，不可放它出路"，而把它"扫除廓清"，"将好色、好货、好名等私逐一追究，搜寻出来""拔去病根"，③ 才可能涵养出天理，完成作圣之功。阳明直截了当地说："必欲此心纯乎天理，而无一毫人欲之私，此作圣之功也。"④

陈献章与王阳明的说法，完全一致，都是把"无欲"作为涵养心性的关键。这，都是坚守了宋明理学的基本立场。

第三，以向内悟道为路径。

白沙心学与阳明心学，在涵养方法与路径上堪相一致，都主张向内体悟心中。在这一点上，集中体现出明代心学挑战与变革宋代理学的涵养方法。

从涵养论的层面上审视，白沙心学倡导"求诸心"的方法，认定人的认知与涵养，无须外求，而只要向内反求于本心，便可"得到""会理"而达到圣人境界。在陈献章看来，"人心本体皆一般，只要静之以养，便自开大"⑤。这是说，人人都有着一颗同样可以与"道"相"凑泊吻合"的本体之心，只要通过"静坐"，即可使原来的心转换为"廓然若无"之心，可为尧舜。白沙的"静养端倪"，便是"静坐"——"胸次澄澈"——"涵养致虚"——"立本"——"会道"，"道"即为"端倪"，也即是"善端"。

---

① 湛若水：《白沙子古诗教解卷之下》，《陈献章集》，第 785 页。
② 王阳明：《传习录上·语录一》，《王阳明全集》卷一，第 2 页。
③ 王阳明：《传习录上·语录一》，《王阳明全集》卷一，第 16 页。
④ 王阳明：《传习录中·语录二》，《王阳明全集》卷一。
⑤ 陈献章：《与谢元吉》，转引自陈郁夫编《明陈白沙先生献章年谱》，第 27 页。

白沙的涵养方法与路径便是：反求于自身，从静坐中养出本体之心，在自己的心中求得与"道"的"吻合"，体认出寓于心中的"天理""善端"来。这，便是白沙心学的涵养与认知路径。

阳明心学的"悟道"，内求的涵养方法与白沙心学的方法相一致，可谓异曲同工。在龙场，王阳明在静中"大悟"了"格物致知之旨"，由此"始知圣人之道，吾性自足"，懂得了做圣贤的功夫，便是向内体悟自身的本性，明白了向外"求理于事物"，是错误的。

十数年后，王阳明开创"致良知"说，尽管是对其"静处体悟"论有所发展，且有本体论的内涵，是阳明心学的核心内容，是其学说发展的最高阶段，是其涵养方法与途径的具体揭示，可以说，其涵养与认知的方法和路径，还是与陈献章一样，即修己在心，学不外求。如他所说，"致良知"，是"圣门正法眼藏"，"千古圣学之秘"。何谓"良知"？阳明明确解释："良知者，心之本体。"① 又具体说："夫心之本体，即天理也。天理之昭明灵觉，所谓良知也。"② 可见"良知"≈"心之本体"≈"天理"，也是孟子所言之"善端"。何谓"致"？"致"即推致。因而，"致良知"便是发现自身的本体之心的过程，即认知天理，自我涵养的过程。

王阳明又从其"知行合一"论出发，提出"吾心之良知，即所谓天理也。致吾心良知之天理于事事物物，则事事物物皆得其理矣"，③ 他是说，认知了天理，也就理解了宇宙间的事事物物之理。可见，王阳明始终没有离开"内求"而体悟的涵养路径，这与陈献章学说终究十分一致。

三　兼容禅与道、回归孟、变革朱之同

把"作圣之功"设定为向内体悟本体之心，而无须外求格物，这便是明代心学的理论特色，也是明代心学挑战朱子学向外格物的涵养与认知方法的体现。这，是一次由繁而简的变革，是涵养方法的一次革命，这一革命的完成有功于对中华文化诸子百家的兼容：接受了禅宗文化的启示，而检讨了朱熹的"格物致知"，也融汇了道家的思想养分。可以说，白沙与阳

---

① 王阳明：《传习录中·语录二》，《王阳明全集》卷一，第 61 页。
② 王阳明：《传习录中·答舒国用》，《王阳明全集》卷五，第 190 页。
③ 王阳明：《传习录中·答舒国用》，《王阳明全集》卷五，第 45 页。

明的涵养方法同样兼容禅与道，而回归于孟子。正是在这个意义上，他们都标榜自家的学说为儒家之"正统"，斥其他学派为邪说。

白沙与阳明的涵养路径，同是设定认知的目标，即自身的本体之心，省内而非外求，这与佛家禅宗的修炼理路堪相一致。或许源于此，在当时他们的心学均被指斥为"禅"。

禅宗六祖慧能的宗教改革，提出"顿悟说"，认定人人心中都有佛性，只要把心中的佛性顿悟出来，便可立地成佛。白沙作为慧能的老乡，客观上可能受着慧能的影响，他的"道通于物"，以心为"道"舍的理论基点，认定"道"寓于"心"。在白沙看来，"心常在内"①，因而为学"求诸心"即可，在"心"中求得"道"而无须外求，不必格尽天下万物，或读尽古人的经典之书。白沙心学"即心见道"的涵养路径，无疑与慧能的"见性成佛"一样，认定不必读经、坐禅便能悟出"道"，或"佛性"来，二者同为简便的方法与直截了当的路径。

此外，六祖慧能尽管认为无须坐禅也能成佛，但也不反对坐禅。在形式上，禅宗的"坐禅"与白沙的静坐，极为相似。因而，当有人指责白沙心学为流于"佛意"，为"异端"，甚至说"分明是禅学"时，陈献章曾自我调侃，如此回应说："佛氏教人曰静坐，吾亦曰静坐；曰：'惺惺'，吾亦曰：'惺惺'。'调息'近于'数息'，'定力'有似'禅定'。所谓流于禅学者，非此类欤？"②他不否定，静坐与坐禅，在形式上的相似，但他认定这仅仅体现在形式上而已。

"似禅而非禅"的白沙心学特色，后来的阳明心学，也同样具有。阳明"待人自悟而有得"与白沙"深思而自得"的涵养方法与路径，都以向内体悟，二人同样是受到禅宗顿悟心中佛性的启迪。更何况年轻时代的阳明，曾一度"究心于老释"，热衷于佛老，后来也喜用富于禅味的诗句。《王阳明与陈白沙》一书的作者，长篇累牍地论及阳明、白沙与禅学的关系，并说："明代心学的崛起，禅学思想的刺激功不可没，方法上的灵活运用可以造成学理上的创新突破，释儒同参，也有助于相互叩击，相互印证。……

---

① 陈献章：《书漫笔后》，《陈献章集》，第66页。
② 陈献章：《复赵提学金宪》三则，《陈献章集》，第147页。

儒佛会通在明代心学的发展上见证到最佳的典范实例。"① 该书作者甚至说："白沙要以禅法启出《五经》关键，《传习录》也要穿上禅家语录的外衣，以唤醒儒家经典的内在活力。"② 然而，心学是心学，是儒学的正宗流派，而非禅学，只是受到了禅学的影响，从禅学中汲取了合理的思想因素。

应该说，不论各家各派，静坐体悟作为一种涵养的方法，总是相通的。白沙心学与阳明心学的涵养方法同样受到道家的影响。陈献章自幼生活在有道家思想氛围的家庭环境与社会环境中，他本人有着老庄的情怀，追求老庄境界。其实白沙心学的宇宙观也如道家一样"以道为本"，鉴于此，其涵养方法难免也借鉴了老庄。其"静坐"须进入"忘形骸，捐耳目，去心志"③，同道家的"形同槁木，心同死灰"如出一辙。尽管陈献章反对"坐忘"，但"静坐"与"坐忘"确实有着比较相似的意境。

曾一度沉溺于佛老的王阳明，其"悟道"同样有追求庄子的"槁木死灰"的意境，只是他还强调，光有这样意境不够，应该落实到"省察克治"，克除萌发中的坏念头。他说，当人欲萌动影响思虑时，便要"教之静坐、息思虑。久之，俟其心意稍定，只悬空静守如槁木死灰，亦无用，须教他省察克治"④。可见，王阳明在探究人的涵养方法与认知方法时，与陈献章一样，兼容了佛老。

中华文化，注重人的道德涵养。人，是社会动物，为生存须有物质追求，还须有精神追求。儒家所言之"作圣之功"，便是讲求人的道德修养，实质上是人们对自身精神家园的构建。至于如何构建？自古迄今，不同时代、不同流派总是有各异的方法与途径。在陈献章生活的时代，最为流行的方法是传统的读经，以及"格物致知"、"存理去欲"，几乎全社会的人都无法超然。然而，明代心学则在兼容了禅老之后，变革了作为官方哲学的朱熹的涵养方法，而回归于传统儒家。

白沙与阳明的涵养方法"求诸心"，或说"致良知"，是因袭了孟学，是孟子"尽心说"的明代版。孟子认为，人的心中存有先验的善端，"仁、

① 姜允明：《王阳明与陈白沙》，台北，五南图书出版股份有限公司，2007，第 82 页。
② 姜允明：《王阳明与陈白沙》，第 85 页。
③ 张诩：《白沙先生墓表》，《陈献章集》，第 883 页。
④ 王阳明：《传习录上·语录一》，《王阳明全集》卷一，第 16 页。

义、礼、智，非由外铄我，我固有之"①。他明确说："恻隐之心，人皆有之；羞恶之心，人皆有之；恭敬之心，人皆有之；是非之心，人皆有之。"②进而，孟子认定，人的认知与修养，无须外求，而是向内求之，"求则得之，舍则失之"③。反求于身，则得自身固有的善端，这善端也就是"天道"，故曰："尽其心者，知其性也，知其性则知天矣。"④ 显然是说，人能极尽自己的心，便能了解自己"善"的本性，于是也就认识"天道"。孟子"尽心说"的理论基点是，"天生蒸民，有物有则"⑤。在孟子看来，先验的"善端"是上天在生人时赋予人的"天则"——"天道"。那么，人只要反求于心，便能认识自身固有的"天则"，认识了"天则"便是认知了"天道"，于是就有好的品格，能尽物之性，能与天地相参，达到"天地合一"的境界，即"万物皆备于我矣，反身而诚，乐莫大焉。"⑥

由上可见，白沙心学与阳明心学，对孟子的"尽心"说同样有着承传关系，具体可从三个方面审视。

首先，白沙的"求诸心"与阳明的"致良知"的认知路向与修养方法，同孟子的"内省""反求"堪相一致，一脉相承，而同朱子理学所倡导的向外求的"格物致知"，决然不同。

其次，白沙的"道通于物"与阳明的"心即理"，同孟子的"天生蒸民，有物有则"，具有一样的理论指向，即同样把人的认知对象"天道"内化为事物固有的"所以然"，而不同于朱熹理学设定"理先气后"，强调在心之外去求"天理"。

再次，白沙的静坐是为求"会道""得理"，与阳明的"致良知"，孟子从"尽心"而达到"知天"，有着完全相同的认知与修养的宗旨。

最后，白沙的"会理""得道"而达到"宇宙在我"，以及阳明的"心外无理，心外无物"，包万理万物于一心，同孟子的"万物皆备于我"，有着同样的作圣境界。

---

① 孟子：《孟子·告子上》。
② 孟子：《孟子·告子上》。
③ 孟子：《孟子·告子上》。
④ 孟子：《孟子·尽心上》。
⑤ 孟子：《孟子·告子上》。
⑥ 孟子：《孟子·尽心上》。

白沙与阳明同样在回归孟子之时，变革了朱熹理学。这一变革，简而论之便是涵养的方法与路径由向外格物，而转为向内体悟；由繁缛支离的"格尽天地间的事事物物"的体认天理，而转向简约地在静坐或日常应酬中，发现心之本体。

四　高扬主体精神，设定道德先验之同

阳明与白沙的最大共同点，是设定先验人性——善端的道德品格，以及高扬人的主体精神。这一共同点，也是心学的共性。以阳明与白沙为代表的明代心学，对宋代理学的超越主要体现在对人的主体精神的肯定与高扬上。二人同样认定人们的心有着无比的能量，心具有感应、主宰与创造的功能。

白沙说，"君子一心，万理完备。事物虽多，莫非在我"①，君子的心无所不能，无所不及，宇宙间的一切，无不在我的掌控之中。因而，"君子一心足以开万世"②，既"因是心"而"制是礼"③，也可"充是心"而"保四海"④，故"吾之心正，天地之心亦正"⑤。君子之心，不仅能制订出典章制度，还能扩充出仁政的一切，人世间的一切都因心而变。心，能创造一切，改变一切，主宰一切。正是在这一意义上，白沙强调人具有使"天地我立，万化我出，宇宙在我"的能动精神，由是彰显其学说的心学特色。

同样，阳明对心的主宰之功能，有与白沙一致的看法。"心本体论"是阳明的理论基石，从此论出发他对心的主宰性说得更透彻、更充分。他明确提出，"心之本体即是天理"，而"天理只是一个"⑥。因为本体的心是天理，亦即是宇宙万物的本原和主宰，天地间的一切无不是心的体现与派生，"在物为理，处事为义，在性为善，因所指而异其名，实皆吾之心也"⑦。他进而更为实质性地说，"身之主宰便是心，心之所发便是意，意之本体便是

---

① 陈献章：《论前辈言铢视轩冕尘视金玉》，《陈献章集》，第 55 页。
② 陈献章：《论前辈言铢视轩冕尘视金玉》，《陈献章集》，第 57 页。
③ 陈献章：《论前辈言铢视轩冕尘视金玉》，《陈献章集》，第 58 页。
④ 陈献章：《古蒙州学记》，《陈献章集》，第 28 页。
⑤ 陈献章：《肇庆府城隍庙记》《陈献章集》，第 36 页。
⑥ 王阳明：《传习录中·启问道通书》，《王阳明全集》卷二，第 56 页。
⑦ 王阳明：《文录一·书一·与王纯甫》，《王阳明全集》卷四，第 156 页。

知，意之所在便是物"①，于是阳明的结论是："心外无物，心外无事，心外无理，心外无义，心外无善"②。阳明比较彻底地把心之外的一切，通通看作心的派生物，把心作为"天地万物之主"③，认定心统摄一切。

在明代心学里，心具有主宰功能，在这一理论观点上，阳明与白沙十分一致。他们同样认定，"心"，虽是躯体中的"方寸"，但却不仅仅是一团血肉，而是具有超乎生理器官的意义，应在形而上的层面上高扬其能动作用；他们同样认定，这种作用是一种自身具有的不需外铄的先验道德品格；他们同样认定，这种先验的道德品格，便是人所以为人，而非禽兽的质的规定性。以阳明与白沙为代表的明代心学，对人的本质的界定，以及对人的主体能动精神的高扬，在理论的层面上深化了先秦时期的"人禽之辨"，继承与弘扬了原始儒家"人本"与重德的价值观。

第二节　两心学流派之异

白沙心学与阳明心学，同为明代心学，确实存在许许多多极相一致的思想理念与价值取向。诚然，二者又是明代不同阶段上的学派，由于各自所处的社会背景、地域环境与家学传统不尽相同，二人的学说确实也存在不少的异点。过去学界对二者也有比较研究，但大都多侧重于二者之同，却少谈二者之异，甚至将白沙心学归入陆王心学。事实上，二人生活的时代间隔比较长，陈献章45岁时，王阳明才出生。二人从未谋面，更不可能发生什么论争。当然，二人学术上的分歧，是后人从学理上的分析。

作为中国文化深层的哲学思想，发展至宋明，由于与印度佛学的交融，思辨程度大为加深，主要体现在本体论与认知论。这期间，鉴于对宇宙本体、认知路径有不同的解读，而形成各种学术流派。本文仅就这些基本理论，从三个方面陈述白沙心学与阳明心学之异。

一　本体论："心本体"与"道本体"之异

任何哲学体系，都必须回答世界的本原是什么，由是而构建起本体论。

① 王阳明：《传习录上·语录一》，《王阳明全集》卷一，第6页。
② 王阳明：《文录一·书一·与王纯甫》，《王阳明全集》卷四，第156页。
③ 王阳明：《文录三·书三·答季明德》，《王阳明全集》卷六，第214页。

白沙与阳明二人心学之异，根本点亦在本体论的不同：白沙持"道本体论"，阳明持则"心本体论"。

白沙心学的理论基石，是"道本体论"。

在哲学专篇《论前辈言铢视轩冕尘视金玉》中，陈献章详尽地阐述了"道本体论"："道至大"，"天地之大不得与道侔，故至大者道而已"；道"无内外，无终始，无一处不到，无一息不运"；"天得之为天，地得之为地，人得之为人"；"往古来今，四方上下，都一齐穿纽，一齐收拾，随时随处"①。他认定，道至虚，不可言状，不可感知，"有目者不得见"②，看不见，摸不着，对实实在在的"千奇万状"的事物来说，它是"虚"；他认定，至虚至大的"道"，无始无终，不生不灭，"天地之始，吾之始也，而吾之道无所增；天地之终，吾之终也，而吾之道无所损"③，"有物万象间，不随万象凋"④。这便是白沙的"道一元论"。在本体论上，白沙主张宇宙统一于道，而并非统一于心。白沙心学以"道"为本体，而并非以"心"为本体，这显得与朱熹的"理本体论"有着继承性。这是白沙心学与阳明心学的最根本区别所在。

阳明心学的理论基石，则是"心本体论"。

王阳明明确提出"心"为宇宙的本原，"心外无物"。在给学生讲学，或与他们通信时，他反复申述："心即理也，此心无私欲之蔽，即是天理"⑤；"夫物理不外于吾心，外吾心而求物理，无物理矣"⑥；"诸君要识得我立言宗旨，我如今说个心即理是如何"⑦，其结论不仅"无心外之物"，而且是"无心外之理，无心外之物"⑧。他认定"心也，性也，命也，一也。通人物，达四海、塞天地，亘古今，无有乎弗具，无有乎弗同，无有乎或变者"⑨。他是说，"心"这一本体统摄天地万物，贯穿于一切的时间与空

---

① 陈献章：《论前辈言铢视轩冕尘视金玉》，《陈献章集》，第 54~56 页；《与林郡博》七则，《陈献章集》，第 217 页。

② 陈献章：《论前辈言铢视轩冕尘视金玉》，《陈献章集》，第 56 页。

③ 陈献章：《论前辈言铢视轩冕尘视金玉》，《陈献章集》，第 55 页。

④ 陈献章：《偶得寄东所》，《陈献章集》，第 310 页。

⑤ 王阳明：《传习录上·语录一》，《王阳明全集》卷一，第 2 页。

⑥ 王阳明：《传习录中·语录二》，《王阳明全集》卷一，第 43 页。

⑦ 王阳明：《传习录下·语录三》，《王阳明全集》卷三，第 121 页。

⑧ 王阳明：《传习录上·语录一》，《王阳明全集》卷一，第 6 页。

⑨ 王阳明：《文录四·稽山书院经阁记》，《王阳明全集》卷七，第 254 页。

间，而无所不在，"天理"与"心"合一，"心"便是宇宙的本体。由这一
理论基点出发，王阳明推演出其心学的全部学说，其涵养说、知行合一说
与致良知说，无不建立在这一本体论的基础上。

有学者指出，阳明在以其"心本体论"，继承"朱学的思辨性"之时，
又"克服了朱学本身的矛盾，从而完成了心学体系"，于是其心学"比陆九
渊精致得多"，又"比朱熹彻底得多"①。显然，在本体论上，王阳明克服宋
代理学将主体的"心"与客观的"理"，即"物理"与"吾心"，"判为二"
的支离的理论，明确提出"心即理"，认定心与理为一，而非二，内与外为
一，并由此而推演出不必在事事物物上穷理的涵养方法。其理论有一定的
合理性，而把"心"作为宇宙的本体，这与陈献章以"道"为宇宙本体，
实是极大之异。

应该说，从朱熹的理学到阳明心学，陈献章确实充当了二者过渡的角
色。如果说朱熹理学的"理本体论"承认了"理"，以及"天地万物"是
独立于人"心"之外的"实"，那么白沙的"道本体论"，还保留了朱学的
"心"外之"实"。其"半虚半实""虚实参半"的本体论，显示出从"实"
到"虚"的过渡。在虚实问题上，陈献章与王阳明之异，也便体现在是否
承认在人的主体精神之外存在客观的物质世界。尽管，王阳明也不可能彻
底否认他所生活的世界，是实在的、客观的，但实际上其"心外无物"
论，强调"体用一源"，强调"心外无物，心外无理"，强调世界的万事万物都
是"由于一念发动"，是心的感应与派生，也就是西方哲学的"我思故我
在"价值理念，说到底独立于人的意志之外的客观世界也就不可能存在了。
白沙心学，当然也肯定人的意志、人的主体精神的能动性，甚至由是而夸
大"心"的作用。然而，陈献章主张"道本体论"，他也就承认因得道而生
的天、地、人的存在，承认鸢飞鱼跃、化化生生的客观大自然的存在。"宗
自然"成为白沙心学本体论与认知论的重要内容，这些兼容了道家思想的
说法，在阳明心学中却找不到。这，也就是白沙心学与阳明心学的一大
异点。

在学理上，是否必须"心为本体"才称得上心学？② 笔者以为，陈献章

---

① 蒙培元：《理学的演变——从朱熹到王夫之戴震》，第 217 页。
② 这一疑点，在 2013 年 11 月江门陈白沙学术研讨会上，有学者提出。

的心学是否是"伪命题"，以及陈献章不以"心"为本体，是同一疑点；陈献章当年发明"自得之学"时，便认定发现了"心学法门"，之后，弟子湛若水阐发其学说，也无不称其为"心学"；尽管陈献章没有"心为本体"的说法，但是应该看到，从心学的本质特征——唤醒人的道德自觉，高扬人的肢体精神这一点上看，陈献章的心学属性与陆九渊、王阳明无异，因而，不可因白沙心学没有"以心为本"的说法，而否定白沙心学的根本属性。在方法论上，应持实事求是、辩证的分析方法。

二 道心物关系："心外无物"与"道通于物"之异

白沙心学与阳明心学之异，由本体论的差异而衍生出各自心学整体构架之不同，其中的焦点是"心"与"理"（或称"道"）、"心"与"物"的关系。

陈献章以"道"为宇宙本体，在"道"与"物"的关系上，提出了重要命题——"道通于物"。他明确说"物囿于形，道通于物，有目者不得见"[1]，认定"道"并非悬空，而是寓于有形的万物之中，与物紧密相连；"道至无而动，至近而神，故藏而后发，形而斯存"[2]。在陈献章看来，道为虚，物为实，"虚实二字，可往来看，虚中有实，实中有虚"[3]；道无形，物有形，道因有形之物而存，故道不离物，物不离道。"道"是什么？道是万物存在的"所以然"，"天得之为天，地得之为地，人得之为人"[4]，故"道"只能寓于有形的万物之中而存在。同样，道亦寓于人的心中，"心乎，其此一元之所舍乎"[5]。陈献章的"道通于物"论，揭示了物中存在"道"，存在成物之"所以然"。正如孟子所言，"天生蒸民，有无有则"[6]，"道"便是成物，并寓于物的"天则"。显然，陈献章承传了孟子的思想，他当年在京有"真儒复出""活孟子"之誉，这的确是名实相符。陈献章的"道通于物"论，揭示了"道"与"无"的同一性，否定了朱熹理学视"理"为

---

① 陈献章：《论前辈言铢视轩冕尘视金玉》，《陈献章集》，第56页。
② 陈献章：《复张东白内翰》，《陈献章集》，第131页。
③ 黄宗羲：《甘泉学案》，《明儒学案》，第907页。
④ 陈献章：《论前辈言铢视轩冕尘视金玉》，《陈献章集》，第56页。
⑤ 陈献章：《论前辈言铢视轩冕尘视金玉》，《陈献章集》，第57页。
⑥ 孟子：《孟子·告子上》。

"物"之先、之外、之上的支离观。

后来的王阳明与陈献章一样，反对宋儒的支离，所不同的是，王阳明以"心"为宇宙之本体，在"道"、"理"与"心"之间画上了等号。其学说所要强调的是"心即理""无心外之物""无心外之理"，他说"心外无物。如吾心发一念孝慈，即孝亲便是物"①。在阳明看来，在心之外的世界，是心所主宰、所感悟、所衍生而存在的世界，花的颜色、天地的高低，都是因为你"看到"了，你"感应"了。他说得明白："身之主宰便是心；心之所发便是意；意之本体便是知；意之所在便是物。"② 其推理便是："身"——"心"——"意"——"知"与"物"。他是说，由"心"产生"意"，"意"而后产生出"物"来。可见，白沙心学与阳明心学，在"心"与"物"的关系上，二者有着不同的理论路径。

白沙的"道通于物"论与阳明的"心外无物"论，显然大相径庭。细细看来，二者的分歧点在：是否承认"物"与"道"同时存在，是否在"道"与"心"之间画上等号，是否以"内"、以"虚"去否定"实"、否定"外"。白沙心学没有"心即理"的命题，其"静坐中养出端倪"，正是因为心与道之间并没画上等号，故教人通过静坐使"心"与"道"能"凑泊吻合"，由为"二"而转化为"合一"。

几百年来，学界对白沙心学有太多的误读，原因有多方面：或许因有名人赠予白沙"脉接鹅湖"题词，或因认为白沙"反朱"而必然"是陆"；或因其"只对青山不著书"，著述太少，令人无法直截了当地了解其思想学说；或因其诗太多，给人留下太多的想象空间；或因为其重要的哲学篇章《论前辈言铢视轩冕尘视金玉》未引起学界的关注……总而言之，一直以来研究白沙的论著极少关注其由"道本论"而演绎出的"道通于物"命题，而更多地强调白沙心学与陆王心学之同，硬说其本体论就是陆王的"心即理"，结果白沙心学与阳明心学之异便被忽略了。

第三节　认知路径之异

鉴于白沙心学与阳明心学存在如上两个根本性的分歧，也就必然产生

---

① 王阳明：《传习录上·语录一》，《王阳明全集》卷一，第24页。
② 王阳明：《传习录上·语录一》，《王阳明全集》卷一，第6页。

在认知路径上的不同。尽管二者都主张，涵养与认知同是反求诸心，通过"内省"、体悟，达到"自觉""自得"，以完成"作圣"，然而，二者在完成认知中的前提条件不同，因而具体路径也异：陈献章是在静中"得道""会理"，王阳明是"致良知"。

"得道""会理"，是由"心"与"心"为二，进而完成"道"与"心"合一的认知过程。具体便是：陈献章教人"静中养出端倪"，即通过静坐，在虚静中、在无欲中，体悟蕴涵在自身心中的"道"——"端倪"，以求得"心"与"道"（或称"理"）的"凑泊吻合"。这样，去发现本体之心——"端倪"，实现"得到""会理"。显然，白沙并没有在"心"与"道"之间画上等号，只要在静坐中，完成了"作圣之功"，而后才能把"道"与"心"之分，转变为"道"与"心"合一。

"致良知"，则是由人的意念推至自身的本体之心，而认知天理。具体便是："良知"≈"心之本体"≈"天理"，因而"致良知"便是自省、自觉，其过程中"心"与"理"（或称"道"），本来就相融汇，心与理本合一。阳明是这样说的："夫心之本体，即天理也。天理之昭明灵觉，所谓良知也。""良知"是"心之本体"，是"天理"，因而"致良知"便是内省，在内省中体悟天理，即认知事事物物之理。这里并不存在使"心"与"道"的"为二"，到"合一"的过程。

总的说来，与陈献章不同，王阳明弘扬了陆九渊"心即理"的理论，由是出发构建了精致的"心本体论"、"知行合一论"与"致良知论"，从而完成了明代心学的完整体系。鉴于"心即理"的理论出发点与理论归宿，使其理论与白沙心学之异十分明显，其中在"致良知"的认知论与涵养论方面，王阳明与陈献章也有着不可忽视的不同。如上仅就几个理论焦点而论白沙心学与阳明心学之异。诚然，从学说的总体上说，阳明心学的理论深度，及其系统性与精致性，远远超越了白沙心学。当然，作为开拓者陈献章与集大成者王阳明，虽存有差异，但二人为中国心学的发展所做的贡献都功不可没。

第七章 明代心学的启蒙意义

明代商品经济的发展，在观念层面上，既带来了开放、独立、平等、自由等新的理念，带来了人们对主体性高扬的诉求；而同时又使人的物欲膨胀，对"利"的追逐，"鸡鸣而起孳孳而为利"渐成为社会的普遍现象，社会出现道德下滑的负面效应，这就是朱熹所说的"人欲横流"。

面对社会商品经济发展所带来的社会现实，儒士们总要考虑如何应对。在宋代，以程朱理学为代表的新儒家学说，提出"存天理，去人欲"的主张，认为人的物质欲望与体现社会道德纲常的天理，二者势不两立，此消则彼长，故认定只有格尽人欲，才能保存天理，这是一种以压抑人欲来维系封建纲常的办法。迄至明代，儒士们逐渐意识到，人欲与天理并非势不两立，而是相互依存，于是心学家们便去寻求解决问题的另一出路。

面对当时的社会现实，白沙、甘泉与阳明等士人作了双重的回应：一方面，把商品经济所产生的商品意识升华为富有启蒙性的心学，高喊人性天赋、人性平等、人性解放，以及倡导道德自觉，主体精神高扬，构建社会转型时代的思想体系；另一方面，则是直面道德纲常沦丧的状况，把"道德"作为主线，构建心学。阳明心学把道德升格为宇宙本体，把体认道德与践履道德的合一作为人的认知与涵养的途径与方法，把体认道德作为至圣的通道。心学便是教人通过对自身道德本性的觉悟，净化人的心灵，进而维系社会纲常，以疗治商品经济发展带来的社会顽疾。阳明创立的学说，彰显了中国早期的启蒙思想。

一 启蒙，即人的觉醒

何谓"启蒙"？一般而论，启蒙是指发生在欧洲 14 世纪以"文艺复兴"开始，直至 18 世纪的"启蒙运动"。关于"启蒙"的界定，学界一般采用康德的定义：

启蒙运动就是人类脱离自己所加之于自己的不成熟状态。不成熟状态就是不经别人的指引，就对运用自己的理智无能为力。其原因不在于缺乏理智，而在于不经别人的指引就缺乏勇气与决心去加以运用时，那么这种不成熟状态就是自己所加之于自己的了。Sapeae aude（要敢于认识）！要有勇气运用你自己的理智！这就是启蒙运动的口号。①

这是一个被视为经典的定义，然而，启蒙运动并非仅仅呼吁人的"理性"，它是一个由社会生产发展，带动社会的方方面面变化，而必然产生的社会运动。欧洲启蒙运动，折射出社会由神权统治的封建社会，而跨进人性解放、人权平等的现代社会的必然。启蒙的本质，是"人的解放"，是对人性的合理、平等的肯定，以及对主体精神高扬的诉求。人的觉醒与主体精神高扬，乃启蒙的核心。

西方的启蒙运动的发生，体现着"人类社会的基本生活方式的转变带来社会的转型，进而带来观念的转换"②，即"社会的基本生活方式的转变"→"社会的转型"→"观念的转换"。启蒙运动既是社会发展的产物，又是推进社会发展的动力。在欧洲发生的启蒙，是社会由传统向近代（或称现代）的跨越，这样的社会转型，在世界的各个国家都可能发生，中国也不例外。侯外庐先生说：

"中国启蒙思想开始于十六、七世纪之间，这正是'天崩地解'的时代，思想家们在这个时代富有'别开生面'的批判思想"；"也就是从明嘉靖到万历年间，是中国历史上资本主义萌芽最显著的阶段"③。

尽管文中没有具体提及阳明，但这里所说的年代，正是阳明生活的年代；尽管文中没有明指"富有'别开生面'的批判思想"是什么，但明显是指阳明心学。

---

① 康德：《答复这个问题："什么是启蒙运动"》，《历史理性批评文集》，何兆武译，商务印书馆，2007，第23页。
② 王玉顺：《警惕"强国压倒启蒙"——"儒家启蒙主义"倡言（一）："'反思启蒙'的三种立场"与"启蒙的普遍意义"》，《战略与管理》2017年第一期。
③ 侯外庐主编《中国思想通史》，第3页。

商传先生说：

> 从正德时期开始，中国进入了从传统社会向近代社会转型时期。①
> 这一时期，商品经济的发展，使"人们的社会观念开始发生了变化。"②

关履权先生说：

> "王阳明在《答储柴墟》的信中说：'今天下波颓风靡，为日已久，何异于病革临绝之时！'""在写给黄绾的信中，王阳明又说'今天下事势如沉疴积痿。'"③

这是说，阳明预感到社会已处于"临绝"的危机，社会的大变革即将到来；当然他不可能预测到，社会渐渐由自然经济向商品经济转型，但他能顺乎历史潮流而提出新思想学说，创立合乎社会发展的心学，体现中国早期的启蒙思想。

二　阳明心学，启蒙之先声

阳明心学，是中国早期启蒙先声。在明史以及阳明学的研究中，早有学者关注到，只是各人的表述不同而已。其启蒙性可概括为如下方面。

（一）"心外无物"，强调人的主体精神高扬

阳明心学的启蒙性，可从多方面分析。近年，学界较多从高扬人的主体精神方面进行揭示，尤其从"心即理""心外无物"入手。有学者借助西方的现象学与量子学，重新解读阳明的"心外无物"，肯定其中高扬人主体

---

① 商传：《明代文化志》，上海人民出版社，1998，第16页。
② 商传：《明代文化志》，第13页。
③ 关履权：《湛若水的政治思想及其时代》，《湛若水研究文集》，花城出版社，1993，第176页。

精神的价值，主要观点①如下。

其一，阳明心学，以"心"为意义与价值的家园。

"价值与意义的根源不可能自外于人的妙灵真心真性"，"离开了人的心灵自觉，外部经验的世界只是一团没有意义的死物堆积的世界。心作为价值与意义的究竟源头，为经验世界带来了心物浑然交融的理趣与生机。"

其二，阳明心学，以"心"为主宰。

"心承载着'天理'，又为人之主宰"，"这就要求在学习圣贤的自我转化过程中，主要的修养工夫仍为'复心体之同然'。而只有充分高扬人的主体性，充分撑开人的精神自由，将整个社会宇宙当成实践的道场，使心性光明，本体充量披露展示，使至大至刚之气充沛流行发用，充塞弥漫于天地宇宙中，以此实现人之为人的价值"。

其三，阳明心学，使人的主体性获得拔高。

"王阳明乃是以主体的人的存在为出发点，来理解世界的本体论存在方式的。无论人的本体论本质或物的本体论的显现，都透过心物一元的'观照'桥梁获得联结"；认定"'心外无理'、'心外无物'等学说，非但'心'之能动存在意义得到了空前的突出，即人的主体性地位也获得了空前的拔高"。

其四，阳明心学，认定万物为心所覆盖。

"阳明说出'心外无物'的命题——万事万物无一不在道德心灵的超越涵盖之下，万事万物无一不得到道德心灵的统察照会。主体不沉溺于客体，而客体尽收摄于主体"；"可见阳明'此花不在你心外'之说，乃是强调心的'能照'功能，亦即主观能动的心的感性的直观形式"。

学者对"心外无物"的种种阐说，集中到一点便是阳明心学对人的主体性的充分肯定，这正是不折不扣的启蒙性。有学者把人的主体性称作"个体性"，并认为，"这种个体性在哲学层次上的表达，就是笛卡尔的著名命题'我思故我在'"，进一步又具体说："这里，作为个体的'我'乃是作为理性的'思'的前提，而'思'是一切存在者的前提，于是个体自我便成为存在论的根基。"② 确实，欧洲启蒙运动，宣告"上帝已死"，是

---

① 张新民：《意义世界的构建——论王阳明的"心外无理、心外无物"说》，2014 年《孔学堂》（中英双语）创刊号。

② 王玉顺：《警惕"强国压倒启蒙"——"儒家启蒙主义"倡言（一）："'反思启蒙'的三种立场"与"启蒙的普遍意义"》，《战略与管理》2017 年第一期。

"人的解放"，人从神的统治下解放，人的主体性高扬，具体是说宇宙间的万事万物，不是上帝所造，而是由"人"的"思"所产生。可见用"我思故我在"来概括当时的启蒙思想，是恰当不过了。相当一段时间，中国学界总是用"我思故我在"来解说王阳明的"心外无物"，并由此界定阳明心学是主观唯心论，这确有不当，但是，从二者的等同中去窥视其中所蕴含的启蒙思想，即"我思"方有一切的存在，个体的人是宇宙的主宰者，这也便可以使人们从中领悟到阳明心学的启蒙性。

（二）"致良知"论，乃启蒙性之集中体现

可以说，"心外无物"论体现了阳明心学的启蒙精神，而"致良知"论更是阳明心学启蒙性的集中体现。无须讳言，"致良知"说有"存天理去人欲"的理论指向，但在这一命题中，已蕴含了与西方文艺复兴时期所倡导的自然人性、人性平等、人性解放、人的主体精神高扬等相一致的启蒙思想。下面从三个方面审视它的启蒙性。

首先，"良知"是天赋的、自然而然存在的，是一种自然人性。

"致良知"论认为，人性是天赋的，这与西方文艺复兴时期倡导的自然人性论，堪相一致。

阳明认为，良知是天赋予人的"灵根"。他说：

> 良知即是天植灵根，自生生不息。[1]
> 良知者，心之本体。[2]
> 良知是天理之昭明灵觉处，故良知即是天理。
> 良知不由见闻而有，而见闻莫非良知之用，故良知不滞于见闻，而亦不离于见闻。[3]

这是说，"良知"是"天命之性""心之本体"，是人不须要学习和思考，自然而然就知就会的天性，也就是一种先验人性。这种天性，不须外烁而存

---

[1]　王阳明：《传习录下·语录三》，《王阳明全集》卷三，第 101 页。
[2]　王阳明：《传习录中·语录二》，《王阳明全集》卷二，第 61 页。
[3]　王阳明：《传习录中·语录二》，《王阳明全集》卷二，第 72、71 页。

于人的"是非之心"，是一种有"是非"原则的道德本性。可见，"良知"即是天赋的、人所以成为人的本质属性，即人的质的规定性。孟子曾说，"天之生人，有物有则"，"良知"，也便是天赋予人的"天则"，即人的本性，"不学而能，不虑而知"。

其次，人人皆有"良知"，人性平等；人人皆可"致良知"，涵养心性人人平等。

"致良知"论认定，人的"良知"和"致良知"，都是平等的，这与西方启蒙运动所倡导的"平等"观，很是吻合。

王阳明提出，"良知之在人心，无间于圣愚，天下古今之所同也"①。他认定，天下古今，不论是圣贤还是常人，人的"良知"都一样，没有差异，人性是平等的，人人皆有。可见，王阳明认定，天所赋予人的天性，是平等的，没有等级差别。这是一种不折不扣的"平等"观。

"致良知"论又认为，体认良知，感悟自身的本性，人人都能，可见在人性涵养上，也人人平等。这，同样是倡导平等。

阳明认定，不仅人们在"良知"的本性上平等，人们在体认良知，即"致良知"上，也是平等的，他说：

> 自己良知原与圣人一般，若体认得自己良知明白，即圣人气象不在圣人而在我矣。②

在阳明看来，致良知人人都一样，只要体认了自己心中的良知，我就是圣人了，故说：

> 人皆可以为尧、舜，正在此也。③

可见人与人是平等的！在阳明看来，生活中出现人的差异，那是因为——

---

① 王阳明：《传习录中·语录二》，《王阳明全集》卷二，第 79 页。
② 王阳明：《传习录中·语录二》，《王阳明全集》卷二，第 59 页。
③ 王阳明：《传习录下·语录三》，《王阳明全集》卷三，第 120 页。

> 良知良能，愚夫愚妇与圣人同。但惟圣人能致其良知，而愚夫愚妇不能致，此圣愚之所由分也。①

阳明认为，在日常生活中，因为有的人致良知了，而有的人没有致良知，所以才会出现"圣贤"与"愚夫愚妇"的差异。

"致良知"论，是"人皆可以为尧舜"平等观的理论基础。阳明强调，人通过对良知的体认，涵养自身的本性，便可成为有道德的"圣贤"，即真正意义的人，有别于禽兽的人，也称作"君子"，而非"小人"。这是启示人们，每个人都可以通过对道德本性的感悟与觉醒，而高扬人的主体精神，成就事业。这，蕴含着人的主体性的觉醒与高扬的平等性。

综上所述，"致良知"说，蕴含着人性天赋、人性平等、人性独立和人性觉醒的启蒙思想。此外，阳明心学还呼吁自由、倡导思想解放、讲求务实、引人向善等，这些均称得上早期的启蒙先声。当然，这种启蒙，仅仅是中国早期启蒙的一个开端而已！

（三）阳明心学的启蒙性，已得到验证

阳明心学，曾作为中华文化第一支劲旅，远征东亚，远播海外。19世纪日本明治维新运动，是一场由传统社会向现代社会转型的革新运动，当时的思想武器不仅来自西方，亦来自中国的阳明心学。《传习录》传入日本，因迎合日本现代化发展的需要而被接纳，为日本明治造就了一批维新人才，阳明学成为他们的思想武器。梁启超曾说，"日本维新之治，心学之为用也"，这无疑验证了阳明心学的启蒙性。

在近现代中国，阳明心学影响了引领中国历史潮流的几代志士。维新领袖谭嗣同的《仁学》，有"心力决定论"倾向，认为"心力"为"人之所赖以办事者"，脑的作用也是"心力所由显"，"治化之盛"无不决定于"善其心力"，他甚至提出——

> 夫心力最大者，无不可为。②

---

① 王阳明：《传习录中·语录二》，《王阳明全集》卷二，第49页。
② 谭嗣同：《仁学》第四十五、四十六、四十三，华夏出版社，2002，第153、157、142页。

　　孙中山在其《建国方略·心理建设》中，以相当长的篇幅论及王阳明，文中肯定日本人"推尊阳明极为隆重"，而"中国学者同是尊重阳明"。在《孙文学说》中，孙中山斩钉截铁地说："是以建国之基，当发端于心理。"① 他认定，"夫国者，人之积也。人者，心之器也。国家政治者，一人群心理之现象也"②。在他看来，国家是由人组成，国家的政治现象，无非是人的心理表现而已，即"心理——人——国家"。他呼吁："国民！国民！当急起直追，万众一心，先奠国基于方寸之地，为去旧更新之始，以成良心上之建设也。"③ 所谓"方寸之地"，是指人的心。他认定，这人心，人的心理，在建国之始，应先"奠定"。

　　孙中山受到阳明心学的影响，还体现在他以心为宇宙之本原，提出"夫心也者，万事之本源也"，"心之为用大矣哉！"④ 在他看来，世界的一切事与物，皆源于"心"；社会的兴盛与衰败，也产生于人心的"振靡"，这展示出浓郁的心学色调，明显受到阳明心学的直接影响。可以说，孙中山的看法直接源于阳明所提出的"心即理也。此心无私欲之蔽，即是天理"⑤；"心者，天地万物之主也"，"心即天，言心则天地万物皆举之矣"⑥，由是推演出"心外无物，心外无事，心外无理，心外无义，心外无善"⑦；认为"心"能"通人物，达四海，塞天地，亘古今"⑧，心统摄天地万物，贯通于一切时空，无所不在，心便是宇宙的本体。孙中山关于心为"万事之本源"说法，与阳明心学的说法，完全一致。

　　孙中山"以心为本"，同阳明心学一样，强调人的主观意识的决定作用，认为宇宙间的一切无不决定于由心而生的意志，"吾心信其可行，则移山填海之难，终有成功之日；吾心信其不可行，则反掌折枝之易，亦无收效之期"⑨。阳明则说，"在物为理，处物为义，在性为善，因所指而异其

---

① 孙中山：《建国方略·心理建设》，《孙中山全集》第 6 卷，第 214 页。
② 孙中山：《建国方略·心理建设》，《孙中山全集》第 6 卷，第 214 页。
③ 孙中山：《建国方略·心理建设》，《孙中山全集》第 6 卷，第 215 页。
④ 孙中山：《建国方略·心理建设》，《孙中山全集》第 6 卷，第 159 页。
⑤ 王阳明：《传习录上·语录一》，《王阳明全集》卷一，第 2 页。
⑥ 王阳明：《文录三·书三·答季明德》，《王阳明全集》卷六，第 214 页。
⑦ 王阳明：《文录一·书一·与王纯甫》，《王阳明全集》卷四，第 156 页。
⑧ 王阳明：《文录四·稽山书院尊经阁记》，《王阳明全集》卷七，第 254 页。
⑨ 孙中山：《建国方略·心理建设》，《孙中山全集》第 6 卷，第 158 页。

名，实皆吾之心也。心外无物，心外无事，心外无理，心外无义，心外无善"①，"圣人感人心而天下和平"，"而万物生，天下和平焉，则天下万物之情可见"②。孙中山强调了心可以创造一切，改变一切，主控一切，宇宙间的一切都无非是心的感悟与体现，这与阳明心学的说法，可谓一脉相承。基于此，孙中山认定在民国初年，新国家的存亡取决于能否破"心理之大敌"，而"出国人之思想于迷津"③。显然，孙中山明显地接受了王阳明关于"剿山中贼易，剿心中贼难"的说法。

毛泽东向来注重人的主观能动精神，早年曾撰写《心力论》，抗战时期的著作《实践论》，副题为"论认识与实践的关系——知和行的关系"，近年来人们对阳明"知行合一"的解读，明显是借用了毛泽东的"理论与实践统一"之意，同样也彰显出毛泽东受过阳明学的影响。

近年，阳明心学更有继续风靡之势。在学界，专家们把阳明学与西方心理学、管理学、现象学、量子学等现代学科进行比较研究，由是寻觅中西文化相交融的路向，探究传统心学的当代价值；海内外有许多研究阳明学的著作出版，其中有吴光主编的《阳明学研究丛书》（十种，中国人民大学出版社 2009 年版），日本冈田武彦的 3 卷本《王阳明大传——知行合一的心学智慧》（88. 4 万字，重庆出版社 2015 年版），瑞士耿宁 2 册本《人生第一等事——王阳明及其后学论"致良知"》（商务印书馆，2014 年版）。在民间，一批阳明学通俗读物充塞书店，人们以购买和阅读阳明书为时尚，企业家则关注如何运用阳明心学进行管理。

近年，习近平的多次在讲话，高度评价了阳明心学的当代价值，全国各地掀起了研究阳明心学的热潮，至今方兴未艾，相关的研究机构如雨后春笋般发展。历史与现实的经验说明，阳明心学的生命力与影响力，恰恰是对其启蒙性的验证。

① 王阳明：《文录一·书一·与王纯甫》，《王阳明全集》卷四，第 156 页。
② 王阳明：《续编一·五经臆说十三条》，《王阳明全集》卷二六，第 978 页。
③ 孙中山：《建国方略·心理建设》，《孙中山全集》第 6 卷，第 159 页。

图书在版编目（CIP）数据

明代心学研究：白沙学、甘泉学与阳明学 / 黄明同
著. -- 北京：社会科学文献出版社，2024.12
ISBN 978-7-5228-2386-7

Ⅰ.①明… Ⅱ.①黄… Ⅲ.①心学-研究-中国-明
代 Ⅳ.①B248.25

中国国家版本馆 CIP 数据核字（2023）第 165178 号

明代心学研究：白沙学、甘泉学与阳明学

著　　者 / 黄明同

出 版 人 / 冀祥德
组稿编辑 / 宋月华
责任编辑 / 杨　雪
责任印制 / 王京美

出　　版 / 社会科学文献出版社·人文分社（010）59367215
　　　　　 地址：北京市北三环中路甲 29 号院华龙大厦　邮编：100029
　　　　　 网址：www.ssap.com.cn
发　　行 / 社会科学文献出版社（010）59367028
印　　装 / 三河市龙林印务有限公司

规　　格 / 开 本：787mm×1092mm　1/16
　　　　　 印 张：25　字 数：409 千字
版　　次 / 2024 年 12 月第 1 版　2024 年 12 月第 1 次印刷
书　　号 / ISBN 978-7-5228-2386-7
定　　价 / 168.00 元

读者服务电话：4008918866